Christan Kanzian
Ding – Substanz – Person
Eine Alltagsontologie

Philosophische Analyse
Philosophical Analysis

Herausgegeben von / Edited by

Herbert Hochberg • Rafael Hüntelmann • Christian Kanzian
Richard Schantz • Erwin Tegtmeier

Band 33 / Volume 33

Christian Kanzian

Ding – Substanz – Person

Eine Alltagsontologie

ontos
verlag

Frankfurt I Paris I Lancaster I New Brunswick

Bibliographic information published by the Deutsche Nationalbibliothek

The Deutsche Nationalbibliothek lists this publication in the Deutsche Nationalbibliografie; detailed bibliographic data are available in the Internet at http://dnb.d-nb.de.

Das Buch wird gedruckt mit Unterstützung von:

Bundesministerium für Wissenschaft und Forschung in Wien
Universität Innsbruck: Vizerektor für Forschung Prof. Dr. Tilmann Märk
Institut für Philosophie, Theologische Fakultät Innsbruck
Bischof Dr. Manfred Scheuer

North and South America by
Transaction Books
Rutgers University
Piscataway, NJ 08854-8042
trans@transactionpub.com

United Kingdom, Ireland, Iceland, Turkey, Malta, Portugal by
Gazelle Books Services Limited
White Cross Mills
Hightown
LANCASTER, LA1 4XS
sales@gazellebooks.co.uk

Livraison pour la France et la Belgique:
Librairie Philosophique J.Vrin
6, place de la Sorbonne; F-75005 PARIS
Tel. +33 (0)1 43 54 03 47; Fax +33 (0)1 43 54 48 18
www.vrin.fr

©2009 ontos verlag
P.O. Box 15 41, D-63133 Heusenstamm
www.ontosverlag.com

ISBN 978-3-86838-057-6

2009

No part of this book may be reproduced, stored in retrieval systems or transmitted
in any form or by any means, electronic, mechanical, photocopying, microfilming, recording or otherwise
without written permission from the Publisher, with the exception of any material supplied specifically for the
purpose of being entered and executed on a computer system, for exclusive use of the purchaser of the work

Printed on acid-free paper
FSC-certified (Forest Stewardship Council)
This hardcover binding meets the International Library standard

Printed in Germany
by buch bücher dd ag

Inhalt

Ding – Substanz – Person.
Eine Alltagsontologie

Teil 0 Einleitung: Voraussetzungen, thematischer Überblick,
  Grenzen   7

Teil I Grundzüge einer Alltagsontologie von Dingen   19

1. Was ist eine Alltagsontologie?   19

2. Was sind Partikularien?   31

3. Dinge sind Partikularien   34

4. Dinge und andere Partikularien   37
  4.1 Ereignisse und Zustände als nicht-dingliche Partikularien   37
  4.2 Gemeinsamkeiten zwischen Dingen und nicht-dinglichen Partikularien   43
  4.3 Unterschiede zwischen Dingen und nicht-dinglichen Partikularien   47
      4.31 Ereignisse sind vierdimensionale, Dinge aber
      dreidimensionale Entitäten   48
      4.32 Ereignisse hängen substantialiter ab von Dingen,
      Dinge hängen akzidentell ab von Ereignissen   51
      4.33 Die Weise, wie Dinge Arten angehören, ist verschieden
      von der Weise, wie Ereignisse Arten angehören   53
        4.331 „Arten"   54
        4.332 Ding-Arten   57
        4.333 Ereignis-Arten   63
        4.334 Die Zugehörigkeit zu Arten: Unterschiede
        zwischen Dingen und Ereignissen   66
      4.34 Die Sachverhaltsstruktur von Dingen ist eine
      andere als die Sachverhaltsstruktur von Ereignissen   69
  4.4 Ergebnis und Ausblick   71

5. Metaontologischer Einschub   73
  5.1 Was ist eine ontologische Kategorie?
      5.11 Identitätsbedingungen als Kriterium kategorialer
      Einheit bzw. Verschiedenheit   73
      5.12 Die „zeitliche Gestalt" als Kriterium kategorialer
      Einheit bzw. Verschiedenheit   75

5.13 Ontologische Abhängigkeiten als Kriterium
    kategorialer Einheit bzw. Verschiedenheit   77
5.14 Die Weise, Arten anzugehören, als Kriterium
    kategorialer Einheit bzw. Verschiedenheit   79
5.15 Die Sachverhaltsstruktur als Kriterium
    kategorialer Einheit bzw. Verschiedenheit   81
5.16 Resümee   82
5.2 Machen Dinge eine ontologische Kategorie aus?   83
5.3 Haben wir es hier mit einer Alltagsontologie zu tun?   87
    5.31 Zeit   87
    5.32 Diachrone Identität   92
    5.33 Sortale Dependenz   98

6. Probleme einer Ontologie mit Dingen   102

6.1 Gibt es Dinge?   106
    6.11 Peter Van Inwagen und das Kompositionsproblem   106
    6.12 Hoffman / Rosenkrantz und das Problem der
        Bewusstseinsabhängigkeit mancher Dinge   109
    6.13 Mark Heller und das Problem der Konventionalität
        der Identität von Dingen   111
6.2 Können sich Dinge ändern?   114
    6.21 Das Problem   114
    6.22 Ein erster Lösungsansatz   116
    6.23 Eine neue Theorie der Änderung von Dingen   119

Teil II Substanzen   125

1. Nicht-substantielle Dinge, Substanzen, Quasi-Individuen   126

1.1 Nicht-substantielle Dinge: Artefakte   126
    1.11 Artefakte als bewusstseinsabhängige Dinge   126
    1.12 Artefakte als Dinge mit konventionell festgelegter Identität 136
    1.13 Die Artzugehörigkeit der Artefakte   141
    1.14 Die Sachverhaltsstruktur der Artefakte   148
1.2 Vorkommnisse natürlicher Arten: Lebewesen   152
    1.21 Bewusstseinsunabhängige Dinge   152
    1.22 Dinge mit nicht-konventionell festlegbarer Identität   158
    1.23 Die Artzugehörigkeit von Vorkommnissen natürlicher Arten 163
    1.24 Die Sachverhaltsstruktur von Vorkommnissen natürlicher Arten 166
    1.25 Epilog und Ausblick: Lebewesen sind Substanzen   169
1.3 Quasi-Individuen und andere abgewiesene Substanz-Kandidaten 171
    1.31 Atome   171

Inhalt

    1.32 Massenportionen   176
        1.321 Einfache Massenportionen   176
        1.322 Materielle Zusammenfügungen   178
        1.323 Natürliche Formationen   182
    1.33 Kunstwerke   184
    1.34 Museumsexponate und andere „kunstwerkähnliche" Gebilde   188

2. Substanzkriterien   191

    2.1 Peter Simons modal-existenzielles Unabhängigkeitskriterium   192
    2.2 Kit Fines essenzialistisches Unabhängigkeitskriterium   198
    2.3 Benjamin Schnieders Kriterium der explanatorischen Unabhängigkeit   203
    2.4 Hoffman / Rosenkrantz' „independence within its kind"   205
    2.5 Substanzen sind unabhängige Dinge   209

3. Dinge machen die Kategorie aus, nicht Substanzen   211

    3.1 Eine Wiederaufnahme: der Kriterienkatalog für kategoriale Einheit bzw. Verschiedenheit   211
    3.2 Warum Artefakte und Lebewesen derselben Kategorie angehören   213

4. Haben wir es hier mit einer Alltagsontologie zu tun?   223

Teil III Personen   229

1. Selbstbewusstsein als Bedingung für Personalität   230

    1.1 Daniel Dennett   231
    1.2 John Locke   237
    1.3 Peter Singer   243
    1.4 Immanuel Kant   249
    1.5 Zusammenfassung   258

2. Grundzüge einer Ontologie der Personen   260

    2.1 Der ontologische Rahmen   260
    2.2 Die individuelle Form von Personen   267
        2.21 Gemeinsamkeiten der individuellen Formen von Artefakten und Lebewesen   267
            Einschub: Identitätsbedingungen von Artefakten und Lebewesen   269
        2.22 Jonathan Lowe: Personal identity is primitive   271
        2.23 Die individuelle Form von Personen ist einfach   278
    2.3 Selbstbewusstsein und die individuelle Form von Personen   284
        2.31 Das „Unity of Consciousness" (UoC)-Argument   286

    2.32 Die individuelle Form von Personen als UoC-Subjekt
         von Selbstbewusstsein   293

3. Personen als selbstbewusste Lebewesen: Problemexposition   296

    3.1 Der Was-Begriff „Person", die ´Spezies` Person,
        eine weitere Eigenart der personalen individuellen Form   296
    3.2 Warum die Identität menschlicher Personen nicht sortal relativ
        ist, die Frage nach nicht-menschlichen Personen und
        menschlichen Nicht-Personen   302
    3.3 Das Verhältnis der personalen zur organischen individuellen Form   307
    3.4 Die letzten Dinge   315
        3.41 Metaontologie I: Haben wir es hier mit einer
            Alltagsontologie zu tun?   315
        3.42 Metaontologie II: Warum Personen und nicht-personale
            Lebewesen derselben Kategorie angehören   319
        3.43 Was offen bleibt   325

Literatur   332

Register   339

0 Einleitung: Voraussetzungen, thematischer Überblick, Grenzen

Philosophische Bücher unterscheiden sich nicht darin, ob sie von bestimmten Voraussetzungen ausgehen oder nicht, sondern darin, ob sie über dieselben, d.h. über ihre nicht weiter hinterfragten Annahmen, Auskunft geben oder das nicht tun. Ich verbinde mit dieser Feststellung die wertende Meinung, dass es nicht anstößig ist, so zu beginnen, dass man mit Voraussetzungen beginnt – das tun wirklich alle; dass es allerdings anstößig wäre, unter Voraussetzungen anzufangen, ohne bereit zu sein, über dieselben Auskunft zu geben.

(1) Um Anstößigkeiten in diesem Sinne zu vermeiden, möchte ich mit dem beginnen, was ich hier als gegeben annehme, ohne diese Annahmen weiter oder tiefer zu hinterfragen. Ich gehe zunächst davon aus, dass es sinnvoll ist, Ontologie zu betreiben. Unter *Ontologie* verstehe ich jene philosophische Disziplin, der es um die Grundstrukturen der Wirklichkeit zu tun ist; d.h. um die Grundelemente der Wirklichkeit und ihre wechselseitigen Bezugsverhältnisse, wobei ich „Wirklichkeit" *ohne irgendwelche Einschränkungen*, etwa auf Aktuales, Konkretes etc. gebrauche.[1] Dass die Ontologie eine *philosophische* Disziplin ist, meint nicht nur eine allgemeine Festlegung bzgl. des Formalobjekts, unter der sie die Wirklichkeit beschreibt. Es meint auch, dass man sich mit dem Betreiben von Ontologie auf die Übernahme einer fachspezifischen Terminologie verpflichtet. Ich orientiere mich hier, und damit bin ich bei einer richtungsweisenden Vorentscheidung, an der *aktuellen* Debatte in der *analytischen* Ontologie. Ich möchte damit nicht behaupten, dass es nicht auch brauchbare nicht-analytische Begriffsbildungen für die Ontologie gäbe; auch nicht, dass in der analytischen Ontologie ein Fachbegriffskatalog vorläge, der vollständig und allgemein akzeptiert wäre; lediglich, dass eine Reihe zentraler ontologischer Termini von maßgeblichen Autoren einheitlich, andere Termini so eingeführt sind, dass sich leicht einheitliche Verwendungsweisen rekonstruieren lassen. Mit der programmatischen Bekundung, mich an der analytischen Terminologie orientieren zu wollen, möchte ich mich jedenfalls von der Verpflichtung entbinden, jeden Fachterminus ausführlich erläutern zu müs-

---

[1] Zur weiteren Erläuterung dieser und der folgenden basalen Bestimmungen darf ich auf Runggaldier / Kanzian 1998, 11-16, verweisen.

sen. Gegebenenfalls mag es genügen, auf seine standardmäßige Einführung zu verweisen.

„*Philosophisch*" meint weiterhin, dass versucht wird, Gedanken und Theorien argumentativ zu entwickeln. Argumentativ heißt begrifflich klar und nachvollziehbar, nicht jedoch ausschließlich formal oder gar formalisiert. Das entspricht der Einstellung, dass Formalisierungen, etwa in Sprachen logischer Kalküle, äußerst nützliche Hilfsmittel sind, und, richtig angewandt, hinreichend sein mögen, um begrifflich klar und nachvollziehbar zu sein. Dennoch sind Formalisierungen nicht notwendig, um das Ziel der Klarheit und Nachvollziehbarkeit zu erreichen.

Dass es der Ontologie, um einen weiteren Aspekt aufzugreifen, um *Grund*strukturen der Wirklichkeit oder eben *Grund*elemente in ihrem Verhältnis zueinander zu tun ist, meint, dass es nicht um eine kumulative Auflistung von Strukturen oder eben von Elementen geht, deren Aufweis Sache anderer philosophischer Disziplinen oder anderer Wissenschaften ist. Eine ontologische Theorie kann demzufolge keine Kompilation von Forschungsergebnissen anderer philosophischer Disziplinen oder gar Einzelwissenschaften sein. „Grund"- Struktur bzw. „Grund-" Element meint vielmehr Strukturen und Elemente, welche die Wirklichkeit allgemein, d.h. ohne Einschränkungen bestimmter partikulärer Interessen, und universal, d.h. ohne Ausklammerung von Gegenstandsbereichen betreffen. Eine Struktur ist dann keine Grundstruktur in diesem Sinn, wenn sie lediglich für einzelwissenschaftliche Zusammenhänge, etwa physikalische oder biologische, relevant ist; oder wenn es Gegenstandsbereiche gibt, auf die sie keine Anwendung finden kann. (Davon unberührt bleibt das Anliegen „regionaler Ontologien", etwa einer „Ontologie des Mentalen", einer „*Sozial*ontologie" etc. Regionale Ontologien gehen Spezialthemen im Kontext der Ontologie nach. Das aber tut dem Charakter der Ontologie insgesamt als universaler Wissenschaft keinen Abbruch; ebenso wenig wie es dem Charakter z.B. der Biologie als umfassender Wissenschaft des Lebendigen keinen Abbruch tut, dass man in ihrem Rahmen Spezialthemen, etwa der Eigenart von Sonnenblumen, Schafen etc. untersucht.)

Eine weitere Vorannahme betrifft den Kontext ontologischer Theorienbildung. Ich gehe hier davon aus, dass man Ontologie betreiben kann, ohne das Unterfangen rückbinden zu müssen an vorgängige Überlegungen, etwa erkenntnis- oder wissenschaftstheoretischer Art. Das heißt nicht, dass Ontologie völlig losgelöst ist von Erkenntnistheorie und Wissenschaftstheorie. Ontologische Resultate haben natürlich Rückwirkungen auf Erkenntnis- und Wissenschaftstheorie; und Erkenntnis- und Wissenschaftstheorie können nicht betrieben werden frei von „ontologischen Verpflichtungen", die man damit eingeht. Meine Annahme meint aber, dass man ontologisch argumentieren kann, ohne dies über den Umweg der genannten Disziplinen zu tun. (Natürlich auch, dass man Erkenntnis- und Wissenschaftstheorie betreiben mag, ohne ständig mit Skrupeln bezüglich ontologischer Verpflichtungen konfrontiert zu sein.) Ich spreche keiner naiven oder (im Kantischen Sinne) dogmatischen Ontologie das Wort. Ich bekenne mich aber zur Arbeitsteilung in der Philosophie und dazu, dass man *innerhalb* einzelner philosophischer Disziplinen miteinander diskutieren kann.

Wenn man sich, wie oben geschehen, als Ontologe im Kontext der aktuellen Debatte analytischer Provenienz ausweist, ist man normalerweise nicht primär gefragt nach Rückbindung seiner Theorienbildung an Erkenntnis- oder Wissenschaftstheorie, sondern danach, welche Funktion *semantische* Überlegungen für den Aufbau seiner Ontologie spielen. Diesbezüglich kann man m.E. zwei Extrempositionen einnehmen. Die eine mag darin bestehen, seine gesamte Ontologie von semantischen Überlegungen her aufzuziehen; etwa derart, dass genau jene Entitäten angenommen würden, welche man für eine allgemeine und universale Wahrheitstheorie benötigt. Und genau in der Beschreibung dieser Entitäten hinsichtlich ihrer semantischen Funktion als *Wahrheitsbedingungen* von Aussagen erschöpfe sich die Ontologie. Ein anderer extremer Weg würde darin bestehen, den Stellenwert oder den Nutzen semantischer Überlegungen für ontologische Zusammenhänge gänzlich außer Acht zu lassen. Sprache und Welt seien vollkommen getrennte Bereiche, sodass jeder Versuch, im Kontext ontologischer Theorienbildung semantisch vorzugehen, einer vorschnellen Ontologisierung der Sprache oder Idealisierung der Welt gleichkäme.

Ich möchte hier versuchen, einen Mittelweg zu gehen. Rein nach der „Methode der Wahrheit" in der Ontologie vorzugehen, greift m.E. zu kurz. Dies zeigt sich schon darin, dass rein aus semantischen Argumenten für die Annahme einer bestimmten Art oder Kategorie keine nähere inhaltliche Bestimmung jener Entitäten abzuleiten ist, die ihr angehören sollen.[2] Ich meine aber, dass sich Ontologie nicht darin erschöpft, Kategorientafeln zu entwerfen, sondern auch darüber Auskunft zu geben hat, *was* denn die jeweiligen Entitäten sind, bzw. *was* Entitäten dieser von Entitäten jener Kategorie *unterscheidet*. Außerdem kann rein aus semantischen Argumenten wenn überhaupt, dann nur beschränkt erschlossen werden, wie man innerhalb einer bestimmten Kategorie zu ontologischen Differenzierungen

---

[2] Davidson, selbst ein Vertreter der „Methode der Wahrheit", hat dies auch eingeräumt, vgl. u.a. ders. 1980, 146.

kommt. Genau um solche Differenzierungen soll es mir im Folgenden aber gehen, wenn ich über Dinge, Substanzen und Personen reflektiere. Schließlich verpflichtet man sich, geht man nach der „Methode der Wahrheit" vor, eine bestimmte semantische Theorie zu vertreten, die dann auch zu explizieren wäre. Und das möchte ich hier, schon rein aus arbeitsökonomischen Gründen nicht tun.

Dennoch will ich auch nicht in die zweite Extremposition abgleiten. Ich tue das deshalb nicht, weil ich nicht auf die zahlreichen Vorteile semantischer Überlegungen für ontologische Argumentationen verzichten möchte. Manche Zusammenhänge im Kontext der Ontologie lassen sich gut entwickeln durch Rückkoppelung an semantische Überlegungen; auch Kritik an manchen Positionen lässt sich auf diese Weise darlegen. Beispielsweise hat Legitimität bzw. Illegitimität ontologischer Reduktionen (z.B. von Dingen auf andere, „grundlegendere" Entitäten) zu tun mit der Übersetzbarkeit bzw. Unübersetzbarkeit bestimmter Aussagegruppen auf andere. (Bezogen auf das Beispiel: Kann man Aussagen über Dinge vollständig und ohne Verlust der Aussagekraft in Aussagen über diese anderen Entitäten übersetzen?) Die Prüfung der Übersetzbarkeit oder Unübersetzbarkeit von Aussagengruppen auf andere wird aber auch nach semantischen Kriterien erfolgen. Das gleiche gilt für andere Formen ontologischer Abhängigkeit. Auch diese lassen sich anhand der Abhängigkeit von Aussagengruppen erörtern, auch dies lässt sich nicht unabhängig von semantischen Überlegungen tun.

Ich werde also an manchen Stellen auf semantische Zusammenhänge zurückgreifen, ohne mich in Abhängigkeit einer bestimmten Semantik zu begeben; v.a. ohne den Anspruch zu erheben, meine Ontologie rein aus semantischen Überlegungen zu entwickeln. Auch hier bringe ich mein Postulat der Arbeitsteilung in Anschlag: Ich leugne nicht die Relevanz semantischer Überlegungen für den Aufbau einer Ontologie. Ich meine aber, dass man auch ohne Entfaltung einer bestimmten Semantik ontologisch argumentieren kann.

(2) Bislang habe ich von methodischen und allgemein programmatischen Voraussetzungen des Folgenden gesprochen. Nun möchte ich noch über einige inhaltliche Vorannahmen Rechenschaft geben.

Dass es der Ontologie um die Grundstrukturen der Wirklichkeit geht, steht im Großen und Ganzen außer Streit. Äußerst kontrovers ist hingegen die Frage, was man meint, wenn man von „der Wirklichkeit" spricht, die man ontologisch analysieren möchte. Was ist das eigentliche und primäre Forschungsobjekt der Ontologie? - In der aktuellen Debatte finden sich zwei große Richtungen von Antworten. Die eine ist, „Wirklichkeit" zu verstehen als jene Lebenswelt, in der wir Menschen miteinander, mit anderen Lebewesen und der unbelebten Natur interagieren. Ontologie würde demnach aufzufassen sein als jene Disziplin, welche unsere Alltagswelt *als solche* in ihren Grundzügen beschreibt. Manche sprechen auch davon, dass es der Ontologie, so verstanden, um die „Makro-Welt" geht. Die Ontologie ist „folk-ontology". Verweise auf „alltägliche Intuitionen" und „alltägliche Praxis" zählen im Kontext einer so verstandenen Ontologie viel. Die andere Konzeption von Ontologie ist, die Frage nach Grundstrukturen „der Wirklichkeit" zu verstehen als Frage nach den Basisbausteinen derselben; Basisbausteine, die letztlich im Sinne der Physik oder einer anderen Naturwissenschaft gedeutet werden. Es geht nicht darum, die Alltagswelt in *ihren* Grundzügen zu beschreiben, sondern zu rekonstruieren als (ontologisch nachrangiges) Folgephänomen eben von Basisbausteinen. Der Ontologie, so verstanden, geht es um die „Mikro-Welt" und die Ableitung der „Makro-Welt" aus derselben. Die Ontologie versteht sich so als „wissenschaftliche" Ontologie in dem Sinne, dass sie letztlich Fortsetzung der Naturwissenschaft ist, mit etwas modifizierter Begrifflichkeit. Alltägliche Intuitionen und Praxis zählen im Kontext einer so verstandenen Ontologie nichts. Z.T. wird es sogar als große Errungenschaft erachtet, alltägliche Einstellungen bezüglich unserer Lebenswelt zu revidieren. Programmatisch steht dafür eine Aussage Derek Parfits: „Philosophers should not only interpret our beliefs; when they are false, they should *change* them."[3]

Die Problematik einer Entscheidung zwischen den großen Richtungen besteht m.E. darin, dass sich mit dieser Wahl faktisch die Gestalt einer Ontologie, zumindest in ihren Grundzügen, ergibt. Auch sind viele Konflikte in der Ontologie letztlich nichts anderes als Auseinandersetzungen, die sich durch die Wahl einer dieser Seiten bedingen. Nehmen wir nur den Konflikt zwischen Autoren, welche die Kompatibilität von ontologischen Theorien mit Alltagsintuitionen als Adäquatheitskriterium annehmen, und solche, die das nicht tun. Im Grunde ist die Position in diesem Konflikt entschieden mit der Wahl, sich einer der beiden Richtungen anzuschließen. Im Wissen also, dass ich mit meiner Entscheidung bereits Grundzüge der Gestalt meiner Ontologie annehme, schlage ich mich der ersten Gruppe zu. Der entscheidende Grund für diese Entscheidung besteht in meinem Verständnis von Philosophie. Ontologie im zweiten Sinn verstanden, begibt sich, inhaltlich und methodisch, in direkte Abhängigkeit nicht-philosophischer Disziplinen, in erster Linie der Physik. Z.T. ist das von ihren Vertre-

---

[3] Parfit 1984, preface, page x.

tern nicht nur in Kauf genommen, sondern durchaus auch erwünscht. Sie sehen darin eine große Chance, die Ontologie nicht „in den Sumpf dubioser Metaphysik" abgleiten, sondern sie am Fortschritt der so erfolgreichen Naturwissenschaft partizipieren zu lassen, ja sie überhaupt erst zur Wissenschaft zu machen. Ich meine allerdings, und dies auszuführen würde meinen Rahmen bei weitem sprengen, dass die Philosophie insgesamt, und somit auch die Ontologie, keine Naturwissenschaft ist und sie sich in ihrer Theorienbildung nicht in manche Arten direkter Abhängigkeit von Naturwissenschaften begeben sollte. Das ist übrigens nicht die Forderung nach dem Ende des interdisziplinären Dialogs, ganz im Gegenteil: die Forderung, damit zu beginnen, wirklich *inter*-disziplinär zu sein.

Bei vielen Autoren sind Gründe, sich der zweiten Richtung der Ontologie zuzuschlagen, weltanschaulicher Art; auch wenn diese als solche nicht explizit gemacht werden. Normalerweise verpflichten „revisionäre" oder „atomistische" Ontologien schlicht auf materialistische Weltanschauungen, bzw. sind derartige Ontologien durchaus beabsichtigte Mittel, materialistische Weltanschauungen zum Ausdruck zu bringen. Ich bin kein Materialist. Deshalb entscheide ich mich für die erste Richtung der Ontologie. Sie ist insofern weltanschaulich neutral, als sie eben nicht auf materialistische Weltdeutungen verpflichtet, bzw. als Ausdruck ganz verschiedener Weltanschauungen verstanden werden kann.

Diese Unterscheidung zwischen zwei großen Gruppen von Ontologien ist natürlich ein sehr grobes Raster. Wegen seiner Grobheit ist es nicht geeignet, konkret inhaltliche Themen der Ontologie anzugehen. Außerdem ist festzuhalten, dass (obgleich, wie gesagt, mit der Zugehörigkeit zu einer Gruppe faktisch wichtige Entscheidungen bzgl. der Gestalt einer Ontologie getroffen sind) diese Gestalt selbst auch nicht allein durch Verweis auf die Zugehörigkeit zur Gruppe *begründet* werden kann. Es braucht zusätzliche Argumente für die Gestalt, etwa für die Annahme einer mehr-kategorialen Ontologie vor dem Hintergrund einer „folk-ontology"; oder für die Akzeptanz nur einer einzigen Kategorie, vor dem Hintergrund revisionärer Einstellungen. Weiterhin schließt die Annahme dieses Rasters m.E. nicht aus, dass es durchaus auch Zwischenpositionen geben mag; d.h. ontologische Entwürfe, die sowohl von typischen Auffassungen der ersten Gruppe, manche nennen diese auch „deskriptiv", als auch von Überzeugungen der zweiten, revisionären oder atomistischen Gruppe geprägt sind.[4]

---

[4] Eine besonders markante, weil explizit als solche formulierte Zwischenposition nimmt Arda Denkel in seinem Buch *Object and Property* an, hier Denkel 1996. Er

Weiterhin schließt diese Zweiteilung nicht aus, dass zwischen Positionen der einen und solchen der anderen Gruppe sinnvolle inhaltliche Diskussionen stattfinden können. Dies ist für den Fortgang der hier angestrebten Überlegungen eine wichtige Vorannahme. Allerdings hat die inhaltliche Diskussion konkreter Theorien auch die Zugehörigkeit derselben zu besagten, großen Gruppen von Ontologien zu beachten. So greift Kritik an konkreten Theorien zu kurz, wenn sie dies nicht in den Blick bekommt. Auch Weise und Stoßrichtung der kritischen Argumentation hat auf diese *Relativität* ontologischer Theorien, *zu* deren deskriptivem bzw. revisionärem Hintergrund, Rücksicht zu nehmen. So ist es m.E. sinnlos, den Verweis auf Alltagsintuitionen im Kontext der Argumentation gegen eine atomistische Position ins Treffen zu führen. Sehr wohl hingegen ist es sinnvoll, auf Alltagsintuitionen zu verweisen, wenn es um die Entscheidung für diese oder jene Theorie im Kontext deskriptiver Ontologie geht.

Auch schließt die besagte Zweiteilung nicht aus, dass es Annahmen geben könne, die im Kontext von Theorien beider Provenienz Gültigkeit haben. Auch dies ist für den Fortgang des Folgenden bedeutsam. Warum, wird klar, wenn ich eine weitere Vorannahme meiner inhaltlichen Überlegungen über Dinge, Substanzen und Personen darlege.

(3) Diese Vorannahme betrifft nämlich eine These, die sowohl von Autoren der revisionären als auch von solchen der deskriptiven Richtung vertreten wird. Sie besteht, zunächst sprachphilosophisch formuliert, darin, dass es eine *Dingsprache* gibt. Eine Dingsprache ist schlicht und einfach eine Sprache, in der wir über Dinge sprechen, etwa um ihnen Merkmale zuzusprechen, von ihnen auszusagen, was sie sind, wie sie sind, und wie sie zueinander in Beziehung stehen. „Stefanie ist ein Schaf", „Die Tafel ist grün", „Hans liebt Maria" sind klassische Beispiele für Sätze der Dingsprache. Darin, dass diese Annahme einer Dingsprache als solche statthaft ist, kann ich mich u.a. auf Wolfgang Spohn berufen, wenn er in diesem Zusammenhang (unter Bezug auf Putnams *Language and Philosophy*) sogar von einer „Apriorizität mangels Alternativen" spricht.[5] Zum selben Ergebnis kommt auch Quine, bekanntermaßen ein prominenter Vertreter der zweiten Gruppe von Ontologien, der revisionären. Über die Annahme einer Dingsprache bzw. die Frage nach Alternativen denkt Quine zu Beginn von

---

redet einer Zweiteilung der Wirklichkeit das Wort: in eine aristotelische alltägliche Lebenswelt und eine atomistisch-tropistische Mikro-Welt.
[5] Spohn 1979, 15.

Word and Object nach[6]. Quine stellt dort fest: „... our ordinary language of physical things is about as basic as language gets."[7] Jener Begriffsrahmen, mit dem wir über Dinge sprechen, ist fundamental. Diese These ist insofern stärker als die (Vor-)Annahme einer Dingsprache überhaupt, als sie bereits eine Wertung impliziert, sprich den grundlegenden oder irreduziblen Charakter der Dingsprache mitmeint.[8]

Diese bei Quine im Hinblick auf die Irreduzibilität der Dingsprache auf eine Sinnesdatensprache gemeinte Behauptung, wird hier, und damit komme ich auf eine weitere Vorannahme, verallgemeinert. Die Dingsprache ist in der Weise grundlegend, dass sie in *keine* andere Redeweise übersetzt werden kann, z.B. in die Rede über Bündel von individuellen Eigenschaften („Tropen"), über physikalische Prozesse o.ä. Diese Zusatzannahme wird von vielen revisionären Ontologinnen freilich nicht mehr geteilt.

Voraussetzen möchte ich schließlich, dass uns die Annahme einer Dingsprache auch „ontologisch verpflichtet", und zwar auf die Akzeptanz von Dingen. „Ontologisch verpflichten" verstehe ich in loser Anlehnung an Autoren wie Quine oder Davidson: Wenn wir dafürhalten wollen, dass zu den Wahrheitsbedingungen von Sätzen auch ontologische Wahrheitsvoraussetzungen zählen (sprich, dass bestimmte Entitäten angenommen werden müssen, damit bestimmte Aussagen überhaupt wahr sein können); wir weiterhin annehmen, dass es eine Dingsprache gibt, legt sich der Schluss nahe, dass Dinge zu den Wahrheitsbedingungen von Sätzen der Dingsprache gezählt werden.[9] Ist nun die Dingsprache irreduzibel, d.h. nicht in irgendeine andere Redeweise zu übersetzen, so sind es auch jene Entitäten, mit der wir uns mit der Dingsprache verpflichten: eben Dinge.

---

[6] Hier: Quine 1960.

[7] Ebd., 3.

[8] Mit der These möchte sich Quine absetzen von Auffassungen, die besagen, eine Sinnesdatensprache wäre grundlegend; bzw. von der These, unsere Rede über Dinge müsse man erst aus einer Sprache über einzelne sinnliche Eindrücke konstruieren. Als Hauptargument gegen eine „sense-datum language" als Basis für eine Ding-Sprache führt Quine übrigens an, dass die sprachliche Bezugnahme auf ganze Dinge primär sei verglichen mit der Rede über einzelne Sinnesdaten. Die Rede über Sinnesdaten setze nämlich die über Dinge voraus. Also ist der Begriffsrahmen, mit dem wir über ganze Dinge sprechen, grundlegend für jenen Begriffsrahmen, mit dem wir über einzelne Sinnesdaten reden. Vgl. Quine 1960, 2. Quines sinnenfälliges Beispiel: „When one tries do describe a particular sensory quality, he typically resorts to reference to public things - describing ... a smell as like that of rotten eggs." Quine 1960, 1.

[9] U.a. Quine 1953a, 44ff.

Keine weitere Vorannahme, wohl aber eine Präzisierung betrifft meine Verwendungsweise des Ausdrucks „Ding" bzw. „Ding"-Sprache. Was soll im Folgenden unter „Ding" verstanden werden? Worüber genau reden wir in der „Ding"-Sprache? - Dinge gehören zur großen Gruppe der Individuen, worunter alles Nicht-allgemeine oder Nicht-universale verstanden werden kann. „Ding" ist aber nicht extensionsgleich mit „Individuum". Zum einen können wir unter den Individuen zwischen solchen unterscheiden, die abstrakt sind, und solchen, die raum-zeitlich verfasst sind. Dinge gehören, im Unterschied etwa zu Zahlen, Mengen oder Klassen, zur zweiten Gruppe. Dinge sind also, um gleich einen weiteren Terminus einzuführen, *Partikularien*, worunter ich *raum-zeitliche Individuen* verstehe.

„Ding" verwende ich als allgemeine Bezeichnung *aller* materiellen Gegenstände. Das bedeutet, dass Artefakte, also künstlich hergestellte Dinge, wie Tische, Stühle oder Computer, ebenso zu den Dingen gezählt werden können, wie Lebewesen, ja sogar menschliche Personen. Freilich gibt es unter den Dingen auch ontologisch signifikante Differenzen. Das Ziel dieses Buches kann so beschrieben werden, diese Differenzen in den Blick zu bekommen.

Die Dingsprache ist jedenfalls, um das eben Gesagte auf den Punkt zu bringen, jene Sprache, mit der wir über materielle Gegenstände reden, um von ihnen auszusagen, was sie sind, wie sie sind und, nicht zu vergessen, wie sie zueinander in Beziehung stehen.

Mit diesen Überlegungen können wir den Bericht über Voraussetzungen abschließen: Hier wird vorausgesetzt, dass es sinnvoll ist, Ontologie zu betreiben, und zwar im Sinne einer deskriptiven oder Alltagsontologie als eigenständiger philosophischer Disziplin. Es wird vorausgesetzt, dass es sinnvoll ist, im Kontext ontologischer Theorienbildung auf semantische Überlegungen zurückzugreifen, ohne die Ontologie als „Appendix der Semantik" zu verstehen. Schließlich wird vorausgesetzt, dass es eine Dingsprache gibt, die - durchaus im Sinne Quines - auf die Akzeptanz von Dingen verpflichtet.

(4) Nach den Vorannahmen fahre ich fort mit einem Überblick über den im Buch behandelten Stoff. Gemäß dem im Titel enthaltenen Dreischritt Ding – Substanz – Person umfasst das Buch drei Hauptteile, die wie konzentrische Kreise von den Dingen im Allgemeinen (Hauptteil I), zu den Substanzen im Besonderen (Hauptteil II) hin zu jener speziellen Untergruppe innerhalb der Substanzen führen, die ich Personen nenne (Hauptteil III).

Zu Beginn des ersten Hauptteils versuche ich zunächst, den Begriff einer Alltagsontologie zu erläutern. Was kann man darunter verstehen? Was macht ihre Eigenart aus? – Der bereits angesprochene Verweis auf alltägliche Intuitionen wird dabei eine ebensogroße Rolle spielen wie die Relevanz des Bezugs auf Grundstrukturen unseres alltäglichen Sprechens für die ontologische Theorienbildung. Es folgt eine ontologische Charakterisierung des Bereichs der Partikularien, denen materielle Gegenstände oder Dinge ebenso angehören wie Ereignisse und Zustände. Eine allgemeine Ontologie der Kategorie der Dinge entwickle ich unter Abhebung ihrer Vorkommnisse von den nicht-dinghaften Partikularien, paradigmatisch angeführt von den Ereignissen. Dinge sind drei-, nicht vierdimensionale Partikularien. Die ontologische Abhängigkeit der Dinge von Ereignissen ist zu unterscheiden von jener der Ereignisse von Dingen. Die Artzugehörigkeit der Dinge ist grundlegend anders zu beurteilen als die der Ereignisse, v.a. im Hinblick auf die Bestimmung der Identität von konkreten Dingen bzw. Ereignissen durch die Arten, Stichwort „sortale Dependenz" (Dinge) bzw. „sortale Relativität" (Ereignisse) der Identität. In diesem Zusammenhang wird der Begriff „Art" oder „Sorte" zu präzisieren sein; ich werde mich dabei an der klassischen „species infima" orientieren. Schließlich unterscheiden sich Dinge und Ereignisse in ihrer komplexen inneren Struktur, die ich auch ihre innere Sachverhaltsstruktur nennen werde. Dinge bestehen aus einem individuellen Form- und einem individuellen Materialaspekt, Ereignisse aber aus Dingen (Trägern) und (dynamischen) Eigenschaften. Der erste Hauptteil enthält dazu noch metaontologische Ausführungen. Oben wurden Dinge als „Kategorie" bezeichnet. Was bedeutet überhaupt „(ontologische) Kategorie"? Was sind Kriterien für kategoriale Einheit bzw. Verschiedenheit von Vorkommnissen? Machen Dinge wirklich eine ontologische Kategorie aus? Unter Metaontologie fällt auch die Frage, ob die im ersten Hauptteil entwickelte allgemeine Ontologie der Dinge tatsächlich eine Alltagsontologie nach den gegebenen Kriterien ist. Der letzte Abschnitt innerhalb des ersten Hauptteils widmet sich einigen Standardeinwänden gegen die Akzeptanz von Dingen, verstanden als dreidimensionalen Entitäten. Gibt es überhaupt Dinge? Wie ist es zu verstehen, dass sich dreidimensionale Entitäten, von denen in einem strikten Sinn nicht nur synchrone, sondern auch diachrone Identität behauptet wird, ändern können? Geht das mit Leibniz´ Prinzip zusammen, das ja die qualitative Gleichheit von Identischem fordert?

Im zweiten Hauptteil unternehme ich es, in die Kategorie der Dinge „hineinzugehen". Hier mache ich einen vielleicht unorthodoxen Vorschlag, nämlich den, innerhalb der Dinge zwischen Artefakten und Lebewesen zu unterscheiden, und (nur) Letztere als „Substanzen" auszuweisen. Artefakte unterscheiden sich von Lebewesen durch ihre Abhängigkeit von (endlichem) Bewusstsein, durch die konventionelle Festlegbarkeit ihrer Identität, sowie durch die Möglichkeit, dass sie diachron auch verschiedenen Arten (im Sinne der species infima) angehören können. Diese Möglichkeit hat auch Auswirkungen auf die Entwicklung ihrer inneren Struktur. Um meine Auffassung von der Extensionsgleichheit von „Lebewesen" und „Substanz" zu verteidigen, lege ich dar, warum in der Literatur angeführte Substanz-Kandidaten wie u.a. Atome, Steine, natürliche Formationen (Berge, Seen), dingliche Kunstwerke doch nicht zu den Substanzen gezählt werden können. Gerade die zuletzt genannte Argumentationslinie führt uns zur Erörterung von Substanz-Kriterien. Ich werde versuchen, in Fortentwicklung von vorhandenen, ein eigenes *Unabhängigkeitskriterium* für Substanzen zu vertreten. Dass Substanzen ein „Genus" einer Kategorie (der Dinge) ausmachen, selbst aber keine Kategorie sind, muss in diesem Zusammenhang ebenso erläutert werden wie die Alltagsontologie-Tauglichkeit der Ausführungen dieses zweiten Hauptteils.

Im dritten Hauptteil komme ich zu den Personen. Ich orientiere mich zunächst am *Selbstbewusstseinskriterium* für Personalität, wie es von Locke und Kant (!) entwickelt und in der aktuellen Diskussion u.a. von Dennett, Singer und Lowe aufgegriffen wurde. In der Folge versuche ich, Personen als selbstbewusste Wesen in den, in vorhergehenden Hauptteilen entwickelten ontologischen Rahmen zu integrieren. Eine besondere Rolle wird dabei die personale individuelle Form spielen. Sie ist einfach und (somit) nicht weiter analysierbar, einzig möglicher Träger der identitätskonstituierenden Einheit des Selbstbewusstseins. Die individuelle Form der Personen ist eigentümlich, auch aufgrund ihrer Charakteristik als „unvollständiger" Form. Diese Unvollständigkeit zeigt sich u.a. daran, dass es keine Nur-Personen gibt, sondern immer nur solche, die auch einer anderen Art angehören, z.B. den Menschen, verstanden als biologische Organismen. Die Diskussion einiger sich daraus ergebender Fragestellungen (z.B. Gibt es auch nicht-menschliche Personen bzw. menschliche Nicht-Personen? Ist die Identität von menschlichen Personen *sortal relativ* zu bestimmen - relativ zur Art der Menschen und relativ zur Art der Personen -, wie das eigentlich als Eigenart der Ereignisse ausgewiesen wurde?), rundet den dritten Teil ab; ebenso wie finale metaontologische Analysen, sowie ein abschließender thematischer Ausblick.

(5) Ich darf diese Einleitung mit dem Bekenntnis zu Einschränkungen beschließen. Dieses Buch ist in seiner Ausrichtung primär systematisch-aufbauend, nicht aber apologetisch angelegt. Ich fasse zwar einzelne faktisch vorgebrachte und auch mögliche Einwände und Gegenpositionen ins Auge. Was ich jedoch nicht unternehme, ist eine umfassende Begründung, z.B. warum ich Ding-Ontologe, nicht jedoch Prozess-Denker, Tropist o.ä. bin. Ich versuche somit gar nicht erst auszuführen, warum ich die genannten Alternativen und andere für falsch oder ungenügend halte. Grundsatzdebatten fehlen. Das hängt mit meiner Ansicht zusammen, dass ich den Vortrag dieser Ontologie nicht auf die Zurückweisung von alternativen Theorien bauen muss. Eine weitere Einschränkung ist, dass ich zwar an gegebener Stelle auf historische Autoritäten Bezug nehme, allerdings nicht mit exegetischer Akribie. Das ist kein philosophiegeschichtliches Buch. Auch dafür liegt der Hauptgrund in seinem systematisch-aufbauenden Anliegen. Beides zusammen bedingt auch, dass ich die Forschungsliteratur, die es zu diesem Thema gibt, mit keinerlei Anspruch der Vollständigkeit rezipiere.

Eine weitere Bescheidenheitsbekundung betrifft den Stil des Buches. Seine Niederschrift hat acht Jahre gedauert, Vorarbeiten reichen mindestens weitere zehn Jahre zurück. Selbst aufwendige redaktionelle Bemühungen reichen nicht aus, um alle Brüche in der Darstellungsweise zu kitten. Ich hoffe, das Buch ist trotzdem einigermaßen flüssig zu lesen. Apropos, flüssig lesen: Den „roten Faden" des Buches kann man gut und gerne auch verfolgen ohne die zahlreichen, z.T. metaontologischen Einschübe. Die eilige Lektüre-Version wäre I – 2, 3, 4; II – 1; III – 1, 2, 3, unter Auslassung von III 3.41 und 3.42. Die etwas kleiner gesetzten Passagen beinhalten ausschließlich Zusatzüberlegungen, die ebenfalls ohne Verlust besagten Fadens übersprungen werden können. Ohne den Abschluss in III – 3.43 bitte nicht aufhören!

Die genannten Vorarbeiten sind Vorträge, kleinere Artikel, aber auch etliche Lehrveranstaltungen. Sollte ich Inhalte daraus entnehmen, werde ich das natürlich anmerken. Der Hinweis sei aber in erster Linie Anlass zu Dank, an alle LeserInnen, ZuhörerInnen, DiskutantInnen und KritikerInnen, die – vielleicht selbst gar nicht ahnend wie sehr – zur Verbesserung dieses Buches beigetragen haben. Besonders hervorzuheben sind die TeilnehmerInnen an meinem Forschungsseminar „Ding – Substanz – Person", welche besonders engagiert an der Fehlersuche mitgewirkt haben.

I Grundzüge einer Alltagsontologie von Dingen

In diesem ersten Hauptteil werde ich, wie eben angekündigt, eine kennzeichnende und allgemeine ontologische Bestimmung von Dingen versuchen. Das Attribut *ontologisch* wurde in den einleitenden Vorbemerkungen erörtert. *Allgemein* meint hier, dass ich vorerst nur jene ontologischen Merkmale aufweisen möchte, die *alle Dinge* betreffen, und nicht nur eine Untergruppe oder einen Teilbereich der Dinge. Es geht mir vorläufig also nicht um Differenzen, die Vorkommnisse im Bereich der Dinge voneinander unterscheiden. Dies wird Aufgabe des zweiten und des dritten Hauptteiles sein. „Kennzeichnend" meint hingegen, dass ich mich mit jenen Merkmalen beschäftigen möchte, die Dinge abheben von anderen Entitäten, genauer von anderen *partikulären Entitäten*, z.B. von Ereignissen und Zuständen (der Einfachheit halber werde ich mich hauptsächlich auf Ereignisse beschränken). Der Frage, was Partikularien insgesamt von *abstrakten Entitäten*, abstrakten Individuen und Universalien abhebt, werde ich nur am Rande nachgehen.

Um zu meinen „Grundzügen einer Alltagsontologie von Dingen" zu kommen, möchte ich mir aber zunächst die Frage stellen, was das überhaupt ist eine „Alltagsontologie" oder eine „deskriptive Ontologie"?

I - 1. Was ist eine Alltagsontologie?

Eine erste und gebräuchliche Weise der Erläuterung von „Alltagsontologie" besteht im Hinweis auf Autoritäten, sei es der klassischen, sei es der zeitgenössischen Ontologie. Etwa derart, dass man Alltagsontologien bestimmt als „aristotelische" Ontologien. Will man in diesem Sinne Aristoteliker sein, verbindet man damit normalerweise nicht den Anspruch, dem historischen Aristoteles ins exegetische Detail seiner Theorienbildung zu folgen. Vielmehr bekundet man die Bereitschaft, Aristoteles´ Programm der Metaphysik zu übernehmen, insofern es diesem nicht um eine Revision, sondern um die Beschreibung (Deskription) der tatsächlichen Struktur unseres Denkens über die Welt geht. Im Kontext der zeitgenössischen Ontologie ist es vor allem Peter F. Strawson, dessen ontologische Auffassungen man paradigmatisch mit dem Attribut *deskriptiv* kennzeichnet. Strawson geht es um die basalen Strukturen unseres alltäglichen

Sprechens, um von da aus die grundlegenden Strukturen der (alltäglichen) *Wirklichkeit* aufzuweisen.

Die hier gebotenen Grundzüge einer Alltagsontologie von Dingen werden in der Tat stark aristotelische Züge tragen und wissen sich Peter F. Strawson, vor allem seinem Hauptwerk „*Individuals*" verpflichtet[1]. Dennoch möchte ich mich bei meinem Antwortversuch auf die Frage nach einer Alltags- oder deskriptiven Ontologie nicht mit dem Verweis auf diese Autoritäten begnügen.

(1) Was eine Alltags- oder deskriptive Ontologie m.E. in erster Linie auszeichnet, ist die Anerkennung der ontologischen Relevanz von Intuitionen, die Menschen bzgl. ihrer Umwelt, insbesondere bzgl. anderer Menschen haben. Wie aber kann man das verstehen? - Um eine Antwort zu geben, möchte ich zuerst versuchen, in den Griff zu bekommen, was man unter „Intuition" verstehen mag. In einem nächsten Schritt frage ich nach der „ontologischen Relevanz" derselben.[2]

a) Intuitionen sind, um gleich zu Beginn ein wesentliches Charakteristikum anzuführen, *Einstellungen,* und zwar Einstellungen *zu etwas,* nämlich *zu einem propositionalen Gehalt.*[3] Im Folgenden werde ich auch davon sprechen, dass man zu Auffassungen oder Thesen intuitiv eingestellt sein mag, und meine damit, genau gesprochen, deren propositionalen Gehalt. (Dass ganze Theorien Intuitionen entsprechen, meint dann, dass Thesen in ihrem Bereich bzw. deren Gehalt Intuitionen gemäß sind.) Intuitionen haben wir also grundsätzlich *dazu, dass p,* wobei p im Gedanken besteht, dass etwas so oder so ist, bzw. etwas zu etwas in dieser oder jener Beziehung steht.

b) Normalerweise bezeichnet man mit „Intuitionen" keine affektiven Einstellungen wie Angst, Freude, Furcht etc., um sie gegen rationale oder willentliche abzugrenzen. Vielmehr sind Intuitionen, unabhängig davon, welche subjektiven Vermögen daran beteiligt seien, *spontan*. Das Attribut „spontan" verwendet man wiederum nicht, um Einstellungen als punktu-

---

[1] Hier: Strawson 1972.
[2] Diese Überlegungen zum Thema „Intuitionen" habe ich weitgehend aus Kanzian 2003 übernommen. Dort finden sich auch mehr Literaturangaben.
[3] Ich nehme an, dass es Propositionen oder propositionale Gehalte gibt. Diese machen den gedanklichen Inhalt sprachlicher Ausdrücke aus. Ich meine aber, dass von dieser Annahme nicht der Erfolg meiner Überlegungen bzgl. Intuitionen abhängt. Gegner von Propositionen können z.B. meine Bestimmungen von Intuitionen in beliebige propositionslose Definitionen übersetzen, ohne dass mein Anliegen verloren ginge.

elle auszuweisen und sie so in Gegensatz zu setzen zu zeitlich andauernden. „Spontan" besagt eine Abgrenzung von intuitiven Einstellungen zu reflektierten, etwa philosophischen bzw. in irgendeiner anderen Weise wissenschaftlichen Einstellungen. Intuitionen sind somit vorwissenschaftliche oder „alltägliche" Einstellungen zu propositionalen Gehalten.[4] Das schließt natürlich nicht aus, dass auch Philosophen Intuitionen bzgl. Philosophischer Gedanken haben können. Das meint aber, dass jene Einstellungen zu philosophischen Gedanken, die als Ergebnis philosophischer Reflexion zustande kommen, nicht zu den Intuitionen gerechnet werden. Wenn jemandem aufgrund der Deduktion aus vorhergehenden Prinzipien eine These plötzlich „einleuchtet", ist diese Einstellung zu dieser These dann ebenso wenig „intuitiv", wie die Evidenz einer Aussage, die sich schon allein aus der Bedeutung der darin enthaltenen Ausdrücke ergibt.

c) Ein weiterer Aspekt besteht darin, dass man, ist man „intuitiv" auf einen propositionalen Gehalt oder Inhalt bezogen, nicht neutral auf diesen Inhalt bezogen ist. Man ist entweder ablehnend oder zustimmend dazu eingestellt. In diesem Sinne spricht man davon, man nehme intuitiv p *an*, und meint damit, dass man spontan positiv zu p eingestellt ist. Oder man sagt, man habe die Intuition, dass p *abzulehnen* ist, und meint damit, man sei spontan negativ zu p eingestellt. Das heißt natürlich nicht, dass man nicht neutral gegenüber einem propositionalen Gehalt eingestellt sein kann, sondern nur, dass man dann zu diesem Gehalt keine intuitive Einstellung hat.

d) Propositionen, auf die Intuitionen gerichtet sind, mögen sich auf Detailbereiche unserer alltäglichen Lebenswelt beziehen oder auch, um jetzt speziell ontologisch maßgebliche Kontexte anzusprechen, auf die Wirklichkeit in ihren Grundstrukturen. So mag man beispielsweise Intuitionen zu Annahmen haben, wie konkrete technische Zusammenhänge zu begreifen sind, aber auch zu Gedanken, was Dinge in ihren allgemeinsten Strukturen sind. Ich mag Intuitionen bzgl. Auffassungen haben, warum ein Auto funktioniert, aber auch bzgl. einer These, ob dieses Auto da gestern dasselbe war wie es heute ist.

e) Schließlich sind Intuitionen Einstellungen, für die gilt, dass sie grundsätzlich offen sind für *Revisionen*. Ist jemand intuitiv dem Inhalt einer These p positiv eingestellt, heißt das nicht, dass er sich dauerhaft auf eine bestimmte Einstellung zu p verpflichtet. Intuitionen zu revidieren, kann man aber nach dem Gesagten auf zweifache Weise verstehen. Einmal

---

[4] Dabei kann ich mich u.a. auf David Lewis stützen. Für Lewis sind „intuitions" „common-sense"- Einstellungen. Damit stellt er sie in Gegensatz zu philosophisch reflektierten Einstellungen. Vgl. Lewis 1986, 99f, 133ff.

mag eine intuitive Einstellung zu einer Proposition p ersetzt werden durch eine reflektierte Einstellung zu p. Dann ändert sich genau genommen die Intuition zu p nicht. Man hört vielmehr auf, zu p eine Intuition zu haben. Dann aber mag eine Revision auch so geschehen, dass anstelle einer positiven Intuition zu p eine negative tritt. In diesem Fall besteht eine Revision in einer Änderung der Intuition bzgl. p.

Für den nicht-dogmatischen Charakter von Intuitionen spricht ferner ihre Kontext- oder Kulturrelativität. Obgleich faktisch die grundlegenden Einstellungen oder Intuitionen, gerade zu Auffassungen über die Grundstrukturen der Wirklichkeit, von Menschen der meisten Kulturen geteilt werden, ist es prinzipiell denkbar, dass es Kulturen gibt, in denen alternative intuitive Einstellungen bzgl. Auffassungen über Grundstrukturen der Wirklichkeit vorherrschen.

Nach diesem anfänglichen Versuch, „Intuition" zu bestimmen, möchte ich nun einen Schritt weitergehen und mich fragen, was man genaugenommen meinen kann, wenn man von „ontologisch relevanten Intuitionen" spricht. Oben ist davon die Rede, dass man nicht nur hinsichtlich der Grundstrukturen der Wirklichkeit, sondern auch zu ihren Teilbereichen Intuitionen haben mag. Schon dies legt die Frage nahe, was denn nun jene alltäglichen Einstellungen sein sollen, denen in irgendeiner Weise ontologische Relevanz zugebilligt werden kann. Jedwede intuitive Einstellung wird damit wohl nicht gemeint sein. Nehmen wir an, jemand hätte eine positive intuitive Einstellung dazu, dass sein Bier nach zwei Stunden im Kühlschrank nun kühl sein müsse, oder dazu, dass das Fußballspiel am Samstag interessant werden könnte. Wie soll die spontane Einstellung zu Überzeugungen bzgl. derart bestimmter Dinge unter solch besonderen Umständen Aufschluss geben über ontologische Zusammenhänge, die doch (nach der Bestimmung von „ontologisch" in der Einleitung) *allgemein* und *universal* sind? - Unter alltäglichen Einstellungen mit ontologischer Relevanz können wohl nur solche gemeint sein, die sich auf hinreichend *allgemeine* und *universale* Deutungen der Wirklichkeit beziehen. In Entsprechung zum oben Gesagten heißt *allgemein* hier: nicht von partikulären Einzelinteressen geleitet, auch nicht von wissenschaftlichen. *Universal* hingegen besagt, dass man damit nicht nur einen Teilbereich seiner Umwelt meint.

Hat ein *Einzelner* positive spontane Einstellungen zu allgemeinen und universalen Propositionen über die Konstitution etwa von Dingen, ihren Eigenschaften und Ereignissen, so wird man das wohl noch nicht als hinreichend für die ontologische Relevanz dieser Einstellungen auffassen können. Stellen wir uns vor, *andere* haben ebenfalls positive spontane Einstellungen, allerdings zu ganz anderen Auffassungen über die allgemeine und universale Konstitution etwa auch von Dingen, Eigenschaften und Ereignissen. Dieser durchaus denkbare Fall veranlasst uns, eine weitergehende Anforderung an ontologisch relevante Einstellungen oder Intuitionen zu stellen: Intuitionen eines einzelnen müssen auch *geteilt werden*, und zwar von einer hinreichend großen Anzahl anderer Menschen, um ontologische Relevanz zu erlangen. Eine Möglichkeit, dieses Intersubjektivitäts-Kriterium für ontologische Relevanz von Intuitionen näher zu bestimmen, ist, auf das faktische Funktionieren zwischenmenschlichen Zusammenlebens Bezug zu nehmen. Intuitionen, die das faktische Funktionieren zwischenmenschlichen Zusammenlebens fördern, haben ontologische Relevanz; Einstellungen, die geeignet sind, ihren Träger von funktionierendem Zusammenleben auszuschließen, eben nicht. - Dies setzt voraus, dass das faktische Funktionieren unseres Zusammenlebens damit zu tun hat, dass wir positive alltägliche Einstellungen bzgl. derselben oder zumindest ähnlichen Auffassungen über die Grundstrukturen der Welt haben, bzw. dass Zusammenleben nicht funktionieren könnte, wenn dem nicht so wäre. Diese Voraussetzung ist aber durchaus plausibel. Das ergibt sich bereits aus der Schwierigkeit, das Gegenteil anzunehmen: dass nämlich unser Zusammenleben bzw. sein Funktionieren gar nichts zu tun hätte mit gemeinsamen alltäglichen Einstellungen bzgl. der Grundstrukturen der Welt.

Ein Beispiel zur Erläuterung: Ich denke, dass unser gesellschaftliches Zusammenleben u.a. auf der Annahme beruht, dass einzelne Personen durch die Zeit dieselben bleiben. Anders wären z.B. Verträge und Vereinbarungen nicht zu verstehen, die auf bestimmte, aber auch für unbestimmte Zeit abgeschlossen werden; und zwar zwischen Vertragspartnern, die in einem engen Sinn eben dieselben bleiben. Intuitionen, welche diese Selbigkeit bejahen, fördern das soziale Leben. Hätte jemand gegenteilige Intuitionen und handelte er auch danach („Ich habe diesen Vertrag im Vorjahr nicht unterschrieben. Ich heute bin nämlich ein anderer als ich damals", o.ä. ...) , würde ihn das in seinem Zusammenleben mit anderen empfindlich behindern. Nach dem eben Gesagten hätte eine positive Intuition zur Selbigkeit von Personen durch die Zeit somit „ontologische Relevanz".

Diese Überlegungen eröffnen natürlich Angriffsflächen für diverse Einwände. Der zentrale Einwand gegen den Verweis auf Intuitionen als ontologisches Argument ist, dass man dadurch einer naiven Ontologisierung von Alltagseinstellungen das Wort spräche. Ist nicht eine Ontologie, die sich auf Intuitionen beruft, eine einfache Nachzeichnung vorwissenschaftlicher Deutungen der Wirklichkeit? - M.E. kann man dieser Kritik entgegentreten, indem man eine grundsätzliche Unterscheidung einbringt bzgl. *der Weise, wie* man in der Ontologie argumentativ auf Intuitionen Bezug nehmen kann. Einmal kann man den Verweis auf Intuitionen so verstehen, dass man tatsächlich meint, allein aus solchen alltäglichen Einstellungen eine ontologische Theorie konstruieren zu können. Dem entspräche die Meinung, man könne Intuitionen über Grundstrukturen der Wirklichkeit eins zu eins umlegen in eine Theorie über die Grundstrukturen der Wirklichkeit; etwa derart, dass man aus der intuitiven Akzeptanz der Thesen in ihrem Bereich folgerte, diese Thesen seien ontologisch wahr. Diese Weise, Ontologie unter Verweis auf alltägliche Einstellungen zu betreiben, kann man in der Tat als naiv bezeichnen. Naiv wäre beispielsweise folgende konkrete „Begründungsstrategie": Weil es die alltägliche Einstellung vieler Menschen gibt, dass Personen durch die Zeit mit sich identisch sind, ist es wahr, dass Personen durch die Zeit mit sich identisch sind. Naiv wäre es wohl auch, so vorzugehen, als ob aus dem Entgegenstehen zu Intuitionen allein bereits die Falschheit von Thesen geschlossen werden könnte: Weil es alltäglichen Einstellungen entgegensteht, ist es ontologisch falsch anzunehmen, Personen wären Summen numerisch verschiedener zeitlicher Teile und somit durch die Zeit nicht identisch.

Man kann den argumentativen Bezug auf Intuitionen aber auch anders verstehen als die skizzierte naive Eins-zu-eins-Abbildung von intuitiv gestützten Auffassungen und ontologischer Theorie. Eine alternative Möglichkeit ist, den Bezug auf Intuitionen anzunehmen als *ein Kriterium für die Wahrheit* von Thesen. Wenn eine hinreichend große Gruppe von Personen intuitiv positiv zu einer These mit dem Gehalt p eingestellt ist, spricht das für p. Den Bezug auf Intuitionen in diesem Sinne als ein Wahrheitskriterium anzunehmen, legt nicht darauf fest, die Entsprechung zu Intuitionen als hinreichend für die Akzeptanz einer These anzunehmen, ja nicht einmal darauf, sie als notwendig für die Annahme einzustufen. Das argumentative Gewicht eines solchen Kriteriums ist aber dennoch gegeben. Das wird besonders dann deutlich, wenn es um die Entscheidung zwischen konkurrierenden Theorien geht. Nehmen wir an, es lägen zu einer ontologischen Frage zwei einander entgegengesetzte Antwortversuche vor. Nehmen wir außerdem an, beide Antwortversuche seien in sich schlüssig, hätten denselben Erklärungswert und seien gleichermaßen einfach gebaut. Warum sollte man nicht jener den Vorzug geben, deren Thesen auch noch alltäglichen Einstellungen entsprechen? Desgleichen könnte man überlegen, ob nicht die Entsprechung zu Intuitionen ein Manko einer ontologischen Theorie relativ zu einer anderen ausgleicht. Entsprechen Thesen in ihrem Bereich alltäglichen Einstellungen, könnte das z.b. Nachteile einer Theorie wettmachen, die sie gegenüber einer anderen hinsichtlich ihrer Einfachheit hat. M.a.W. ist zu überlegen, ob nicht einer komplexen, aber intuitiv plausiblen Theorie, vor einer einfachen, aber gegenintuitiven der Vorrang zu geben ist, wenn beide denselben Erklärungswert haben. Akzeptierte man also den Verweis auf Intuitionen als ein Wahrheitskriterium für ontologische Thesen, könnte man ihn zur Entscheidung zwischen alternativen Theorien heranziehen, ohne der naiven Ansicht zu verfallen, man könne eine Ontologie allein oder rein aus besagten Einstellungen oder Intuitionen entwickeln.

Ebensowenig wäre eine Anwendung des Verweises auf Intuitionen als *ein mögliches Korrektiv* ontologischer Thesen dem Vorwand der naiven Ontologisierung alltäglicher Einstellungen ausgesetzt. Wenn eine hinreichend große Gruppe von Personen intuitiv negativ zu einer These mit dem Gehalt p eingestellt ist, spricht das zunächst gegen p. Auch wenn dies weder hinreichend, schon gar nicht notwendig dafür ist, eine These abzulehnen, wird man einen solchen Verweis auf Gegenintuitivität als Anlass kritischer Nachfrage gelten lassen.

Das oben als naiv bezeichnete Verständnis ontologischer Relevanz von Intuitionen kann dem Einwand der vorschnellen Ontologisierung von alltäglichen Einstellungen wohl nicht entkommen, das eben skizzierte m.E. schon: Ohne zu meinen, man könne den Verweis auf Intuitionen als alleiniges Konstruktionsprinzip einer Ontologie bzw. als ausreichenden Grund zur Ablehnung einer Theorie verwenden, ist es legitim, alltägliche Einstellungen als ein Wahrheitskriterium ontologischer Thesen anzunehmen. So kann der Verweis auf Intuitionen zur Entscheidung zwischen alternativen Theorien herangezogen werden. Auch spricht nichts dagegen, dem Vertreter von Theorien mit gegenintuitiven Thesen zunächst unter dieser Rücksicht anzufragen und ihm eine gewisse Beweislast aufzubürden.

(2) Ein zweites Merkmal von Alltags- oder deskriptiven Ontologien lässt sich sprachphilosophisch formulieren. Es besteht darin, dass solche Ontologien in einem noch näher zu bestimmenden Sinn mit *Grundzügen* unseres alltäglichen Sprechens zurechtkommen müssen. Dieses zweite Merkmal ist nicht strikt vom ersten zu trennen. Das ergibt sich, wenn man annimmt, dass Grundzüge unseres alltäglichen Sprechens, um es vorsichtig zu sagen, *zu tun haben* mit intersubjektiven Intuitionen über allgemeine

und universale Züge der Wirklichkeit. Dennoch lässt sich dieses zweite Merkmal auch unabhängig vom ersten in den Blick bekommen.

Um dieses Merkmal zu erläutern, muss man zunächst einmal klären, welche Züge man meint, wenn man von *Grundzügen* unseres alltäglichen Sprechens redet. Unter den Grundzügen einer Sprache verstehe ich jene Strukturen, für die gilt, dass sie nicht nur auf einen Teilbereich dieser Sprache zu beschränken sind, sondern eben die *ganze* Sprache betreffen. Damit schließe ich u.a. aus, dass die Besonderheiten der Rede über bestimmte Gegenstandsbereiche, etwa über Dinge, zu diesen Grundzügen zu zählen ist. Weiterhin sind Grundzüge *sprachinvariant*, insofern als sie sich nicht auf eine einzelne natürliche Sprache, etwa das Deutsche oder das Englische, beschränken lassen. Linguistische Besonderheiten, etwa des Deutschen oder des Englischen, sind somit ebenfalls aus dem Bereich der Grundzüge auszuschließen. Als drittes Kriterium möchte ich nennen, dass Grundzüge des Sprechens für die Grammatik einer Sprache derart *grundlegend* sind, dass sie selbst nicht, zumindest nicht allein, mit Mitteln der Grammatik erklärt werden können. Grundlegend zu sein meint aber auch, dass sich die so bezeichnete Eigenart nicht einfach innerhalb einer Sprache weginterpretieren lässt.

In der Folge möchte ich zwei solcher Grundzüge herausgreifen. Es sind jene, die mir für das Anliegen einer Alltagsontologie in besonderem Maße relevant erscheinen. Der erste Grundzug lässt sich aufweisen anhand eines im Alltag (natürlich auch in wissenschaftlichen Kontexten) besonders bedeutsamen Sprechaktes, nämlich anhand der *Prädikation*. Unter einer Prädikation verstehe ich jene komplexe Sprechhandlung, durch die wir uns auf etwas oder jemanden beziehen oder *referieren*, um von ihm etwas *auszusagen*. Ohne mich mit möglichen sprachphilosophischen Interpretationen der Prädikation beschäftigen zu wollen[5], möchte ich festhalten, dass sich an ihr ein Grundzug unseres Sprechens aufweisen lässt, nämlich seine *Subjekt–Prädikat-Struktur*. Unter Subjekten verstehe ich hier keine bestimmte grammatikalische Kategorie, schon gar nicht eine bestimmte Wortart; ebenso wenig übrigens unter Prädikaten. Faktisch verwenden wir ja die verschiedensten Arten von Wörtern sowohl als Subjekte als auch als Prädikate. Unter Subjekt verstehe ich vielmehr einen Ausdruck, der in einer Prädikation eine bestimmte *Funktion*, nämlich die bezugnehmende; unter Prädikat einen, dem in der Prädikation die Funktion des Aussagens zukommt.

---

[5] Siehe dazu Runggaldier 1990, Abschnitt C, v.a. Kapitel IV und V.

Ich gehe davon aus, dass die Subjekt-Prädikat-Struktur zu den Grundstrukturen des alltäglichen Sprechens gehört. Sie betrifft nicht nur einen Teilbereich von Sprachen, sie ist durchaus sprachinvariant in eben eingeführtem Sinne[6], und sie kann mit Mitteln der Grammatik allein nicht begründet und erklärt werden. (Schon gar nicht kann sie innerhalb einer Sprache eliminiert werden, etwa durch Übersetzung in sprachliche Einheiten ohne diese Struktur.) Die Begründung und Erklärung der Subjekt-Prädikat-Struktur kann nämlich, wofür Peter Strawson ausführlicher argumentiert hat, nur ontologisch erfolgen[7]. Das heißt, dass die Subjekt–Prädikat-Struktur eine Grundstruktur unseres Sprechens ist, die nur über den Verweis auf Grundstrukturen der Wirklichkeit verstanden werden kann. Ich möchte mich hier nicht in Details der Strawson-Exegese versteigen. Worum es mir geht, ist ein Versuch, Alltags- oder deskriptive Ontologien in ihrer Eigenart zu bestimmen. Und ich meine eben, dass es eine Eigenart solcher Ontologien ist, eine ontologische Basis für die Erklärung besagter Grundstruktur unseres alltäglichen Sprechens bereitzuhalten (wie es beispielsweise die Anerkennung eines ontologischen Substanz-Akzidens-Schema wäre).

In Entsprechung zum oben bzgl. Intuitionen Gesagten, kann dies natürlich nicht bedeuten, dass man eine Ontologie alleine aufgrund oder in naiver Umlegung einer Theorie der Subjekt-Prädikat-Struktur gewinnen kann. Dennoch gilt, dass eine Alltagsontologie bei der Theorienbildung besagte Grundstruktur unseres Sprechens nicht ignorieren kann. Ein Wahrheitskriterium für eine alltagsontologische Theorie ist, ob sie eine Basis für eine plausible Erklärung dieser Grundstruktur des Sprechens bereithält. Es ist jene Alltagsontologie eine bessere Alltagsontologie, welche die Subjekt–Prädikat-Struktur unseres Sprechens besser, d.h. plausibler erklärt. Eine Alltagsontologie muss korrigiert werden, wenn sie keine oder nur eine unbefriedigende Deutung der Subjekt-Prädikat-Struktur impliziert.

Seine Subjekt–Prädikat-Struktur ist nur ein ontologisch relevanter Grundzug unseres alltäglichen Sprechens. Ein weiterer kann darin gesehen werden, dass wir Sprache dazu verwenden, um Gegenstände (in einem weiten oder nicht-technischen Sinn verstanden, also nicht nur materielle Gegenstände oder Dinge) zu *identifizieren*, d.h. als Individuen aus ihrer Umgebung abzuheben, bzw. zu *reidentifizieren*, d.h. durch die Zeit als ein und

---

[6] ... was nicht ausschließt, dass es vereinzelt Sprachphänomene ohne diese Struktur geben mag, wie uns Linguisten lehren.
[7] Siehe u.a. Strawson 1972, 206f. Aber auch ders. 1971.

dasselbe wiederzuerkennen. Ich möchte mich hier nicht auf die Erörterung jener sprachlichen Mittel einlassen, die es uns im Alltag gestatten, Individuen zu (re-)identifizieren, wie Demonstrativpronomina, Eigennamen sowie definite Beschreibungen. Auch die Begründung des Grundzugs-Charakters des sprachlichen Identifizierens führe ich an dieser Stelle nicht aus, weil ich an einer anderen Stelle, I – 5.33 (3), darauf zu sprechen kommen werde. Worauf ich hier allerdings hinweisen möchte ist, dass wir im Alltag faktisch Differenzen machen bzgl. *der Weise, wie* wir unterschiedliche Individuen identifizieren. Von besonderem Interesse für unseren Kontext ist, dass die Identifizierung mancher Individuen von der Identifizierung anderer, bzw. andersartiger Individuen abhängt. Wenn wir etwa, um uns auf raum-zeitliche Individuen zu beschränken, Ereignisse und Zustände identifizieren, tun wir das normalerweise nicht, ohne uns auch auf jene Dinge zu beziehen, in die Ereignisse und Zustände involviert sind. Wenn wir hingegen Dinge identifizieren, können wir das normalerweise direkt tun, d.h. ohne den Umweg über Ereignisse und Zustände. Strawson deutet dieses Faktum so, dass für jede Identifizierung die Lokalisierung des zu Identifizierenden im Raum-Zeit-System erforderlich ist. Nur Dinge aber konstituieren diesen, für jede Identifizierung notwendigen Bezugsrahmen. Also benötigen wir für die Identifizierung von Ereignissen und Zustände Dinge, für die Identifizierung von Dingen aber keine nichtdinglichen Entitäten.[8] Auch das soll uns hier nicht weiter beschäftigen; genauso wenig wie die Frage, ob denn nicht auch die Identifizierung von Dingen, wenn auch auf akzidentelle Weise, abhängt von jenen Zuständen und Ereignissen, in die Dinge involviert sind.[9]

Worauf es mir hier ankommt ist, dass eine Alltagsontologie dieses Geflecht von Abhängigkeiten in der Identifizierung von Gegenständen mit zu berücksichtigen und womöglich zu interpretieren hat: etwa so, dass die Abhängigkeit in der Identifizierung von Gegenständen einer ontologischer Abhängigkeit zwischen diesen Gegenständen entspricht. Ob eine alltagsontologische Theorie das tut oder nicht, kann als ein Wahrheitskriterium für sie herangezogen werden. Es ist jene Ontologie eine bessere Alltagsontologie, die eine plausiblere Theorie der wechselseitigen Abhängigkeit der Identifizierung verschiedener Arten von Entitäten bereithält.

Ein Merkmal von Alltags- oder deskriptiven Ontologien besteht also darin, die Grundzüge unseres alltäglichen Sprechens zu berücksichtigen und zu

---

[8] Vgl. Strawson 1972, 71.
[9] In Kanzian 2001, IV – 3.3 habe ich das näher ausgeführt.

klären. Nimmt man dieses Merkmal an, ist man m.E. weit davon entfernt, einer naiven Ontologisierung der Alltagssprache das Wort zu reden. Dieser Vorwurf träfe nur dann zu, wenn man von allzu oberflächlichen und auch partiellen Bereichen unseres Sprechens ausgehen und noch dazu vorschnelle ontologische Schlüsse ziehen würde. Z.B. nach dem Motto: Wir reden doch im Alltag über Entitäten der Art F, also muss es F´s geben, z.B.: Wir reden über Eigenschaften, also gibt es Eigenschaften. Oder: Wir reden doch im Alltag so über G´s, dass ihnen das Merkmal M wesentlich ist, also ist das Merkmal M Entitäten der Art G wesentlich. All diese Behauptungen betreffen, um zunächst die sprachliche Ebene ins Auge zu fassen, keine Grundzüge, sondern konkrete Detailbereiche unseres Redens. Ihre ontologische Interpretation ist naiv, weil sie Sprachanalyse nicht als kritisches Korrektiv ontologischer Theorienbildung, als ein Wahrheitsbzw. Entscheidungskriterium für die Akzeptanz einzelner Thesen auffasst. Sprache wird unkritisch ontologisiert. Wie bereits mehrmals erwähnt, steht das dem hier vorgeschlagenen Versuch, Merkmale von Alltagsontologien zu skizzieren, entgegen.

(3) Ein drittes Kriterium ergibt sich aus den beiden bereits genannten. Und zwar gilt für Alltagsontologien, dass sie grundsätzlich offen sind für *Revisionen* und somit als solche keinen Anspruch auf eine definitive Gestalt erheben können. Das ergibt sich zum einen daraus, dass Intuitionen, auch die oben als ontologisch relevant ausgezeichneten, *prinzipiell änderbar* sind. Und das ergibt sich zum anderen aus der geschilderten Abhängigkeit der Alltagsontologie von diesen Intuitionen. Das steht, wie oben (1) e) gesagt, der Tatsache nicht entgegen, dass sich *faktisch* jener Grundbestand von intuitiven Einstellungen, der seit jeher die deskriptive Ontologie prägt, erhalten hat. Dementsprechend ist die Gestalt deskriptiver Ontologien durch die Geschichte bemerkenswert stabil.

Für den nicht-dogmatischen Charakter von Alltagsontologien spricht ferner ihre Kontext- bzw. Kulturrelativität. Auch dieser Aspekt beruht auf der Abhängigkeit der Alltagsontologie von Intuitionen und der bereits geschilderten Kontext- bzw. Kulturrelativität derselben. Obgleich faktisch ein Kern von Intuitionen zur Grundstruktur der Wirklichkeit von Menschen aller Kulturen geteilt wird, ist es prinzipiell denkbar, dass es Menschengruppen gibt, in denen etwa von unserer Kultur vollkommen verschiedene ontologisch relevante intuitive Einstellungen vorherrschen. (Ebenso sind natürlich, zumindest im Gedankenexperiment, Kulturen mit alternativen sprachlichen Grundzügen denkbar.) Besagte Kontext- oder

Kulturrelativität von Intuitionen mit ontologischer Relevanz anzunehmen, macht es somit auch legitim, die Möglichkeit verschiedener Alltagsontologien mit gleicher Berechtigung zu erwägen. Während die Änderbarkeit oder der nicht-dogmatische Charakter im Allgemeinen auch von verschiedenen revisionären Ontologien beansprucht wird, siehe Quine, ist die Kulturrelativität ein Spezifikum der Alltagsontologie. Ist jemand beispielsweise Physikalist, muss er als Autorität seiner ontologischen Theorienbildung die Physik in ihrem jeweils vorliegenden Stand akzeptieren. Die ist zwar änderbar, nicht aber kulturrelativ.

Wir können also zusammenfassend festhalten, dass Alltagsontologien auf bestimmte Intuitionen als Wahrheits- bzw. Entscheidungskriterien verwiesen sind, die Grundstrukturen unseres Sprechens, wie die Subjekt-Prädikat-Struktur bzw. die Eigenart identifizierenden Bezugnehmens auf verschiedenartige Entitäten mitberücksichtigen, und (deshalb) prinzipiell offen sind für Revisionen. Nach diesen allgemeinen Bemerkungen zur Eigenart von Alltagsontologien möchte ich nun versuchen, die angekündigte Alltagsontologie von Dingen zu skizzieren.

I - 2. Was sind Partikularien?

Da Dinge oder materielle Gegenstände als *partikulare* Entitäten bestimmt wurden, können wir uns in einem ersten Schritt fragen, was es überhaupt, sprich unabhängig vom Thema Dinge, besagt, etwas als *Partikulare* zu bezeichnen. Wir können dazu die Einführung von „Partikulare" in der Einleitung aufgreifen und erläutern. Dort ist davon die Rede, dass Partikularien *raum-zeitliche Individuen* sind. Diese beiden Aspekte, Raum-Zeitlichkeit und Individualität, können ergänzt werden durch die sprachlogische Bestimmung, dass man Individuen nicht aussagen oder prädizieren kann. Alle drei Aspekte hängen miteinander zusammen, können aber auch getrennt voneinander ins Auge gefasst werden.

(1) Als erster Aspekt sei jener angeführt, dass man unter einem Partikulare ein *Individuum* („individual") verstehen mag.[10] Diese Bestimmung setzt Partikularien in Gegensatz zu *allgemeinen* oder *universalen* Entitäten. Ein Partikulare zu sein heißt demnach zunächst, kein Universale zu sein. Inhaltlich erläutern könnte man diesen Aspekt dadurch, dass Partikularien, im Unterschied zu Universalien, *einmalig* und *unwiederholbar* sind. Einmalig zu sein heißt, nicht zu ein und demselben Zeitpunkt an verschiedenen Stellen im Raum vorkommen zu können; unwiederholbar zu sein meint, nicht als dasselbe wiederholt vorkommen zu können. Das Dasein eines Individuums erschöpft sich in einem und nur in einem Vorkommnis. Universalien gehen, im Unterschied zu Partikularien, nicht in einer Realisierung auf. Ein Universale ist ein *unum in multum*. Es kann als dasselbe mehrmals, auch zur gleichen Zeit, vorkommen.

Gegen diese Unterscheidung kann man einwenden, dass es durchaus auch Universalien geben könne, deren Dasein sich in genau einem Vorkommnis erschöpft. Nehmen wir an, Eigenschaften wären Universalien, und stellen wir uns eine mögliche Welt vor, in der nur genau ein Ding die Eigenschaft hat, grün zu sein. Das Universale Grün geht in dieser möglichen Welt in diesem einen Vorkommnis oder in dieser einen Realisierung auf. Selbst wenn man dies zugesteht, kann man Individuen unter gegebener Rücksicht von Universalien abheben. Wenn man nämlich hinzufügt, dass es für Universalien, im Unterschied zu Individuen, durchaus (ontologisch)

---

[10] Anstatt von „Individuen" spricht man mitunter auch von „individuellen *Einzeldingen*". Um Missverständnisse zu vermeiden, die darauf beruhten, „Einzelding" im Sinne einer allgemeinen Bezeichnung eben aller Individuen, mit „Einzelding" im Sinne einer besonderen Bezeichnung für materielle Gegenstände zu verwechseln, sprechen wir hier nur von „Individuen".

möglich ist, mehrmals vorzukommen. Zweifelsohne gibt es mögliche Welten, in der, um beim Beispiel zu bleiben, die Farbe Grün mehrmals vorkommt, sowohl gleichzeitig als auch hintereinander. Für Individuen hingegen ist es aus ontologischen Gründen nur möglich, einmal vorzukommen. Es ist m.a.W. ontologisch unmöglich, dass Partikularien mehrmals vorkommen. Es gibt keine mögliche Welt, in der dieser Tisch, dieses Schaf oder gar dieser Hans mehrmals vorkommen.

Eine weitere Möglichkeit, diese Unterscheidung anzuzweifeln, wäre der Hinweis auf Individuen, von denen es durchaus Sinn hat zu sagen, sie kämen hier, und sie kämen gleichzeitig auch dort vor; sie kämen gestern und auch heute wieder vor. Ich denke hier in erster Linie an nicht-dingliche Individuen, wie komplexe Ereignisse, z.B. Philosophie-Konferenzen. Die Konferenz mag in Hörsaal A, gleichzeitig aber auch in den Hörsälen B und C stattfinden. Außerdem läuft das Ereignis am Montag ab, am Dienstag mag Pause sein, am Mittwoch *kommt es wieder vor*. Sind Konferenzen somit mehrmals und wiederholt vorkommende Individuen? - Dies kann verneint werden, indem man das Beispiel so deutet, dass nicht das ganze Individuum hier und dort bzw. am Montag und am Mittwoch stattfindet, sondern lediglich bestimmte räumliche bzw. zeitliche Teile desselben. *Ein Teil* der Konferenz findet im Hörsaal A, andere Teile in den Sälen B und C statt. Ein zeitlicher Teil der Konferenz geschieht am Montag, ein anderer am Mittwoch. *Als Ganzes* ist die Konferenz einmalig und unwiederholbar.

(2) Sind demnach „Partikulare" und „Nicht-Universale" oder „Individuum" extensionsgleich? – Eine positive Antwort auf diese Frage impliziert die Festlegung darauf, dass alle Nicht-Universalien oder Individuen raumzeitlich sind, wie das für Partikularien verlangt wird. Diese Festlegung aber ist problematisch. Dabei müssen wir uns noch gar nicht auf *substantiae separatae* wie cartesianische Egos beziehen, die traditionell als unkörperliche, folglich nicht-räumliche Individuen gedeutet werden. Die Nicht-Raum-Zeitlichkcit oder *Abstraktheit* mancher Individuen ergibt sich u.a. schon aus manchen Kontexten in der Philosophie der Mathematik. Selbst Skeptiker bzgl. Universalien, wie z.B. Quine, lehnen es unter Verweis auf die Grundlagenforschung in der Mathematik keineswegs ab, Gebilde wie Mengen oder Klassen in der Ontologie anzunehmen[11]. Mengen oder Klassen wären aber paradigmatische Fälle von *abstrakten Individuen*, d.h. Entitäten, die weder Universalien (weil einmalig und „unwiederholbar") noch Partikularien (weil nicht raum-zeitlich) sind. (Differenzierende Sicht-

---

[11] Vgl. u.a. Quine 1960, v.a. § 55, 267.

weisen des Nominalismus unterscheiden folglich zwischen der Ablehnung von Universalien und der Ablehnung von abstrakten Entitäten.[12]) Dementsprechend erscheint es jedenfalls sinnvoll, den in der Einleitung erwähnten Aspekt der Raum-Zeitlichkeit oder *Konkretheit* zur Charakterisierung von Partikularien auch ausdrücklich mit zu berücksichtigen.[13] So stellt man Partikularien in Gegensatz zu Universalien *und* zu abstrakten Individuen.

(3) Der dritte Aspekt ist eher als *Konsequenz* der durch die ersten beiden Aspekte umschriebenen Annahme, Partikularien seien konkrete Individuen, aufzufassen als eine inhaltliche Ergänzung. Demnach *können Partikularien nicht von etwas ausgesagt oder prädiziert werden*. Natürlich kann man sagen, dass ein Ding ein Partikulare sei, z.B. „Dieser Tisch ist ein Partikulare". Damit sagen wir aus, dass der Tisch ein Vorkommnis einer Art bzw. einer Kategorie von Partikularien ist, nicht jedoch sagen wir ein Partikulare aus. Auch kann man behaupten, ein Ding sei identisch mit einem bestimmten Partikulare, z.B. „George W. Bush ist identisch mit dem derzeitigen Präsidenten der USA". Auch hier sagen wir nicht ein Partikulare aus. Hier haben wir es vielmehr mit einer Identitätsbehauptung zu tun, deren erster Term ein Name und deren zweiter eine Kennzeichnung ist. Auch mögen Ausdrücke für Partikularien Teil prädizierend gebrauchter Ausdrücke sein. George W. Bush ist der Sohn seines Vorvorgängers im Amt. Hier bilden wir ein komplexes Prädikat, durch das wir – realistisch gesprochen - eine komplexe Eigenschaft von George W. aussagen. Auch dies ist jedoch kein Gegenbeispiel zur klassischen, hier angeführten These, dass man eben kein Partikulare aussagen kann.[14]

Partikularien, so sei zusammenfassend festgehalten, sind *konkrete Individuen*, die (somit) von keinem Ding ausgesagt werden können. „Konkret" besagt nicht-abstrakt, d.h. durch räumliche und zeitliche Merkmale bestimmt zu sein. „Individuum" besagt nicht-universal zu sein, d.h. einmalig und unwiederholbar vorzukommen.

---

[12] Ich möchte mich hier im Universalienstreit nicht festlegen, insbesondere nicht auf eine Ontologie mit Universalien und abstrakten Entitäten. Ich möchte nur sagen, dass Partikularien keine Universalien und keine abstrakten Entitäten sind. Auch die Frage nach abstrakten Universalien lasse ich offen. Siehe dazu Schurz 1995.

[13] U.a. Hoffman / Rosenkrantz (HR) 1994, 61, note 11, bestimmen Partikularien über diesen Aspekt der Konkretheit, um sie gegen Abstrakta abzugrenzen.

[14] Dazu, dass *alle* Partikularien, also auch nicht-dingliche, nicht ausgesagt werden können, siehe u.a. Allaire 1998, 263.

I - 3. Dinge sind Partikularien

Nach der Einführung des Begriffes „Ding" als allgemeine Bezeichnung für materielle Gegenstände, sowie der Erläuterung von Partikularien als konkrete Individuen, erscheint es prima facie als redundant, nochmals darüber zu handeln, dass es sich bei Dingen eben um Partikularien handelt. Dass Dinge Partikularien sind, wird wohl auch in der Literatur (von Autoren, die annehmen, dass es Dinge gibt) nirgends in Frage gestellt. Wir können uns folglich darauf beschränken, diese Auffassung ein Stück weit zu erläutern und vor einigen möglichen Missverständnissen zu bewahren.

(1) Eine erste Anfrage an die Auffassung, (alle) Dinge seien Partikularien, also raum-zeitliche Individuen, könnte darin bestehen, dass es doch offensichtlich Dinge gibt, für die es gar nicht so einfach ist, *eine bestimmte* räumliche und/oder zeitliche Position anzugeben. Es gibt Dinge, die hinsichtlich ihrer raum-zeitlichen Position *vage* sind. Denken wir an manche *Artefakte*, wie Werkzeuge, v.a. dingliche Kunstwerke, deren zeitlicher Beginn sowie deren zeitliches Ende bzw. deren räumliche Ausdehnung insofern vage sind, als sie nach pragmatischen oder konventionellen Kriterien entschieden werden können; folglich von verschiedenen BetrachterInnen anders.[15] Kann man diese Dinge dennoch zu den Partikularien zählen? – Besagte Vagheit wird im zweiten Hauptteil noch ausführlicher behandelt. Ich ersuche den/die LeserIn, sie hier (nur) unter der Rücksicht hinzunehmen, als sie, diese Vagheit, nicht hinreicht, um die von ihr betroffenen Dinge aus dem Bereich der Partikularien zu verbannen. Gilt für manche Dinge, dass ihre räumliche und zeitliche Position konventionell festzulegen ist, heißt das keineswegs, dass diese Dinge keine räumliche bzw. keine zeitliche Position hätten. Nur Letzteres aber würde diese Dinge aus dem Bereich der Partikularien ausschließen.

Die Unterscheidung zwischen Dingen, die hinsichtlich ihrer räumlichen und zeitlichen Position vage sind, und solchen, für die das nicht gilt, mag für Differenzierungen innerhalb des Bereichs der Dinge, aber auch für den Vergleich von Dingen mit anderen Partikularien aufschlussreich sein. Auch bei anderen, d.h nicht-dinglichen Partikularien ist eine entsprechende Unterscheidung zu finden. Bei Zuständen und Ereignissen gibt es solche,

---

[15] U.a. Heller 1990 bestimmt Konventionalität in der Festlegung von raum-zeitlichen Merkmalen von Dingen als Vagheit; siehe z.B. ebd., preface, page x f.

deren zeitliche und/oder räumliche Ausdehnung vage ist[16], und solche, für die das nicht gilt. Denken wir an den Ort und an die Zeit von Erdbeben oder Wintereinbrüchen, im Unterschied zum Ort und der Zeit des Fallens eines Steines oder seines Auf-dem-Boden-Liegens. Erstere sind vage, Letztere wohl eindeutig raum-zeitlich bestimmt.

(2) Eine andere Anfrage an unsere Auffassung von Dingen als Partikularien mag durch Bedenken motiviert sein, ob denn dadurch nicht eine Festlegung darauf geschehe, dass Dinge *nichts anderes seien als* eben raum-zeitliche Individuen. Ist ihre *res extensa* ontologisch hinreichend für die Konstitution der Dinge? Sind Dinge somit rein materiell (wenn man, wofür gute Gründe sprechen, „rein extensionale" Entitäten als rein materielle interpretiert)? Müsste man dann nicht insbesondere Lebewesen, Personen eingeschlossen, aus dem Bereich der Dinge ausgliedern, wenn man gerade sie als Entitäten erachten möchte, die durch ihre materiellen Konstituenten nicht ontologisch hinreichend bestimmt werden? (Das wäre für den in diesem Buch anvisierten ontologischen Rahmen schon von Beginn an fatal.) Tatsächlich gibt es Auffassungen, die Dinge, (weil) als Partikularien verstanden, als reine „Raum-Zeit-Zonen", in Konsequenz als rein materielle oder physikalische Objekte bestimmen.[17]

Diese Anfrage gibt Anlass zu einer wichtigen Festlegung: Dass Partikularien raum-zeitliche Individuen sind, besagt nach meinem Verständnis nicht, dass Partikularien *nichts anderes als* raum-zeitliche Individuen, folglich rein materiell seien. Somit hat die These, dass alle Dinge Partikularien sind, nicht zur Konsequenz, dass sie *rein* materiell oder materialistisch gedeutet werden müssten. Daraus, dass Dinge raum-zeitlich sind, folgt also nicht, dass sie darin aufgehen, raum-zeitlich zu sein; dass sie durch ihr Materiell-Sein hinreichend oder vollständig ontologisch bestimmt werden könnten. Insbesondere Lebewesen, ja Personen können somit auch dann zu den Dingen gezählt werden, wenn man nicht annimmt, dass sie rein materiell sind. Und zwar insofern, als sie eben *auch* eine räumliche und zeitliche Position einnehmen, sie *auch* materiell sind. Damit ist, um es wiederholt zu betonen, keine *rein* extensionale bzw. materialistische Bestimmung von Personalität vorgenommen.[18]

---

[16] Ich kann hier allerdings nicht darüber reflektieren, ob und inwieweit „vage" bzw. „Vagheit" hinsichtlich räumlicher und zeitlicher Ausdehnung bei Ereignissen anders als bei Dingen zu verstehen ist.

[17] Neben Quine ist hier v.a. wieder Heller 1990 zu nennen.

[18] Später wird die reine Materialität von Dingen schon unter der Rücksicht zurückgewiesen, dass zusätzlich zum Materialaspekt jedes Ding auch noch einen Formas-

(3) Was aber ist mit jenen ganz und gar unräumlichen Entitäten, welche die klassische Philosophie *substantiae separatae* nennt, z.B. mit reinen Geistwesen oder cartesianischen Egos? Sind sie *Substanzen*, müssten sie, so es sie geben soll, Dinge, folglich Partikularien sein. Können sie aber keine Partikularien sein, aufgrund ihrer reinen Nicht-Extensionalität, also auch keine Dinge, müsste man sie somit, gleichsam aus definitorischen Gründen, aus der Ontologie verbannen. Aus definitorischen Gründen vermeintliche Entitäten eliminieren, mag aber unbefriedigend sein.

Vor dem Hintergrund der bisher angestellten Überlegungen kann man auch diesem Einwand begegnen. Nicht-räumliche Entitäten sind, in Anwendung der hier eingeführten Terminologie, keine Partikularien, folglich auch keine Dinge. Da in diesem Buch Substanzen als echte Teilklasse der Dinge bestimmt werden sollen, können unräumliche Entitäten auch keine Substanzen sein. Das heißt aber nicht, dass man dadurch schon reine Geistwesen oder Cartesianische Egos ontologisch eliminieren müsste. So man sie als Entitäten annehmen möchte[19], könnte man sie – siehe vorhergehender Abschnitt - zu jenen *Individuen* zählen, die keine Partikularien sind. Man sollte sie somit nicht *substantiae*, sondern *individuae* separatae nennen. (Die Frage, wie diese Art nicht-partikulärer Individuen mit anderen nicht-partikulären Individuen, z.B. Mengen oder Klassen, in Verhältnis steht, muss ich hier allerdings offen lassen.)

Dinge sind jedenfalls raum-zeitliche Individuen oder Partikularien. Mit den angeführten Erläuterungen dieser These stellen wir uns in einem weiteren Schritt die Frage, wie sich Dinge als Partikularien ontologisch zu anderen Partikularien verhalten. Worin kommen Dinge mit anderen Partikularien überein? Was unterscheidet Dinge von nicht-dinglichen Partikularien?

---

pekt aufweisen muss. Formen aber wird man nicht auf materielle Zusammenhänge reduzieren können, weil sie, wie zu zeigen sein wird, eine vom Materialaspekt unabhängige Funktion im Aufbau eines Dinges einnehmen. An dieser Stelle möchte ich diese spezielle Argumentationsweise aber nicht anführen. Es geht hier um die Zurückweisung eines verkürzten Verständnisses von „materieller Gegenstand" in Richtung Materialismus.

[19] Ich möchte das übrigens nicht, um keine falschen Hoffnungen bzw. Befürchtungen zu wecken.

I - 4. Dinge und andere Partikularien

Um das Verhältnis zwischen Dingen und nicht-dinglichen Partikularien zu erörtern, wollen wir zunächst (4.1) in den Blick bekommen, welche nicht-dinglichen Partikularien angenommen werden sollen. In einem zweiten Schritt (4.2) wird es darum gehen, worin Dinge mit nicht-dinglichen Partikularien übereinkommen, was m.a.W. allen Partikularien gemeinsam ist. Drei Aspekte werden uns hier v.a. beschäftigen: Die Raum-Zeitlichkeit aller Partikularien, die Feststellung, dass alle Partikularien Arten oder Sorten zugeteilt werden können, und die innere „Sachverhalts"-Struktur aller Partikularien. In einem dritten Schritt (4.3) werden wir Unterschiede zwischen Dingen und anderen Partikularien analysieren. Hier werden Unterschiede in der Art der Räumlichkeit bzw. Zeitlichkeit, Differenzen bzgl. der Weisen wie für die (Identität der) jeweiligen Partikularien der sortale Aspekt maßgeblich ist, sowie Unterschiede in der inneren Sachverhaltsstruktur von Dingen und nicht-dinglichen Partikularien behandelt.[20]

4.1 Ereignisse und Zustände als nicht-dingliche Partikularien

(1) Ich nehme an, dass man die nicht-dinglichen Partikularien erschöpfend einteilen kann in *Ereignisse* und *Zustände*. Ereignisse sind Partikularien, raum-zeitliche Individuen, die darin bestehen, dass sich Dinge *ändern*. Bemale ich den Tisch rot, ist das ein Ereignis. Es ist raum-zeitlich positionierbar und eindeutig individuell, wenn man bedenkt, dass sich *dieses* Bemalen des Tisches nicht wiederholen kann. Natürlich mag es mehrmals vorkommen, dass Tische, ja sogar dieser Tisch, rot bemalt werden. Es handelt sich dann aber bei den anderen Vorkommnissen nicht um *dasselbe* Ereignis wie dieses Bemalen da. Dass, um beim Beispiel zu bleiben, das Bemalen *Änderungs-Charakter* hat, scheint unproblematisch zu sein. Vor dem Ereignis mag der Tisch blau gewesen sein, danach ist der Tisch rot. Und in solchen Wechsel von Eigenschaften bestehen nun einmal Änderungen, also Ereignisse.

---

[20] Der Frage nach nicht-dinglichen Partikularien, und auch der nach dem Thema „Verhältnis zwischen Dingen und nicht-dinglichen Partikularien", bin ich an verschiedenen Stellen bereits ausführlich nachgegangen; v.a. in Kanzian 2001. Ich möchte mich hier auf diese Thematik und auf Fragen in ihrem Zusammenhang nur so weit einlassen, wie das für den Fortgang der Überlegungen in diesem Buch notwendig ist.

Auch Zustände sind raum-zeitliche Individuen, die allerdings im Unterschied zu Ereignissen darin bestehen, dass Dingen Eigenschaften zukommen. Dieses Rot-Sein des Tisches ist ein Zustand. Es ist ebenso wie das Beispielereignis raum-zeitlich positionierbar und, mit analogen Gründen wie das Bemalen von vorhin, als individuell zu verteidigen. Es besteht darin, dass etwas, dem Tisch, eine Eigenschaft, nämlich rot zu sein, zukommt.

(2) Ereignisse und Zustände erachte ich als vierdimensionale Entitäten. D.h. es ist ihnen wesentlich, in drei Dimensionen räumlich und dazu zeitlich ausgedehnt zu sein. Daraus allein folgt freilich nicht, dass ihre zeitliche Ausdehnung in strikter Analogie aufzufassen ist zu ihrer räumlichen, wie das etwa Quine und Heller für vierdimensionale physikalische Objekte annehmen, in Anwendung des vierdimensionalen Raum-Zeit-Systems Minkowskis. Dass Ereignisse und Zustände neben einer räumlichen (in drei Dimensionen) auch eine zeitliche Ausdehnung haben, besagt aber, dass sie auch teilbar sind in *zeitliche Teile*.[21] Daraus folgt, dass Ereignisse und Zustände niemals zu einem Zeitpunkt ihres Vorkommens ganz oder als Ganze da sein können. Das Bemalen des Tisches ist nicht zu einem bestimmten Zeitpunkt ganz da, sondern nur in der gesamten Zeitspanne, die alle seine zeitlichen Teile umfasst. Dasselbe gilt offensichtlich für den Zustand des Rot-Seins des Tisches. Er liegt nur in der Summe aller seiner zeitlichen Teile ganz vor. Als Ganze zu einem Zeitpunkt dasein zu können, bleibt dreidimensionalen Entitäten vorbehalten, also solchen ohne zeitlicher Ausdehnung.

Obwohl Ereignisse und Zustände, wie gesagt, zeitliche und auch *räumliche* Entitäten sind, kommen ihnen räumliche Merkmale nicht selbst oder an sich zu, sondern nur insofern, als sie diese entlehnen, und zwar von jenen Dingen, die in sie involviert sind. M.a.W. sind räumliche Eigenschaften von Ereignissen und Zuständen räumliche Eigenschaften von Dingen.[22]

---

[21] Bezüglich Zustände wird das kontrovers diskutiert, siehe Kanzian 2001, III – 4.2.
[22] Unter Vorgriff auf einen späteren Abschnitt in diesem Buch (II – 1.3) müsste man hinzufügen, dass Ereignisse ihre räumlichen Eigenschaften auch von Massen und anderen „Quasiindividuen" entlehnen können, welche keine Dinge sind. Man müsste also genau genommen sagen, dass Ereignisse von ihren *Trägern* räumliche Eigenschaften entlehnen und unter dieser Rücksicht von ihnen abhängig sind. Da es mir hier nicht um Ereignisse geht, lasse ich die Frage nach nicht-dinglichen Ereignisträgern weg; ebenso wie die Frage, wie die Abhängigkeit der Ereignisse

Wo ist das Bemalen des Tisches? Doch wohl dort, wo der *Tisch* ist, vielleicht noch dort, wo der *Maler* ist. Darin, dass es Zuständen und Ereignissen, wie gesehen, *wesentlich* ist, räumlich ausgedehnt zu sein, ihnen aber ihre räumlichen Merkmale nur abhängig von Dingen zukommen, zeigt sich, dass Ereignisse und Zustände in einem wesentlichen Merkmal von Dingen *abhängige Entitäten* sind. Das Bemalen wie auch das Rot-Sein des Tisches hängen in diesem Sinne ab vom Tisch, das Bemalen möglicherweise auch noch vom Maler.

Ereignissen und Zuständen ist es gemein, eine zeitliche Ausdehnung zu haben, die man in verschiedene zeitliche Teile gliedern kann. Ein signifikanter Unterschied zwischen Ereignissen, die ich oben als *Änderungen* charakterisiert habe, und Zuständen, die *Nicht-Änderungen* sind, besteht aber darin, *wie* sie aus zeitlichen Teilen bestehen. Ereignisse bestehen (in der Regel, siehe unten) aus qualitativ verschiedenen zeitlichen Teilen, Zustände bestehen (normalerweise) aus qualitativ identischen zeitlichen Teilen. Das Bemalen des Tisches mag schnelle, entschlossene Teile haben; dann auch wieder vorsichtige, langsame. Ereignisse bestehen aus zeitlichen Teilen, deren zeitliche Teile selbst wieder aus qualitativ verschiedenen zeitlichen Teilen bestehen. Zustände bestehen aus zeitlichen Teilen, deren zeitliche Teile selbst wiederum qualitativ identisch sind. Das Rot-sein des Tisches besteht aus zeitlichen Teilen, die selbst nichts anderes sein können als wieder ein Rot-sein des Tisches.[23]

Gegen die Gültigkeit dieser Unterscheidung für den Regel- oder Normalfall spricht nicht, dass es zwischen dem Bereich der Ereignisse und dem der Zustände markante Grenzfälle gibt. Sie zeigen, dass es zwischen Ereignissen und Zuständen bei allen Unterschieden keine grundlegenden oder kategorialen Differenzen gibt. So mag es durchaus Ereignisse geben, die - obgleich eindeutig Änderungen - so doch aus qualitativ identischen zeitlichen Teilen bestehen. Denken wir an stets gleichförmige Bewegungen, z.B. diejenigen von Planeten - wie Laien sich die idealisiert vorstellen. Desgleichen mag es Zustände geben, die sich entwickeln, für die gilt, dass sie – obgleich deutlich statisch - durchaus qualitativ verschiedene zeitliche Teile haben. Denken wir an den Zustand, in München zu sein; oder für romantischere Gemüter: an den Zustand, verliebt zu sein. Derartige Zustände nennen manche auch „dynamische Zustände".[24]

---

[23] von Dingen systematisch in Zusammenhang zu bringen ist mit der möglichen Abhängigkeit der Ereignisse auch von nicht-dinglichen Ereignisträgern.
Damit lege ich mich auf eine atomlose Theorie des zeitlichen Verlaufs von Ereignissen und Zuständen fest; etwa im Sinne von Simons 1987, 42: SF4. Leider kann ich hier diese Festlegung nicht diskutieren, so interessant das auch sein mag.

[24] Siehe dazu Kanzian 2001, III – 4.32.

(3) Ereignisse und Zustände sind, wie gesagt, *individuelle* Entitäten. Ihre Individualität steht jedoch, um einen weiteren Gesichtspunkt anzusprechen, nicht im Gegensatz dazu, dass Ereignisse und Zustände stets als Vorkommnisse *allgemeiner* Sorten, Typen oder Arten aufzufassen sind. Wir können uns auch nicht auf Ereignisse und Zustände beziehen, uns über sie unterhalten, ohne nicht ein zumindest ungefähres Wissen um ihre Sorten, Typen oder Arten zu haben.

Bei Ereignis- und Zustandsarten können wir unterscheiden zwischen „niedrigeren" oder spezielleren, bis hinunter zu *species infimae*, und „höheren" oder allgemeineren Genera. Die Art Fußballspiel z.B. ist eine schöne und hochinteressante Ereignisart. Sie ist allerdings so niedrig, dass man keine Differenzen anführen kann, die in ihrem Bereich weitere Unterarten von Ereignissen spezifizieren würden. Ballspiel z.B. ist höher, Spiel noch höher. Bei den zuletzt genannten fällt es leicht, durch Differenzen Subspezies zu erzeugen. Die Frage, welche nun die höchsten oder allgemeinsten Ereignis- bzw. Zustandsarten sind, kann ich hier offen lassen. Vielleicht sind, um bei Ereignissen zu bleiben, natürliche Ereignisse (Bewegungen unbelebter Körper), psychische Ereignisse, soziale Ereignisse sowie einzelne menschliche Handlungen brauchbare Kandidaten.

Wir wollen uns hier noch nicht auf die Frage nach der ontologischen Bedeutung ihrer Artzugehörigkeit für Ereignisse und Zustände einlassen. Dennoch können wir eine interessante Beobachtung bzgl. des Zusammenhangs von Identität und Artzugehörigkeit von Ereignissen und Zuständen machen. (Ich beschränke mich der Einfachheit der Darstellung wegen auf Ereignisse.) Es ist gar nicht so schwer, sich Beispiele numerisch verschiedener Ereignisse *verschiedener Arten* vorzustellen, die exakt dieselbe räumliche und zeitliche Position einnehmen. Ereignisse, von denen man m.a.W. annehmen kann, dass sie numerisch verschieden sind, obgleich sie zur selben Zeit am gleichen Ort vorkommen. Denken wir nur an die *Drehung* und die *Erwärmung* einer Kugel, welche exakt dieselbe räumliche und zeitliche Position einnehmen. Warum sollten wir nicht annehmen können, dass es sich bei Drehung und Erwärmung um zwei numerisch verschiedene Ereignisse handelt? Es sind zwei Ereignisse *zweier verschiedener Arten*, die raum-zeitlich koinzidieren. – Nicht plausibel ist es hingegen anzunehmen, dass es zwei verschiedene Ereignisse *derselben Art* geben könnte, die raum-zeitlich koinzidieren. Zwei Fußballspiele, zwei Drehungen, zwei Erwärmungen etc. können nicht exakt zur gleichen Zeit am gleichen Ort stattfinden. Können raum-zeitlich koinzidierende Ereignisse *verschiedener Art* numerisch verschieden sein, raum-zeitlich koinzidierende Ereignisse *einer Art* jedoch nicht, weist das auf die Relevanz ihrer Artzugehörigkeit auch für die Identität von Ereignissen hin. (Natürlich heißt das nicht, dass nicht auch ein und dasselbe Ereignis als Vorkommnis verschiedener Arten gelten mag. Verschiedener Art zu sein, ist also notwendig, keinesfalls hinreichend für die Verschiedenheit koinzidierender Ereignisse; von derselben Art zu sein hingegen ist hinreichend, keinesfalls jedoch notwendig für die Identität von koinzidierenden Ereignissen!)

(4) Ereignisse und Zustände haben eine komplexe innere Struktur. Das bedeutet, dass sie Gebilde sind, in denen verschiedene und *verschiedenartige* Elemente zusammen vorkommen. Diese Elemente sind selbst nicht wieder Zustände bzw. Ereignisse. Bei Zuständen sind das vielmehr Dinge und Eigenschaften. Bei Ereignissen sind das ebenfalls Dinge, sowie jene Elemente, welche die Änderung der Dinge bedingen, manche sprechen hier von „dynamischen Eigenschaften": das sind Eigenschaften, die im Übergang oder Wechsel von einer nicht-dynamischen Eigenschaft zu einer anderen bestehen.

Eine derartige komplexe innere Struktur werde ich im Folgenden auch „sachverhaltsartige Struktur" nennen.

Dass Dinge und (dynamische) Eigenschaften *verschieden* sind, ist klar; auch dass sie *verschiedenartig* sind, scheint mir außer Streit zu stehen, ebenso wie, dass *beide* in Zuständen bzw. in Ereignissen einen Komplex bilden. So nehme ich die Offensichtlichkeit der sachverhaltsartigen Struktur von Zuständen und von Ereignissen an. - Um Missverständnissen vorzubeugen, füge ich jedoch auch gleich hinzu, dass die These, Ereignisse und Zustände sind sachverhaltsartig strukturiert, nicht bedeutet, dass Ereignisse und Zustände „Subspezies" einer umfassenden Kategorie, nämlich der Sachverhalte, wären; ja nicht einmal die Annahme von Sachverhalten als Entitäten. Es ist wie gesagt (nur) so zu verstehen, dass ihr Sachverhaltsartig-Sein ihre *innere* Struktur ausmacht. Die sachverhaltsartige Struktur bedeutet ebenfalls nicht, dass Ereignisse und Zustände einfache „Summen" von Dingen und Eigenschaften wären. Ontologisch primär ist ihre Einheit, die allerdings in besagtem Sinne zu analysieren ist.[25]

---

[25] Hier können wir Anleihen bei jenen Ontologen nehmen, die dafür argumentieren, dass Sachverhalte *mehr* sein müssen als Summen ihrer jeweiligen Bestandteile, wie immer diese interpretiert werden; zumal diese Argumente, klassisch bei Armstrong 1989, 88f, so vorgetragen werden, dass wir sie auch auf innere Strukturen beziehen können.

(5) Gegen diese, angesichts der Fülle an Literatur zum Thema, höchst fragmentarischen Ausführungen lassen sich natürlich eine Reihe Einwände vorbringen. Da wäre zunächst einmal die Fundamentalkritik: Es sei schlicht falsch, dass es Ereignisse und Zustände *gäbe*, dass sie *existierten*. Auffassungen, die zu diesem Schluss kommen, kann man unter dem Etikett „No-Event-Metaphysics" bzw. „No-State-Metaphysics" zusammenfassen. Es würde allerdings den Rahmen sprengen, mich hier ausführlicher damit auseinander zu setzen.[26] Ich möchte mich hier darauf beschränken, zwei positive Gründe anzuführen, die für mich zusammengenommen entscheidend dafür sind, Ereignisse und Zustände als Entitäten zu akzeptieren. Der erste ist die Plausibilität von Davidsons semantischem Argument für die Existenz von Ereignissen (das m.e. auch auf die Existenz von Zuständen übertragbar ist). Wir benötigen Ereignisse als Entitäten, um für eine große Gruppe von Aussagen, nämlich Ereignissätze, eine Wahrheitstheorie angeben zu können. Ereignissätze können nur wahr sein, wenn man annimmt, dass es (auch) Ereignisse *gibt*.[27] Der zweite Grund wiegt für mich schwerer. Vor alltagsontologischem Hintergrund spricht nämlich nichts gegen die *Existenz* von Ereignissen und auch nicht von Zuständen. So gibt es keine, im Sinne von Abschnitt 1 (1) ontologisch relevanten Intuitionen, die gegen die Annahme von Ereignissen bzw. Zuständen ins Treffen geführt werden könnten. Auch den Grundzügen unseres Sprechens, siehe Abschnitt 1 (2), widerspricht die Annahme von Ereignissen bzw. Zuständen - sprachphilosophisch gesagt: die Annahme einer unübersetzbaren Ereignisbzw. Zustandssprache - nicht. Dies hat u.a. Strawson veranlasst, Ereignisse und Zustände als irreduzible Bestandteile seiner deskriptiven Ontologie aufzufassen.[28]

Eine weitere Stoßrichtung der Kritik könnte darin bestehen, die Existenz von Ereignissen und auch von Zuständen zwar zuzugestehen, jedoch darauf zu verweisen, dass die hier gebotene Charakterisierung eigentümlich sei und sich von anderen, durchaus angesehenen, wesentlich unterscheide. So gibt es Ansätze, Ereignisse und auch Zustände überhaupt nicht als Partikularien zu bestimmen, sondern als abstrakte Entitäten. Andere Autoren nehmen nur Ereignisse als Partikularien an, Zustände hingegen nicht; andere nur Zustände, Ereignisse aber nicht etc. Und selbst bei Autoren, die Ereignisse und Zustände als Partikularien auffassen, gibt es große Unter-

---

[26] Siehe auch dazu Kanzian 2001, II – 2.
[27] Immer noch richtungweisend: Davidson 1980.
[28] Strawson 1972, 57.

schiede zur hier skizzierten Konzeption. – Gegen diese Beobachtungen ist gar nichts einzuwenden. Ich werte sie allerdings nicht als Argument gegen meinen Standpunkt. Natürlich trifft es zu, dass verschiedene Autoren grundlegend unterschiedliche Ereignis- und auch Zustandsbegriffe entwickeln. Das liegt darin, dass Autoren diese Begriffe so verwenden, wie es ihren weiteren philosophischen Ansichten und in der Folge jenen theoretischen Funktionen entspricht, die sie mit „Ereignis" bzw. „Zustand" verbinden. Oft sind diese Kontexte nicht genuin ontologisch, sondern wissenschaftstheoretisch oder geleitet von bestimmten Spezialinteressen in der Philosophie des Geistes, um nur zwei Möglichkeiten zu nennen. Der Ereignis- und auch der Zustandsbegriff sind so gesehen „relative Begriffe". Mein Ereignis- und mein Zustandsbegriff unterscheiden sich eben von dem anderer Autoren, weil mein Interesse am Ereignis- und am Zustandsbegriff ein spezieller ist. Mein Interesse an diesen Begriffen ist genuin ontologisch. Es geht mir hier darum, über Ereignisse und Zustände *Dinge bzw. deren ontologische Konstitution* besser in den Blick zu bekommen, und zwar vor dem Hintergrund alltagsontologischer oder deskriptiver Grundansichten. Und dazu ist m.E. der Begriff von Ereignissen und von Zuständen als individuellen raum-zeitlichen Entitäten, die Arten oder Sorten angehören und eine innere sachverhaltsartige Struktur aufweisen, am geeignetsten.

4.2 Gemeinsamkeiten zwischen Dingen und nicht-dinglichen Partikularien

(1) Gemeinsamkeiten zwischen Dingen und nicht-dinglichen Partikularien, also Ereignissen und Zuständen, liegen insofern auf der Hand, als auf Dinge und auf nicht-dingliche Partikularien die allgemeinen Charakteristika von Partikularien zutreffen. Dinge sind *individuell*, wie auch Ereignisse und Zustände, wie gesehen, individuell sind. Dinge sind *räumliche* und *zeitliche* Gebilde. Darin kommen sie ebenfalls mit Zuständen und Ereignissen überein. Gemeinsam ist es dem Bereich der Dinge und dem Bereich der nicht-dinglichen Partikularien, dass sich in ihnen jeweils solche finden, deren raum-zeitliche Ausdehnung *vage*, und solche, deren raum-zeitliche Ausdehnung nicht vage ist. Auch davon war bereits die Rede.

(2) Eine weitere Übereinstimmung zwischen Dingen und nicht-dinglichen Partikularien besteht darin, dass sie beide, in ihrer Individualität, Vorkommnisse allgemeiner Arten, Sorten oder Typen sind. Was oben von Ereignissen und Zuständen gesagt wurde, gilt auch für Dinge. Dinge sind stets Entitäten bestimmter Arten. Auch kann man sich auf Dinge nicht be-

ziehen, folglich auch nichts von ihnen aussagen, wenn man nicht eine zumindest ungefähre Ahnung hat, von welcher Art oder Sorte sie sind.

Im Alltag kommen zwar mitunter Redeweisen vor wie „Das da – gib es mir bitte", „Dieses runde Ding gefällt mir" o.ä., in dem wir nicht ausdrücklich eine Art, auch keine „ungefähre" anführen. Ich meine jedoch, dass unsere Kommunikation über derlei Dinge nur funktionieren kann, wenn wir bereit sind, im Zweifelsfall eine zumindest ungefähre Artbestimmung zu ergänzen; bzw. wenn dem Zuhörer auch ohne Ergänzung klar ist, *was* wir eigentlich meinen.

Auch in der Fachontologie findet man mitunter die Auffassung, dass Dinge „bare" in dem Sinne seien, dass ihre Artzugehörigkeit ontologisch irrelevant sei, so etwa bei Quine 1999. Normalerweise sind damit strikt atomistische bzw. (bei Quine) physikalistische Hintergrundannahmen verbunden, die ihrerseits schwerwiegende Voraussetzungen haben. Es würde den Rahmen sprengen, diese hier zu diskutieren.

Auch bezüglich der Hierarchie von Arten können wir Parallelen zu den nicht-dinglichen Partikularien feststellen. Von Dingen können wir niedrigere oder speziellere Arten angeben, bis hinunter zu den *species infimae*; und auch höhere oder allgemeinere Genera. „Sonnenblume", „Schaf" „Mensch" gelten als Bezeichnungen für species infimae; Blumen, Säugetiere bzw. Lebewesen wohl als höhere bzw. vielleicht sogar als höchste Genera im Bereich der Dinge.

Ohne das hier ausführen zu wollen, sei doch vermerkt, dass die Berücksichtigung der Artzugehörigkeit von Dingen wesentlich ist für die Bestimmung ihrer (numerischen) Identität, sowohl synchron als auch diachron gesehen. Selbst wenn, wie zu zeigen sein wird, die Relevanz der Artzugehörigkeit für die Identität von Dingen anders als z.B. bei Ereignissen zu verstehen ist, weist das Faktum dieser Relevanz auf eine weitere ontologische Gemeinsamkeit zwischen nicht-dinglichen und dinglichen Partikularien hin.

(3) Eine dritte Gemeinsamkeit zwischen Dingen und nicht-dinglichen Partikularien besteht darin, dass sie allesamt eine innere *sachverhaltsartige Struktur* aufweisen. Wie schon im Abschnitt über Ereignisse und Zustände gesagt, verstehe ich unter Entitäten mit sachverhaltsartiger Struktur *komplexe* Gebilde, in denen *verschiedenartige* Elemente zusammen vorkommen.

Zur Erläuterung mag ein abgrenzender Verweis auf nicht-sachverhaltsartig strukturierte Entitäten dienen, etwa Eigenschaften. Eigenschaften als solche sind einfache Entitäten. Sie sind keine Komplexe. Z.B. kann die Eigenschaft *Grün* nicht als Kompositum aus irgendwelchen Elementen aufgefasst werden. Natürlich können wir uns auch zusammengesetzte oder molekulare Eigenschaften vorstellen, etwa *Grün und Rund*. Aber auch für diese und vergleichbare molekulare Eigenschaften gilt, dass sie nicht sachverhaltsartig strukturiert sind, im eben bestimmten Sinn. *Grün* sowie *Rund* sind nämlich durchaus *gleichartige* Elemente. Sachverhaltsartige Strukturen bestehen aber aus *verschiedenartigen* Bestandteilen. Somit kann die molekulare Eigenschaft *Grün und Rund* (wie alle anderen molekularen Eigenschaften auch) keine sachverhaltsartige Struktur haben. Dass, um beim Beispiel zu bleiben, die Eigenschaft *Grün* und die Eigenschaft *Rund* „determinates" verschiedener „determinables" sind, tut der Gleichartigkeit keinen Abbruch, die darin besteht, dass sie beide eben Eigenschaften sind.

Inwiefern Zustände und Ereignisse sachverhaltsartig strukturiert sind, haben wir bereits gesehen. Wie aber steht es diesbezüglich mit den Dingen? Inwiefern sind Dinge nicht nur, als Konstituenten von Zuständen und Ereignissen, *Elemente* sachverhaltsartiger Strukturen, sondern auch selbst sachverhaltsartig strukturiert?[29] – Um hier eine Antwort geben zu können, müssen wir andere Wege einschlagen als bei der Untersuchung der Struktur von Zuständen und Ereignissen. Beginnen wir dabei mit der Feststellung, dass Dinge zweifelsohne aus irgendeinem *Material* bestehen. Dinge bestehen *aus etwas*. Dieses etwas, woraus Dinge bestehen, ist *materiell*.[30] Das ergibt sich aus ihrer Eigenart als materielle Gegenstände. Dass Dinge ein *materielles* Material aufweisen, ist insbesondere für ihre *Räumlichkeit* maßgeblich. Der Tisch besteht aus Holz. Lebewesen bestehen aus organischen Bausteinen. Aufgrund der Position dieses Holzes bzw. dieser organischen Bausteine, kann man dem Tisch bzw. dem Lebewesen diese räumlichen Eigenschaften zusprechen.

Was aber Dinge weiterhin ausmacht ist, dass ihr Material in irgendeiner Weise geformt ist. Unter *Form* verstehe ich zunächst keinen techni-

---

[29] Die Sachverhaltsstruktur von Dingen herauszuarbeiten, ist ein zentrales Thema von Johannson 1989. Ich übernehme Johannsons Anliegen der Annahme dieser Sachverhaltsstruktur, nicht jedoch seine Durchführung.

[30] „Material" verwende ich als *Funktion* eines ontologischen Bestandteils von Dingen, und zwar im Hinblick auf die Konstitution des Dinges. Der Gegensatz von „material" ist (wie wir gleich sehen werden) „die Form betreffend". „Materiell" steht für „körperlich", im Gegensatz zu unkörperlich oder geistig. Dass alle Dinge ein „materielles Material" besitzen, heißt somit nicht, dass alle Dinge rein materiell sind. Auch steht es der Bemerkung nicht entgegen, dass es Entitäten geben könne mit nicht-materiellem Material. Aus dem Gesagten folgt nur, dass Entitäten mit nicht-materiellem Material keine Dinge sein können, sondern eben nicht-dingliche Individuen, z.B. im Sinne von I - 3 (3).

schen Terminus, etwa der klassischen Metaphysik, sondern einfach die *Weise wie* die materialen Bestandteile eines Dinges zusammengesetzt sind. Beim Tisch ist das Holz, aus dem er besteht, als (meistens vier) Beine und eine Fläche geformt. Ohne diese Form können wir von keinem Tisch sprechen. Bei Lebewesen ist das vom Prinzip her nicht anders, aber durchaus komplizierter. Auch hier liegen materiale Bausteine vor, und eine Form, wie sie zueinander stehen bzw. wirken bzw. sich entwickeln. Diese Form der Dinge ist von ihrer Art abhängig. Bei Individuen der Art Tisch können wir diese besagte Form materialer Komposition feststellen; bei Individuen der Art Schaf aber eine andere etc.

Inwiefern ergibt sich aus diesen Überlegungen aber eine sachverhaltsartige Struktur auch von Dingen? Was auch immer das *Material, aus dem* Dinge bestehen, sowie die *Form, wie* Dinge bestehen, sind, sie sind doch, um zunächst das eine Moment sachverhaltsartiger Struktur zur Geltung zu bringen, *verschieden*. Dinge bestehen somit aus zwei verschiedenen Komponenten. Verhalten sich aber diese Komponenten wie die Elemente molekularer Eigenschaften oder, in Analogie zur Struktur von Zuständen und Ereignissen, wie Träger und Eigenschaften? Sind die Komponenten m.a.W. auch wirklich verschieden*artig*, wie das oben als zweites Moment für sachverhaltsartige Strukturen verlangt wurde? - Ich meine, Letzteres ist der Fall. M.E. ergibt sich diese Verschiedenartigkeit daraus, dass das eine Element, *Material aus dem* ..., niemals die Funktion des anderen, *Form wie* ..., für den Aufbau des Komplexes, des ganzen Dinges, wird erfüllen können. Man kann rein aus materialen Komponenten Form oder Gestalt oder Bauplan eines Dinges nicht rekonstruieren, weder begrifflich noch im Sinne einer ontologischen Analyse. Man kann aber auch aus Form oder Gestalt oder Bauplan eines Dinges nicht seine materiale Grundlage oder „Verwirklichung" in der Welt gewinnen. Darin zeigt sich eine deutliche Analogie zu Zuständen und Ereignissen. Zustände und Ereignisse bestehen aus den Komponenten Ding und (dynamische) Eigenschaft. Auch für diese Komponenten gilt jeweils, dass sie die Funktion des jeweils anderen für die Konstitution des ganzen Zustands bzw. des ganzen Ereignisses nicht erfüllen können. Eine Eigenschaft kann nicht die Funktion des Dinges im Zustand erfüllen, das Ding nicht die Funktion der Eigenschaft. Ein Ding mit einem anderen zusammengenommen kann keinen Zustand bzw. kein Ereignis konstituieren; ebenso wenig wie eine Eigenschaft mit einer anderen zusammengenommen. Ganz anders ist das bei nicht-sachverhaltsartig strukturierten Komplexen wie molekularen Eigen-

schaften. Jedes Element einer molekularen Eigenschaft kann die Funktion der jeweils anderen für die Konstitution des Ganzen erfüllen.
Zu ergänzen wäre, dass die Elemente der sachverhaltsartigen Struktur der Dinge nicht selbst wieder als dingliche Gebilde aufzufassen sind. Weiters kann man die sachverhaltsartige Komplexität der Dinge nicht so verstehen, dass sie einfache Summen aus Material und Form wären.[31] Ihre Einheit ist ontologisch primär, wenn auch in besagtem Sinne analysierbar. Auch hier können wir eine Parallele zur Struktur der nicht-dinglichen Partikularien sehen.
Eine weitere Gemeinsamkeit zwischen dinglichen und nicht-dinglichen Partikularien besteht also darin, dass beide, um es zusammenzufassen, sachverhaltsartig strukturiert sind.

4.3 Unterschiede zwischen Dingen und nicht-dinglichen Partikularien

Nachdem versucht wurde, die Gemeinsamkeiten zwischen Dingen und nicht-dinglichen Partikularien zu skizzieren, sollen nun auch die Unterschiede in den Blick kommen. Es sind ja vor allem die Unterschiede, welche helfen können, die ontologische Eigenart der Dinge auszumachen. Ich möchte den Schwerpunkt legen auf die Besonderheit der *Artzugehörigkeit von Dingen* bzw. die *sortale Dependenz* oder *Abhängigkeit der Dinge*, sowie die Eigentümlichkeit der *Sachverhaltsstruktur* von Dingen (4.33, 4.34). V.a. im Abschnitt 4.33 werde ich etwas ausholen, um den Begriff einer „Art" oder „Sorte" zu klären, sowie die Frage der ontologischen Relevanz der Zugehörigkeit von Dingen zu ihrer Art. Dies ist deshalb erforderlich, weil die hier entwickelten Thesen auch in den weiteren Hauptteilen eine wichtige Rolle spielen werden. Die anderen Aspekte, das sind die Unterschiedlichkeit bzgl. Räumlichkeit und Zeitlichkeit, sowie (damit zusammenhängend) die unterschiedliche Weise, wie Dinge und wie nicht-dingliche Partikularien als *abhängige Entitäten* bestimmt werden können, habe ich in meinem Ereignisbuch (Kanzian 2001) ausführlich erörtert. Diese Aspekte sollen hier (4.31, 4.32) nur so weit umrissen werden, als es für den Fortgang dieses Buches unverzichtbar ist.
Bislang habe ich Ereignisse *und* Zustände angeführt, wenn ich von nicht-dinglichen Partikularien gesprochen habe. Ich möchte mich beim He-

---

[31] Siehe Fußnote 25.

rausarbeiten des Unterschieds zwischen nicht-dinglichen Partikularien und Dingen der Einfachheit halber auf Ereignisse beschränken.[32]

4.31 Ereignisse sind vierdimensionale, Dinge aber dreidimensionale Entitäten

Worin der Unterschied zwischen der Räumlichkeit und Zeitlichkeit von Dingen einerseits, und der Räumlichkeit und Zeitlichkeit von Ereignissen anderseits, besteht, kann man auf den Punkt bringen, wenn man festhält: Dinge sind *dreidimensionale*, Ereignisse aber *vierdimensionale* Entitäten. Wie das verstanden werden kann, soll im Folgenden umrissen werden, und zwar im Anschluss an die Ausführungen von 4.1 (2), wo im Allgemeinen bereits von der Räumlichkeit bzw. Zeitlichkeit von nicht-dinglichen Partikularien die Rede war.

(1) Bleiben wir zunächst bei Ereignissen und ihrer Vierdimensionalität. Sie besagt, dass Ereignisse in drei räumlichen Dimensionen und in der Dimension der Zeit ausgedehnt sind.

Dass Ereignisse, obwohl sie (auch) räumliche Vorkommnisse sind, *selbst* oder von sich aus keine räumliche Ausdehnung haben und dass sie diese ihre Räumlichkeit gleichsam entlehnen von Dingen, haben wir bereits gesehen; auch dass sich in dieser Verwiesenheit auf Dinge, unter einem für Ereignisse konstitutiven Aspekt, die *ontologische Abhängigkeit* der Ereignisse von Dingen zeigt. Auch hinsichtlich ihrer vierten Dimension können wir auf bereits Gesagtes verweisen: Dass Ereignisse eine zeitliche Ausdehnung haben, besagt, dass Ereignissen ein zeitlicher Anfang, zeitliche Teile und ein zeitliches Ende zukommen. Ereignisse sind nicht als Ganze zu einem Zeitpunkt da. Ein ganzes Ereignis liegt nur vor, wenn alle seine zeitlichen Teile abgelaufen sind. Ereignisse haben diese ihre zeitliche Ausdehnung, im Unterschied zu ihrer räumlichen, *unmittelbar*. Ihre Zeitlichkeit müssen Ereignisse nicht von anderen Entitäten entlehnen.

Wie aber, und damit gehen wir einen Schritt weiter, können wir dieses „unmittelbare Verhältnis" zwischen Ereignissen und Zeit verstehen, das uns erlaubt, davon zu sprechen, dass Ereignisse selbst zeitlich ausgedehnt sind? - Ich möchte hier Jonathan Lowes Antwortversuch auf diese Frage aufgreifen: Die entscheidende These seiner diesbezüglichen Überlegungen ist: „time necessarily involves change - by which I mean that time necessa-

---

[32] Bzgl. einer einschlägigen Untersuchung von Zuständen verweise ich auf Kanzian 2001, Kapitel III.

rily involves *happenings* or *events*."[33] Nach Lowe ist es also so, dass Zeit notwendigerweise Änderungen, also das Ablaufen von Ereignissen, voraussetzt.[34] Ohne Ereignisse kann es m.a.W. keine Zeit, mithin keinen zeitlichen Ablauf geben.[35] Wenn man das annimmt, kann man auch die *Gliederung der Zeit* auf den strukturierten Ablauf von Ereignissen zurückführen: Ereignisse haben einen Anfang. Der ist vorbei und *vergangen*, wenn ihre Phasen nacheinander ablaufen. Ereignisse haben aktuelle Phasen. Diese sind real in der jeweiligen *Gegenwart*. Ereignisse haben auch ein Ende. Das wird *in Zukunft* eintreten, wenn ihre Phasen abgelaufen sein werden[36]. Zeitliche Verhältnisse wie *früher als* oder *später als* können ebenfalls zurückgeführt werden auf Verhältnisse zwischen Ereignissen bzw. auf Verhältnisse zwischen Ereignisteilen.[37] Hier ist es wichtig festzuhalten, dass es zwischen Ereignissen und Zeit keiner Vermittlungsinstanz bedarf. Das besagt die behauptete *Unmittelbarkeit* ihrer Beziehung.

(2) Dass Dinge dreidimensionale Entitäten sind, besagt, dass sie eine in drei Dimensionen räumliche Ausdehnung haben. Dass sie *nur* drei-, nicht aber vierdimensional sind, heißt, dass ihnen eben keine zeitliche Ausdehnung oder Dauer zukommt. Dinge haben somit nur räumliche, *nicht* aber zeitliche Teile. Dinge sind zu jedem Zeitpunkt ihrer Existenz nicht (zeitlich) teilweise, sondern ganz da. In diesem Sinne sind sie auch in einem

---

[33] Lowe 1998, 121. Hervorhebung (Abk.: Herv.) Lowe.

[34] Zur Stützung dieser These siehe u.a. auch Papa-Grimaldi 1998, v.a. chapter V und VI, wo die Autorin nicht nur die Geschichte der These aufzeigt, sondern sie auch gegen diverse Einwände (u.a. von S. Shoemaker) verteidigt. Zur Geschichte der These, v.a. unter der Rücksicht ihrer Funktion in Mc Taggerts Argumentation gegen die Realität der Zeit: Rochelle 1998, u.a. 33.

[35] Als Schlüssel zu einem Verständnis dieser These kann die Zeittheorie der Aristotelischen *Physik* dienen (Vgl. Buch IV, Kap. 10-14). Dort ist von Zeit als „Maßzahl der Bewegung" die Rede. Zeit ist, so würde ich das im Hinblick auf unseren Kontext interpretieren, nicht ein etwas, wie Ereignisse und Zustände, sondern ein „Epiphänomen", das auf dem Umgang mit Ereignissen und Zuständen beruht.

[36] Neuerdings haben auch Bakers / Dowe gezeigt, dass man, von einem präsentistischen Zeitverständnis her, zeitliche Verhältnisse, d.h. die Abfolge von Vergangenheit, Gegenwart und Zukunft, auf dem Ablauf von Ereignisteilen beruhend verstehen kann. Bakers / Dowe 2003, 113: „they [events] are not wholly present at any particular time. That might look as if presentists can´t make any sense of event talk. Fortunately, that is not the case. When we say that an event is occuring *now*, what we mean, assuming presentism, is that it has a part E2 existing in the present. It had a part, E1, in the *past* and will have one, E3, in the *future*". [Herv. Verf.]

[37] Diese These habe ich in Kanzian 2004 ausgeführt.

strikten Sinne durch die Zeit mit sich selbst identisch. Dieses Schaf auf der Weide ist gestern ebenso ganz da gewesen, wie es heute als dasselbe wie gestern ganz da ist.

Es kann hier nicht meine Aufgabe sein, diese These ausführlich zu entfalten und zu begründen[38]. Ich möchte zur Erläuterung nur einen kurzen, aber m.E. entscheidenden Gedankengang anführen. Oben haben wir gesehen, dass Zeit notwendigerweise auf Änderungen beruht. Um nun auch das Verhältnis von Zeit und Dingen in den Blick zu bekommen, können wir uns wieder auf Jonathan Lowe berufen, wenn er die These vertritt: „... a change can only occur if there is something which persists through that change."[39] Wie soll man sich auch Änderungen denken können, ohne etwas, das sich ändert und das in der Änderung dasselbe bleibt?[40] Jedes Ding aber ist etwas, das sich ändern kann und in der Änderung mit sich selbst identisch bleibt. Gesteht man auch dies zu, wird die oben angedeutete Funktion von Dingen für Zeit bzw. für das Verständnis von Zeit erklärbar. Wenn Zeit auf Ereignissen, verstanden als Änderungen, beruht, Änderungen aber auf Dingen, beruht Zeit notwendigerweise auch, *mittelbar*, auf Dingen. Sind Dinge aber (nur) mittelbare Konstituenten von Zeit und zeitlichen Verhältnissen, schließt das aus, dass sie selbst eine zeitliche Ausdehnung haben.[41] Sonst müsste man zeitliche Verhältnisse auch direkt auf Dinge beziehen können, was nicht der Fall ist. Keine zeitliche Ausdehnung zu haben, meint aber nichts anderes als dreidimensional zu sein. Also können wir die These, dass Dinge dreidimensional sind, aus ihrer Funktion bei der Konstitution von Zeit bzw. zeitlichen Verhältnissen verstehen. Wir werden noch sehen, dass das nicht ausschließt, dass Dinge doch einen Bezug zur Zeit haben, d.h. „in der Zeit" oder „zeitliche Entitäten" sind, wie das von Partikularien im Allgemeinen gefordert wird. Dieser Bezug von

---

[38] Vgl. dazu Runggaldier / Kanzian 1998, v.a. die Kapitel II.4 „Identität", sowie III.1 „Konkrete Dinge". Hier nehmen wir auch auf die zugrundeliegende Debatte über die „diachrone Identität von Dingen" Bezug. Neuere Vertreter der These sind u.a. Simons 2000, Hawley 2001 und Lowe 2003.

[39] Lowe 1998, 122.

[40] Diesen Gedanken hat Brian Lombard in seinem Buch über Ereignisse betont. Siehe u.a. Lombard 1986, 80f. Dazu auch Kanzian 2001, 94.

[41] Eine unter dieser Rücksicht ähnliche Position hat bereits anfangs der 70-er Jahre Van Fraassen vertreten. Vgl. ders. 1970, section II.3a, wo er die Beziehung zwischen Dingen und Ereignissen analysiert. Ein Aspekt des Unterschieds zwischen Dingen und Ereignissen besteht nach Van Fraassen darin, dass Ereignisse die „Basis-Relata" von zeitlichen Beziehungen sind; Dinge hingegen nur indirekt „in der Zeit sind". Sie sind nur als Träger von Ereignissen in der Zeit.

Dingen zur Zeit bzw. zu zeitlichen Verhältnissen beruht jedoch auf der „Mittlerinstanz" zwischen Dingen und Zeit: nämlich Änderungen oder eben Ereignissen.

4.32 Ereignisse hängen substantialiter ab von Dingen, Dinge hängen akzidentell ab von Ereignissen

Eine weitere Möglichkeit, die ontologische Differenz zwischen Ereignissen und Dingen in den Blick zu bekommen, ist, auf die Unterschiedlichkeit zu verweisen, wie Ereignisse von Dingen bzw. Dinge von Ereignissen abhängen.

(1) Betrachten wir zunächst die Abhängigkeit der Ereignisse von Dingen. *Dass* diese besteht, ergibt sich bereits aus dem Charakter von Ereignissen als vierdimensionalen Entitäten, und der Feststellung, dass sie in drei von diesen vier Dimensionen von Dingen abhängen. Dies zeigt auch, dass für Ereignisse Dinge *unverzichtbar* sind. D.h. es gibt keine ding-losen Ereignisse (genauso wie es keine nicht-räumlichen Ereignisse gibt). Bei führenden Autoren, um nur Jaegwon Kim zu nennen, wird diesem Faktum dadurch Rechnung getragen, dass Dinge in die „kanonische Notation" oder in die Begriffsbestimmung von Ereignissen eingehen. So sind etwa nach Kims Meinung Ereignisse strukturierte Komplexe, die jeweils aus einem Ding (bzw. einem n-Tupel von Dingen), einer Eigenschaft (bzw. einem n-stelligen relationalen Attribut) sowie einer Zeit(-spanne) bestehen.[42] Dass Dinge in die kanonische Notation von Ereignissen gehören, kann so interpretiert werden, dass Dinge für Ereignisse *mit-konstitutiv* sind. „*Mit-konstitutiv*" heißt, dass Dinge für Ereignisse ontologisch unverzichtbar sind. Dinge gehören zu dem, was das Dasein von Ereignissen als individuellen Entitäten ausmacht. Ereignisse hängen in ihrer Existenz von Dingen ab. „*Mit*-konstitutiv" besagt, dass es auch andere für Ereignisse konstitutive Bestandteile geben mag (auf die ich hier nicht weiter eingehen möchte). Kim meint sogar, dass ihr jeweiliges Ding für Ereignisse *essentiell* wäre. Es ist für Ereignisse notwendig, diese ihre konkreten Dinge zu haben. Verliert oder wechselt ein Ereignis „sein" Ding, hört es auf, dasselbe Ereignis zu sein.

(2) Um den Unterschied zwischen der Art der Abhängigkeit der Dinge von Ereignissen und der Art der Abhängigkeit der Ereignisse von Dingen in

---

[42] Kim 1976, 160.

den Blick zu bekommen, muss man sich jedoch nicht in die Debatte essentieller Merkmale von Ereignissen und von Dingen begeben. Festhalten können wir unabhängig davon, dass Ereignisse von Dingen in ihrer Existenz abhängen. Die Frage aber, ob ihrerseits Ereignisse auch (mit-) konstitutiv für Dinge wären, in dem Sinne, dass Ereignisse für die Existenz von Dingen als Individuen, d.h. deren „ontologische Konstitution" notwendig wären, kann verneint werden. Wechselseitige Abhängigkeit hinsichtlich ihrer ontologischen Konstitution zwischen Ereignissen und Dingen ist schon aus begrifflichen Gründen auszuschließen[43].

Natürlich könnte man darauf hinweisen, dass manche Dinge, z.B. Organismen, von manchen Ereignissen, z.B. dem Schlagen ihrer Herzen, abhängen. Ich würde allerdings negieren, dass diese Art der Abhängigkeit eine ontologische ist. Vielmehr würde ich von einer biologischen oder funktionalen sprechen, die freilich nach anderen Gesichtspunkten zu beurteilen ist als die ontologische.

Folgt aber, so können wir weiterfragen, daraus, dass Dinge in ihrer ontologischen Konstitution oder in ihrer Existenz als Individuen nicht von Ereignissen abhängen, dass Dinge in keiner Weise von Ereignissen ontologisch abhingen? – M.E. ist das nicht der Fall. Wenn man nicht ausschließt, dass nicht jede Form von ontologischer Abhängigkeit als Abhängigkeit in der ontologischen Konstitution oder als *Existenz*abhängigkeit verstanden werden muss. Bzw. wenn man annimmt, dass man auch dann von *ontologischer* Abhängigkeit sprechen kann, wenn etwas unter *akzidenteller* Rücksicht von etwas anderem abhängt. – Denken wir, auf unser Thema bezogen, an die für Dinge charakteristische „zeitliche Gestalt"[44], wie sie oben entwickelt wurde. Dinge sind dreidimensional, d.h. sie sind selbst zwar räumlich, nicht aber zeitlich ausgedehnt. Dennoch haben sie einen Bezug zur Zeit. Dinge kommen in der Zeit vor. Beides zusammen kann man so deuten, dass der Bezug zur Zeit für Dinge, wenn auch in einem *akzidentellen* Sinne, so doch aber ontologisch bedeutsam ist.[45]

---

[43] Dies ist für Kit Fine hauptsächliches Motiv, Abhängigkeit in der ontologischen Konstitution nicht über modale Begriffe („Notwendigkeit") zu bestimmen, sondern über die Essenz von Entitäten. Nur Letztere schließe wechselseitige Abhängigkeit in der ontologischen Konstitution aus, Ersteres nicht, weshalb eben Ersteres abzulehnen ist. Siehe u.a. Fine 1994; aber auch Schnieder 2002, v.a. 28-36.

[44] Ich übernehme hier Helen Stewards Begriff „temporal shape", der die spezielle Weise, wie Entitäten „in der Zeit sind" meint. Vgl. Steward 1997, 97-101.

[45] In Anwendung eines terminus technicus der klassischen Ontologie könnte man den mittelbaren Bezug zur Zeit der Dinge als ein *Proprium* (lat; griech: idion) der Dinge bestimmen. Der Bezug zur Zeit gehört nicht zum Wesen der Dinge. Dinge

Was aber, so mag man weiterfragen, macht diesen, Dingen akzidentellen Bezug zur Zeit aus? - U.a. Roderick Chisholm hat diese Frage durch einen Verweis auf jene Vermittlungsinstanz zwischen Dingen und Zeit beantwortet, die er auch die *Geschichte* der Dinge nennt[46]. Die Geschichte aber ist nichts anderes als das Agglomerat von *Ereignissen*, in die Dinge im Verlauf ihrer Existenz involviert sind. Also kann man auch auf diese Weise verstehen, dass Ereignisse das Verhältnis der Dinge zur Zeit ausmachen. Ist nun aber das Verhältnis der Dinge zur Zeit oder ihre zeitliche Gestalt in einem akzidentellen Sinn für Dinge ontologisch bedeutsam, vermitteln aber Ereignisse diese zeitliche Gestalt, hängen Dinge, eben in diesem akzidentellen Sinn, ontologisch von Ereignissen ab.

Die Abhängigkeit der Ereignisse von Dingen betrifft, um es zusammenfassend zu wiederholen, einen für Ereignisse (mit-)konstitutiven Aspekt; die Abhängigkeit der Dinge von Ereignissen jedoch einen für Dinge nichtkonstitutiven, wenn man so will *akzidentellen* Aspekt. Der Grad der ontologischen Abhängigkeit der Dinge von Ereignissen ist also ein anderer, wenn man so will niedrigerer oder schwächerer, als der Grad der ontologischen Abhängigkeit der Ereignisse von Dingen.

4.33 Die Weise, wie Dinge Arten angehören, ist verschieden von der Weise, wie Ereignisse Arten angehören

Wir kommen nun zu einem Aspekt, den ich, wie zu Beginn von Abschnitt 4.3 gesagt, etwas ausführlicher behandeln möchte. Rufen wir uns zunächst in Erinnerung, worin die *Gemeinsamkeiten* von Dingen und Ereignissen hinsichtlich ihrer Artzugehörigkeit bestehen. Weder auf Ereignisse noch auf Dinge kann man sich (sprachlich) beziehen, ohne wenigstens ungefähr ihre Art zu kennen. Wie schon eingeräumt, kommt es zwar in unserem Alltag mitunter vor, dass wir zunächst unbestimmt von Dingen bzw. von Ereignissen reden: „Gib mir dieses Ding da, bitte ... !" bzw. „Das war gestern ein schönes Ereignis!" – Aber auch in diesen Fällen hätte der Zuhörer kei-

---

sind wesentlich dreidimensional. Der mittelbare Bezug zur Zeit ist aber doch auch so, dass er von den Dingen als „definitorisches Prädikat" (siehe u.a. Baltzer 1996) ausgesagt werden kann. Es ist also eine den Dingen „zusätzliche Bestimmung" (worin das Proprium mit den nicht-idiomatischen Akzidentien übereinkommt), die jedoch soweit für Dinge charakteristisch ist, dass diese als Entitäten mit eigentümlicher zeitlicher Gestalt, überhaupt als zeitliche Entitäten verstanden werden *müssen*. Es kann m.a.W. kein Ding ohne Bezug zur Zeit geben.

[46] U.a. Chisholm 1990, 421; desgl. Smith B. 1990b, 154, 167; Lowe 1998, 99.

ne Möglichkeit, den Sprecher zu verstehen, wenn er nicht, zumindest ungefähr, wüsste, *was für ein* Ding bzw. Ereignis gemeint ist. Besagter Feststellung würde die ontologische These entsprechen, dass es keine Dinge und keine Ereignisse ohne Art geben kann. Alle Partikularien sind Vorkommnisse irgendeiner Art. Etwas spezieller, aber durchaus mit dieser ontologischen These zusammenhängend, ist die bereits oben angeführte Annahme, dass diese ihre Artzugehörigkeit, um es vorsichtig zu sagen, zu tun hat mit der Identität als Individuen sowohl von Ereignissen als auch von Dingen.

Bevor wir nun aber die Unterschiede der Artzugehörigkeit von Dingen und von Ereignissen herausarbeiten können, müssen wir etwas genauer analysieren, was wir hier überhaupt unter dem Begriff „Art" (in der Folge verzichte ich auf die Anführung der Synonyme „Sorte" oder „Typ") verstehen können, bzw. welche „Art von Arten" für die hier aufzunehmenden ontologischen Überlegungen überhaupt von Relevanz sind.

4.331 „Arten"

(1) Meine Vorgangsweise wird so sein, dass ich mich von Art-Begriffen oder „Was-Ausdrücken" im Allgemeinen, zu jenen besonderen vorarbeiten möchte, die ich dann in einem technischen Sinne „sortale Ausdrücke" nennen werde. Diese spielen für die weiteren Untersuchungen eine wichtige Rolle.

Als Ausdrücke für Arten können wir im Allgemeinen all jene verstehen, die – an Prädikatstelle gebraucht – Auskunft auf die Frage geben, *was* denn etwas sei. Damit setzen wir Art-Begriffe in Gegensatz zu jenen Ausdrücken, die Dinge bzw. Ereignisse hinsichtlich ihres *Wie* charakterisieren. „*Was* ist das, das hier auf dem Tisch steht? – Es ist ein *Computer!*" – würde „Computer" in diesem Sinne als Art-Begriff ausweisen. „Langsam" in „Dieses Gerät ist relativ zu seinen Artgenossen im Betrieb extrem langsam." hingegen wäre eine Wie-Antwort und somit ungeeignet, als Art-Begriff (für Ereignisse) zu fungieren.

(2) Auf meinem Weg zum angesprochenen besonderen Art-Begriff möchte ich zunächst jene Was-Ausdrücke ausklammern, die man in Anwendung eines gut eingeführten sprachphilosophischen Terminus „Massen-Ausdrücke" oder „mass-terms" nennt. Mass-terms, wie „Gold" oder „Orangensaft" sind nicht gekoppelt mit *Kriterien für die Identifizierung* von Gegenständen. Sie helfen uns nicht, aus unserer Umwelt Individuen herauszuheben. Sie tragen auch nicht dazu bei, Gegenstände zu zählen. „Gold" bzw.

„Wasser" in „Das ist Gold. Dort fließt Wasser." hat keine Funktion für die Identifizierung individueller Gegenstände. Ebenso wenig kann man sagen, dass hier zwei Gold oder drei Wasser vorkämen. - Wohingegen „Rasenmäher" bzw. „Schaf" in „Auf der Wiese steht ein Rasenmäher." bzw. „Dort grast ein Schaf." sehr wohl erlauben, aus der Umgebung Individuen herauszuheben und auch exakte Zählungen durchzuführen. Dass es zwei Rasenmäher und drei Schafe in diesem landwirtschaftlichen Betrieb gibt, sind durchaus verständliche und plausible Angaben.

Manche Autoren haben Massen-Ausdrücke nicht nur zur Abhebung von bestimmten, Dinge beschreibenden Was-Ausdrücken, sondern auch von „ereignishaften" Was-Ausdrücken eruiert. Sie sprechen in diesem Zusammenhang von Ausdrücken für *Prozesse*. Durch Prozess-Ausdrücke kann man keine individuellen Abläufe identifizieren. (Im Vergleich dazu: mit Ereignis-Ausdrücken kann man das.) Schon deshalb nicht, weil Prozess-Ausdrücke wie Terence Parsons sagt, „by itself" keinen Kulminationspunkt (d.h. keinen bestimmten End- oder Zielpunkt) der unter sie fallenden Vorkommnisse implizieren. „Gehen" und „Laufen" wären für Parsons Beispiele solcher Prozess-Ausdrücke[47]. („Gerdas Laufen um den Häuserblock A" wäre hingegen ein Ereignis-Ausdruck; versehen mit einem klaren Hinweis auf einen Zielpunkt. Hier zeigt sich auch, dass man in Analogie dazu, dass Dinge aus Massen bestehen, sagen könnte, Ereignisse „bestünden" aus Prozessen.)

(3) Einen zweiten Schritt zum anvisierten besonderen Art-Begriff können wir unternehmen, wenn wir aus den Ausdrücken, die auf Was-Fragen Antworten geben (ohne Massen zu bezeichnen), jene aussondern, die von Individuen nur mit Einschränkungen ausgesagt werden können. Gemeint sind zunächst jene Ausdrücke, die - um zuerst im Bereich der Dinge zu bleiben - lediglich gewisse Eigenschaften bzw. Merkmale bezeichnen, z.B., im Falle von Personen, Berufsbezeichnungen. „Zahnärztin" in „Frau Huber ist Zahnärztin" wäre ein solcher Ausdruck. Derartige Ausdrücke sind zwar im Deutschen als Antworten auf die Was-Frage möglich, können aber, der Sache nach, eher mit Wie-Ausdrücken verglichen werden. Und zwar insofern, als sie dazu dienen, etwas oder jemanden eben in bestimmten seiner Eigenschaften oder in besonderen seiner Merkmale zu beschreiben, nicht aber hinsichtlich dessen, was er oder sie als Ganze/r ist.[48]

---

[47] Dazu v.a. Parsons 1989, 235.
[48] Olson 1997, 29 führt als Beispiel „Philosoph" an. Sein Kriterium: „a philosopher is not to come into existence simpliciter, and to cease to be a philosopher is not ne-

Dahingestellt sei es, ob es auch im Bereich der Ereignisse vergleichbare „versteckte" Wie-Ausdrücke gibt. M.E. wären sein *Schleichen* ums Haus oder ihr *Flüstern* ins Ohr derartige unechte Ereignisarten. „Schleichen" meint ein bestimmtes Wie eines Gehens, „Flüstern" ein eigentümliches Wie eines Sprechens, obwohl beide als Antworten auf die Was-Frage bzgl. eines Ereignisses möglich sind.

(4) Ausgeklammert sollen aber auch jene Ausdrücke werden, die man in der Sprachphilosophie Phasensortale oder „phased-sortals" nennt. Phasensortale wären etwa „Raupe", „Baby", „Greis" u.ä. Sie sind zwar echte Antworten auf die Was-Frage, da sie nicht nur einzelne Eigenschaften oder Merkmale etwa von Tieren oder menschlichen Personen treffen. In diesem Sinne bezeichnen sie ihre Träger als Ganze. Allerdings betreffen sie ihre Träger normalerweise nicht zeit ihrer gesamten Existenz, sondern nur während mancher Episoden ihrer Geschichte. („Normalerweise" heißt, dass es manche Phasensortale gibt, unter welche Dinge oder Lebewesen kontingenterweise zeit der gesamten Dauer ihrer Existenz fallen können – wenn z.B. eine Raupe vor der Verpuppung abstirbt.)

Analoga zu Phasensortalen finden wir wohl auch im Bereich der Ereignisse. So ist „Elfmeter-Schießen" eine echte Antwort auf die Frage, was denn da auf dem Fußballfeld vor sich geht. Allerdings bezieht sich der Ausdruck auf ein Geschehen, das als (durchaus heikle) Episode eines ganzen Ereignisses verstanden werden muss.

Wir wollen also, um wieder zur Philosophie zurückzukommen, auch jene Art-Ausdrücke ausklammern, die – synchron betrachtet – nur manche Detailaspekte ihrer Träger betreffen, oder – diachron gesehen – lediglich bestimmte Phasen bzw. Phasen der Geschichte von etwas bestimmen. *Sortale Ausdrücke* sollen, sowohl synchron als auch diachron betrachtet, ihre Träger als Ganze charakterisieren.

(5) Eine vierte und letzte Charakterisierung entlehne ich der klassischen Philosophie. Ihr zufolge kann man Was-Ausdrücke hinsichtlich ihrer Be-

---

cessary to cease to exist altogether." (Ebd.) Ich möchte hier die Problematik der diachronen Persistenz vorläufig ausklammern. Wiggins führt ein eigenes Kriterium an, wie man zwischen solchen scheinbaren Antworten auf die Was-Frage und „fundamental kinds" unterscheiden könnte: Kann man auf eine Antwort auf die Was-Frage die Gegenfrage stellen: „Was genau ist es, das ein F ist", etwa: „Was genau ist das, was ein Zahnarzt bzw. ein Philosoph ist", handelt es sich dabei (Philosophen, Zahnärzte) um keine „fundamental kinds". Vgl. Wiggins 1967, 7.

stimmtheitsgrade unterscheiden. Nehmen wir als Beispiele die Was-Ausdrücke „Schaf" und „Lebewesen". Auch Letzterer gibt gewisse Hilfen bei der Identifizierung von etwas. Allerdings, aufgrund seiner weitaus größeren Allgemeinheit, nicht in dem Maße wie der Erstere.

Jene Was-Audrücke, die nicht mass-terms, phased-sortals bzw. versteckte Wie-Ausdrücke sind, deren Bestimmtheitsgrad hinsichtlich ihrer identifizierenden Funktion nicht weiter erhöht werden können, nenne ich nun sortale Ausdrücke. „Schaf" mag, um es auch explizit zu sagen, als Beispiel eines sortalen Ausdrucks dienen. („Merinolandwollschaf" ist vielleicht bestimmter als „Schaf", allerdings ergibt es bei der *Identifizierung* von Lebewesen keine zusätzliche Hilfe. Geht man noch weiter hinein in konkrete Bestimmungen, landet man bald bei Phasensortalen oder gar bei Wie-Ausdrücken, etwa „Jungmerinolangwollschaf", „Zuchtmerinolandwollschaf".)

Wie oben angedeutet, können wir diese Charakterisierung auch für Art-Ausdrücke bei den Ereignissen annehmen. „Fußballspiel" ist z.B. ein sortaler Ausdruck. Er ist in seinem Bereich hinsichtlich Bestimmtheitsgrad nicht zu übertreffen. „Ballspiel" ist unbestimmter, „Spiel" noch weiter.

Sortale Ausdrücke, die ich hier sowohl für Ereignisse als auch für Dinge ins Auge fasse, stehen nun, ontologisch gesprochen, für die „niedrigsten" Arten, eben für species infimae. Sie bestimmen jene Individuen, die unter sie fallen, in ihrer Identität; sind somit (was den durch die Art betroffenen Aspekt der Dinge betrifft) in höchstem Maße relevant für die ontologische Konstitution „ihrer" Gegenstände. Um diese Arten wird es uns im Folgenden gehen.

4.332 Ding-Arten

Im letzten Abschnitt haben wir uns vorwiegend auf der sprachphilosophischen Ebene bewegt, wenn wir nach der Eigenart sortaler *Ausdrücke* gesucht haben. Mit dem Hinweis, dass sortale Ausdrücke für jene species infimae stehen, um die es uns nun gehen soll, haben wir aber die Rückkehr zur Ontologie vorgenommen. Wenn wir nun ontologisch weitermachen, wollen wir zunächst die Frageperspektive im Zusammenhang unseres nunmehrigen Themas „Ding-Arten" klären.

Mir wird es im Folgenden nicht um die Frage nach den Ding-Arten als solchen gehen. Einen großen Bogen mache ich insbesondere um das Universalienproblem, das sich in diesem Zusammenhang endlos diskutieren ließe. Mein Ansatz ist die Analyse dessen, was es für ein einzelnes, konkretes Ding bedeutet, dieser oder jener Art anzugehören. Was behauptet man im Hinblick auf das partikuläre Ding, wenn man davon spricht, dass es einer species infima angehört, v.a. welche Relevanz hat die Zugehörigkeit zu einer species infima für die Ontologie des Dinges?

(1) Die Relevanz der Artzugehörigkeit für Dinge ist erstens darin zu sehen, dass mit der sortalen Zugehörigkeit von Dingen *Existenzbedingungen* für diese Dinge gekoppelt sind. Das heißt zunächst einmal, dass die Existenz jedes Dinges davon abhängt, *(irgend)einer* Art anzugehören - wobei ich „Art" natürlich im Sinne des oben skizzierten besonderen Art-Begriffs verstehe.

Die Begründung dieses Aspekts der Relevanz der Artzugehörigkeit für Dinge kann ansetzen bei einem Verweis auf den inneren ontologischen Aufbau der Dinge, ihrer Sachverhaltsstruktur. Dinge sind, wie in den vorhergehenden Abschnitten entfaltet, ein Kompositum aus einem Material- und einem Formaspekt. Ich werde von diesen Aspekten künftig auch vom „individuellen Material" und von der „individuellen Form" der Dinge sprechen; v.a. um die Abgrenzung zu möglichen Verständnisweisen von Material bzw. Form als allgemeinen Instanzen zu gewährleisten. Der Formaspekt (oder eben die individuelle Form) aber jedes Dinges, *die Weise wie* das Material zur Konstitution des Dinges strukturiert ist, ist durch die species infima des Dinges unmittelbar und eindeutig bestimmt; wobei „unmittelbar" besagt „ohne eine Zwischeninstanz", „eindeutig" aber, dass es weder Vorkommnisse einer species infima mit unterscheidbaren Formen, noch Vorkommnisse unterschiedlicher species infimae mit gleicher Form geben kann. Diese Bestimmung eines Formaspekts durch eine species infima ist nicht nur hinreichend, sondern auch als notwendig für den Formaspekt aufzufassen. Sodass man Gebilde, für die sich keine species infima angeben lässt, aus dem Bereich der Dinge ausschließen muss, mit der Begründung, dass es keine Dinge ohne Form, keine Form aber ohne Bestimmtheit durch eine species infima geben kann. Es gibt m.a.W. kein Ding, dem nur Phasensortale oder andere Was-Ausdrücke mit eingeschränkter Gültigkeit zugesprochen werden könnten. Es gibt ferner kein Ding, das lediglich als „Portion" einer bestimmten Masse gelten kann. Ein Bronzeklumpen als solcher ist in diesem Sinne ebenso wenig ein Ding wie eine Portion Orangensaft.

Ich werde diese These in einem späteren Abschnitt, II – 1.32, verteidigen. Bereits hier möchte ich einen Vorteil erwähnen, der sich aus einer derartigen Beschränkung ergibt: Wenn z.B. Masseportionen keine Dinge sein können, fällt das viel diskutierte Problem weg, wie z.B. das Ding Statue und das (vermeintliche) Ding Bronzeklumpen zur selben Zeit am gleichen Ort vorkommen können[49]. Und zwar deshalb, weil nach gegebener Bestimmung der Bronzeklumpen eben kein Ding ist. Was vorliegt, ist ein und nur ein Ding, nämlich die Statue. Das Problem der Kohabitation numerisch verschiedener *Dinge* taucht nicht mehr auf.

Spricht man davon, dass der Bronzeklumpen die Statue *konstituiert*, ergibt sich daraus, dass Konstitution nicht Identität besagen kann, weil ein Ding (Statue) nicht mit einem Nicht-Ding (Bronzeklumpen) identisch sein kann.

Dass mit ihrer Artzugehörigkeit Existenzbedingungen für Dinge gekoppelt sind, meint aber auch, dass die Existenz von Dingen, zumindest synchron, davon abhängt, genau *einer* Art anzugehören. Ich nenne diese These in Anwendung eines Schemas, das v.a. im zweiten Hauptteil noch einige Dienste leisten wird:

> *Syn non-mult Art*: Dinge können zu einem Zeitpunkt („syn") nicht verschiedenen Arten („non-mult Art") angehören.

Für den Bereich der belebten Natur scheint mir diese Annahme klar, und zwar schon aus empirischen Gründen. Es kommt schlicht und einfach kein Vorkommnis zweier species infimae vor. Was vorkommt ist, dass man von einem Ding seine species infima nicht gleich angeben kann, in dem Sinn, dass nicht klar ist, ob es der Art F oder der Art G angehört. Ist das ein Esel oder ist das ein Maultier? Oder dass man mutmaßte, ein Vorkommnis gehöre einer species infima F an, obwohl es in Wirklichkeit G angehört. Das ist ja ein Dromedar, nicht wie prima facie angenommen, ein Kamel! Das aber verweist auf eine andere Problematik.

Es gibt aber nicht nur empirische Gründe für die Geltung von *Syn non-mult Art* für Dinge, sondern auch ontologische. Der entscheidende scheint mir zu sein, dass kein Ding synchron zwei individuelle Formen aufweisen kann[50] (und der bereits entwickelten eindeutigen Zuordnung von Form und species infima). Der Formaspekt eines Dinges bestimmt die Konstitution eines Dinges als Individuum, das ist seine Identität - zu ergänzen ist der hier relevante Gesichtspunkt - synchron. Die synchrone Identität eines Dinges aber muss eindeutig sein.

Immer wieder tauchen zwar in der Diskussion Fälle von Gebilden mit „nicht eindeutiger Identität" auf, z.B. natürlicher Formationen, Berge, Seen o.ä. Ohne das hier schon vorwegnehmen zu wollen, werde ich derartige Gebilde gerade nicht zu den Dingen

---

[49] Vgl. Runggaldier 1998. Zur neuesten Debatte des Problems: Francescotti 2003.
[50] Im Sinne von Ausführungen im dritten Hauptteil müsste man schon hier sagen „*vollständige* individuelle Formaspekte".

zählen; weswegen ich meine, dass durch den Verweis auf sie meine These von der synchronen Eindeutigkeit der Identität von Dingen nicht betroffen ist. Wenn aber die synchrone Identität von Dingen eindeutig sein muss, die synchrone Identität aber vom Formaspekt, also von der species infima bestimmt ist, kann kein Ding synchron mehr als einer species infima angehören.

Scheint *Syn non-mult Art* für den Bereich der belebten Natur klar zu sein, kann es für Artefakte prima facie in Frage gestellt werden. Ich werde das noch ausführlich diskutieren (II – 1.13). Vorläufig offen lassen möchte ich auch die Frage, ob für alle Dinge die besagte Einzigkeit der Artzugehörigkeit *nur* synchron gilt, oder ob es nicht manche Dinge gibt, die auch diachron nur einer Art angehören, und zwar so, dass sie zeit ihrer Existenz nur von einer einzigen species infima sein können. Hier können wir festhalten, dass für jedes Ding gilt, dass es zu einem bestimmten Zeitpunkt genau einer Art angehören muss, und diese seine Artzugehörigkeit (somit) zu seinen Existenzbedingungen zu zählen ist.

(2) Eine zweite Gruppe von Bedingungen, die mit der Zugehörigkeit eines Dinges zu seiner Art gekoppelt sind, kann man *Kontinuitätsbedingungen* nennen. Diese betreffen zunächst die räumliche Ausdehnung von Individuen zu einem bestimmten Zeitpunkt. Dass dieses Ding ein Computer ist, bedingt, worin seine räumliche Ausdehnung besteht. Das gilt auch für Lebewesen, wie unser Schaf. Natürlich bestimmt sein Schaf-Sein seine Extension. Dass dem so ist, ergibt sich bereits daraus, dass es nicht möglich ist, für ein Ding eine räumliche Extension anzugeben, ohne Auskunft über das Was des Dinges zu geben. Gefragt, wo bzw. welchen Raum ein Ding einnimmt, muss man wohl zurückfragen, welches Ding oder eben ein Ding welcher Art gemeint ist, um eine sinnvolle Antwort geben zu können. Nicht nur die räumliche Ausdehnung als solche hängt von der Zugehörigkeit zu einer Art ab, sondern auch verschiedene ihre Eigenheiten. Ob z.B. die räumlichen Teile eines Dinges disparat sein können oder nicht, hängt von seiner Art ab. Die Teile eines Computers z.B. können disparat sein, die eines Schafs nicht.

Der ontologische Grund der Artbedingtheit räumlicher Kontinuitätsbedingungen liegt in jenen Gegebenheiten, die oben unter den Existenzbedingungen ausgeführt wurden: Dinge bestehen aus einem Material- und aus einem Formaspekt; Letzterer ist entscheidend für die Anordnung des Materials zum Aufbau eines Dinges. Zur Anordnung gehören aber auch die räumliche Extension und deren Eigenheiten, wie mögliche Disparatheit -

allesamt Merkmale dessen, was ich als räumliche Kontinuität bezeichnet habe. Also ist die räumliche Kontinuität mittels der Bestimmtheit durch den Formaspekt eines Dinges von der Art des Dinges abhängig.

Das gleiche gilt für zeitliche Kontinuitätsbedingungen, die ja insbesondere Thema aktueller ontologischer Reflexionen sind. Dass Dinge artspezifischen zeitlichen Kontinuitätsbedingungen unterliegen, besagt, dass ihre Existenz durch die Zeit maßgeblich durch ihre Art geprägt ist. Hier können wir an E. Hirsch sowie D.S Oderberg anknüpfen, die versucht haben zu zeigen, dass sortale Kontinuität eine notwendige Voraussetzung dafür ist, dass wir überhaupt dem zeitlichen Verlauf oder der Geschichte eines Dinges nachgehen können. Notwendig deshalb, weil wir sonst „aberrant" oder „wayward careers" (z.b. ein Baum, und dann ein Baum minus einem Ast, minus zwei Ästen, etc., bis wir nur noch bei einem Baumstamm angekommen sind) nicht vermeiden könnten.[51] Auch für den zeitlichen Verlauf eines Dinges gilt, dass nicht nur sein bloßes Faktum, sondern auch seine Besonderheiten Art-bedingt sind. Auch hier können wir z.b. feststellen, dass die Möglichkeit der „zeitlichen Unterbrechung" von Dingen von ihrer Art abhängt. Eine Uhr zum Beispiel kann man gut und gern in sämtliche Einzelteile zerlegen, und dann wieder zusammenbauen. Auch hier kann (und will) unser Schaf natürlich nicht mithalten.

Auch von Kontinuitätsbedingungen können wir noch nicht sagen, ob diese für alle Dinge nur für einzelne Phasen ihrer Geschichte gelten, oder ob es nicht manche Dinge gibt, die zeit ihrer gesamten Existenz denselben Kontinuitätsbedingungen unterliegen. Festhalten können wir nur Folgendes: Gibt es Dinge, die auch diachron (in oben ausgeführtem Sinne) gesehen nur einer einzigen Art angehören können, gelten für diese Dinge stets die für ihre einzige Art charakteristischen Kontinuitätsbedingungen. Ist ein Ding von t bis t′ aber von Art F, von t′ bis t′′ aber von Art G, wird es von t bis t′ F-artig, von t′ bis t′′ aber G-artig kontinuierlich in der Zeit existieren; und es wird auch seine räumliche Extension zunächst gemäß F, dann gemäß G zu bestimmen sein (wobei F und G natürlich als species infimae gelten müssen).

(3) Als dritte Gruppe seien „*Konstitutionsbedingungen*" angeführt. Bei diesen können wir zunächst solche ins Auge fassen, deren Angabe sich aus jenen Bedingungen ableiten lassen, die ich eben Kontinuitätsbedingungen genannt habe. Ich meine z.B. Bedingungen, die Rückschlüsse geben über

---

[51] Vgl. Hirsch 1982, 31; Oderberg 1993, 22f.

den mereologischen Bestand eines Dinges. Welche Teile zu einem Ding gehören müssen bzw. können, hängt – via Form - von seiner Art ab. Dass Susi ein Herz und eine Lunge braucht, sie normalerweise vier Beine hat, eventuell auch einen besonders ausgeprägt wolligen Pelz, hängt ab davon, dass sie eben ein Schaf ist. Das gleiche gilt auch für unbelebte Dinge, wie Autos und Computer, deren mereologischen Bestand anzugeben, meine Fachunkenntnis verbietet. Auch ob Dinge aus gleichförmigen oder aus unterschiedlichen Teilen bestehen, hängt auf besagte Weise von ihrer Art ab. Einfache Lebewesen, wie Schwämme und dergleichen, bestehen aus gleichförmigen Teilen, besser Zellen. Andere Dinge sind viel komplizierter gebaut. Dafür braucht es keine eigens angeführten Beispiele.

Zu Konstitutionsbedingungen können aber auch solche Bedingungen gezählt werden, welche die *materielle* Konstitution von Dingen betreffen. *Woraus* ein Ding besteht, hängt von seiner Art ab. Während z.B. Lebewesen aller species infimae aus Kohlenstoffverbindungen bestehen, ist die Bandbreite der materiellen Konstitution von Artefakten viel größer. Wenn man möchte, kann man allerdings die Artabhängigkeit der materiellen Konstitution von Dingen von den vorher genannten Aspekten abheben. Die materielle Konstitution von Dingen, das ist trivial, betrifft ihren Materialaspekt. Der Materialaspekt aber ist in seiner Funktion für den Aufbau eines Dinges vom Formaspekt zu unterscheiden; warum nicht auch im Hinblick auf seine sortale Bestimmtheit? – Tatsächlich kann die von Formaspekt und species infima behauptete *Eindeutigkeit* nicht auf das Verhältnis Materialaspekt und species infima übertragen werden. So gibt es für keine species infima, etwa bei den Organismen, eine ausschließlich zuordenbare materielle Konstitution. Biologen lehren uns sogar, dass unter der Rücksicht der materiellen Basis zwischen den Arten von Lebewesen wenige Unterschiede bestehen. Auch die *Unmittelbarkeit* der Abhängigkeit des Formaspekts von species infima kann nicht auf den Materialaspekt übertragen werden. Ich denke, dass die sortale Abhängigkeit des Letzteren besser als eine mittelbare zu verstehen ist. Die materielle Konstitution eines Dinges, d.h. Material welcher Materie in ein Ding zu seiner Konstitution integriert werden kann, hängt ab von der Form des Dinges. Dass ein Kraftfahrzeug der Art Auto aus Blech, nicht aber aus Baumwolle bestehen kann, hängt von seiner Auto-Form ab. Ist aber die Form unmittelbar artbestimmt, die Materie aber, durchaus auch unmittelbar, formbestimmt, ist unter dieser Rücksicht natürlich auch die materielle Konstitution eines Dinges artabhängig, allerdings wie angedeutet mittelbar.

Auch das zu allen Konstitutionsbedingungen Gesagte lässt offen, ob diese für Dinge nur für bestimmte zeitliche Teile ihrer Geschichte gelten, oder ob es nicht manche Dinge gibt, die zeit ihrer gesamten Existenz denselben Konstitutionsbedingungen unterliegen. Nur so viel steht fest: Ist ein Ding von t bis t′ F, von t′ bis t′′ aber G, wird es von t bis t′ eben F-artig, von t′ bis t′′ aber G-artig mereologisch und materiell konstituiert sein. Ist ein Ding stets von ein und derselben Art, gelten für dieses Ding zeit seiner Existenz die für seine Art spezifischen Konstitutionsbedingungen.

Dingarten, so können wir zusammenfassend feststellen, bestimmen die unter sie fallenden Vorkommnisse zu bestimmten Zeitpunkten hinsichtlich ihrer Existenz, hinsichtlich ihrer räumlichen und zeitlichen Kontinuität, sowie hinsichtlich ihrer mereologischen und materiellen Konstitution. Synchron gilt die Einzigkeit der Artzugehörigkeit von Dingen. Die diachrone Einzigkeit der Artzugehörigkeit mancher Dinge wollen wir nicht ausschließen, ohne sie zum jetzigen Standpunkt der Untersuchung positiv aufzuweisen. Davon, dass Dinge auf die hier geschilderte Weise von ihrer (zumindest) synchron einzigen species infima in ihrer Existenz, in ihrer räumlichen und zeitlichen Kontinuität sowie in ihrer mereologischen und materiellen Konstitution abhängen, soll hier als *sortaler Dependenz der Dinge* gesprochen werden. Als ein Aspekt der Existenzabhängigkeit der Dinge von ihrer Art wurde die Abhängigkeit der Dinge in ihrer Identität angeführt. Wenn hier fortan von der *sortalen Dependenz der Identität der Dinge* die Rede sein wird, meint das genau diesen Aspekt.

4.333 Ereignis-Arten

Um aber, wie angekündigt, den Unterschied zwischen Ereignissen und Dingen hinsichtlich ihrer Artzugehörigkeit in den Blick zu bekommen, wollen wir nun auch versuchen, die Weise, wie Ereignisse Arten angehören, zu analysieren. Wir werden uns dabei ausschließlich fragen, was es für individuelle Ereignisse bedeutet, Arten anzugehören. Wir führen also auch keine Debatte über Ereignisarten als solche, insbesondere nicht, ob man *universale* Ereignisarten annehmen könne oder nicht.

Ich möchte meine Ausführungen über die Artzugehörigkeit von Ereignissen anhand eines einfachen Beispiels vortragen. Nehmen wir an, eine Katze fällt aus dem siebenten Stock eines Hauses auf die davor verlaufende Straße. Was ist die Art dieses Ereignisses? Wie kommt man überhaupt dazu, dieses Ereignis sortal zuzuordnen? – Ohne Anspruch auf eine vollständige Auflistung zu erheben, möchte ich kurz eine Reihe von Alternativen ansprechen. Die erste wäre, einfach von einem *Katzen*absturz zu sprechen (A1). Eine Möglichkeit der Artzuweisung oder der Typisierung von Ereignissen besteht darin, auf Dinge Bezug zu nehmen, die am Ereignis beteiligt sind, in unserem Fall eben auf die Katze. Diese Weise der Typisierung liegt insofern nahe, als es sich bei Dingen um Elemente der inneren Struktur von Ereignissen handelt. *Menschen*auflauf, *Pferde*rennen, *Glocken*läuten wären ebenfalls Typisierungen von Ereignissen aufgrund der an ihnen beteiligten Dinge. Vielleicht handelt es sich aber bei unserem Beispielereignis nicht um einen simplen Sturz, sondern um einen schrecklichen *Tierversuch*, und wir können somit die Typisierung unter der Rücksicht vornehmen, dass das Ereignis Teil eines umfassenderen Ganzen ist (A2). Auch diese Typisierungsweise können wir an einer Eigenart von Ereignissen festmachen: Ereignisse weisen nämlich stets echte Teile auf, die selbst wieder Ereignisse sind; bzw. wenn wir die Möglichkeit eines umfassenden Universalereignisses ausblenden, selbst stets als Summand einer Ereignissumme verstanden werden können. *Schachspiel*zug oder *Kongress*vortrag wären weitere Beispiele für solche A2-Typisierungen. Man kann aber unser Ereignis auch einer Art zuordnen, indem man es als Folge (A4) bzw. als Ursache (A3) eines anderen beschreibt. Ereignisse sind Kausalrelata; manche meinen sogar, *die* (einzigen) Elemente der Ursache-Wirkungsbeziehung. Somit verweisen auch A3- bzw. A4-Typisierungen auf ein grundlegendes ontologisches Merkmal von Ereignissen. Der Todesfall (A3) des Katzentieres ist die Untat (A4) eines bösen Menschen!

Welche Folgerungen können wir nun aus diesen Episoden im Hinblick auf unsere Frage nach der Artzugehörigkeit von Ereignissen ziehen? – Die wichtigste ist m.E., dass ein (und dasselbe) Ereignis verschiedentlich Arten zugeordnet werden kann, und zwar zu jedem Zeitpunkt seines Ablaufens.[52] Für Ereignisse gilt somit:

> *Syn mult Art*: Ereignisse können zu einem Zeitpunkt verschiedenen Arten angehören.

Zur Erläuterung und zusätzlichen Begründung von *Syn mult Art* führe ich an, dass die hier exemplarisch als A1-A4 angeführten Weisen der Artzuordnung jeweils so sind, dass sie unabhängig von den anderen erfolgen. Wenn ich beispielsweise auf einen dinglichen Träger eines Ereignisses Bezug nehme, mache ich das ohne Verweis auf Ursachen bzw. Wirkungen

---

[52] Vgl. dazu u.a. Lombard 1986, 179. Auch Davidson vertritt diesen Standpunkt. Für ihn folgt jedoch daraus eine extrem „grobkörnige" Sicht von Ereignissen, die wir hier nicht diskutieren können. Vgl. div. Artikel in Davidson 1980.

des Ereignisses. Sind aber die Weisen, wie man Ereignisse Arten zuordnen kann, unabhängig voneinander; kommt man, zudem, auf alle Weisen zu „echten" Ereignisarten, auch dies ist nach den Wegen A1-A4 allesamt der Fall, folgt daraus die irreduzibel vielfache Artzugehörigkeit von Ereignissen. Besagter Fall der Katze mag gleichzeitig Katzenabsturz, Tierversuch, Todesfall und die Untat eines bösen Menschen sein.

Eine Gegenstrategie gegen Syn mult Art wäre, die Identität der jeweiligen Ereignisse in Frage zu stellen. Auf unser Beispiel bezogen: Der Katzensturz, der Tierversuch etc. sind nicht ein, sondern mehrere Ereignisse. Tatsächlich gibt es Ansätze in der Ontologie, die Ereignisse sehr „feinkörnig" interpretieren.[53] - Ohne hier die Details aufrollen zu wollen, möchte ich darauf verweisen, dass selbst extrem „feinkörnig" gesinnte Autoren (wie Kim) niemals die Vervielfältigung von Ereignissen durch *alle*, in Typisierungen zum Ausdruck kommenden Beschreibungen vertreten. *Syn mult Art* ist m.a.W. auch durch „Vervielfältiger" von Ereignissen in seiner generellen Geltung nicht bedroht.

Eine andere Gegenstrategie könnte darin bestehen in Frage zu stellen, ob tatsächlich alle, in A1-A4 Wegen gewonnenen Beispielarten species infimae im Sinne der oben gegebenen Einführung des Begriffes sind. Könnte man nicht die Unterschiedlichkeit der Arten eines Ereignisses im Sinne einer porphyrianischen Artenhierarchie verstehen, wie wir sie bei Dingen angenommen haben? Ist das Katzenfall-Beispiel und die durch A1–A4 Verfahren gewonnenen Arten in Analogie zur Katze selbst zu sehen, die ja auch gleichzeitig den Arten der Feliden, der Säugetiere, der Lebewesen etc. angehört? – Dem ist zu entgegnen, dass man selbst dann, wenn nicht alle der oben angegebenen Ereignisarten unseren Kriterien für species infimae genügten, aus allen angegebenen Arten niedrigere erzeugen könnte, bis hin zu solchen, welchen den Test für niedrigste Arten bestehen. Das sind Arten, für die gilt, dass man durch Differenzierungen in ihrem Bereich keine weiteren Arten erzeugen kann. Der entscheidende Punkt ist, dass man dann die verschiedenen, so gewonnenen Arten doch wieder gleichzeitig von *einem* Ereignis aussagen kann.

Aus den gegebenen Beispielen wird darüber hinaus klar, dass es schon aus logischen Gründen nicht angeht, z.B. A1–Arten als Unterart von A2–Arten zu verstehen. Nehmen wir nur die A1 Art „Katzenabsturz" und die A2 Art „Tierversuch". Es mag schon sein, dass Katzenabstürze Tierver-

---

[53] In Gegensatz zu den in der vorigen Fußnote genannten Autoren der „grobkörnigen" Richtung steht hier u.a. Jaegwon Kim, in diversen Publikationen, v.a. in ders. 1976.

suche sind, aber eben nicht alle. Einige andere Katzenabstürze mögen einfache Unglücksfälle sein. Und so kann das eine nicht Unterart des anderen sein. Ist eine Art Unterart einer anderen, gehören alle Vorkommnisse der einen Art auch der anderen an.

4.334 Die Zugehörigkeit zu Arten: Unterschiede zwischen Dingen und Ereignissen

Nach dem Versuch, die Eigenart der Artzugehörigkeit von Dingen und von Ereignissen jeweils für sich zu bestimmen, wollen wir nun, in Zusammenfassung und Auswertung des Gesagten, auch die diesbezüglichen Unterschiede explizit machen. Der entscheidende Punkt ist, dass Dinge, zumindest synchron gesehen, genau einer Art angehören, für Ereignisse hingegen diese Einzigkeit der Artzugehörigkeit nicht gilt.

Die Abhängigkeit der Dinge - zu jedem Zeitpunkt in ihrer Existenz, in ihrer räumlichen und zeitlichen Kontinuität sowie in ihrer mereologischen und materiellen Konstitution - von genau einer Art haben wir ihre sortale Dependenz genannt. Möglicherweise kann man auch bei Ereignissen die Relevanz ihrer Artzugehörigkeit so deuten, dass sie mit manchen der bei Dingen genannten Aspekten übereinstimmt. So hängen wohl auch bei Ereignissen ihre räumlichen und zeitlichen Kontinuitätsbedingungen sowie ihre mereologische Konstitution von ihrer Artzugehörigkeit ab. Der springende Punkt bleibt dabei, dass Ereignisse stets Vorkommnisse *verschiedener* Arten sein können. Selbst wenn also eine Abhängigkeit zu Arten besteht, so doch immer *relativ zu den verschiedenen Arten*, denen Ereignisse eben angehören. In diesem Sinne kann man von Ereignissen die *sortale Relativität* etwa ihrer zeitlichen Verlaufsbedingungen und Bedingungen der Abfolge ihrer Teile annehmen.

Auch die numerische Einheit von Ereignissen kann relativ zu verschiedenen Arten unterschiedlich beurteilt werden. Nehmen wir als Beispiel einen Weltrekordversuch im Balancieren eines Tellers auf einem Stab, an dem verschiedene TeilnehmerInnen beteiligt sein können. Bedingung ist nur, dass der Teller stets auf dem Stab bleibt. Frau A beginnt, Herr B übernimmt nach zwei Stunden etc., bis Frau Z nach mehr als 36 Stunden und gelungenem Rekord den Teller vom Stab nimmt. Unter der Rücksicht (Art) Weltrekordversuch kann man durchaus sagen, dass Herr B dasselbe Ereignis vollführt wie Frau Z. Allerdings, unter der Rücksicht (Art) Jonglieren kann man gute Gründe für die Nicht-Identität der Ereignisse anführen: dass etwa ein Träger nicht derselbe ist. Wie auch immer: Wir haben hier ein Beispiel, in dem *relativ zu einer Art* eine Identitätsbehauptung über ein Ereignis wahr „Herr B´s Tun ist als Weltrekordversuch dasselbe wie Frau Z´s", relativ zu einer anderen Art aber falsch ist: „Herr B´s Tun ist als Jonglierakt dasselbe wie Frau Z´s".

Die theoretische Begründung der im Beispiel eingeführten Weise der sortalen Relativität der Identität der Ereignisse liegt darin, dass Ereignisse auch synchron unterschiedliche Strukturelemente, d.h Träger, bedingen können. Unterschiedliche Träger aber können unterschiedliche Artzuordnungen mit sich bringen. Wenn nun ein Ereignis mehrere Träger aufweist, kann relativ zum einen die eine Art, relativ zu einem anderen eine andere Art, ja relativ zu einem Trägerkompositum eine dritte Art für die Identität des Ereignisses maßgeblich sein.

Eine weitere Weise der sortalen Relativität von Ereignissen beruht darauf, dass zeitliche Teile von Ereignissen stets auch als Ereignisse aufgefasst werden können. Somit mag es sein, dass ein Vorgang oder eine Änderung (technisch gesprochen) relativ zu einer Art F als ein (ganzes) Ereignis y, relativ zu einer anderen Art G aber als mehrere Ereignisse a, b, etc. aufgefasst werden kann. Der 100-jährige Krieg etwa kann als Konflikt zwischen England und Frankreich als ein Ereignis, als militärische Auseinandersetzung aber als Mehrzahl von Ereignissen (z.B. Schlachten bzw. Schlachtenfolgen) aufgefasst werden.

So können wir, allgemein gesprochen, die *sortale Relativität* der Identität von Ereignissen annehmen.

Mit der Gegenüberstellung von sortaler Dependenz und sortaler Relativität der Identität sind wichtige Stichwörter gefallen, und zwar unter der Rücksicht, dass auch für Dinge die sortale Relativität ihrer Identität behauptet wird.[54] Sehr instruktiv ist das Beispiel eines Vertreters der sortalen Relativität der Identität von Dingen. Es ist Geachs „men and heralds" Beispiel[55]. Ich möchte das Beispiel in modifizierter Weise aufgreifen. Geach vergleicht zwei Sätze. Der erste lautet (frei wiedergegeben): „Lord Newrich sprach gestern mit einem Herold und er sprach heute wieder mit demselben Herold". Der zweite (ebenso frei wiedergegeben): „Lord Newrich sprach gestern mit einem Mann und er sprach heute wieder mit demselben Mann". (Wobei anzunehmen sei, dass gestern der Herold und der Mann ein und dieselbe Person ist.) Geach meint nun, dass der erste Satz selbst dann wahr sein könnte, wenn der zweite falsch ist. Auch könnte der zweite wahr, der erste aber falsch sein. Beides ist möglich, wenn über Nacht ein Wechsel im Kollegium der Herolde des Lords stattgefunden hat. Daraus zieht er den Schluss, dass Identitätsbehauptungen immer unter der Rück-

---

[54] Zur Einführung in die Diskussion siehe Runggaldier / Kanzian 1998, 152-155.
[55] Ich beziehe mich auf Geach 1980, u.a. 216.

sicht der verschiedenen sortalen Ausdrücke gesehen werden müssten, unter welche die singulären Ausdrücke der Identitätsbehauptung fallen. *Als Herold* mag Identität bestehen zwischen den Gesprächspartnern des Lords gestern und heute, *als Männer* sind sie verschieden. Oder allgemeiner gesagt: Nach Geachs Meinung sind Behauptungen der Form „a ist dasselbe wie b" immer Abkürzungen für „a ist dasselbe F wie b", wobei stets gilt, dass „a ist dasselbe F wie b" wahr, „a ist dasselbe G wie b" aber falsch sein kann. Die Identität jedes a mit einem b ist also stets *relativ* zu einem F zu sehen. Dem steht die Meinung der Vertreter der sortalen Dependenz der Identität von Dingen entgegen. Wenn „a ist dasselbe F wie b" wahr ist, kann es kein G geben, für das gilt, dass „a ist dasselbe G wie b" nicht wahr sein kann.[56]

M.E. kann man diesen Konflikt dadurch lösen, dass man an Artbegriffe klare Kriterien anlegt. Versteht man „Art" im oben bestimmten Sinne einer species infima, wird Geachs Argumentation für die sortale Relativität der Identität von Dingen, vorgetragen anhand seines „men and heralds" Beispiels, hinfällig. „Herold" ist kein Artbegriff im Sinne der species infima. Ich würde „Herold" als „unechten" Artbegriff ansehen, im Vergleich etwa mit „Zahnarzt" o.ä. „Er ist ein Herold" ist eine versteckte Antwort auf eine Wie-Frage, keine echte Antwort auf die Was-Frage[57]. Allgemeiner gesagt hängt die Möglichkeit zu behaupten, ein Satz der Form „x ist als F identisch mit y" könne wahr sein und gleichzeitig ein Satz der Form „x ist als G identisch mit y" falsch, davon abhängt, dass „F", „G" oder „F" und „G" keine echten Artbegriffe in oben festgelegtem Sinne sind. Ist etwas aber kein echter Artbegriff, hat er (selbst oder als solcher) keine Relevanz für die Bestimmung der Identität der unter ihn fallenden Individuen. Die Identität von Individuen kann von nicht-echten Arten (selbst oder als solchen) nicht abhängen, ja nicht einmal relativ auf sie zu bestimmen sein[58]. Auf unseren Fall bezogen: (Geachs) Behauptungen der sortalen Relativität der Identität von Dingen sind falsch, weil sie auf Sorten Bezug nehmen, die keine species infimae sind.

---

[56] So z.B. Wiggins, der in ders. 1980, 16, diesen Gegensatz klar herausstreicht.
[57] Vergleichbar argumentiert Lowe gegen Geach. „To say that a is a herald is not to say what sort or kind of thing a is". Lowe 1989, 46.
[58] Die Einfügung „selbst oder als solcher" meint, dass die Identität von Individuen von unechten Arten nicht abhängen kann, *es sei denn* unter der Rücksicht, dass diese unechten Arten natürlich auch echte implizieren.

Somit können wir dabei bleiben, dass bei Dingen ihre Identität in eingeführtem Sinne *sortal dependent* ist. Im Unterschied dazu gilt bei Ereignissen die *sortale Relativität* ihrer Identität.

4.34 Die Sachverhaltsstruktur von Dingen ist eine andere als die Sachverhaltsstruktur von Ereignissen

In einem vorhergehenden Abschnitt (I – 4.2) habe ich versucht zu zeigen, *dass* Dinge und Ereignisse darin übereinkommen, sachverhaltsartig strukturiert zu sein. Sowohl einzelne Dinge als auch einzelne Ereignisse bestehen aus verschiedenen und verschiedenartigen Elementen, die gemeinsam das jeweilige Ding bzw. das jeweilige Ereignis aufbauen.

Der Aufbau ihrer Sachverhaltsstruktur ist es aber auch, anhand dessen sich Dinge, *unter Abhebung* von Ereignissen, ontologisch charakterisieren lassen. Ein Unterschied in der Sachverhaltsstruktur von Dingen und von Ereignissen liegt, das haben wir bereits gesehen, in den Elementen, welche diese Struktur ausmachen. Bei Dingen ist es Material und Form, die sie ausmachen; bei Ereignissen hingegen Dinge selbst und dynamische Eigenschaften. Im Folgenden soll noch ein weiterer Gesichtspunkt angesprochen werden, der sich im Anschluss an die Überlegungen bzgl. der Artzugehörigkeit von Dingen und von Ereignissen ergibt.

Bei Dingen ist ihre Sachverhaltsstruktur, zumindest synchron gesehen, *eindeutig bestimmt*. Das ergibt sich aus der Einzigkeit der Art, welcher Dinge synchron angehören. Von der jeweiligen Art hängen nämlich beide Elemente der Sachverhaltsstruktur von Dingen ab: die individuelle Form, wie gesagt, unmittelbar, das individuelle Material aber mittelbar, d.h. durch unmittelbare Abhängigkeit von der Form. Hängen beide Elemente der Struktur von Dingen von ihrer Art ab, ist aber die Art von Dingen grundsätzlich, das heißt aus ontologischen Gründen (zumindest) synchron einzig, ist die sachverhaltsartige Struktur von Dingen (zumindest) synchron eindeutig bestimmt.

Anders liegt der Fall bei Ereignissen. Die Sachverhaltsstruktur von Ereignissen ist durch die Elemente *Träger* und *dynamische Eigenschaften* aufgebaut. Zwar hängen auch bei Ereignissen die Elemente dieser ihrer Sachverhaltsstruktur ab von ihrer Art. Die Tatsache jedoch, dass Ereignisse - auch synchron - nicht einer, sondern mehreren species infimae angehören können, macht ihre Struktur mehrdeutig. Unter welcher Art man Ereignisse betrachtet, macht ihre jeweilige Struktur aus. Ein und demselben Ereignis kann somit zu ein und demselben Zeitpunkt unterschiedliche Struktur zugesprochen werden - je nachdem, welche Ereignisart in den Blick gefasst wird. Dies weist auf eine Besonderheit der Ontologie von Ereignissen hin, die wir hier nicht weiter aufrollen können.[59]

Gegen diese Unterscheidung zwischen Dingen und Ereignissen könnte man anführen, dass Dinge in ihrer Struktur nicht nur von ihrer einzigen species infima bestimmt sind. Dinge gehören immer auch höheren Arten an, z.b. der Tisch der höheren Art Möbelstück. Und auch der Art Möbelstück anzugehören, bestimme die Sachverhaltsstruktur von Dingen. Also sei die Sachverhaltsstruktur von Dingen, wie von diesem Tisch, nicht derart eindeutig wie behauptet. – Dem kann ich erwidern, dass die Bestimmung der Sachverhaltsstruktur von Dingen durch höhere Arten zwar unterschiedlich sein mag zur Bestimmung durch die species infimae. Die unterschiedlichen Bestimmungen stellen jedoch keinen *Gegensatz* dar. Ihre Differenzen sind lediglich durch verschiedene Stufen der Allgemeinheit bedingt. Dass dies ein Möbelstück ist, bestimmt die Struktur dieses Dinges allgemeiner als die Festlegung, dass dies ein Tisch ist. Als Möbelstück im Allgemeinen erfüllt es einen eher unbestimmten Nutzen, auf den hin seine Teile angeordnet sind. Als Tisch ist dieser Nutzen besonders determiniert, die Funktion, folglich die Struktur des Dinges genauer bestimmt. Und dies steht der Eindeutigkeit der Sachverhaltsstruktur dieses Dinges nicht entgegnen.

Ebenso wenig tut es der Eindeutigkeit der Struktur von Dingen Abbruch, wenn man sie zusätzlich durch „unechte" Arten typisiert. Dass Frau Maier der species infima Mensch und der unechten Art Zahnärztin angehört, macht ihre ontologische Struktur nicht mehrdeutig. Die Bestimmung der Sachverhaltsstruktur durch unterschiedliche species infimae, wie im Fall von Ereignissen, führt jedoch nicht nur zu unterschiedlichen, sondern auch zu durchaus gegensätzlichen Ergebnissen. Dass die Sachverhaltsstruktur von Ereignissen gegensätzlich zu bestimmen ist, macht aber ihre Mehrdeutigkeit aus.

Ein anderer Einwand gegen diese Unterscheidung mag darin bestehen, dass auch Ereignisse, gleich den Dingen, in ihrer Sachverhaltsstruktur eindeutig bestimmt sein könnten. Dann nämlich, wenn wir Ereignisse nur einmalig typisieren und dabei bleiben, dass Ereignisse nur durch ihre Art in

---

[59] Jonathan Bennett hat diese Mehrdeutigkeit der Struktur von Ereignissen in seine Ereignistheorie integriert. Er spricht davon, dass Ereignisse grundsätzlich unbestimmt sind, man mit einzelnen Ereignisbegriffen lediglich manche Aspekte von Ereignissen erfassen könne. Vgl. Bennett 1988, 19; 1996, 141.

ihrer Sachverhaltsstruktur bestimmt werden. Dass man Ereignisse nur einmalig typisieren kann, bestreite ich nicht. Nur möchte ich daran festhalten, dass sich bei Ereignissen ihre einmalige Typisierung als eine unter mehreren Möglichkeiten herausstellt, bei Dingen hingegen als ontologisch bedingt einzige. Dass manche Ereignisse nur einer Art zugewiesen werden, mag somit ein kontingentes Faktum sein. Also ist auch die Sachverhaltsstruktur bei Ereignissen, wenn überhaupt, dann kontingenterweise eindeutig. Von Dingen hebt sie ab, dass man diese Eindeutigkeit jederzeit aufheben kann.

4.4 Ergebnis und Ausblick

Was sind nun jene Grundzüge einer Alltagsontologie von Dingen, deren Aufweis erklärtes Ziel dieses ersten Teiles ist? - Dinge sind *Partikularien*, das heißt, sie sind konkrete Individuen, von denen gilt, dass sie nicht ausgesagt oder prädiziert werden können. Dinge sind, und das ergab die Untersuchung ihrer Eigenart gegenüber den anderen Partikularien, *dreidimensionale* Entitäten. Sie sind selbst in drei räumlichen Dimensionen ausgedehnt. Ihre Zeitlichkeit und ihre Geschichte sind Dingen äußerlich oder akzidentell. Wobei gilt, dass sie dieses ontologisch durchaus maßgebliche Akzidens (*Proprium*) von Ereignissen und Zuständen entlehnen. In diesem Sinne sind sie auch von anderen Entitäten, per akzidens (*per proprium*), abhängig. Dinge sind ihrerseits als Träger anderer Partikularien, von Ereignissen wie von Zuständen, zu bestimmen. Sie sind insofern für diese anderen Partikularien grundlegend, als diese anderen Partikularien hinsichtlich ihrer Räumlichkeit, einem für diese „substantiellen" Aspekt, von Dingen abhängen.

Dinge hängen von ihrer, zumindest synchron einen Art in ihrer Existenz, in ihrer Kontinuität sowie in ihrer mereologischen und materiellen Konstitution ab. Hervorzuheben ist die *sortale Dependenz der Identität* von Dingen. Die innere Struktur von Dingen ist sachverhaltsartig, wobei das Material, aus der sie bestehen, und die Form, in der ihr Material organisiert ist, die Elemente dieser Struktur ausmachen. In den folgenden Kapiteln wird häufig von der *individuellen Form* (weniger häufig vom individuellen Material) der Dinge die Rede sein. Dinge sind in ihrer Struktur zumindest synchron eindeutig bestimmt.

In diesem ersten Teil geht es um eine allgemeine Theorie von Dingen, d.h. um Merkmale, die allen Dingen gemein ist und Dinge insgesamt gegenüber anderen Entitäten kennzeichnet. Bevor wir im zweiten Teil Unterscheidungen innerhalb der Dinge angehen, wollen wir jedoch (länger) innehalten.

Zum einen, um einige fällige metatheoretische, besser metaontologische Überlegungen anzustellen (Abschnitt I – 5): Sind Dinge, so wie sie hier eingeführt wurden, eine eigene ontologische *Kategorie* (wie das mitunter, bislang ohne Begründung, gesagt wurde)? Was ist überhaupt eine ontologische Kategorie? Haben wir es hier im Ansatz mit einer ein- oder mit einer mehrkategorialen Ontologie zu tun? Inwiefern schließlich ist die Antwort, wie immer sie ausfällt, rückgebunden an das eingangs erwähnte Projekt einer Alltagsontologie? Ist die hier in Gang gesetzte Ontologie überhaupt eine Alltagsontologie?

Zum anderen, und damit komme ich zum zweiten Moment des Innehaltens, wollen wir die hier anvisierte Ontologie in gebotener Kürze mit alternativen Entwürfen konfrontieren und sie auch ein Stück weit verteidigen (Abschnitt I – 6).

Metaontologie

I - 5. Metaontologischer Einschub

5.1 Was ist eine ontologische Kategorie?

Bevor ich versuche, auf diese zentrale metaontologische Frage eine Antwort zu geben, möchte ich die Vorgangsweise kurz umreißen. Mein Anliegen ist es, „Kategorie" inhaltlich ontologisch einzuführen. Dazu erörtere ich verschiedene *Merkmale*, die in der ontologischen Debatte als *Kriterium* für die Zuweisung von Entitäten zu einer bzw. zu verschiedenen Kategorie(n) diskutiert werden. Was kommt in Frage, Entitäten zu Vorkommnissen einer bzw. verschiedener Kategorien zu machen? Diese Merkmale werden sich auf grundlegende ontologische Charakteristika von Entitäten beziehen. Ihr Aufweis soll zum Verständnis von „Kategorie" als basalem ontologischem Ordnungsbegriff führen. Dieser Ordnungsbegriff wird nicht in einen abgeschlossenen Kriterienkatalog zu übersetzen sein, sondern offen für weitere inhaltliche Bestimmungen. Der hier anvisierte Kategorie-Begriff soll dennoch brauchbar, d.h. anwendbar sein, v.a. im Hinblick auf mein Ziel, den Kategorien-Status der Dinge zu klären.

5.11 Identitätsbedingungen als Kriterium kategorialer Einheit bzw. Verschiedenheit

Unter einer Identitätsbedingung versteht man normalerweise eine Relation, von der man annimmt, dass das Stehen in dieser Beziehung zueinander notwendig bzw. hinreichend bzw. notwendig und hinreichend für die Identität von Vorkommnissen ist. Klassisch ist Leibniz' Prinzip, vorgebracht als notwendige und hinreichende Identitätsbedingung, demzufolge diese Relation in der *Übereinstimmung in allen Eigenschaften* besteht. M.a.W. sind nach Leibniz Entitäten genau dann identisch, wenn sie in allen Eigenschaften übereinstimmen. Standardauffassungen nach kann man das Leibnizsche Prinzip aber spezifizieren. Und zwar dahingehend, dass es sich bei der fraglichen Relation um eine Beziehung der Übereinstimmung in ganz bestimmten Eigenschaften, z.B. in der kausalen Rolle (Davidson bzgl. Ereignissen) handelt.

Ein immer wieder vorgebrachtes Kriterium für kategoriale Einheit bzw. Verschiedenheit ist nun aber die Übereinstimmung bzw. Nicht-Übereinstimmung in Identitätsbedingungen.[1]

Um hier nicht unnötig zu verwirren, erspare ich mir die Ausführung, dass es normalerweise nicht lediglich die Übereinstimmung in notwendigen, sondern auch in hinreichenden Identitätsbedingungen, wenn nicht in notwendigen und hinreichenden, sein muss, die als notwendiges, wenn nicht sogar als hinreichendes Kriterium für kategoriale Einheit bzw. Verschiedenheit diskutiert werden kann.

M.E. ist die Übereinstimmung in Identitätsbedingungen prima facie ein durchaus plausibles Kriterium für die Bestimmung kategorialer Einheit bzw. Verschiedenheit von Entitäten. Wenn man unter der „Identität" einer Entität ihre ontologische Konstitution als Individuum versteht, und Identitätsbedingungen maßgeblichen Aufschluss darüber geben, wie Entitäten in diesem Sinne konstituiert sind, wird der Begriff einer ontologischen Kategorie schon von vornherein fragwürdig, wenn einer solchen Kategorie Entitäten mit unterschiedlichen Identitätsbedingungen angehören.

Ich möchte aber auch darauf hinweisen, dass die Übereinstimmung in Identitätsbedingungen, allein oder für sich genommen, ein problematisches Kriterium zur Bestimmung kategorialer Einheit bzw. Verschiedenheit ist: Zum einen kann man Identitätsbedingungen nämlich sehr unspezifisch verstehen, wie etwa nach Leibniz´ Gesetz. Dass Identität aus der Gleichheit *aller* Eigenschaften folgt, und umgekehrt, gilt, wenn es stimmt, für alle Entitäten (wenn man nur erklärt, was es im Hinblick auf die verschiedenen Arten von Entitäten bedeutet „Eigenschaft einer Entität" zu sein). Somit kann man aus der Übereinstimmung darin, dass Leibniz´ Gesetz auf zwei Vorkommnisse anzuwenden ist, allein oder für sich genommen, keine Schlüsse ziehen bzgl. deren kategorialer Einheit bzw. Verschiedenheit. Die Alternative wäre zum anderen, Identitätsbedingungen spezifischer zu formulieren, wie es der Fall ist, wenn man z.B. die kausale Rolle als (hinreichende bzw. notwendige und hinreichende) Identitätsbedingung annimmt. Dieser Weg ist zwar prinzipiell gangbar, wirft aber einige Probleme auf. Das zeigt sich schon daran, dass die Anerkennung so spezifischer Identitätsbedingungen mit bestimmten Vorannahmen verbunden ist. (Für unseren Beispielfall der kausalen Rolle ist das in der Forschungsliteratur, etwa in Bezug auf Ereignisse, deutlich dokumentiert.[2])

---

[1] Siehe u.a. Lombard 1986, 24f; Lowe 1989b, 1989. Stoecker 1992, 225f, spricht in diesem Zusammenhang von der „Spezifitätsforderung" an Identitätsbedingungen und führt weitere Belege dafür an.

[2] Siehe u.a. Quine 1985.

Ich komme so zur Annahme, dass wir die Übereinstimmung in Identitätsbedingungen, wenn, dann nur zusammen mit anderen Kriterien zur Bestimmung kategorialer Einheit bzw. Verschiedenheit heranziehen können; wenn etwa diese anderen Kriterien eine bestimmte Spezifizierung des Leibniz'schen Gesetzes stützen bzw. gar implizieren. Dann könnten wir diese Übereinstimmung wenigstens als notwendiges Kriterium für kategoriale Gleichheit annehmen, bzw. besagte Übereinstimmung als *einen* Bestandteil einer Bestimmung von „Kategorie" akzeptieren; nicht jedoch als einzigen. - Welche anderen Kriterien stehen uns dann aber zur Verfügung?

5.12 Die „zeitliche Gestalt" als Kriterium kategorialer Einheit bzw. Verschiedenheit

Unter der „zeitlichen Gestalt" einer Entität verstehe ich die „Weise wie diese Entität in der Zeit ist" oder „wie sich die Entität zur Zeit verhält"[3]. Um dies zu konkretisieren, kann ich auf die Ausführungen in Abschnitt I – 4.31 verweisen, in denen ich davon spreche, dass Dinge ein *mittelbares Verhältnis* zur Zeit bzw. zu zeitlichen Relationen haben. Mittelbar ist dieses Verhältnis, insofern Dinge, wie gesehen, Ereignisse mitkonstituieren, Letztere aber zeitliche Verhältnisse. Genau darin aber ist die zeitliche Gestalt, im Beispielsfall von Dingen, zu sehen. Unterscheidungen in der zeitlichen Gestalt werden aber nicht nur durch derart grundlegende Differenzierungen, wie „mittelbares" versus „unmittelbares" Verhältnis zur Zeit bedingt. Zur zeitlichen Gestalt gehört auch die Weise der zeitlichen Ausdehnung einer Entität, etwa *wie* sie aus zeitlichen Teilen besteht, etc. Folglich macht auch die unterschiedliche Beschaffenheit hinsichtlich ihrer zeitlichen Teile einen Unterschied in der zeitlichen Gestalt von Entitäten aus.

Auch der Verweis auf die zeitliche Gestalt von Entitäten wird immer wieder als Kriterium für deren kategoriale Einheit bzw. Verschiedenheit herangezogen, sei es im Sinne einer notwendigen, sei es im Sinne einer hinreichenden Bedingung; sei es also, dass man aus der kategorialen Einheit auf die Gleichheit in der zeitlichen Gestalt von Entitäten schließt, oder aus der Gemeinsamkeit der zeitlichen Gestalt auf die kategoriale Einheit[4].

---

[3] Ich folge in dieser Begriffsbestimmung Steward 1997 („temporal shape"), 97-101.
[4] In diesem Sinne geht z.B. Quine vor, wenn er aus der Gemeinsamkeit der zeitlichen Gestalt von Ereignissen und Dingen darauf schließt, dass beide Arten von Entitäten einer einzigen Kategorie, nämlich den „physical objects" angehören. Sein Schlüsselargument für die Gemeinsamkeit der zeitlichen Gestalt von Dingen und Ereignissen ist, dass Ereignisse und Dinge gleichermaßen aus zeitlichen Tei-

Und das Kriterium der zeitlichen Gestalt ist m.E. ein durchaus plausibles Kriterium zur Entscheidung der Frage nach kategorialer Einheit bzw. Verschiedenheit. Nimmt man den Bezug zur Zeit von Entitäten oder ihre Zeitlichkeit als ontologisch bestimmendes Merkmal an (was schwerlich zu negieren ist), wird es kaum zu rechtfertigen sein, dass Entitäten einer Kategorie grundlegend verschiedene zeitliche Gestalten bzw. Entitäten verschiedener Kategorien genau dieselbe zeitliche Gestalt haben. Wenn man, und auch das sei hier betont, mit kategorialen Einteilungen das Ziel verfolgt, Entitäten entsprechend ihrer ontologischer Konstitution zu klassifizieren.

Aber auch dieses Kriterium hat, *wenn es allein* betrachtet *und als einziges* erachtet wird, seine Grenzen. Die m.E. offensichtlichste ist, dass es eben nur auf Entitäten mit zeitlicher Gestalt anwendbar ist. Abstrakta z.B., nicht-konkret, d.h. nicht räumlich und *nicht zeitlich* verfasst, wären damit sogar von vornherein aus dem Bereich des Wirklichen auszuschließen. Das ergäbe sich aus den Annahmen, dass es (1) keine Entität geben kann ohne Zugehörigkeit zu einer Kategorie, und (2) genau dann keine Zugehörigkeit zu einer Kategorie vorliegt, wenn kein adäquates Kriterium kategorialer Einheit bzw. Verschiedenheit auf eine (vermeintliche) Entität anwendbar ist. Ist das Kriterium der zeitlichen Gestalt das alleinige Kriterium zur Beurteilung kategorialer Einheit bzw. Verschiedenheit, gibt es kein Kriterium, das auf Abstrakta anwendbar ist. Also kann es sie, nach den beiden Annahmen, nicht geben. M.E. ist es aber äußerst befremdlich, auf diese Weise Ontologie betreiben zu wollen. (Mit dem gleichen Recht könnte man Kriterien kategorialer Einteilungen vorschlagen, die nur auf Universalien anwendbar sind, etwa ein- und mehrstellig zu sein, erster und höherer Stufe zu sein etc.; und damit, aufgrund der Unanwendbarkeit auf alles Konkrete, z.B. auf Dinge, diese aus der Ontologie eliminieren.) Da aber die Annahmen (1) und (2) durchaus plausibel sind, kann diese Befremdlichkeit nur durch die Ablehnung des Kriteriums der zeitlichen Gestalt als einzigem Kriterium aufgehoben werden.

Der Vertreter der zeitlichen Gestalt als einzigem Kriterium für kategoriale Einheit bzw. Verschiedenheit könnte den durch die Annahmen (1) und (2) bedingten, vorschnellen Ausschluss von Abstrakta aus der Ontologie dadurch begegnen, dass er das Kriterium doch als auch auf Abstrakta

---

len bestehen. Für die These, Dinge bestünden aus zeitlichen Teilen, ist klassisch: Quine 1960, 171. Steward ist hier vorsichtiger. Ohne zu behaupten, Gleichheit der zeitlichen Gestalt sei hinreichend für kategoriale Einheit, spricht sie davon, dass die zeitliche Gestalt der Schlüssel zum Verständnis kategorialer Unterscheidungen ist. Siehe Steward 1997, 101.

anwendbar erachtet. Und zwar so, dass er Nicht-Zeitlichkeit als eine Art zeitlicher Gestalt auffasst. – Gesteht man einen derartigen Kunstgriff zu, hätte dieser (bei Annahme der zeitlichen Gestalt als einzigem und hinreichendem Kriterium[5]) aber zur Konsequenz, dass *alle* nicht-zeitlichen Entitäten einer *einzigen* Kategorie zugewiesen werden müssten, weil sie dann ja alle dieselbe zeitliche Gestalt hätten. Und auch das ist nicht akzeptabel. Denken wir nur daran, dass sich im Bereich des Abstrakten nicht nur *allgemeine* Entitäten oder Universalien befinden, sondern durchaus auch *Individuen*. Manche meinen, Mengen und Klassen gehören hier her. Nehmen wir allein die zeitliche Gestalt als Kriterium für kategoriale Einheit bzw. Verschiedenheit, könnten wir unter der geschilderten Voraussetzung diese Differenz, nämlich zwischen individuellen und allgemeinen Abstrakta, nicht als kategorial relevant bestimmen; was freilich für den Begriff einer Kategorie als ontologischem Unterscheidungsfaktor unzuträglich ist. Ist doch die Differenz zwischen Individuellem und Allgemeinem durchaus ontologisch zu verstehen. Wenn nicht diese, was sonst?

Wir kommen also zu dem Schluss, dass das Kriterium der zeitlichen Gestalt im Bereich konkreter Entitäten für die Bestimmung kategorialer Einheit bzw. Verschiedenheit nicht nur nützlich, sondern wohl auch unverzichtbar sein mag. Als alleiniges Kriterium ist es jedoch, aufgrund der angeführten Beschränkungen seines Anwendungsbereichs, unzureichend. Für den Begriff einer Kategorie kann das Merkmal der Übereinstimmung in der zeitlichen Gestalt, unter Beachtung besagter Einschränkungen, als *ein* Bestandteil seiner Bestimmung gelten, jedoch sicher nicht als einziger.

5.13 Ontologische Abhängigkeiten als Kriterium kategorialer Einheit bzw. Verschiedenheit

Nach den beiden eben behandelten Kriterien komme ich nun zu weiteren, die ich, im Unterschied zu diesen ersten, direkt aus den Ausführungen in I – 4.3 entwickle. Zu Beginn sei hier ein Kriterium genannt, das sich aus meiner Analyse ontologischer Abhängigkeiten ergibt.

Allgemein gesprochen lautet dieses Kriterium folgendermaßen: Besteht zwischen Entitäten a, b, c eines Typs und Entitäten g, h, i eines anderen Typs eine Art von Abhängigkeit, die zwischen a, b, c selbst bzw. zwischen g, h, i selbst nicht bestehen kann, so ist diese Art von Abhängigkeit ein Kriterium dafür, dass sich das Abhängige kategorial von dem unterschei-

---

[5] Erachtete man ein *criterium unicum* nur als notwendiges, wäre damit m.E. das Scheitern einer sinnvollen Kriteriologie verbunden.

det, wovon es abhängt.⁶ Nehmen wir als Beispiel 22 Fußballspieler und ein Fußballspiel. Das Fußballspiel hängt in einer Weise von den Fußballspielern ab, wie keine anderen Personen oder, weiter gesprochen, Dinge von den Fußballspielern abhängen können. Die Sportler sind Träger des Sportereignisses, mit den bereits mehrmals aufgelisteten ontologischen Konsequenzen, etwa, dass sie so die räumlichen Eigenschaften des Spiels (mit)determinieren. Die Sportler aber können in diesem Sinne sicher nicht Träger anderer Personen oder Dinge sein. Also spricht das, nach diesem Kriterium, für die kategoriale Verschiedenheit von Fußballspielern und Fußballspiel. Das Umgekehrte gilt natürlich auch: Besteht zwischen Entitäten a, b, c eines Typs und Entitäten d, e, f eines anderen Typs eine Art von Abhängigkeit, die auch zwischen a, b, c bzw. d, e, f und anderen Vorkommnissen desselben Typs bestehen kann, so ist diese Art von Abhängigkeit ein Kriterium dafür, dass sich das Abhängige nicht kategorial von dem unterscheidet, wovon es abhängt. Hängen z.B. eine Reihe Ereignisse vom Typ T1 kausal ab von einer Reihe Ereignisse vom Typ T2 oder meinetwegen auch von Zuständen, ist diese Art von Abhängigkeit dann kein Indiz für kategoriale Verschiedenheit, wenn sie auch zwischen Ereignissen innerhalb des Typs T1 bestehen kann, sprich wenn T1 Ereignisse kausal von anderen T1 Ereignissen abhängen.

M.E. beruht die Stärke dieses Kriteriums darauf, dass es den Begriff einer Kategorie nicht nur auf der *Gemeinsamkeit* ontologischer Konstitution von Entitäten beruhen lässt, sondern auch auf *Verhältnissen zwischen* Entitäten verschiedener ontologischer Konstitution. Das bestärkt die Annahme, kategoriale Ontologie nicht nur als Binnenverfahren, rein innerhalb der jeweiligen Kategorien, sondern auch unter Berücksichtigung der wechselseitigen Bezugsverhältnisse zwischen den Kategorien zu verstehen.

Die Grenzen auch dieses Kriteriums zeigen sich aber dann, wenn man es auf manche nicht-partikuläre Entitäten anzuwenden versucht. Denken wir etwa an das Abhängigkeitsverhältnis zwischen *einstelligen Eigenschaften* eines bestimmten Typs und *Relationen*; z.B. die Abhängigkeit der Relation größer-als von der Eigenschaft Karls, 176cm groß zu sein, und der Eigenschaft Heinz´, 178cm groß zu sein. Diese Abhängigkeit kann (wie auch immer sie im Detail interpretiert wird, sei es als Abhängigkeit ohne Reduktion, sei es als Abhängigkeit, die das Abhängige ontologisch letztlich eliminiert) in derselben Weise nicht zwischen verschiedenen Gruppen einstelliger Eigenschaften selbst bestehen. Z.B. kann die Eigenschaft, irgendeine Größe zu haben, niemals von irgendeiner anderen Größeneigen-

---

[6] „Typ" verwende ich hier in keinem ontologisch technischen Sinn.

schaft abhängig sein. Einstellige Eigenschaften und Relationen wären demnach, gesetzt das Kriterium stimmt, nicht als Vorkommnisse derselben Kategorie aufzufassen. Ich möchte die Problematik einer solchen Folgerung hier nicht weiter diskutieren. Sie fällt auch eindeutig in den Bereich einer Ontologie von Universalien, die ich hier, wie gesagt, ausklammere. Der Preis, den ich für diese Ausblendung zahle, ist, dass ich mein Kriterium für kategoriale Einheit bzw. Verschiedenheit aus der ontologischen Abhängigkeit von Entitäten auf den Bereich der Partikularien beschränke.

Aber auch innerhalb dieses Bereichs zeigen sich Grenzen seiner Anwendbarkeit. Denken wir nur daran, dass die Anwendbarkeit unseres Kriteriums voraussetzt, dass die betreffenden Entitäten in irgendwelchen Abhängigkeitsverhältnissen zu andersartigen Entitäten stehen. Oder anders gesagt: Es ist für solche Entitäten nicht brauchbar, die ontologisch unabhängig sind und von denen auch andere Typen von Entitäten nicht abhängen. Ohne die Möglichkeit derartiger Entitäten hier diskutieren zu können, zeigt doch das gedankliche Experiment ihrer Annahme, dass auch das nunmehr angeführte Kriterium nur bedingt, d.h. unter bestimmten Voraussetzungen und im Hinblick auf bestimmte Bereiche anwendbar ist. Als einziges Kriterium ist es unbrauchbar. Alleine führt es zu keiner Einführung des Begriffs „Kategorie".

5.14 Die Weise, Arten anzugehören, als Kriterium kategorialer Einheit bzw. Verschiedenheit

Eine allgemeine und vor dem Hintergrund der klassischen Philosophie beinahe banale, weil logische Anwendungsebene dieses Kriteriums ist, dass Vorkommnisse einer Spezies und Vorkommnisse einer anderen Spezies dann nicht verschiedenen Kategorien angehören können, wenn sich die eine Spezies zur anderen in einem Unterordnungsverhältnis befindet; wenn m.a.W. die andere als Genus der einen aufgefasst werden kann. Ebenso wenig kann es kategoriale Verschiedenheit von Vorkommnissen verschiedener Spezies geben, welche auf „höherer" Ebene demselben Genus zu subsumieren sind. Ein Schaf kann nicht einer anderen Kategorie angehören als ein Goldfisch, wenn man bedenkt, dass der Goldfisch ein Lebewesen und Lebewesen auch als Genus des Schafes aufzufassen ist.

Eine besondere und auf die bisherigen Ausführungen aufbauende ontologische Anwendung ist, dass Vorkommnisse dann nicht ein und derselben Kategorie angehören können, wenn sich ihre Weisen der Artzuordnung oder Typisierung gravierend unterscheiden. Gravierend, in angezieltem

Sinne, unterscheiden sich diese Weisen etwa dann, wenn ein Vorkommnis zu einem Zeitpunkt genau einer Art oder Spezies (infima), das andere jedoch zu einem Zeitpunkt mehreren Arten oder Spezies (infimae) zugeordnet werden kann. Gravierend ist das deshalb, weil daraus folgt, dass die Identität des einen Vorkommnisses sortal dependent, die Identität des anderen aber sortal relativ ist. Ein Kriterium für kategoriale Gleichheit bzw. Verschiedenheit ist also in der Weise der sortalen Determination der Identität von Vorkommnissen zu sehen.

Die Berechtigung des zuletzt formulierten Kriteriums - das „beinahe banale" erste möchte ich beiseite lassen - beruht darauf, dass die sortale Determination der Konstitution eines Individuums („seiner Identität") ein ontologisch charakterisierendes Merkmal von Vorkommnissen ist, und auf dem Postulat, dass die Einteilung in Kategorien eben die ontologisch charakteristischen Merkmale jener Entitäten, die unter sie fallen, zu berücksichtigen hat.

Aber auch dieses Kriterium kann allein oder für sich genommen nicht in hinreichender Weise Aufschluss über kategoriale Zuordnungen geben. M.a.W. kann die Übereinstimmung in der Weise der sortalen Determination bestenfalls eine notwendige Bedingung kategorialer Gemeinsamkeit bzw. Verschiedenheit sein. Mit dieser Beschränkung, die m.E. auch die wichtigste Einschränkung der Gültigkeit des Kriteriums darstellt, ist gesagt, dass allein aus der erwähnten Übereinstimmung nicht auf kategoriale Einheit geschlossen werden kann. Die Beschränkung hat darin ihren Grund, dass der Bereich jener Entitäten, für welche die sortale Relativität ihrer Identität gilt, sehr weit und auch disparat ist. Oben haben wir uns auf Ereignisse beschränkt. Gilt die sortale Relativität aber für Ereignisse, so auch für alle Zustände und wohl auch für manche abstrakte Individuen. Ohne hier eine vollständige Auflistung geben zu können, stellen wir fest: Der Bereich ist jedenfalls so weit und disparat, dass die darin enthaltenen Vorkommnisse nicht, v.a. nicht ohne weitere Analysen, einer einzigen ontologischen Kategorie zugeordnet werden können. Selbst wenn man zugesteht, dass der andere Bereich, jener von Entitäten, deren Identität sortal dependent ist, weit weniger unübersichtlich ist (m.E. gehören nur Dinge dazu), hat das für die Einschränkung der Gültigkeit des Kriteriums als solches keine Relevanz.

Im Hinblick auf den Begriff „Kategorie" ist zu sagen, dass dieses Kriterium wohl dazu gehören muss, allerdings – und darin kommt das Kriterium mit den zuvor erörterten überein – als ein, nicht als einziger Bestandteil seiner Bestimmung.

5.15 Die Sachverhaltsstruktur als Kriterium kategorialer Einheit bzw. Verschiedenheit

Auch dieses Kriterium beruht unmittelbar auf Überlegungen in einem vorhergehenden Abschnitt, und zwar auf jenen in I – 4.34. Es besagt, dass Entitäten mit unterschiedlicher Sachverhaltsstruktur nicht derselben Kategorie, und Entitäten mit derselben Sachverhaltsstruktur nicht verschiedenen Kategorien angehören können. Zu erläutern bleibt freilich, wann genau man die Sachverhaltsstrukturen als dieselben ansieht und wann nicht. - Ich möchte mich darauf festlegen, dass die fraglichen Strukturen genau dann identisch sind, wenn alle Elemente und alle Beziehungen zwischen diesen Elementen dieselben sind. (Mit „alle Elemente" meine ich natürlich nicht einzelne Vorkommnisse sondern „Typen von Elementen", Analoges gilt für „alle Beziehungen".)

Begründen kann ich dieses Kriterium durch den bereits mehrmals angeführten Hinweis darauf, was der Kategoriebegriff im Allgemeinen leisten soll: nämlich Entitäten gemäß grundlegender ontologischer Charakteristika einzuteilen. Jedes einzelne Element der Sachverhaltsstruktur gehört aber zu den grundlegenden ontologischen Charakteristika von Entitäten. Denken wir nur daran, dass z.B. bei Dingen ihr Material und ihre Form diese Elemente ausmachen, bei Ereignissen Träger und dynamische Eigenschaft. Erlaubten wir es, dass Entitäten mit verschiedenen Elementen derselben Kategorie angehörten, könnten wir dem vorhin erwähnten Postulat an kategoriale Zuordnungen nicht mehr genügen.

Aber auch das Kriterium der Sachverhaltsstruktur hat seine Grenzen, wenn man es allein oder für sich genommen versteht. Es greift als alleiniges Kriterium für die Bestimmung der kategorialen Einheit und Verschiedenheit von Entitäten zu kurz. Das zeigt sich dann am deutlichsten, wenn man berücksichtigt, dass es auf keine nicht-sachverhaltsartig strukturierten Entitäten anwendbar ist. Die Frage, ob das Kriterium auf molekulare, nicht-sachverhaltsartige Entitäten, wie komplexe Eigenschaften nicht doch bezogen werden kann, möchte ich hier ausklammern. Es reicht darauf hinzuweisen, dass *atomare* Entitäten sicher nicht in seinen Anwendungsbereich fallen. (Unter „atomare" verstehe ich alle einfachen, d.h. nicht aus verschiedenen Elementen aufgebauten Entitäten, also alle nicht-molekularen Entitäten.) Und damit fallen nicht-komplexe Eigenschaften, verstanden als Universalien, ebenso weg wie Tropen, aufgefasst als individuelle Eigenschaften oder Qualitäten. Egal ob man nun Universalienrealist ist oder nicht, bzw. Tropist oder nicht: Wir haben oben (5.12) gesehen, dass es nicht statthaft ist, ausgehend von einem Kriterium kategorialer Einheit bzw. Verschiedenheit, bestimmte Bereiche der Ontologie auszublenden. Oder anders gesagt: Wenn dies geschieht, folgt daraus die Beschränktheit des Kriteriums und nicht bzw. nicht ohne Anführung weiterer Gründe eine Beschränkung der ontologischen Landkarte.

Selbst wenn man das Kriterium dahingehend modifizierte, dass nicht die *Sachverhalts*struktur im Besonderen, sondern die innere Struktur von Entitäten im Allgemeinen herangezogen würde, blieben die Grenzen des Kriteriums deutlich: *Alle* atomaren Entitäten, wie unterschiedlich diese auch sein mögen, wären dann ein und derselben Kategorie zuzuschlagen, was höchst problematisch ist.

Auch hier kommen wir zum Schluss, dass das Kriterium gewiss brauchbar ist, wenn man bestimmte Voraussetzungen annimmt und bestimmte Einschränkungen seiner Anwendung akzeptiert. Als alleiniges Kriterium ist es so inakzeptabel, wie es im Hinblick auf den Kategorienbegriff als alleinige Bestimmung ist.

5.16 Resümee

Manche Kriterien können bestenfalls als notwendig, nicht aber als hinreichend gelten für kategoriale Übereinstimmung von Entitäten. Andere haben - wenngleich als hinreichende zu verstehen - derart beschränkte Anwendungsgebiete, dass sie der Ergänzung durch andere Kriterien bedürfen. Wieder andere sind (zudem) voraussetzungsbedingt; und zwar so, dass ihre Geltung nur im Kontext anderer Kriterien plausibel gemacht werden kann. So gibt es kein einzelnes Kriterium, welches für alle Entitätenpaare x und y klären könnte, ob x und y ein und derselben Kategorie angehören oder nicht. Das gilt besonders dann, wenn x und / oder y nicht zum Bereich der Partikularien gehören. Außerdem kann der hier dargelegte Katalog von Kriterien kategorialer Einheit bzw. Verschiedenheit nicht als abgeschlossen gelten.

Dass unsere einzelnen Kriterien ergänzungsbedürftig sind und ihr Katalog offen ist, heißt aber nicht, dass wir nicht mit ihnen / diesem arbeiten könnten. Das möchte ich im Folgenden zeigen:

In diesem Sinne versuche ich zunächst eine Einführung von „Kategorie", ohne Anspruch auf universale Anwendbarkeit aller Bestimmungsglieder und Vollständigkeit; und zwar dergestalt, dass wir „Kategorie" bestimmen als Klasse von Entitäten, für die gilt, (i) dass sie denselben Identitätsbedingungen unterliegen und (ii) dieselbe zeitliche Gestalt haben, für die ferner gilt, dass (iii) bestimmte Abhängigkeitsbeziehungen zwischen ihnen nicht bestehen können. Weiters umfasst eine Kategorie Entitäten, (iv) deren Identität auf dieselbe Weise sortal determiniert ist, und (v) welche dieselbe innere Sachverhaltsstruktur aufweisen. Selbst wenn dieser Kategorienbegriff offen, inhaltlich nicht voraussetzungslos und wie gesagt nur auf einen bestimmten Bereich unserer ontologischen Landkarte - das ist jener der Partikularien - anwendbar ist, so ist er doch für diesen Bereich *anwendbar*. Zur Demonstration möchte ich mit seiner Hilfe das Problem erörtern, ob Dinge im Bereich der Partikularien eine eigene Kategorie ausmachen oder nicht.

5.2 Machen Dinge eine ontologische Kategorie aus?

Ich möchte im Folgenden Dinge nach dem angeführten Kriterienkatalog mit anderen Partikularien vergleichen. Um die Sache nicht unnötig zu verkomplizieren, können wir uns auf Ereignisse beschränken. Gehören Dinge nicht gemeinsam mit den Ereignissen einer Kategorie an, werden sie auch mit den anderen Partikularien keine gemeinsame Kategorie bilden. Besteht aber zwischen Dingen und Ereignissen kategoriale Einheit, so wohl auch mit den anderen partikulären Entitäten. Das ergibt sich aus der durchaus vergleichbaren ontologischen Konstitution der Ereignisse mit diesen anderen partikulären Entitäten.[7]

Wie ist das aber nun mit Dingen und Ereignissen? Unterliegen Dinge und Ereignisse denselben Identitätsbedingungen? - Man kann diese Frage, ohne umfassende Studien zu Identitätsbedingungen im Allgemeinen und zu Identitätsbedingungen von Dingen bzw. von Ereignissen im Besonderen, nicht seriös beantworten. Ich möchte deshalb, ohne Anspruch auf eine definitive Lösung, nur einen Detailaspekt herausheben. Nach dem Gesagten ist es nicht möglich, dass zwei numerisch verschiedene *Dinge* zur selben Zeit am gleichen Ort sind. Ich erinnere dazu nur an meine Bemerkung zur Negierung der Kohabitation von Dingen (nicht von Ding und Masseteil!, welche das Ding mitkonstituieren) unter I – 4.331. Stimmt dies, dann ist für Dinge die raum-zeitliche Koinzidenz eine hinreichende (wohl auch notwendige) Identitätsbedingung. Dann folgt nämlich aus der raum-zeitlichen Übereinstimmung von Dingen deren Identität. Aus dem Gesagten lässt sich aber nicht folgern, dass dies auch für Ereignisse gilt. Die Möglichkeit numerisch verschiedener raum-zeitlich koinzidierender Ereignisse

---

[7] Siehe dazu Kanzian 2001, v.a. die Thesen zu Ereignissen und Zuständen, Abschnitte III - 3,4,5.

bleibt vielmehr offen. Dies entspricht durchaus dem aktuellen Diskussionsstand und lässt sich auch durch gängige und plausible Beispiele belegen. Denken wir nur nochmals an jene Metallkugel, die sich dreht und erwärmt. Warum sollte man Drehung und Erwärmung nicht als numerisch verschiedene Ereignisse auffassen können, die faktisch raum-zeitlich koinzidieren? Wenn dem so ist, könnten wir einen Unterschied in den Identitätsbedingungen von Dingen und Ereignissen feststellen. In Anwendung des Kriteriums der Gemeinsamkeit in Identitätsbedingungen können Dinge und Ereignisse nicht ein und derselben Kategorie angehören.

Da aber auch diese (spezifische) Identitätsbedingung vielfältige Voraussetzungen und Schwierigkeiten hat, und auch der Status des Kriteriums der (Nicht-)Übereinstimmung in Identitätsbedingungen offen ist, tun wir gut daran, auch noch die anderen Kriterien aus unserem Katalog zu Rate zu ziehen. Wie ist es etwa mit der zeitlichen Gestalt von Dingen und Ereignissen? Hier können wir tatsächlich eine viel klarere Unterscheidung treffen. Ohne bereits Ausgeführtes zu wiederholen, können wir feststellen, dass sich Dinge und Ereignisse in ihrer zeitlichen Gestalt, in der Weise wie sie in der Zeit sind, grundlegend unterscheiden. Ereignisse sind vierdimensionale Entitäten, d.h. ihnen kommt zeitliche Ausdehnung wesentlich zu. Wir haben im Abschnitt I – 4.31 gesehen, dass dies so zu deuten ist, dass Ereignisse Zeit bzw. zeitliche Verhältnisse unmittelbar fundieren. Dinge sind dreidimensional. Ihnen ist ihre *Geschichte* akzidentell. Dies haben wir so interpretiert, dass sie in ihrer Zeitlichkeit auf die Vermittlung von Ereignissen angewiesen sind. Gilt das Kriterium der zeitlichen Gestalt für kategoriale Unterscheidungen, können Dinge und Ereignisse nicht ein und derselben Kategorie angehören. Dies wird umso klarer, als Dinge und Ereignisse zweifelsfrei zum Anwendungsgebiet des Kriteriums gehören.

Zum gleichen Ergebnis kommen wir, wenn wir das dritte Kriterium aus unserem Kriterienkatalog heranziehen. Die Art, wie Ereignisse von Dingen abhängen, kann ebenso wenig auf das Verhältnis zwischen verschiedenen Gruppen von Ereignissen übertragen werden, wie jene Art, wie Dinge von Ereignissen abhängen, auf verschiedene Gruppen von Dingen. Ersteres haben wir bereits bei der allgemeinen Entfaltung des Kriteriums unter 5.13 gesehen. Letzteres liegt ebenso deutlich auf der Hand. Dinge hängen von Ereignissen akzidentell ab. Insofern nämlich als Ereignisse maßgeblich sind für einen, Dingen äußerlichen oder eben akzidentellen ontologischen Aspekt: nämlich ihre Zeitlichkeit bzw. ihre Geschichte. Es ist unmöglich, dass Vorkommnisse einer Gruppe von Dingen in derselben Weise von einer anderen Gruppe von Dingen abhängen. Jedes Ding hat nämlich „seine"

zeitliche Ausdehnung lediglich mittelbar. Es braucht für „seine" zeitliche Ausdehnung einen Vermittler, und der kann nicht wieder ein Ding sein. Also folgt, wie gesagt, aus der Anwendung des Kriteriums der ontologischen Abhängigkeit die kategoriale Verschiedenheit von Dingen und Ereignissen.
Dinge haben wir als die Paradebeispiele für Entitäten geschildert, deren Identität sortal dependent ist. Ereignisse aber sind Musterexempel von Vorkommnissen mit sortal relativer Identität. Deshalb braucht nicht weiter ausgeführt werden, dass auch das vierte Kriterium, jenes der sortalen Determination, eindeutig für die kategoriale Verschiedenheit von Dingen und Ereignissen spricht. Dasselbe gilt für das Kriterium der Sachverhaltsstruktur. Dinge und Ereignisse stimmen in keinem der jeweils zwei Elemente ihrer Sachverhaltsstruktur miteinander überein. Also ist ihre Sachverhaltsstruktur verschieden. Akzeptiert man besagtes Kriterium, können Dinge und Ereignisse nicht derselben Kategorie angehören.

Wir kommen also, in Anwendung unseres offenen Kriterienkatalogs, zu dem doch klaren Ergebnis, dass Dinge und Ereignisse nicht als Vorkommnisse derselben Kategorie gelten können. Wenn wir annehmen, dass deshalb auch die kategoriale Einheit von Dingen und anderen Partikularien zu negieren ist, kommen wir zu der Konsequenz, dass Dinge im Bereich der Partikularien eine eigene Kategorie von Entitäten ausmachen.
Ergänzend können wir feststellen, dass Partikularien selbst keine eigene Kategorie ausmachen. Das ergibt sich aus der These, dass sich im Bereich der Partikularien Vorkommnisse befinden, zwischen denen kategoriale Differenzen bestehen; und aus der Annahme, dass eine Klasse von Entitäten, deren Teilklassen verschiedene Kategorien ausmachen, selbst keine Kategorie bilden kann. Partikularien können wir weiter mit dem Begriff eines ontologischen Bereichs beschreiben. „Bereich" aber, wie wir den Begriff bislang verwendet haben, steht für eine überkategoriale Ordnung von Entitäten, die – trotz kategorialer Differenzen – signifikante ontologische Gemeinsamkeiten aufweisen. (In der klassischen Philosophie wären etwa die Akzidentien ein solcher *Bereich*. Er umfasst eine Reihe verschiedener Kategorien. Alle Akzidentien aber haben signifikante ontologische Übereinstimmungen, z.B. dass sie Entitäten „in alio" sind, dass sie Dinge hinsichtlich ihres Wie bestimmen, etc.) Im Falle der Partikularien sind diese Gemeinsamkeiten, wie im Abschnitt I - 2 ausgeführt: Individualität, Konkretheit, und Nicht-Aussagbarkeit.
Haben wir es hier im Ansatz also mit einer mehrkategorialen Ontologie zu tun? – Die Antwort darauf liegt nun auf der Hand, nämlich Ja! Aller-

dings nur, wenn wir annehmen, dass es zusätzlich zur Kategorie der Dinge (zumindest) Ereignisse als Partikularien gibt, und dass es Ereignisse als Kategorie gibt. Dafür, *dass* es Ereignisse gibt, habe ich versucht, unter I – 4.1 zu argumentieren. Über Ereignisse als *Kategorie* habe ich hier nichts gesagt. Im Grunde gibt es aber nur zwei Möglichkeiten: Entweder sind Ereignisse eine eigene Kategorie, oder Ereignisse machen mit den anderen Partikularien gemeinsam eine Kategorie aus. (Die Möglichkeit kategorieloser Partikularien schließe ich aus.) Da aber aus beiden Alternativen die Mehrkategorialität der hier angesetzten Ontologie folgt, möchte ich mich hier nicht weiter um eine Entscheidung zwischen besagten zwei Möglichkeiten bemühen.

Eine Frage bleibt aber offen: Woher wollen wir wissen, dass Dinge eine *einzige* Kategorie ausmachen und nicht vielleicht doch einen „Bereich", in dem Sinne wie wir den Begriff eben für die Gesamtheit der Partikularien eingeführt haben? – Dies werde ich erst beantworten können nach den Detailanalysen innerhalb der Dinge, wie ich sie in den folgenden Hauptteilen vornehmen werde. Zuvor aber möchte ich mich mit einer Frage beschäftigen, die noch eindeutig zum ersten Hauptteil gehört, ob nämlich die hier präsentierte Ontologie von Dingen tatsächlich, wie angekündigt, eine Alltagsontologie ist.

5.3 Haben wir es hier mit einer Alltagsontologie zu tun?

In der Überschrift dieses ersten Hauptteils wird die Entfaltung einer „Alltagsontologie von Dingen" angekündigt. Nachdem ich zu Beginn versucht habe, Merkmale einer solchen Alltagsontologie zu bestimmen, möchte ich mir nun die Frage stellen, ob die hier präsentierte ontologische Deutung von Dingen tatsächlich den angeführten Kriterien für eine solche entspricht. Dieser Test soll dazu beitragen, das Gesagte weiter zu erläutern und vielleicht auch ein Stück weit zu verteidigen. Für meinen Test möchte ich drei zentrale Thesen herausgreifen: die in meiner Theorie implizierten Auffassungen von Zeit (5.31), von diachroner Identität (5.32) und schließlich von der sortalen Dependenz der Identität von Dingen (5.33).

5.31 Zeit

Bei der Untersuchung der hier implizierten Deutung von Zeit auf ihre „Alltagsontologie-Tauglichkeit" möchte ich in drei Schritten vorgehen. Erstens (1) will ich zeigen, dass sie „präsentistisch", zweitens (2), dass eine präsentistische Deutung der Zeit alltagsontologisch ist. Der dritte Schritt (3) ist eine Ausfaltung von Schritt zwei, in Anwendung des unter I – 1 präsentierten Kriterienkatalogs für Alltagsontologien.

(1) Unter Präsentismus oder besser Sol-Präsentismus (SP) versteht man jene Auffassung von Zeit, welcher der Gegenwart einen besonderen, ja exklusiven Stellenwert beimisst. Insofern nämlich, als nur („sol") der jetzige Zeitpunkt als real gilt, nicht aber die bereits vergangenen und (noch) nicht die zukünftigen Zeitpunkte.[8] Dementsprechend gilt nach SP, dass „nur Gegenwärtiges existiert"[9]. Das bedeutet, dass Vergangenes nicht mehr, Zukünftiges noch nicht existiert. Caesar gibt es nach SP nicht mehr, meine Urenkel noch nicht. Demgegenüber steht eine äternalistische Interpretation von Zeit und von Verbindung zwischen Existenz und Zeit. Nach dem Äternalismus sind alle Zeitpunkte gleich. Vergangene und auch zukünftige Zeitpunkte wären ebenso real wie der gegenwärtige. Dementsprechend könne man auch keine Einschränkung von Existenz auf Gegenwärtiges an-

---

[8] Siehe dazu auch Runggaldier / Kanzian 1998, 100ff.
[9] Tegtmeier 1997, 7. Hüntelmann bemerkt zu Recht, dass es Brentano war, für den gilt: „Keine Ontologie hat Existenz so eng mit Gegenwärtigkeit verbunden, ...". Ders. 2002, 85. An dieser Stelle finden sich auch weiterführende Literaturhinweise zum Thema.

nehmen. Vergangenes und auch Zukünftiges existierten genauso wie Gegenwärtiges. Caesar existierte genauso wie der gegenwärtige US-Präsident, und der genauso wie meine Urenkel.

Mit meinen Annahmen über die ontologische Konstitution von Dingen bin ich nun aber auf SP festgelegt: Grundlegend für meine ontologische Bestimmung von Dingen ist, dass sie im Unterschied zu allen anderen Partikularien dreidimensionale Entitäten sind. Sie sind ausschließlich in den drei räumlichen Dimensionen ausgedehnt, nicht aber, und das ist das Entscheidende, in der Zeit. Ist etwas nicht in der Zeit ausgedehnt, muss es zu jedem Zeitpunkt seiner Existenz als Ganzes da sein. Zu einem Zeitpunkt als Ganzes zu existieren, setzt voraus, dass dieser Zeitpunkt und nur dieser real ist bzw. dass Existenz an diesen Zeitpunkt gebunden ist. Dies aber ist die Grundthese von SP. Wäre nämlich ein vergangener Zeitpunkt ebenso real wie der gegenwärtige bzw. wäre die Existenz eines Dinges zum vergangenen Zeitpunkt ebenso gegeben wie zum gegenwärtigen, wäre das Ding notwendig zeitlich ausgedehnt, was meiner Annahme von der Dreidimensionalität der Dinge widerspräche. Die einzige Alternative, Äternalismus und Dreidimensionalität von Dingen doch gemeinsam anzunehmen, wäre, punktuelle Dinge zu konstruieren. Punktuelle Dinge könnten, auch äternalistisch verstanden, zu einem Zeitpunkt als Ganze da sein. Punktuelle Dinge stünden aber der diachronen Identität von Dingen entgegen, die wir hier ebenso angenommen haben. Also steht der Äternalismus unseren Annahmen insgesamt entgegen. M.a.W. sollte damit klar sein, dass diese Annahmen auf SP verpflichten.[10]

(2) Der Präsentismus aber ist eine alltagsontologische Interpretation von Zeit bzw. von Verbindung zwischen Zeit und Existenz. Als Zeugen für diese These möchte ich Erwin Tegtmeier anführen[11]. Tegtmeier als Zeugen anzuführen, ist hier unverfänglich. Und zwar deshalb, weil er den Präsentismus entschieden ablehnt. Die Alltagsontologie übrigens auch, aber u.a. deshalb, weil sie präsentistisch ist. Wir können also einen inhaltlichen Opponenten als Zeugen für unser Junktim angeben. Das scheint doch glaub-

---

[10] Auch hier kann ich mich auf Tegtmeier berufen. Tegtmeier lehnt SP entschieden ab, sieht aber einen deutlichen Zusammenhang zwischen SP und „Reismus" – das ist eine sich an den Dingen (res) orientierende Ontologie (wie ich sie hier versuche). Vgl. ders. 1997, 117ff. – Zu meiner Erwiderung gegen Tegtmeiers Kritik an SP siehe meine Bemerkungen am Ende von Abschnitt I – 6.23 und die dort angeführten Verweise.

[11] Dass SP alltagsontologisch ist, begründet Tegtmeier besonders prägnant in ders. 1997, 91ff. Im Folgenden werde ich mich auf diese Passagen beziehen.

würdiger zu sein, als sich auf jemanden zu berufen, der vom Ansatz her gleich denkt.

Tegtmeier spricht übrigens nicht von „Alltagsontologie" bzw. „alltagsontologischen Auffassungen", sondern von „unseren gewöhnlichen Auffassungen", denen er „am Phänomen orientierte ontologische Analysen" gegenüberstellt. Der Sache nach lässt sich das, was Tegtmeier unter „unseren gewöhnlichen Auffassungen" versteht, aber gut und gern als das verstehen, was wir in einem früheren Abschnitt als alltagsontologische Auffassungen eingeführt haben.

Nach Tegtmeier ist SP deshalb eine notwendige Voraussetzung alltagsontologischer Überzeugungen, weil zu diesen zentral die Annahme von *Veränderungen* gehört. Und zwar in dem Verständnis, dass eine Veränderung eine Ablöse von Eigenschaftsbesitz und -nichtbesitz ist, eine Ablöse an einem (ein und demselben) fortdauernden Ding. Die Tafel ändert sich, wenn sie anstelle von grün nun blau angestrichen ist. Es findet eine Ablöse des Besitzes der Eigenschaft Grün zu einem Nichtbesitz der Eigenschaft Grün statt. Diese Deutung der Veränderung ist aber, so Tegtmeier, einem schwerwiegenden Widerspruchsverdacht ausgesetzt. Es ergibt sich nämlich ein Widerspruch, wenn man annimmt, dass einem Ding eine Eigenschaft zukommt und demselben Ding diese Eigenschaft nicht zukommt. Es ist widersprüchlich anzunehmen, dass die Tafel grün, und die(selbe) Tafel nicht grün ist. Diesen Verdacht kann man nur entkräften, wenn man eine enge Verquickung von Zeit und Existenz vornimmt. „Dann kann man es sich zunutze machen, dass bei einer Veränderung der Nichtbesitz der betreffenden Eigenschaft nicht gegenwärtig ist, wenn der Besitz gegenwärtig ist oder umgekehrt"[12], wenn man m.a.W. annimmt, dass nur das Gegenwärtige existiert. Im Fall der Tafel: dass nur die blaue Tafel existiert, nicht aber die grüne. Dies ist aber die Grundthese von SP. Also ist die Grundthese von SP wesentlich (weil widerspruchsvermeidend) für eine, die Akzeptanz von Veränderungen mit einschließende Alltagsontologie.

(3) Diesen Befund können wir nun testen, indem wir die bereits entwickelten Kriterien für eine Alltagsontologie auf SP anwenden. Ein erstes Kriterium ist die Entsprechung von SP zu dem, was wir oben *ontologisch relevante Intuitionen* genannt haben. Natürlich kann ich hier keine empirische Feldforschung in die Wege leiten, die belegte, dass eine hinreichend große Zahl von Menschen intuitiv positiv zu SP eingestellt ist. Ich meine, das muss ich auch nicht angesichts der Klarheit des Falls.

---
[12] Ebd., 92.

Zur Erläuterung sei aber gesagt, dass ich hier nicht behaupte, Menschen hätten überhaupt Intuitionen zu SP *als solchem*. Sie haben deshalb keine, weil sie SP als solchen nicht kennen. Denn um SP zu kennen, muss man wohl schon einige Semester Philosophie studiert haben. Dann aber wird eine Einstellung zu SP nicht spontan in oben angeführtem Sinne sein. Intuitionen haben hingegen sehr viele Menschen zu notwendigen Implikationen von SP. Und zwar, wie ich meine, positive. Eine solche Implikation von SP ist die Dreiteilung der Zeit in Vergangenheit, Gegenwart und Zukunft. Dass diese von SP impliziert wird, liegt auf der Hand. Gibt es nur einen Zeitpunkt, können wir diesen einen auch benennen, gängigerweise als Gegenwart. Die Gegenwart aber trennt das nicht mehr Reale von dem noch nicht Realen. Ersteres heißt Vergangenheit, Letzteres Zukunft. Dass Zeit in diesem Sinn dreigeteilt ist in Vergangenheit, Gegenwart und Zukunft, scheint aber vielen Menschen intuitiv akzeptabel zu sein. Ich muss hier gar nicht ausführen, inwiefern unser alltägliches Selbstverständnis auf dieser Dreiteilung beruht und auch unser soziales Zusammenleben auf diese Dreiteilung aufbaut.

Genauso verhält es sich übrigens mit der bereits genannten, von SP implizierten Verknüpfung von Gegenwart und Existenz. Ich meine, dass viele Menschen intuitiv positiv dazu eingestellt sind, dass zwischen Caesar, dem gegenwärtigen US-Präsidenten und ihren eigenen ungezeugten Urenkeln ein Unterschied besteht. Und sie verstehen vermutlich „Existenz" nicht, wenn man behauptete, dieser Unterschied habe nichts mit deren Existenz zu tun.

Schließlich wird auch die von Tegtmeier hervorgehobene Deutung von Veränderung, die SP voraussetzt (nicht impliziert), bei sehr vielen Menschen intuitive Zustimmung finden. Auch (ja gerade) ohne Grundkenntnisse in der Ontologie von Dingen und Eigenschaften wird man spontan der Meinung zustimmen können, dass Dinge Eigenschaften verlieren und neue dazugewinnen können. Unsere Alltagswelt ist dynamisch in diesem Sinne.

Die Entsprechung zu Intuitionen ist aber nur ein Merkmal von Alltagsontologien. Als ein zweites habe ich genannt die Entsprechung zu Grundzügen unseres alltäglichen Sprechens. Ich meine nun, dass die von SP implizierte Dreiteilung von Zeit, nämlich in Vergangenheit, Gegenwart und Zukunft, in den Grundzügen unseres Sprechens ihren Niederschlag findet. Diese Dreiteilung betrifft nämlich *Sprachen als Ganze*, und nicht nur einen Teilbereich einzelner Sprachen. („Sprachen als Ganze" bedeutet natürlich sämtliche Bereiche oder Ausdrucksformen von Sprachen, in denen besagte Dreiteilung relevant ist, etwa verbale Formen.) Diese Dreiteilung ist, um ein weiteres Grundzugs-Kriterium in Anschlag zu bringen, *sprachinvariant*. Natürlich wird in semitischen Sprachen diese Dreiteilung anders durchgeführt als etwa im Deutschen und im Englischen. Natürlich gibt es im Altgriechischen andere Vergangenheitsformen als im Italienischen. Aber, und das ist entscheidend, es gibt eben diese Dreiteilung. Auch ist diese Dreiteilung, um auch noch das dritte oben eingeführte Kriterium zu nennen, *grundlegend*. In dem Sinne, dass sie nicht durch die Grammatik einer (oder mehrerer) Sprachen erklärt werden könnte. Jede Grammatik setzt diese Dreiteilung vielmehr voraus, und beschreibt, wie sie in den einzelnen Sprachen durchgeführt ist. „Grundlegend" meint aber auch, dass sich die so bezeichnete Eigenart des Sprechens nicht auf andere rückführen bzw. innerhalb einer Sprache eliminieren lässt.

Worin, so können wir hier aber weiterfragen, zeigt sich die Dreiteilung von Zeit in Vergangenheit, Gegenwart und Zukunft, konkret in unserem Sprechen? – Diese Dreiteilung findet darin ihren konkreten Niederschlag in unserem Sprechen, dass wir *zeitlich indexikalisiert* aussagen oder prädizieren. Wir sagen von Dingen Eigenschaften, aber auch Ereignisse, relativ zu vergangenen, gegenwärtigen und auch zukünftigen Zeiten aus, und zwar mithilfe des sprachlichen Mittels der *temporalen Konjugation von Verben*, u.U. auch in Anwendung spezieller Zeitmarker. „Die Tafel *war* vorgestern grün", „Die Tafel *ist* heute blau" (weil sie gestern blau bemalt wurde), „Die Tafel *wird* übermorgen wieder grün *sein*" (weil der Hausmeister morgen die Herstellung der ursprünglichen Farbe verlangen wird.) Der Apfel *fiel* gestern vom Baum. Er *liegt* heute am Boden. Er *wird* morgen zu Most *verarbeitet werden*.

Ein Einwand gegen diese Explizierung könnte darin bestehen, dass doch zeitlich indexikalisiertes Prädizieren in zeitlich nicht-indexikalisiertes Prädizieren übersetzt werden könne. Die Beispielsätze von der Tafel könnten folgendermaßen umschrieben werden: „Die Tafel ist (zeitlos) am 7. Mai 2003 grün", „Die Tafel ist (zeitlos) am 9. Mai 2003 blau", „Die Tafel ist (zeitlos) am 11. Mai 2003 grün". Findet im zeitlich Indexikalisieren die Dreiteilung der Zeit ihren Niederschlag, entspricht diese Dreiteilung aber keinem Grundzug des Sprechens, wenn man diese Indexikalisierung wegübersetzen kann. - Ich möchte, im Anschluss an Jonathan Lowe[13], nur einen Aspekt der Problematik einer solchen Übersetzung anführen und damit den Grundzugcharakter der zeitlichen Indexikalisierung unserer Rede verteidigen. Für Lowe ist diese Übersetzung nicht akzeptabel, weil sie einen charakteristischen Unterschied zwischen konkreten und abstrakten Indivi-

---

[13] Ich beziehe mich hier auf Lowe 1998, section 2, besonders auf ebd., 98.

duen verwischt. Denn auch, ja gerade von *abstrakten* Individuen kann man zeitlos Eigenschaften prädizieren. Lowes Beispiel: Die Zahl 4 hat (zeitlos) die Eigenschaft, das Quadrat von 2 zu sein. Somit setzt der Befürworter einer solchen Übersetzung die Prädikation von Eigenschaften von konkreten und von abstrakten Individuen (zumindest unter der Rücksicht ihrer „Zeitlosigkeit") gleich. Der Tafel werden auf dieselbe Weise Eigenschaften zugesprochen wie Zahlen, Mengen und Klassen. Das ist ontologisch problematisch und legt nahe, die Irreduzibilität zeitlich indexikalisierter Prädikationen anzunehmen. Gerade diese Irreduzibilität aber ist es, die dafür spricht, dass die zeitliche Dreiteilung einem Grundzug unseres Sprechens entspricht.

Als ein drittes Kriterium für Alltagsontologien wurde ihre Revidierbarkeit und ihre Kulturrelativität angeführt. Dieses Kriterium steht in direktem Zusammenhang mit dem ersten, nämlich der Entsprechung zu Intuitionen. Insofern nämlich, so habe ich ausgeführt, als Intuitionen änderbar bzw. spontane Einstellungen zu ontologischen Auffassungen kulturrelativ sind, sind es auch Auffassungen, die sich auf Intuitionen berufen. Somit kann auch SP unter der Rücksicht seiner Alltagsontologie-Tauglichkeit als relativ aufgefasst werden. Dass dies nicht im Gegensatz zur Meinung steht, dass man SP inhaltlich klar im Kontext einer Alltagsontologie vertreten kann, ergibt sich ebenfalls aus meinen Ausführungen im Teil I –1 über eine allgemeine Kriteriologie von Alltagsontologien.

5.32 Diachrone Identität

Auch bei der Analyse der hier vertretenen Deutung diachroner Identität auf ihre Alltagsontologie-Tauglichkeit hin möchte ich in drei Schritten vorgehen. Schritt (1) ist eine Explizierung dessen, was gesagt wurde: Dinge sind in einem strikten Sinn durch die Zeit mit sich identisch. Diese These aber ist alltagsontologisch (2). Der dritte Schritt (3) ist wieder eine Ausfaltung von Schritt zwei, in Anwendung unseres Kriterienkatalogs.

(1) Auch an dieser Stelle kann ich auf jene grundlegende ontologische Bestimmung von Dingen verweisen, die darin besteht, dass sie dreidimensionale Entitäten sind. Dinge sind nicht zeitlich ausgedehnt, wie die anderen Partikularien, etwa Ereignisse. Sie sind somit zu jedem Zeitpunkt ihrer Existenz als Ganze da. Als solche dreidimensionale Entitäten sind Dinge durch die Zeit stets in einem *strikten* Sinn dieselben. Sie sind diachron identisch.

Als eine weitere Präzisierung kann ich ausführen, was ich darunter verstehe, wenn ich davon spreche, Dinge seien „strikt" diachron identisch. Dass Dinge durch die Zeit fortbestehen, dass sie „persistieren", kann man nämlich auf verschiedene Weise verstehen. Einmal so, dass Dinge, z.B. nach David Lewis, „perdurer" sind: Sie bestehen aus numerisch *verschiedenen* raum-zeitlichen Teilen oder Phasen, die durch bestimmte Kontinuitätsbeziehungen verbunden sind.[14] Nach Lewis wäre die Selbigkeit von Dingen durch die Zeit somit zu analysieren und in der Folge aufzulösen als bzw. in eine Abfolge von solchen Kontinuitätsbeziehungen, die er auch I–Relationen nennt[15]. Dies ist hier nicht gemeint. „Strikt" meint vielmehr, dass Dinge, um einen weiteren Fachterminus für durch die Zeit identische Dinge zu gebrauchen, „endurer" sind.

Zu endurers sagt man mitunter auch „Kontinuanten", engl.: „continuants"; was missverständlich sein kann angesichts der Tatsache, dass die Gegner von endurer diachrone Identität auf *Kontinuitäts*beziehungen zurückführen.

Endurer sind jedenfalls keine Aggregate numerisch verschiedener zeitlicher Teile oder Phasen. Sie existieren vielmehr zu zwei verschiedenen Zeitpunkten in einem wörtlichen Sinne als *dieselben*. Die Relation der „endurance" ist in dem Sinn grundlegend, dass sie nicht durch andere Beziehungen analysiert und letztlich auf diese anderen, seien es Ähnlichkeitsbeziehungen oder wie bei Lewis Kontinuitätsbeziehungen, zurückgeführt werden kann. Somit kann man auch die diachrone Identität von Dingen, als „endurance" verstanden, als grundlegend (engl.: basic) und nicht weiter analysierbar, folglich als irreduzibel bestimmen.

Ich möchte hier nur ein Argument gegen die Reduzierbarkeit und folglich für den grundlegenden Charakter der Identität durch die Zeit anführen. Das Argument übernehme ich von Jonathan Lowe, der meint, dass die Akzeptanz des Gegenteils in „fatale Zirkularität" führt.[16] Die Rückführung der diachronen Identität eines Objekts auf bestimmte Kontinuitätsrelationen verlangte u.a. auch die Angabe passender Relata dieser Kontinuitätsrelationen, z.B. raum-zeitliche Teile oder Phasen des Objekts. Die Identität dieser Relata aber, d.h. der Phasen des Objekts, können wir nicht angeben, ohne wiederum auf die Identität des ganzen Objekts Bezug nehmen zu müs-

---

[14] Siehe Lewis 1983, aber auch ders. 1986, 202ff, wo Lewis die Unterscheidung zwischen „perdurer" und „endurer" genauer einführt.
[15] Einer der aktuellen Beiträge, die sich kritisch mit David Lewis´ Unterscheidung zwischen „endurer" und „perdurer" auseinandersetzen, ist Tegtmeier 2002.
[16] Lowe 1998, 170.

sen. Lowes augenfälliges Beispiel ist: „For how are the ‚temporal parts' of tomatoes ... to be individuated and identified save by reference to the very tomatoes of which they are parts?"[17] Dementsprechend setzt die Rede über zeitliche Teile von Dingen den Bezug auf diese Dinge als Ganze, sprich als endurer, voraus. Wollten wir die endurance nun aber zurückführen auf Kontinuität von zeitlichen Teilen, befänden wir uns im angedeuteten Zirkel. Aus diesem Zirkel können wir nur entkommen, wenn wir die Identität durch die Zeit eines Dinges als grundlegend oder primär erachten. Dies steht übrigens der Annahme nicht entgegen, dass wir auch für Dinge oder besser für ihre Geschichte, zeitliche Teile annehmen können[18]. Es folgt daraus aber, dass wir die Frage nach diesen zeitlichen Teilen nur unter Rücksicht auf die grundlegende Selbigkeit der Dinge angehen können.

Diese Einsicht können wir nicht nur auf Dinge und ihr Verhältnis zu den zeitlichen Teilen ihrer Geschichte, sondern auf die Relation der diachronen Identität selbst anwenden: Demzufolge wäre die Relation der diachronen Identität grundlegend, und Beziehungen wie Kontinuität in der Zeit nur unter Rückgriff auf Erstere zu analysieren.

(2) Die Annahme der diachronen Identität aber ist ein Stück Alltagsontologie. Dies lässt sich nicht nur daran ersehen, dass es faktisch keine deskriptive Ontologie gibt, die ohne diachrone Identität der Dinge auskommt. Dies zeigt sich auch daran, dass ihre Gegner die Ablehnung der diachronen Identität ausdrücklich unter Zurückweisung alltagsontologischer Voraussetzungen tun. M.a.W. bestätigen uns auch die Gegner der diachronen Identität, dass die diachrone Identität ein Stück Alltagsontologie ist.

So stellt Derek Parfit die Negierung der diachronen Identität von Dingen, speziell von Personen, unter das Motto, dass es ja Aufgabe der Philosophen sei, dass sie "... should not only interpret our beliefs; when they are false, they should *change* them."[19]. Ich denke, dass Parfits Aufforderung, „unsere Meinungen zu ändern", durchaus als philosophische Überwindung der Alltagsverständnisses interpretiert werden kann. Noch eindeutiger, weil ausdrücklich im Kontext eines ontologischen Programms artikuliert, ist in diesem Punkt Johanna Seibt. Ihr geht es in erster Linie darum, das aristote-

---

[17] Lowe 1998, 115.
[18] Ich verwende den Begriff „Geschichte" im Sinne von Chisholm 1996, 93 (u.a.). Die Geschichte eines Dinges ist die Summe aller Ereignisse (und wohl auch Zustände), in die es zeit seiner Existenz involviert ist. Chisholm betont, dass die Geschichte eines Dinges zeitliche Teile haben kann, nicht aber das Ding selbst.
[19] Parfit 1984, preface, page x.

lische „Substanz-Paradigma" zu revidieren zugunsten einer prozessontologischen Interpretation aller Individuen, allen voran der Dinge. Ohne hier die Details von Seibts Revision näher auszuführen, können wir festhalten, dass das „endurance"-Schema natürlich eng mit der abzulehnenden Substanzontologie von Dingen verbunden ist, und somit bei Seibt nicht aufrechterhalten bleiben kann. Prozesse sind, wie immer man sie im Detail bestimmen mag, Summen numerisch verschiedener zeitlicher Stadien, und numerisch verschiedene zeitliche Stadien können in ihrer Abfolge keine endurer ergeben.[20] Und weiters möchte ich festhalten, dass beides, die prozessontologische Deutung von Dingen im Allgemeinen, und folglich die Ablehnung der endurance im Besonderen, bei Seibt unter der Rücksicht einer Abkehr von alltagsontologischen Einstellungen geschieht. Die prozessontologische Deutung von Dingen und die dadurch implizierte Negierung ihrer diachronen Identität als endurance, ist ein gutes Stück Revision, deren Erklärungskraft es (nach Quine) rechtfertige, anzunehmen: „Unnaturalness in philosophy is all right"[21].

Als dritten Zeugen kann ich Peter Simons anführen, der in seinem „Abschied von Substanzen"[22] die diachrone Identität von Dingen entschieden verteidigt – allerdings nur im Kontext eben deskriptiver oder Alltagsontologien. Da nach ihm aber letztlich doch einer revisionären Ontologie der Vorrang zu geben ist, müssen Substanzen, wie Simons diachron identische Dinge nennt, von der ontologischen Landkarte verschwinden.

Ich möchte mich an dieser Stelle nicht in eine Kontroverse mit den angeführten AutorInnen einlassen. Hier geht es mir um das Junktim „endu-

---

[20] Aufgrund ihrer Skepsis gegenüber Lewis perdurer-Lösung (vgl. u.a. dies. 2008, 143), spricht Seibt zwar immer wieder von einem „Mittelweg" zwischen endurantischen und perdurantistischen Deutungen der Persistenz (Seibt 2000, 40) bzw. davon, dass sie endurantistische Grundintuitionen aufzugreifen versucht (Seibt 1995, 382). Und zwar insofern, als Prozesse, obgleich aus numerisch verschiedenen zeitlichen Stadien bestehend, als solche doch ein Individuum sind („dieselbe dynamische Bestimmtheit vollziehen"). Dass dem so ist, hat aber nichts mit endurance zu tun. Auch natürliche Ereignisse, wie mein Spazierengehen zu Mittag, ist als solches ein und dasselbe. Das heisst aber nicht, dass es nicht zeitlich ausgedehnt, somit aus numerisch verschiedenen zeitlichen Teilen besteht, und folglich im Sinne der endurance nicht diachron identisch sein kann.
[21] Seibt 2000, 12, unter Veweis auf Quine 1994, 93. Zu Johannas These, „deskriptive Ontologie" sei als Ganze widersprüchlich, siehe u.a. Seibt 1995, 357, wo sie auch von der Zurückweisung „angeblicher Natürlichkeit" als Kriterium ontologischer Theorienbildung spricht.
[22] Vgl. Simons 1998.

rance und Alltagsontologie", sowie darum, dass Parfit, Seibt und Simons in der Weise ihrer Ablehnung beider eben dieses Junktim bestätigen.

(3) In einem dritten Schritt wollen wir versuchen, die drei gegebenen Kriterien für Alltagsontologie auf die These von der diachronen Identität anzuwenden. Dabei können wir uns hier auf das zweite Kriterium, nämlich der Entsprechung zu Grundzügen unseres Sprechens, beschränken. Und zwar deshalb, weil die Annahme der diachronen Identität von Dingen (im Abschnitt über die allgemeine Einführung der Relevanz von Intuitionen für ontologische Argumentation, I – 1) bereits als Paradebeispiel von intuitiv plausiblen ontologischen Thesen präsentiert wurde. Damit können wir das erste Kriterium abhaken, ebenso das dritte, von dem wir bereits gesehen haben, dass es vom ersten unmittelbar abhängt; dergestalt, dass ontologische Thesen, die durch Intuitionen gestützt werden, insofern sie das sind, prinzipiell offen sind für Revisionen und Kulturrelativität. Wie steht es nun aber mit der Entsprechung unserer These von der diachronen Identität der Dinge mit Grundzügen unseres Sprechens?

Ich möchte bei meinen diesbezüglichen Ausführungen mit der Feststellung beginnen, dass wir in unserem Alltag über Dinge als diachron identischen sprechen. „Es ist *derselbe* Baum, der hier steht, obwohl er im Frühling blüht und im Herbst seine Blätter verliert." „Er ist *derselbe* Student, der bereits vor einigen Jahren bei mir eine Lehrveranstaltung besucht hat." etc. Dass wir im Alltag in der Regel mit „dasselbe" tatsächlich numerische Identität meinen, geht schon daraus hervor, dass wir andere Wörter gebrauchen, wenn wir etwa lediglich qualitative Übereinstimmung meinen. „Herr Ober, bringen Sie mir bitte das gleiche wie gestern!", „Ich habe mir heute den gleichen Computer gekauft wie mein Kollege". Niemand würde auf die Idee kommen, die Aussagen so zu interpretieren, dass ich mir Reste des gestrigen Essen aufwärmen lassen möchte, bzw. dass wir uns nun ein Gerät teilen müssen.

Die Feststellung, dass „dasselbe" und „das gleiche" im Alltag nicht immer sauber auseinandergehalten werden, tut dieser Unterscheidung der Sache nach keinen Abbruch. Schon durch eine einfache Nachfrage seinerseits können wir jedem Gesprächspartner zu verstehen geben, mit welchem Wort wir numerische Identität meinen, mit welchem aber nicht. Und nur, *dass* wir numerische Identität meinen, steht hier zur Debatte.

An dieser Stelle könnte jemand erwidern, dass die Distinktion zwischen „dasselbe" und „das gleiche" in unserem Alltag ganz gut eingeführt sein mag. Handelt es sich dabei aber, nach den gegebenen Kriterien, um einen Grundzug unseres Sprechens? – Ohne bei diesem Wortpaar hängen bleiben zu wollen, können wir m.E. auf unsere Rede über endurer, und darauf kommt es hier ja an, tatsächlich die besagten Grundzugskriterien anlegen. Das möchte ich nun etwas ausführen:

Diese Rede über Dinge als durch die Zeit numerisch dieselben, betrifft die jeweiligen *Sprachen als Ganze*. Das heißt natürlich nicht, dass es außer der Ding-Sprache keine anderen Sprachbereiche geben kann, etwa die Rede über Ereignisse, u.ä. Das heißt nur, dass in all jenen Bereichen, an denen die Ding-Sprache beteiligt ist, wir über Dinge als diachron identische reden. Wir sprechen nicht über diese Dinge als diachron identische und über andere Dinge als nicht diachron identische. Desgleichen, und damit kommen wir auf ein zweites Grundzugs-Merkmal, ist die Rede über diachron identische Dinge ein *sprachinvariantes* Phänomen. Auch hier möchte ich mich nicht darauf festlegen, dass sich die behauptete Invarianz in verschiedenen Sprachen in denselben Besonderheiten manifestiert. Ich behaupte nicht einmal, dass sich in allen Sprachen die Rede über diachron identische Dinge findet. Sprachinvarianz, in dem von mir eingeführten Sinn, meint auch nicht Invarianz in allen Sprachen, sondern in einer hinreichend großen Anzahl. Und mir ist keine Sprache bekannt, in der die Rede über Dinge als diachron identischen nicht einen fixen Bestandteil ausmacht. Ich kenne nicht einmal eine Sprache, in der sich die im Deutschen eingeführten besonderen Charakteristika von (diachronen) Identitätsbehauptungen (z.B. die „dasselbe" – „das gleiche" Distinktion) nicht wiederfinden.

Als dritten Aspekt möchte ich ausführen, dass die Rede über diachron identische Dinge zu den *grundlegenden* sprachlichen Besonderheiten gehört. Dafür, dass dies so ist, führe ich zunächst den frühen Simons als Zeugen an. Simons geht davon aus, dass das Gegenteil von „grundlegend" in unserem Zusammenhang „ableitbar" ist, Ableitbarkeit aber Ersetzbarkeit und schließlich Eliminierbarkeit impliziert. Simons meint aber, dass die Eliminierbarkeit unserer Rede über endurer (und in der Folge von diachron identischen Dingen) nur angenommen werden kann, wenn es tatsächlich gelingt, ohne Terme, die sich auf endurer beziehen, auszukommen.[23] In einer solchen alternativen Sprache müssten wir etwa alle Dingwörter in Wörter über zeitliche Dingabschnitte übersetzen. Ein derartiges Projekt einer alternativen Sprache aber scheitert. Und zwar aus prinzipiellen Gründen, da die Rede über Ding-Abschnitte das Sprechen über diachron identische Dinge voraussetzt. (Hier kommt Simons der bereits zitierten Auffassung Jonathan Lowes nahe, derzufolge die Identifizierung von zeitlichen Ding-

---

[23] Vgl. Simons 1987, 121-127. Vgl. dazu auch Runggaldier 1992, 281ff.

Teilen die Identifizierung von Dingen als endurer verstanden voraussetzt.) Vergleichbare Überlegungen haben andere Autoren, wie z.B. Eli Hirsch, veranlasst, davon zu sprechen, dass das in unserer Alltagssprache implizierte Identitätsschema, für das nun aber die diachrone Identität von Dingen maßgeblich ist, „grundlegend" (engl.: „primitive" oder „non-derivative") wäre.[24] Es kann nicht analysiert und aus irgendwelchen alternativen Schemata, ausgehend etwa von der Identität von zeitlichen Dingabschnitten, abgeleitet werden.

Ich möchte also festhalten, dass es Argumente gibt, den Grundzugs-Charakter unseres Redens über diachron identische Dinge anzunehmen. Eine Ontologie, welche diesem Grundzug entspricht, erfüllt somit einen Alltagsontologie-Test. Eine endurer-Ontologie aber erfüllt diesen Test. Sie entspricht diesem Grundzug und kann deshalb, v.a. aber auch aufgrund ihrer Intuitivität - die wir an dieser Stelle aus bereits angeführten Gründen beiseite gelassen haben - als gutes Stück Alltagsontologie gelten.

5.33 Sortale Dependenz

Eine zentrale These der hier entwickelten Ontologie von Dingen ist die sortale Dependenz ihrer Identität. Die These selbst wurde bereits so weit eingeführt, dass wir für unsere Zwecke an dieser Stelle keine weitere Explikation geben können und müssen. Der erste Schritt (1) kann somit der Hinweis auf ihren Status als alltagsontologischer These sein; der zweite (2) die Ausfaltung von Schritt eins, in Anwendung unseres Kriterienkatalogs.

(1) Für das Ziel des ersten Schrittes möchte ich wieder einen unverdächtigen Zeugen anführen, nämlich Quine, insofern er die These von der sortalen Dependenz der Identität von Dingen insgesamt ablehnt. Spräche man, nach Quine, über Sorten oder Arten (kinds), dann redete man über keine ontologischen Gegebenheiten. Spielen Sorten oder Arten in der Ontologie keine Rolle, kann auch die Identität von Dingen nicht von ihnen abhängig sein. Entscheidend für unseren Kontext ist, dass Quine die sortale Dependenz der Identität der Dinge *so* ablehnt, dass er das *aufgrund* des alltagsontologischen Kontexts der These tut. In diesem Sinne können wir Quines Ausführungen als ersten Beleg für die Alltagsontologie-Tauglichkeit unserer These von der sortalen Dependenz der Identität von Dingen anführen.

---

[24] Vgl. Hirsch 1982, hier v.a. 163-173.

Als maßgebliche Quelle führe ich Quines Artikel über „Natural Kinds"[25] an. Dieser zählt zwar zu seinen früheren Beiträgen, wurde aber der Sache nach von ihm nie revidiert. Hier vertritt Quine die These, dass die Rede über Arten (kinds) Kennzeichen unreifer Stadien des Spracherwerbs sei. Wenn man entwicklungspädagogische Konnotationen weglässt, können wir sagen, dass nach Quine der Gebrauch von Artausdrücken, insbesondere der hier als sortale Ausdrücke gekennzeichneten, an der logisch-grammatikalischen Oberfläche unseres Sprechens liege. Nimmt man diese ontologisch ernst (im Sinne von „ontological commitments"), verfalle man in eine „unwissenschaftliche" Ontologie, die man gut und gerne mit unserer Alltagsontologie in Zusammenhang bringen kann. Wissenschaftlichen Fortschritt erzielte man durch schrittweise Übersetzung von Artausdrücken in Redeweisen über Ähnlichkeiten. Der finale Endpunkt dieses Fortschritts ist die physikalische Sprache, aus der sich eine wissenschaftliche Definition aller Ähnlichkeiten ableiten lasse. In der physikalischen Sprache sei die Alltagsrede über Arten „endgültig" überwunden. In einer physikalistischen Ontologie gebe es keine Arten oder Sorten, folglich auch keine sortale Dependenz der Identität irgendwelcher Entitäten.

(2) Diesen Befund können wir nun wieder überprüfen, indem wir unsere Kriterien für eine Alltagsontologie anlegen. Zur Überprüfung der Intuitivität der These von der sortalen Dependenz der Identität von Dingen soll nur ein Aspekt herausgegriffen werden, nämlich die mit der sortalen Dependenz der Identität einhergehende Bestimmung der synchronen Einzigkeit der Artzugehörigkeit der Dinge (*Syn non-mult Art*).

Zu einem Zeitpunkt kann ein Ding nur einer einzigen Art angehören. Offen habe ich es gelassen, ob auch gilt, dass ein Ding zeit seiner gesamten Existenz genau einer Art angehören muss. Gerade diese Beschränkung aber macht die intuitive Plausibilität der These m.E. offensichtlich, sofern wir unter „Art" tatsächlich die ins Auge gefasste *species infima* meinen. Ein Schaf kann nicht gleichzeitig ein Pferd sein, eine Rose kein Gänseblümchen, etc. Wenn wir die Explizierung der „Wirkungen" der sortalen Bestimmtheit von Dingen wieder aufgreifen, können wir sagen, dass die Existenz des Schafes nicht gleichzeitig von den Existenzbedingungen der Pferde, die der Rose nicht von jenen der Gänseblümchen abhängig sein kann. Das gleiche gilt auch für die Kontinuitätsbedingungen und die Bedingungen für die materielle Konstitution von Dingen. Wollte jemand das Gegenteil behaupten, wäre das, zumindest vor unserem Alltagsverständnis, unplausibel. Und das ist hier der springende Punkt.

Nota bene: Für eine wichtige Gruppe innerhalb der Dinge, für die Lebewesen, sind m.E. die Intuitionen klar. Ich bin mir freilich bewusst, dass das für andere Dinge nicht gilt. Gerade für Artefakte kann es hier zu Unklarheiten kommen. Diese Unklarheiten

---

[25] Hier: Quine 1999.

erfordern allerdings eine theoretische Bearbeitung, die ich im entsprechenden Kapitel im zweiten Hauptteil angehe. M.a.W. kommen wir bei Artefakten mit Intuitionen, die ja vortheoretisch sind, nicht weiter. So räume ich im Hinblick auf die Intuitivität von Syn non-mult Art ein: Bei jenen Dingen, *für die klare Intuitionen anzunehmen sind,* ist Syn non-mult Art intuitiv akzeptabel. Die anderen können wir hier beiseite lassen.

Auch hier kann ich das Kriterium der Wandelbarkeit einer alltagsontologischen These an das Kriterium der Intuitivität koppeln. Sollte es tatsächlich so sein, dass sich unsere Intuitionen hinsichtlich der angeführten Überlegungen ändern, müsste es wohl auch die These von der sortalen Dependenz der Identität von Dingen, zumindest hinsichtlich ihres Status als alltagsontologischer Annahme.

Inwiefern, so möchte ich abschließend fragen, betrifft die Auffassung von der sortalen Dependenz der Identität von Dingen einen Grundzug unseres alltäglichen Sprechens? - Ich möchte diese Frage unter Verweis auf den Vorgang des *Identifizierens* von Dingen beantworten. Den Vorgang des Identifizierens habe ich im entsprechenden Abschnitt als einen solchen Grundzug dargestellt. Ich kann somit die Erläuterung des Grundzugcharakters beiseite lassen und mich gleich der einschlägigen Analyse der Identifizierung von Dingen widmen.

Die Identifizierung von Dingen hängt damit zusammen, dass der Identifizierende eine Annahme über *die Art* des Identifizierten macht. Es ist unmöglich, aus der Komplexität unserer Alltagswelt ein Ding herauszupicken, ohne es als Ding *einer Art* herauszupicken. Ich kann mich nicht auf *etwas* beziehen, ohne eine Annahme über seine Art zu machen. Solche Annahmen über die Art des zu Identifizierenden müssen sich vorerst gar nicht auf eine species infima beziehen. „Tier" bzw. „Arzt" in „Dort steht ein Tier auf der Weide", „Dieser Arzt wird mich operieren" stehen für höhere bzw. uneigentliche Arten, deren Annahme für eine Identifizierung durchaus ausreichen mögen; *vorausgesetzt* solche Meinungen über höhere bzw. uneigentliche Arten implizieren Annahmen darüber, erstens, dass das so identifizierte Ding auch einer niedrigsten und somit eigentlichen Art, also einer species infima, angehört. Tatsächlich kann ich „Tier" nicht identifizierend gebrauchen, ohne dazu anzunehmen, dass es ein Tier eben von einer bestimmten species infima ist. Ich kann nicht „Arzt" identifizierend gebrauchen, ohne mit zu behaupten, dass es sich um ein Lebewesen einer species infima handelt. Zweitens, die Annahme darüber, dass - um bei den Beispielen zu bleiben - das Tier einer bestimmten species infima F und nicht gleichzeitig einer anderen species infima G angehört; bzw. dass der Arzt nicht gleichzeitig ein Mensch und ein Vorkommnis irgendeiner anderen species infima ist. <u>Beide</u> Voraussetzungen zusammen geben aber den Gehalt der sortalen Dependenz von Dingen bzw. von Syn non-mult Art wieder. Also wird beim Vorgang des Identifizierens von Dingen die Annahme ihrer sortalen Dependenz bzw. Syn non-mult vorausgesetzt.

Die Möglichkeit, dass jemand meint, mit „Tier" bzw. „Arzt" eine nicht-dingliche Entität identifizieren zu wollen, lasse ich hier beiseite. Mir geht es um die Identifizierung von Dingen, und dass diese besagtes Wissen voraussetzt. Die Möglichkeit, dass jemand „Tier" bzw. „Arzt" (irrigerweise) bereits als Ausdrücke für species infimae versteht, lasse ich nicht beiseite: Diese (irrige) Annahme bestätigte aber die jetzt vertretene These, die ja allein darin besteht, dass ohne Annahme, dass das zu Identifizierende *irgendeiner*, synchron einzigen species infima angehört, Dinge nicht identifiziert werden können.

Ein weiterer Einwand könnte darin bestehen, dass die sortale Dependenz bzw. Syn non-mult Art nur dann als theoretischer Rahmen für die Identifizierung von Dingen angenommen werden kann, wenn man Dinge schon so versteht, wie hier vorgeschlagen. Das ist richtig. Mir geht es hier aber nicht um eine Begründung der vorgeschlagenen Ontologie als solche (dann wäre die Begründung zirkulär), sondern um einen Erweis ihres Status als Alltagsontologie. Dieser Erweis wird durch den Verweis auf die *Identifizierung* von Dingen vorgenommen.

In diesem Sinne können wir verstehen, dass die ontologische These von der sortalen Dependenz der Identität von Dingen einem Grundzug des alltäglichen Sprechens, nämlich der Identifizierung, angewandt auf Dinge, ein theoretisches Fundament gibt. Dass eine These aber ein solches theoretisches Fundament abgibt, haben wir als ein Kriterium dafür angenommen, dass es sich dabei um eine alltagsontologische handelt.

I - 6. Probleme einer Ontologie mit Dingen

Zum Abschluss dieses ersten Hauptteiles möchte ich mich mit Einwänden gegen meine Ontologie mit Dingen als diachron identischen materiellen Gegenständen (endurer, Kontinuanten, engl.: continuants) auseinandersetzen. Vorausgeschickt sei, dass ich mir bewusst bin, dass die aktuelle ontologische Debatte weitgehend geprägt ist von Skepsis gegenüber solchen Entitäten. Tonangebend sind heute physikalistische Ontologien im Gefolge Quines, Whiteheads bzw. Sellars, die Dinge zurückführen auf „physical objects", vierdimensionale Felder oder Prozesse. Weit verbreitet sind auch „Tropen-Ontologien", v.a. nach Campbell, die Dinge auffassen als *Bündel* kopräsenter Tropen, sprich konkreten individuellen Qualitäten.[26] Weder physical objects noch Tropenbündel können aber endurer oder Kontinuanten sein. Somit sind auch die Argumente gegen eine Ontologie mit Dingen als diachron identischen materiellen Gegenständen zahlreich und vielfältig, und zwar derart, dass ich hier keine auch nur einigermaßen vollständige Apologetik meiner These geben kann.

Dennoch möchte ich zunächst zwei Strategien der Argumentation gegen Dinge als Kontinuanten anführen, die auf programmatischer Ebene vorgebracht werden. Die eine Strategie findet sich bei Johanna Seibt, insofern sie (wie in Abschnitt I – 5.32(2) gesehen) davon ausgeht, dass der „Mythos der Substanz" nur durch das Betreiben deskriptiver Metaphysik aufrechterhalten werde[27]. Deskriptive Metaphysik sei aber im Ansatz verfehlt. Also müssten wir auch die Annahme von „Substanzen", ich würde hier eben von Kontinuanten sprechen, überwinden.

Meine Verteidigung gegen Seibts Kritik besteht darin, dass ich ihr Verständnis von deskriptiver Metaphysik oder Ontologie für verfehlt halte, oder, um es versöhnlicher zu sagen: Es hat mit dem hier skizzierten Programm einer deskriptiven Ontologie nichts zu tun. Für Johanna Seibt gilt: „Der Begriff ‚deskriptive Ontologie' ist in sich widersprüchlich ... Die Rede von der deskriptiven Ontologie geht von der Annahme aus, die kategori-

---

[26] Vgl. Campbell 1990, einleitende Abschnitte. Zu Grundbegriffen der Tropen-Ontologie siehe Runggaldier / Kanzian 1998, 65-68. Neulich hat Käthe Trettin ontologische Grundmerkmale von Tropen sehr prägnant zusammengefasst. Siehe Trettin 2003, 76f.

[27] Seibt 1995, 359f. Ich behaupte damit nicht, dass Johannas Kritik *ausschließlich* auf programmatischer Ebene vorgetragen wird. Ich möchte mich aber auf diese Ebene beschränken.

alen Implikationen des Alltagsverständnisses wären hinreichend vollständig, um bereits eine genau gefasste ‚Ontologie' darzustellen, die mit Mitteln der philosophischen Analyse nur in der präzisen Gestalt einer Theorie beschrieben werden müsste."[28] – Ich würde dieses Verständnis von deskriptiver Ontologie vor dem Hintergrund meiner Ausführungen in I – 1. so interpretieren, dass es der deskriptiven Ontologie naiverweise um eine einfache Umlegung von Alltagseinstellungen in eine ontologische Theorie ginge. Das halte aber auch ich für falsch. Deshalb habe ich mich davon distanziert, u.a. dadurch, dass ich die Funktion von Alltagseinstellungen oder *Intuitionen* für den Aufbau einer deskriptiven Ontologie als kritisches Korrektiv bzw. als ein Wahrheitskriterium einzelner Thesen dargestellt habe. Somit sehe ich auch nicht, wie Seibts Kritik an Kontinuanten, sofern sie auf programmatischer Ebene im Kontext einer Zurückweisung von deskriptiver Ontologie erfolgt, gegen meine Ausführungen in Anschlag gebracht werden könnte.

Zu einem ähnlichen Ergebnis wie Johanna Seibt kommt Peter Simons in neueren Publikationen. Ontologie[29] sei keine a priori Wissenschaft, sondern eine a posteriori. Somit müsse sie sich an den Ergebnissen der Naturwissenschaften orientieren. Von Einzelwissenschaften unterscheide sich die Ontologie nicht in Forschungsobjekt und der Weise, wie man sich diesem epistemisch annähern könne, sondern nur durch die Allgemeinheit ihres Begriffssystems. Deskriptive Ontologie sei aber lediglich in der Lage, unsere Alltagswelt zu erfassen, nicht aber deren, durch die Naturwissenschaften aufgewiesene Basis. Somit greife sie zu kurz. „A metaphysics ... is a general theory of everything, or it is nothing at all"[30]. Die Annahme von endurer habe aber lediglich auf der Ebene deskriptiver Ontologie Berechtigung, nicht aber wenn es um die Analyse ihrer physikalischen Basis gehe. Dort gebe es nämlich keine endurer. Somit ist der Annahme von endurer mit dem Fortschreiten der Physik (v.a. der Quantenphysik) ein, wenig herzliches „Farewell" zu sagen.

Die Auseinandersetzung mit Simons kann auf wissenschaftstheoretischer Ebene geführt werden: Ist die Ontologie wirklich eine a posteriori Wissenschaft? In dem engen Sinne, dass sie als eine Fortsetzung der Naturwissenschaften mit einer etwas allgemeneren Begrifflichkeit zu betrachten

---

[28] Seibt 1995, 357.358.
[29] Simons spricht für gewöhnlich von „Metaphysik"; was er damit meint, kann aber durchaus auf das angewandt werden, was wir hier als *Ontologie* eingeführt haben.
[30] Simons 1998, 251.

ist, wie vor Simons schon andere gemeint haben? Oder ist die Ontologie eine eigenständige philosophische Disziplin, die sich nicht auf Gegenstandsbereich, Sichtweise und Methodik der Naturwissenschaften beschränken lässt? - Nur wenn man Letzteres negiert, kann Simons recht haben.

Selbst wenn wir das wissenschaftstheoretische Feld Simons überlassen wollten, können wir uns fragen, wie seine Kritik an der deskriptiven Ontologie zu verstehen ist? Eine erste Verständnismöglichkeit wäre, dass nach Simons deskriptive Ontologie insgesamt als obsolet zu erachten sei, weil ja *nur* die physikalische Basis ontologisch maßgeblich wäre. – Meint dies Simons, stellt sich für ihn in aller Schärfe das Problem der Durchführung einer Rekonstruktion oder Ableitung unserer Alltagswelt, samt Kontinuanten, aus einer physikalischen Basis. Wenn, wie Simons sagt, eine Ontologie eine „allgemeine Theorie von allem" sein soll, so auch eine allgemeine Theorie unserer Alltagswelt. Somit hängt der Erfolg einer revisionären Ontologie auch nach seiner eigenen Meinung von der Darlegung einer Rekonstruktion der Alltagswelt aus der physikalischen Basis ab. Ob eine solche Ableitung tatsächlich machbar ist, scheint aber m.E. aus prinzipiellen Gründen fragwürdig[31].

Oder versteht Simons die Kritik an einer deskriptiven Ontologie so, dass er ihr lediglich Unvollständigkeit in der Theorienbildung vorwirft? In dem Sinne, dass man als Ontologe *neben* einer Theorie der Alltagswelt wohl auch eine philosophische Analyse der physikalischen Grundelemente der Welt geben müsse. – Ich meine, dass ich als Alltagsontologe mit einer derartigen Kritik ganz gut leben könnte. Ich würde sie freilich als Aufforderung nach einer integrativen Gesamtschau der Wirklichkeit verstehen; einer Gesamtschau, welche, ausgehend von einer deskriptiven Theorie der Alltagswirklichkeit, auch deren physikalische Basis berücksichtigt. Eine solche auch nur im Ansatz auszuführen, würde den Rahmen sprengen.[32]

---

[31] Siehe dazu meine Bemerkungen zu Simons unter I – 5.32 (3) und die dort angeführten Literaturangaben.

[32] Ich erlaube mir, auf meinen Rezensionsartikel über Trettin 2005 hinzuweisen (Kanzian 2008b). Dort erörtere ich, wie man auch als Alltagsontologe zu einer Berücksichtigung der Ergebnisse der Quantenphysik kommt (von der u.a. Simons annimmt, dass sie authentische Auskunft über die physikalische Basis der Welt gibt). Dinge bestehen aus einem Material- und aus einem Formaspekt. Es ist durchaus legitim, beide Aspekte weiter zu analysieren. Eine Analyse dessen, was ontologisch gesehen der Materialaspekt von Dingen ist, kann unter verschiedener Rücksicht geschehen, auch unter naturwissenschaftlicher. In Anwendung der methodisch eingeschränkten Zugangsweise z.B. der Physik kann es zu interessanten Ergebnissen einer solchen Analyse kommen. Die Quantenphysik hat hier ihren Ort.

Ich bekunde an dieser Stelle nur meine (an anderer Stelle begründete) Meinung, dass man als deskriptiver Ontologie hier nicht auf verlorenem Posten steht, bzw. dass die mangelnde Integration einer Theorie der physikalischen Grundelemente der Welt nicht als „knock out-Argument" gegen eine deskriptive Ontologie verstanden werden kann.

Ich möchte meine Auffassung nicht nur auf programmatischer Ebene verteidigen. Und so will ich mich in den folgenden Abschnitten mit konkreten Kritikpunkten an der Annahme von Dingen als diachron identischen Partikularien beschäftigen; und zwar mit solchen, welche die Sache im Kern betreffen und auch historisch gesehen das größte Gewicht haben. M.E. ist das der Einwand, dass es Dinge eigentlich gar nicht gibt, zumindest nicht so, wie ich sie verstehe, als Kategorie nämlich, der sowohl Artefakte, Lebewesen als auch Personen angehören (6.1). Ein zweiter Problemkreis liegt im Bereich der Schwierigkeit, Kontinuanten als Träger von Änderungen zu verstehen (6.2). Wie geht Leibniz´ Gesetz, demzufolge Dinge genau dann identisch sind, wenn sie in allen Eigenschaften übereinstimmen, zusammen mit der Annahme von Kontinuanten, die in einem strikten Sinn dieselben bleiben, obwohl sie sich ändern? Zudem: Ist es nicht sogar widersprüchlich anzunehmen, dass ein Ding gestern die Eigenschaft F hatte, und dasselbe Ding die Eigenschaft heute nicht hat, sie womöglich morgen wieder haben wird?

Mit diesen, wie ich meine, Kerneinwänden gegen meine Ontologie der Dinge möchte ich mich im Folgenden auseinandersetzen.

Die Ergebnisse der Quantenphysik sind also relevant als solche, sprich als Ergebnisse einer nach Maßgabe einer Naturwissenschaft methodisch eingeschränkten Forschungsperspektive. Eine deskriptive Ontologie schätzt die Quantenphysik als eine Physik des *Materialaspekts von Dingen*. Darüber weiter zu reflektieren, insbesondere über das Verhältnis Ontologie – Physik, ist Aufgabe von Naturphilosophie bzw. von Wissenschaftstheorie; Erstere mit Hauptaugenmerk auf das Objekt, Letztere auf die Zugangsweise zu demselben.

6.1 Gibt es Dinge?

Grundlegend für meine Ausführungen ist, dass es materielle Gegenstände gibt: Artefakte, Lebewesen und Personen, die ich allesamt der umfassenden Kategorie der Dinge zuschlage. In diesem Abschnitt möchte ich drei Auffassungen diskutieren, die dieser Auffassung teilweise (Peter Van Inwagen, Gary Rosenkrantz & Joshua Hoffmann) bzw. gänzlich (Mark Heller) entgegenstehen.

6.11 Peter Van Inwagen und das Kompositionsproblem

In seinem Buch *Material Beings*[33] kommt Peter van Inwagen zum Schluss, dass nur für eine bestimmte Gruppe der Dinge, nämlich nur für die Lebewesen, angebbar sei, was ihre Komposition oder ihre Einheit ausmache. Frei nach der scholastischen Lehre, der zu folge „omne ens unum" sei, ist die Angabe der Komposition oder Einheit aber eine notwendige Voraussetzung dafür, etwas als Entität anzuerkennen. Somit gibt es keine nicht-lebendigen Dinge, z.B. keine Artefakte. M.a.W. ist die Kategorie der Dinge auf die Lebewesen beschränkt.

Van Inwagen setzt in seiner Argumentation dabei an, dass das Problem der Komposition oder der Einheit von Teilen in einer Ganzheit nicht lösbar ist, wenn man sich ausschließlich auf Kontakt, Kohäsion bzw. Fusion der Teile bezieht. Kontakt, Kohäsion und auch Fusion sind nämlich weder notwendig noch hinreichend für die Erklärung des Zusammenhalts von Teilen in einer Ganzheit.

Kontakt ist nicht notwendig für die Konstitution von Einheit. Das ergibt sich, wenn man bedenkt, dass man sich durchaus Gegenstände vorstellen kann, deren Teile sich nicht unmittelbar berühren. Van Inwagen meint, dass z.B. Elementarpartikel, die ein Objekt ausmachen, gerade nicht in Kontakt sind. Ebenso wenig ist Kontakt hinreichend für Komposition. Berühren sich Gegenstände, folgt daraus nicht, dass sie eine Einheit bilden. Sonst müsste ich mich wohl jedes Mal mit meinem Sessel zu einer einzigen Entität vereinigen, wenn ich auf ihm Platz nehme. Vergleichbares gilt für *Kohäsion*. Teile einer Ganzheit müssen nicht aneinander haften, z.B. aneinander geklebt oder miteinander verschweißt sein. Denken wir nur an Zahnräder in einer Uhr. Aneinander haften ist aber auch nicht hinreichend für die Komposition einer übergeordneten Einheit. Van Inwagens Beispiel ist, dass zwei Menschen, deren Hände kurzfristig aneinander zum Kleben kommen, noch keine Komposition zu einer Einheit durchmachen. Dass *Fusion* nicht notwendig ist für die Bildung einer Einheit, zeigt sich wiederum am Beispiel von den Teilen unserer Armbanduhr. Dass Fusion nicht hinreichend

---

[33] Hier: Van Inwagen 1990.

ist, meint Inwagen am Beispiel siamesischer Zwillinge darlegen zu können. Die mögen zwar im Mutterleib aus zwischenzeitlich getrennten Lebewesen verschmolzen sein, bilden aber keine (numerische) Einheit. Siamesische Zwillinge sind *zwei* Menschen. Kurzum: Kontakt, Kohäsion, Fusion sind weder notwendig noch hinreichend dafür, die Einheit von Teilen in einer Ganzheit zu erklären.[34]

Für nicht-lebendige Gegenstände stehen aber keine anderen Einheitsprinzip-Kandidaten zur Verfügung als Kontakt, Kohäsion und Fusion. Das bedeutet, dass für die nicht-lebendigen Gegenstände kein Einheitsprinzip angenommen werden kann. Also müssen sie von der ontologischen Landschaft gestrichen werden. Für Lebewesen steht ein anderes Explanans ihrer Einheit zur Verfügung, *Leben*, mit dem wir uns im zweiten Hauptteil noch ausführlich beschäftigen wollen. Somit ergibt sich der bereits zitierte Schluss.

In den Voraussetzungen der Ontologie von *Material Beings*, die Van Inwagen mit dankenswerter Klarheit im Vorwort seines Buches darlegt, kommt er den hier vertretenen Auffassungen zunächst sehr nahe. Insbesondere gilt für ihn: „Material things endure through time and (typically) change with passage of time. They are not extended in time."[35] Materielle Gegenstände oder Dinge sind für Inwagen dreidimensional. In einer anderen Voraussetzung weicht Inwagen jedoch gravierend von den hier entwickelten Ansätzen ab. Van Inwagen geht nämlich davon aus, dass alle Dinge letztlich aus atomaren Bestandteilen bestehen, d.h. aus Teilen, die selbst keine Teile mehr haben. Er deutet diese atomaren Bestandteile als Grundelemente der Wirklichkeit und nennt sie auch „mereological atoms" oder „metaphysical simples"[36]. Das macht die Stoßrichtung der Einheits- oder Kompositionsfrage im Kontext von Van Inwagens Ontologie deutlich: Es braucht einen Zusammenhalt, durch den aus den Grundelementen oder Basisentitäten *post festum* Dinge werden. Wie gesagt, kann für Van Inwagen nur *Leben* einen solchen Zusammenhalt gewährleisten. Für Nicht-Lebewesen ist die Einheitsfrage nicht zu lösen.

M.E. ist Van Inwagens „Alles-oder-Nichts"-Strategie, d.h. seine strenge Alternative, entweder Lebewesen oder keine dingliche Entität, *nur* haltbar vor dem Hintergrund der zuletzt skizzierten Annahme, dass alles aus

---

[34] Ich beziehe mich frei (d.h. ohne mich in den Beispielen auf Van Inwagen festzulegen) auf Van Inwagen 1990, 33-37 (Kontakt), 57f (Kohäsion), 58ff (Fusion).
[35] Van Inwagen 1990, 4. Hier gibt Van Inwagen an, dass er diese seine Auffassung in einem weiteren Beitrag, „Four-Dimensional-Objects" (hier: Van Inwagen 1990b), näher entwickelt.
[36] Van Inwagen 1990, 5.

Atomen oder simples bestehe, gedeutet als Basis- oder Grundelemente der Wirklichkeit. *Nur* dann stellt sich nämlich das Kompositionsproblem in der von Van Inwagen geschilderten Weise und den von ihm angenommenen Ausweglosigkeiten. Ich denke aber, dass dieser Atomismus nicht ohne Alternative ist. Eine solche Alternative ist, die *Ganzheit* von Dingen als ontologisch grundlegend anzusehen.[37]

Das heißt nicht, dass es nicht Gesichtspunkte geben kann, unter denen man von der Ganzheit der Dinge sinnvollerweise abstrahiert und aus methodischen Gründen simples oder Atome modellhaft konzipiert; z.B. in manchen epistemischen bzw. einzelwissenschaftlichen Kontexten. Was u.U. epistemisch naheliegend bzw. einzelwissenschaftlich erfolgversprechend ist, kann aber ontologisch als durchaus sekundär aufgefasst werden. Auch ontologisch gesehen schließt die Annahme der Ganzheit der Dinge als grundlegend nicht aus, dass diese Ganzheit komplex im Sinne einer inneren Strukturiertheit zu verstehen ist, wie das ja auch in diesem Buch vorgeschlagen wird.

Gerade wenn man Ontologie deskriptiv betreibt - wie Van Inwagen das übrigens in den meisten seiner Theorienbildungen selbst tut[38] - legt sich eine solche Alternative nahe. Da muss man noch gar nicht auf das Fundamentalproblem des Atomismus verweisen, ob es denn überhaupt so etwas geben kann wie unteilbare, also *ausdehnungslose, materielle* (Basis-)Entitäten. Eine solche Alternative legt sich besonders dann nahe, wenn man die Ganzheit der Dinge als *komplexe* versteht, wie hier vorgeschlagen im Sinne einer sachverhaltsartigen Struktur. Aus dieser Annahme ergibt sich m.E. eine Lösung des Problems, welche Teile zu einem Ding gehören und warum das der Fall ist; m.a.W. des sachlichen Kerns des Einheitsproblems, unabhängig vom atomistischen Kontext Van Inwagens. Diese Lösung ist für *alle* Dinge angebbar: Zu Dingen gehören genau jene Teile, welche durch ihre jeweilige Form in eine entsprechende Sachverhaltsstruktur eingebunden sind. Warum ist dieser Tisch eine Einheit? – Weil seine Beine und seine Platte durch die Form eines Tisches miteinander zu einer Tisch-Struktur verbunden sind. Warum gehört das Buch auf dem Tisch nicht zu den Teilen des Tisches? – Weil es schlicht nicht in die besagte Struktur eingebunden ist! Was passiert, ontologisch betrachtet, wenn man dem Tisch ein Bein absägt? – Der betroffene Teil wird aus der Sachverhaltsstruktur des Tisches losgelöst und bildet nun ein anderes Ding, wenn das

---

[37] Diese These wird im Abschnitt III – 3.3 (1) aufgegriffen und in seiner Relevanz erörtert.
[38] Vgl. dazu seine Bekenntnisse zu aristotelischen Grundintuitionen, siehe Van Inwagen 1990, 15.

Material des Teiles eine neue ontologische Form erhält, bzw. einen nichtdinglichen Gegenstand, wenn das nicht der Fall ist.[39]
Ich möchte damit nicht behaupten, dass bei allen Dingen die Einheitsfrage auf dieselbe Weise gelöst wird. Es ist ja auch die Sachverhaltsstruktur bei den verschiedenen Arten von Dingen unterschiedlich zu beurteilen. Ich behaupte nur, dass alle Dinge eine Sachverhaltsstruktur haben, und dass ausgehend von dieser Annahme für jedes Ding das Einheitsproblem gelöst werden kann. Schließlich möchte ich darauf beharren, dass somit ein wichtiges Argument wegfällt, manchen Dingen, eben den Artefakten, ihren Status als Entitäten abzuerkennen.

Als nächstes möchte ich eine, von Peter Van Inwagen unterschiedene Strategie gegen die Existenz mancher Dinge diskutieren, die darauf beruht, diesen, wieder sind es die armen Artefakte, *aufgrund ihrer Bewusstseinsabhängigkeit* den Status von Entitäten abzuerkennen.

6.12 Hoffman / Rosenkrantz und das Problem der Bewusstseinsabhängigkeit mancher Dinge

Als Hauptvertreter des Einwands von der Bewusstseinsabhängigkeit der Artefakte führe ich Joshua Hoffmann & Gary Rosenkrantz (HR) an und beziehe mich dabei auf ihr Buch *Substance. Its Nature and Existence*[40].

HR sprechen davon, dass Artefakte Vorkommnisse „nicht-natürlicher Arten" sind. Ihr Vorkommen hänge somit ab von „some belief(s) or decision(s) of one or more psychological subject(s)"[41]. Dass dieses Ding als solches vorkomme, hängt davon ab, dass ihm mindestens ein Betrachter den Tisch-eigenen Nutzen zuspricht und somit meint, dass dies ein Tisch ist. M.a.W. hängen Tische, und natürlich auch andere Artefakte, ab von Einstellungen menschlicher Beobachter. Daraus, und das ist ein weiterer Schluss, folgern HR, dass Tische und andere Artefakte gar nicht existieren. Meinen Schreibtisch, meinen Bürostuhl und meinen Computer gibt es schlicht nicht.

M.E. ist die Beobachtung richtig, dass der Nutzen von Artefakten jeweils von mindestens einem menschlichen Bewusstsein abhängt. Der Schluss, dass Artefakte somit von menschlichen Beobachtern abhängen, ist

---

[39] Im zweiten Hauptteil werde ich nicht-dingliche Gegenstände ohne ontologische Form, wie Materialanhäufungen aller Komplexitätsgrade, als „Quasi-Individuen" einführen. Diesen Theorieteil möchte ich hier allerdings nicht vorziehen.
[40] Hier: Hoffman / Rosenkrantz (HR) 1997.
[41] HR 1997, 172.

somit m.E. zulässig. (Ich werde dies im zweiten Hauptteil über Artefakte ausführlich erörtern.) Falsch ist, und damit komme ich auch schon zu meiner Verteidigung der Existenz von Artefakten, dass aus der Tatsache, dass sie von Beobachtern abhängen, die Nicht-Existenz von Artefakten folgte. Ich möchte meine Meinung dadurch begründen, dass das Kriterium „Unabhängigkeit bzw. Abhängigkeit von einem Bewusstsein" als Kriterium für Existenz bzw. Nicht-Existenz von Vorkommnissen ungeeignet ist, zumindest nicht, wenn man es, wie HR das offensichtlich tun, als alleiniges Existenzkriterium annimmt.

Ein Brachialargument ist, dass letztlich jedes Vorkommnis von mindestens einem Bewusstsein („psychological subject") abhängt, nämlich, wie Theisten annehmen, vom Bewusstsein Gottes. Nach theistischer Überzeugung hängt jedes Ding in seiner Existenz von Gott ab. Von Gott aber können wir dessen Bewusstsein nicht trennen. Also gilt die besagte Abhängigkeit jedes Dinges von Gottes Bewusstsein. Theismus, HRs Kriterium, und die Existenz irgendwelcher Dinge, auch der Lebewesen, gehen somit nicht zusammen. HR sind Theisten. Also liegt hier eine Inkonsequenz in ihrer Theorie vor, weil sie ja nicht-artifizielle Gegenstände, wie Lebewesen, als (substantielle) *Entitäten* annehmen.

Selbst wenn wir die Gottesfrage hier ausklammern, bleibt uns u.a. folgende Strategie: Wir könnten darauf hinweisen, dass HRs Kriterium für Existenz bzw. Nicht-Existenz, als alleiniges Kriterium verstanden, zu äußerst befremdlichen Konsequenzen führt: Zum einen müssten sämtliche, von Bewusstseinszentren abhängige Entitäten, in der Tradition *entia rationis* genannt, eliminiert werden. Dazu gehören nicht nur sekundäre Qualitäten, Vorstellungen etc., sondern auch alle fiktionalen Gegenstände, last not least Propositionen. Freunden ontologischer Wüstenlandschaften könnte dies zunächst Freude bereiten. Diese Freude wäre jedoch schlagartig getrübt, wenn man berücksichtigt, dass nach HRs Kriterium platonische Ideen, subsistierend und somit keineswegs vom Bewusstsein einzelner Menschen abhängig, plötzlich wieder in der Ontologie integriert wären. Ebenso natürlich Lewis´ mögliche Welten, und andere „dark-creatures" ontologischer Theorienbildungen. M.a.W. HRs Kriterium ist höchst problematisch, weil es zum einen sehr restriktiv, zum anderen fragwürdig großzügig ist. M.E. tut man gut daran, das Kriterium der Bewusstseinsabhängigkeit nicht, jedenfalls nicht, wie HR das tun, einzig und allein, zur Entscheidung zwischen Existenz bzw. Nicht-Existenz von Entitäten heranzuziehen.

Lehnt man dies aber ab, fällt HRs einziges triftiges Argument dagegen, Artefakte als Bestandteil der Ontologie anzunehmen. Wir haben keinen Grund, die Kategorie der Dinge auf die Lebewesen zu beschränken.

6.13 Mark Heller und das Problem der Konventionalität der Identität von Dingen[42]

Die in Mark Hellers Buch *The Ontology of Physical Objects*[43] enthaltene Kritik an der Kategorie der Dinge, so wie sie hier konzipiert wurde, ist radikaler als jene von Van Inwagen und von Hoffman & Rosenkrantz. Insofern, als Heller nicht nur einen Teilbereich aus dieser Kategorie, nämlich die Artefakte, aus der Ontologie eliminiert, sondern die Kategorie insgesamt. Sämtliche Dinge, die wir im Alltag als solche kennen, gibt es schlicht nicht. Es existierten nach Heller weder Computer noch Kühe, und leider (aus der Sicht des Verfassers) wohl auch keine Menschen. Alles, was es gibt, sind vierdimensionale „hunks of matter", die in so manchem an Quines „physical objects" erinnern[44]. Die Argumentation für diesen Standpunkt erinnert zunächst an HRs Begründungsstrategie gegen die Existenz von Artefakten. HR eliminieren Artefakte aufgrund ihrer Bewusstseinsabhängigkeit. Heller eliminiert alle Dinge deshalb, weil die *Identitätsbedingungen* aller Dinge, insbesondere hebt er die *Persistenzbedingungen* hervor, konventionell festgelegt seien, also abhängen von mehreren Bewusstseinszentren und deren wechselseitigen Vereinbarungen. Die entscheidende These: „I [am] arguing that if a supposed object's persistence conditions ... are a function of human convention, then there is no such object"[45]. Was bleibt, sind „hunks of matters". Sie füllen („von Natur aus") genau bestimmbare Raum-Zeit-Regionen und nur sie fallen somit nicht unter das Konventionalitätsverdikt.

Hellers Argumentation ist im Detail viel diffiziler, als sie hier auch nur im Ansatz dargestellt werden kann. Ich möchte mich damit begnügen, die eben zitierte These anzugreifen, um damit meine Kategorie der Dinge in ihrer Gesamtheit zu verteidigen.

---

[42] Diese Überlegungen lehnen sich stark an einen Vortrag an, der in Kanzian 2005 seine verschriftlichte Form gefunden hat; hier v.a. ebd. 230ff.
[43] Hier: Heller 1990.
[44] Ein Unterschied zwischen Heller und Quine mag darin zu sehen sein, dass ersterer bestimmte Disanalogien zwischen den drei räumlichen und der zeitlichen Dimension seiner „hunks of matter" anzunehmen geneigt ist. Vgl. Heller 1990, 6. Diese Disanalogien spielen aber im Kontext des Buches keine allzu große Rolle.
[45] Heller 1990, preface, page x.

Dahingestellt möchte ich es lassen, ob Hellers Zusatzannahme tatsächlich stimmt, dass die Identität, insbesondere die Persistenz, *aller* Dinge konventionell festgelegt ist. Ich denke aber, dass dies für manche Dinge, nämlich die Artefakte, zutrifft. Da ich aber alle Dinge retten möchte, würde es zu kurz greifen, Hellers Konventionalitätsthese auf einen Teilbereich der Dinge zu beschränken. Dann hätte ich nämlich nur die Dinge außerhalb dieses Teilbereichs gerettet, was mir zu wenig ist.

Seine Ablehnung von konventionellen Identitätsbedingungen begründet Heller dadurch, dass ihre Annahme mit der *Notwendigkeit* der Identität von Objekten nicht zusammengehen würde. Die Notwendigkeit der Identität können wir nicht aufgeben, somit müssen wir die konventionellen Identitätsbedingungen negieren, in der Folge konventionelle Objekte – konsequenterweise alle Dinge, nach Hellers Voraussetzungen.[46]

Mein Punkt ist, dass wir Hellers Argumentation an jener Stelle blockieren können, an der sie auf die Unvereinbarkeit von konventionellen Identitätsbedingungen für Objekte mit der Notwendigkeit der Identität dieser Objekte rekurriert. Diese Unvereinbarkeit kann man nämlich negieren. Dies kann man in den Blick bekommen, wenn man Hellers Argumentation in drei Schritte zerlegt. Der erste Schritt besteht in der Annahme, dass Identität notwendig ist, d.h. dass aus $x = y$ folgt:

(1) $\Box\, x = y$

Der zweite Schritt ist der Hinweis, dass die konventionelle Festlegung von Identitätsbedingungen folgenden Fall zulässt:

(2) relativ zu einer Identitätsbedingung I gilt: $x = y$,
relativ zu einer anderen Identitätsbedingung I* gilt aber $x = z$,
wobei $\neg\, y = z$.

In einem dritten Schritt kann Heller feststellen, dass sich aus (2) ableiten lässt:

(3) $\Diamond \neg\, x = y$.

Das steht natürlich in Widerspruch zu (1), der Notwendigkeit der Identität. – Das Problem von Hellers Argumentation besteht m.E. darin, dass er in den Schritten (1) und (3) von Identität, unabhängig von Identitätsbedingungen, also „absoluter" spricht, in Schritt (2) von Identität aber relativ zu Identitätsbedingungen. Dies allein führt zu dem von ihm festgestellten Widerspruch. Mein Vorschlag ist, bereits den ersten Schritt so zu formulieren,

---

[46] Vgl. Heller 1990, 42f.

dass die Notwendigkeit der Identität stets als Notwendigkeit relativ zu einer Identitätsbedingung anzugeben ist, etwa so, dass aus x = y relativ zu I folgt:

(1*a) □ x = y relativ zu I

bzw. aus x = z relativ zu I* folgt (wobei wieder ¬ y = z gelten mag):

(1*b) □ x = z relativ zu I*.

M.E. muss man das tun, wenn man wie Heller überhaupt mit der Relativität der Identität zu Identitätsbedingungen argumentiert. Wenn ich Hellers Formulierung von (2), also der konventionellen Einführung von Identitätsbedingungen, übernehme, lässt sich daraus kein Widerspruch zu (1*a bzw. 1*b) ableiten. Natürlich gilt ◊ ¬ x = y, aber nur relativ zu I*; und auch ◊ ¬ x = z, aber nur relativ zu I. Konventionalität von Identitätsbedingungen steht, so gesehen, nicht in Widerspruch zur Notwendigkeit der Identität.

Ich möchte dies anhand eines Sonderfalls von Identitätsbedingungen, nämlich von Persistenzbedingungen, die Heller selbst immer wieder aufgreift[47], erläutern. Einigt sich eine Gruppe von Personen A auf eine Identitätsbedingung I, der zu folge Objekt x zu t und Objekt y zu einem späteren Zeitpunkt t´ identisch sind, sind x und y nach I „in allen möglichen Welten", in denen I gilt, identisch. Dann ist x zu t´ nach I nichts anderes als y. Einigt sich A etwa auf I, nach der z.B. das ursprüngliche Theseus-Schiff, zu t, zum späteren Zeitpunkt t´ identisch ist mit dem Produkt der neuen Bauteile, ist es notwendigerweise so, dass dem so ist. Theseus´ Schiff ist, nach I, zu t´ nichts anderes als das Produkt der neuen Bauteile. Tritt ein Konfliktfall auf, und einen solchen scheint Heller vor Augen zu haben, dergestalt, dass eine andere Gruppe B eine alternative Identitätsbedingung I* formuliert, der zu folge Objekt x zu t und Objekt z zu t´ identisch sind, wobei y und z nicht identisch sind, sind eben x und z nach I* in allen möglichen Welten, in denen I* gilt, identisch. Dann ist x zu t´ nach I* nichts anderes als z. Einigt sich Gruppe B, um bei unserem berühmten Beispiel zu bleiben, auf I*, nach der das ursprüngliche Theseus-Schiff identisch ist mit dem Produkt der Neuzusammenfügung der alten Bauteile, ist es notwendigerweise so. Theseus´ Schiff ist, nach I*, zu t´ nichts anderes als die Zusammenfügung der alten Bauteile.

Es ist *möglich*, dass I gilt. Aber in jeder möglichen Welt („notwendigerweise"), in der I gilt, ist es der Fall, dass zu t´ Theseus´ Schiff identisch ist mit dem Produkt der neuen Bauteile. Desgleichen ist es *möglich*, dass I* gilt. Und ebenso ist es in jeder möglichen Welt, in der I* gilt, der Fall, dass zu t´ Theseus´ Schiff identisch ist mit der Zusammenfügung der alten Bauteile. Natürlich gibt es auch mögliche Welten, in der I und I* gelten. Ob jemand in dieser möglichen Welt I oder I* annimmt, ist Sache, welcher Konvention er zustimmt. Folglich auch, ob er annimmt, ob das eine oder das andere Schiff zu t´ identisch ist mit dem ursprünglichen Schiff zu t. Das steht dem nicht

---

[47] Vgl. u.a. Heller 1990, x, 38.

entgegen, dass die konventionelle Festlegung der Identität, ob jetzt nach I oder nach I*, dieselbe notwendig macht. Es gibt m.a.W. keinen Widerspruch zwischen der konventionellen Festlegung von Identitätsbedingungen und der Notwendigkeit der durch sie beurteilten Identität.

Ein Einwand gegen diese Überlegungen mag auf einem Rekurs auf die Transitivität der Identität beruhen. Wenn das alte Theseusschiff identisch ist mit dem Produkt der neuen Bauteile, wenn aber auch gilt, dass das alte Theseusschiff identisch ist mit der Zusammenfügung der alten Bauteile, dann müsse das Produkt der neuen Bauteile identisch sein mit der Zusammenfügung der alten Bauteile, und das sei nun einmal falsch. – Dem halte ich entgegen, dass ich keinesfalls behaupte, das alte Theseusschiff sei identisch mit dem Produkt der neuen Bauteile *und* das alte Theseusschiff sei identisch mit der Zusammenfügung der alten Bauteile, folglich auch nicht, was offensichtlich falsch ist, dass das Produkt der neuen Bauteile identisch wäre mit der Zusammenfügung der alten Bauteile. Wer in einer solchen möglichen Welt lebt, in der es sowohl die eine (I) als auch die andere Konvention (I*) gibt, kann also nicht beide annehmen, I und I*. Ich behaupte aber, dass nach der einen Identitätsbedingung I das eine, nach der anderen Identitätsbedingung I* aber das andere vorliegen mag und gestehe natürlich zu, dass wenn I und I* verschieden sind, es auch die Schiffe zu t´ sind. Das kann ich aber behaupten mit der Ergänzung, auf die es mir hier allein ankommt, dass es notwendigerweise der Fall ist, dass wenn I gilt, das Theseusschiff identisch ist mit dem Produkt der neuen Bauteile, und dass, wenn I* gilt, das Theseusschiff notwendigerweise identisch ist mit der Zusammenfügung der alten Bauteile.

Ich halte daran fest, dass die konventionelle Festlegung von Identitätsbedingungen für Objekte keinen Widerspruch zur Annahme ergibt, dass die Identität von Objekten notwendigerweise besteht. Wir können an konventionellen Objekten, das sind Objekte, deren Identitätsbedingung eben konventionell bestimmt wurde, festhalten, ohne die Notwendigkeit der Identität dieser Objekte aufzugeben. Selbst wenn alle Dinge konventionelle Objekte wären, müssten sie deshalb nicht von der ontologischen Landschaft gestrichen werden.

6.2 Können sich Dinge ändern?

Wie angekündigt möchte ich mich noch mit einem zweiten Problemkreis, welcher mit der Annahme von durch die Zeit identischen Dingen einhergeht, beschäftigen. Wie man nämlich verstehen kann, dass sich Dinge, trotz ihrer Identität durch die Zeit, ändern.

6.21 Das Problem

Im Alltag scheint es uns gar nicht so problematisch zu sein anzunehmen, dass Dinge, seien es Artefakte, Lebewesen oder auch menschliche Personen, dieselben bleiben, *obwohl* sie sich ändern. Ich würde sogar meinen, dass es zum Kern unseres Selbstverständnisses gehört, dass dem so ist. Warum sollten wir, im Hinblick auf uns selbst gesehen, plötzlich eine andere Person werden, nur weil wir uns z.b. die Haare schneiden lassen, wir an Gewicht zunehmen, oder nach der Lektüre eines guten Buches einfach klüger werden? Wir ändern uns. Wir bleiben dennoch dieselben. Warum soll es schwierig sein, das zu verstehen? – Diese Frage können wir zunächst beantworten, wenn wir uns auf das bereits angeführte „Leibnizsche Gesetz" oder „-Prinzip" beziehen. Nach diesem - genau genommen handelt es sich, wie gesehen, um eine Identitätsbedingung - sind Dinge genau dann identisch, wenn sie in allen Eigenschaften übereinstimmen. Ich möchte jetzt die in Abschnitt I - 5.11 angerissene Problematik dieser Identitätsbedingung ausklammern. Wir können jedenfalls davon ausgehen, dass nach Leibniz´ Gesetz Dinge, die nicht in allen Eigenschaften übereinstimmen, nicht identisch sein können. Wie, so können wir unser Problem nun formulieren, soll Leibniz´ Gesetz mit dem Phänomen der Änderung zusammengehen? Ändert sich ein Ding, verliert es eine Eigenschaft und gewinnt eine andere hinzu. Nehme ich z.b. im Urlaub vier Kilos zu, verliere ich die Eigenschaft, 74 kg schwer zu sein, und gewinne jene hinzu, 78 kg schwer zu sein. Ich, vor dem Urlaub, stimme nicht mehr in allen Eigenschaften mit mir, nach dem Urlaub, überein. Wie sollte ich, vor dem Urlaub, mit mir, nach dem Urlaub, identisch bleiben, ohne Leibniz´ Gesetz zu verletzen?

Die Problematik der Änderung von Dingen hat nicht nur ontologische, sondern auch logische Brisanz. Um das in den Blick zu bekommen, kann man sich bereits auf Parmenides berufen. Eines seiner Argumente gegen das Werden und Vergehen ist eben ein logisches. Diesem Argument zufolge ist Werden zu negieren, weil es widersprüchlich ist, von demselben Ding sowohl Existenz als auch Nichtexistenz anzunehmen[48]. Dieses Argument kann man auch auf Änderungen beziehen, die nicht das Werden und Vergehen von Dingen betreffen. Nimmt man nämlich Änderungen an, akzeptiert man folglich, dass ein und demselben Ding sowohl eine Eigenschaft F zukommt als auch die Eigenschaft F nicht zukommt. Ändere ich mich, mag ich, um beim unseligen Beispiel zu bleiben, 74 kg schwer sein und auch nicht 74 kg schwer sein. Das aber ist widersprüchlich. Wenn man

---

[48] Vgl. Tegtmeier 1997, 22ff.

Widersprüche aus der Wirklichkeit verbannen möchte (woran man gut tut), dann auch Änderungen[49].

6.22 Ein erster Lösungsansatz

Ein erster Lösungsansatz des parmenideischen Problems geht (der Sache nach) auf Aristoteles zurück. Im Buch K seiner *Metaphysik* relativiert Aristoteles das Nicht-Widerspruchsprinzip (NWP) zeitlich[50]. Es besagt nunmehr, dass es nicht möglich ist, dass etwas *zu einer und derselben Zeit* sei und nicht sei, bzw., um es auf unseren Fall der Änderungen anzuwenden, dass etwas *zu einer und derselben Zeit* eine Eigenschaft F habe und dieselbe Eigenschaft F nicht habe. Wenn ich im Urlaub zunehme, ist das unangenehm für mich, jedoch rein physisch oder vielleicht psychisch, nicht aber logisch. Nach dieser zeitlich relativierten Fassung des NWP wäre es logisch nur dann verheerend, wenn ich zu einem und demselben Zeitpunkt 74 kg auf die Waage brächte und nicht auf die Waage brächte. Davor muss ich mich aber nicht fürchten.

Das hier vorausgesetzte Verständnis des Zukommens von Eigenschaften *relativ zu bestimmten Zeiten*, kann nun auch als Ansatz gesehen werden, die diachrone Identität mit Leibniz' Prinzip zu versöhnen. Demnach wäre Leibniz' Prinzip so zu verstehen, dass Identität genau dann vorliegt, wenn die betroffenen Dinge *zu jedem Zeitpunkt* in allen Eigenschaften übereinstimmen[51]. U.a. Baruch Brody hat eine solche zeitliche Indexikalisierung oder Relativierung von Leibniz' Prinzip versucht. Seine Reformulierung dieses Prinzips lautet: „What is required by indiscernibility is that my table at t1 and my table at t2 have the same properties at t1 and the same properties at t2. It is not required that my table at t2 have at t2 the properties that my table at t1 had at t1."[52]

Kann aber die zeitliche Relativierung des Zukommens von Eigenschaften tatsächlich als entscheidendes Argument gegen die Kritiker von Änderungen verstanden werden? – Dagegen spricht, dass manche Autoren vor der damit verbundenen Relativierung des NWP warnen. Nur ein zeitlich nichtrelativiertes Prinzip hätte jene Kraft, die ihm traditionell zugesprochen

---

[49] Le Poidevin formuliert das Problem vornehmer: „Amongst the set of past facts is Fa; among the set of present facts is Not-Fa. So reality contains two facts, Fa and Not-Fa, which together form a contradiction." Ders. 1998, 38.
[50] Aristoteles, *Metaphysik* K, 1062a, 1f.
[51] Vgl. u.a. Brody 1980, 21ff.
[52] Brody 1980, 21.22.

wird[53]. Ich möchte hier allerdings die spezielle Diskussion des NWP ausklammern, und lediglich auf die allgemeine Schwierigkeit hinweisen, das Zukommen von Eigenschaften zu einem Ding zeitlich relativ oder indexikalisiert zu verstehen. Diese Schwierigkeit besteht m.E. darin, dass die Annahme dieser Indexikalisierung für sich genommen so vieldeutig ist, dass sie als echte Lösung des Problems der Änderungen diachron identischer Dinge zunächst nicht in Frage kommt. Bei der Darstellung dieser Schwierigkeiten kann ich mich auf David Lewis berufen.

In *On the Plurality of Worlds* unterscheidet Lewis drei verschiedene Verständnisweisen der zeitlichen Indexikalisierung des Zukommens von Eigenschaften zu einem Ding[54]. Fassen wir die allgemeine Formulierung der zeitlichen Indexikalisierung einer Prädikation - worunter ich einen sprachlichen Ausdruck des Zukommens einer Eigenschaft zu einem Ding verstehe - auf als „x ist zu t F". Wir können dies zunächst einmal so deuten, dass wir meinen „x ist-F-*zu* t". Nach Lewis bedeutet diese Formulierung, dass wir das Ding x durch die Eigenschaft F in Beziehung setzen zu einem bestimmten Zeitpunkt t. Aus allen Eigenschaften, auch aus solchen, die wir zunächst als einstellige verstehen, werden so, ontologisch gesprochen, *Relationen*, die bestehen zwischen Dingen und Zeitpunkten. Das ist für Lewis inakzeptabel, weil dadurch das Zukommen „intrinsischer" Eigenschaften zu Dingen geleugnet wird. Es gibt aber augenscheinlich gute Kandidaten für intrinsische Eigenschaften, das sind solche, deren Zukommen zu einem Ding von keinen dem Ding äußeren Umständen abhängt. Lewis' Beispiel ist die Eigenschaft, einen gekrümmten Rücken zu haben. Darüber hinaus könnte man einwenden, dass uns diese Deutung zu einer realistischen Deutung von Zeiten nötigt. Sind Eigenschaften Relationen, müssen auch beide Relata, zwischen denen sie bestehen, existieren: Und das sind nun einmal, nach gegebener Deutung, Dinge *und* Zeiten. Von Zeiten zu sagen, sie existierten, ist aber problematisch.[55]

Eine zweite Deutung von „x ist zu t F" nach Lewis besteht darin, intrinsische Eigenschaften zwar zuzulassen, deren Zukommen zu einem

---

[53] U.a. Tegtmeier 1997, 30.
[54] Vgl. Lewis 1986, v.a. 204. Noch diffiziler ist hier Simons 1991. Hier, 134f, unterscheidet er gar sechs verschiedene Verständnisweisen der zeitlichen Indexikalisierung des Zukommens von Eigenschaften. Ohne dies hier ausführen zu können, meine ich, dass sich Simons' sechs Weisen auf Lewis' drei Weisen zurückführen lassen. Und allein diese drei Weisen sind für den Fortgang meiner Überlegungen maßgeblich.
[55] Ein neues Argument gegen die Deutung Lewis' aller Eigenschaften als Relationen zu Zeitpunkten bringt Jim Stone in ders. 2003 vor.

Ding aber auf einen Zeitpunkt zu beschränken. „X ist-zu-t F" wäre eine Formulierung. Lewis selbst nimmt dieser Deutung jede Plausibilität, in dem er sie so darlegt, dass es nach ihre keine anderen als die in der jeweiligen Prädikation angegebenen Zeiten gibt. Lewis führt aus: „... other times are like false stories, composed out of the materials of the present, which represent or misrepresent the way things are"[56]. Vom Standpunkt eines Zeitpunkts t können Dinge zu anderen Zeiten t′, t′′ etc. somit auch keine Eigenschaften haben. Können Dinge zu anderen Zeiten keine Eigenschaften haben, können sie zu anderen Zeiten auch nicht existieren. Es wird so nicht nur die endurance aufgegeben, sondern jeder Sinn der Rede von zeitlich irgendwie fortdauernden Dingen. Das ist bizarr, denn, so Lewis in seinem (für die Kulturnation USA bezeichnenden) Beispiel: „No man, unless it be the moment of his execution, believes he has no future; still less does anyone believe that he has no past."[57]

Die dritte Deutung ist jene, der Lewis selbst den Vorzug gibt. „X ist zu t F" heiße nichts anderes als „X-zu-t ist F". Wovon wir Eigenschaften, die nun durchaus auch intrinsisch sein können, aussagen, ist nicht das Ding x als Ganzes. Eigenschaften sagen wir vielmehr von zeitlichen Ding-Teilen aus. Das Problem des Zukommens von unvereinbaren Eigenschaften wird auf diese Weise so gelöst, dass diese Eigenschaften nicht von einem einzigen Ding, sondern von mehreren verschiedenen Ding-Teilen ausgesagt werden: „Kanzian-vor-dem-Urlaub ist 74 kg", „Kanzian-nach-dem-Urlaub ist 78 kg". Widerspruch kann so keiner entstehen, da es sich bei Kanzian-vor- bzw. Kanzian-nach-dem-Urlaub um *numerisch verschiedene* zeitliche Teile oder Phasen, also verschiedene Gegenstände handelt. Das gesamte Ding wird so als Summe numerisch verschiedener zeitlicher Teile verstanden. Das kann man nur tun, wenn man annimmt, Dinge seien nicht nur räumlich, sondern auch zeitlich ausgedehnt. Sie seien nicht drei-, sondern vierdimensional. Die Weise von Summen zeitlicher Teile, in der Zeit fortzubestehen, bezeichnet Lewis (wie in Abschnitt I – 5.32 (1) eingeführt) auch als „perdurance". – Diese Lösung steht der hier vorgeschlagenen Theorie von diachron identischen Dingen entgegen. Die endurance wird bei Lewis konsequenterweise explizit geleugnet. Was aber ebenfalls auf der Strecke bleibt, ist eine Deutung des Phänomens *Änderung*, um das es uns hier ja eigentlich geht. Änderungen kann es nach diesem Modell keine ge-

---

[56] Lewis 1986, 204.
[57] Ebd.

ben, weil es keine Dinge gibt, die *als solche* Eigenschaften wechseln, was klassisch für Änderungen vorausgesetzt wird.[58]

Ich möchte mich hier nicht weiter in die Erörterung möglicher Alternativen des Verständnisses von „x ist zu t F", also von zeitlich indexikalisierten Prädikationen, vertiefen. Worauf es mir hier ankommt, ist der Hinweis, dass die zeitliche Indexikalisierung des Zukommens von Eigenschaften, für sich genommen, offen für sehr verschiedene Deutungen mit jeweils schwerwiegenden Implikationen ist. Ihre Anführung allein kann somit nicht als Lösung des Problems der Änderungs-Paradoxien verstanden werden. Wenn ihre Anführung allein und für sich genommen nicht ausreicht, heißt das jedoch nicht, dass sich im Anschluss an sie bzw. im Kontext weiterführender Begründungen nicht neue Ansätze zu einer Theorie von Änderungen ergeben können. Und genau eine solche neue Theorie von Änderungen möchte ich im Folgenden versuchen.

6.23 Eine neue Theorie der Änderung von Dingen

(1) Lewis´ erste und dritte Interpretation der allgemeinen Formel für zeitlich indexikalisierte Prädikationen sind höchst problematisch, und zwar aus ontologischen Gründen. Die erste negiert den Unterschied zwischen Relationen und intrinsischen Eigenschaften, die dritte diachron identische Dinge, und folglich auch Änderungen. Will man die zeitliche Indexikalisierung des Zukommens von Eigenschaften zu Dingen für die Deutung von Änderungen brauchbar machen, muss man in irgendeiner Weise an Lewis´ zweiter Lösung arbeiten. Dazu ist es erforderlich, die Sackgasse von Lewis´ eigener Interpretation dieser Lösung zu vermeiden. Ich kann hier auf

---

[58] Siehe u.a. Lombard 1986, 80f. Besonders instruktiv finde ich ein Beispiel von Barry Smith. Smith setzt sich mit dem Hinweis auseinander, dass Änderungen *Abfolgen* zeitlicher Teile sein könnten. Färbe ich einen Gegenstand neu ein, sei das so zu deuten, dass vorher z.b. der zeitliche Teil „Gegenstand-Blau", nachher der zeitliche Teil „Gegenstand-Rot" kommt. Die Änderung eines Gegenstands sei nichts anderes als der Wechsel von einem zeitlichen Teil des Gegenstandes zum anderen. Fasst man Änderungen als Abfolgen von *zeitlichen* Teilen auf, muss man aber konsequenterweise auch Abfolgen *räumlicher* Teile als Änderungen zulassen. Somit müsste die Feststellung, dass ein Gegenstand, z.B. ein Stab, vorne blau, in der Mitte grün und hinten rot wäre, ebenfalls als Feststellung einer Änderung von „Gegenstand-Blau" zu „Gegenstand-Rot" zu verstehen sein. Damit wird aber klar, dass diese Konstruktion mit dem (klassischen) Begriff von Änderungen und dem alltäglichen Phänomen *Änderung* nicht das Geringste zu tun hat. Vgl. dazu B. Smith 1990b, 165.

Jonathan Lowe verweisen, der genau das versucht hat[59]. Lowe deutet „x ist-zu-t F" so, dass durch den Zeitindikator t weder das Ding x (wie es Lösung 3 entspräche) noch die Eigenschaft F (wie es Lösung 1 besagte) modifiziert wird. Soweit kann Lowe wohl mit Lewis' Eigeninterpretation der zweiten Lösung übereinstimmen. Modifiziert wird lediglich, und das steht Lewis' entgegen, die *Verbindung von* x und F, und zwar dergestalt, dass diese zeitlich relativiert wird. So kann man aber Lewis', für die Plausibilität von „x ist-zu-t F" verheerende Folgerungen vermeiden. Es ist nicht einzusehen, warum aus einer Relativierung des Zukommens einer Eigenschaft zu einem Ding auf eine bestimmte Zeit hin folgen sollte, dass andere Zeiten „like false stories" seien; warum vom Standpunkt einer bestimmten Zeit aus Dinge zu anderen Zeiten keine Eigenschaften haben könnten etc.

Ich möchte jetzt weder die faktisch vorliegenden Erwiderungen Lewis' gegen Lowes Deutungen analysieren, noch eine eingehende Lowe-Exegese durchführen. Den Gedanken, dass man die allgemeine Formel „x ist zu t F" als „x ist-zu-t F" verstehen kann, also so, dass durch den Zeitindikator weder Ding noch Eigenschaft betroffen sind, möchte ich vielmehr eigenständig, und zwar vor dem Hintergrund meiner bisherigen Untersuchungen, weiter verfolgen.

(2) Beginnen möchte ich mit einer kurzen Rekapitulation meiner Überlegungen bezüglich des Verhältnisses von Dingen zur Zeit. Was heißt es überhaupt, dass x eben *zu-t* vorkommt und in der Folge zu-t Eigenschaften hat? - Dinge haben, um es zu wiederholen, zur Zeit bzw. zu zeitlichen Verhältnissen ein rein akzidentelles Verhältnis. Zeit bzw. zeitliche Verhältnisse gehören nicht zu jenen Instanzen, welche Dinge konstituieren. Den akzidentellen Bezug der Dinge zur Zeit machen aber, wie gesagt, andere als dingliche Partikularien aus. Der Bezug zur Zeit wird für Dinge dadurch hergestellt, dass Dinge in andere Partikularien *eintreten*. Bislang war in diesem Zusammenhang fast ausschließlich von Ereignissen die Rede. Ereignisse machen den Bezug von Dingen zur Zeit aus. Was über Ereignisse gesagt wurde, kann aber gleichermaßen für Zustände, genauer bezüglich des Eintretens von Dingen in Zustände, gesagt werden. Diese Analogie ist dadurch begründet, dass sowohl Ereignisse als auch Zustände die *Geschichte* von Dingen ausmachen, und es eben die Geschichte von Dingen ist, die ihre Zeitlichkeit ausmacht.[60] Der Bezug zur Zeit bzw. zu zeitlichen

---
[59] Lowe 1988. Vgl. auch Runggaldier 1990, 274f.
[60] Vgl. I – 4.1 (2).

Verhältnissen von Dingen wird folglich auch durch das Eintreten der Dinge in Zustände konstituiert.[61]

Der Verweis auf Zustände ist in diesem Kontext deshalb von Bedeutung, weil er das Verständnis dessen erleichtert, was es nach dem Gesagten heißt, dass ein x eben zu-t F ist. Ein Zustand ist ja nichts anderes als das F-sein von x. Lewis´ zweite Deutung der zeitlichen Indexikalisierung des Zukommens von Eigenschaften zu Dingen „x ist-zu-t F" besagt nach meiner Lesart demnach nichts anderes, als dass ein Ding x in einen Zustand <x F>[62] eintritt. Dadurch wird notwendigerweise sein Eintritt auch in zeitliche Verhältnisse konstituiert. Jedes Eintreten eines x in ein <x F> hat somit zur Folge, dass es ein Eintreten in ein <x F> *zu-t* ist. Ich spreche (vom Zustand aus gesehen) auch davon, dass der Zustand das Ding *in zeitliche Verhältnisse bringt*. Im Hintergrund steht die Annahme, dass zeitliche Verhältnisse auf das Ablaufen zeitlicher Teile von nicht-dinghaften Partikularien zurückgehen.

(3) Entscheidend ist es, dass wir uns durch diese Deutung nicht in jene Widersprüche verwickeln, die Gegner von Änderungen versucht haben aufzuzeigen. Nach dieser Deutung tritt ein x, dem eine Eigenschaft F zukommt, in einen Zustand <x F> ein, folglich in zeitliche Verhältnisse t. Widersprüchlich wäre es lediglich anzunehmen, dass dasselbe x in einen Zustand <x G> eintreten könnte (wobei G und F inkompatible Eigenschaften sind, etwa verschiedene Eigenschaften eines „Qualitätsraumes" - Farben, Größen, Masse …, von denen ein Ding zu einer Zeit t nur eine haben kann), und in Folge des Eintritts in <x G> in dieselben zeitliche Verhältnisse t. Nicht widersprüchlich ist aber die Annahme, dass ein x in einen Zustand

---

[61] Die Redeweise vom „Eintritt von Dingen in Ereignisse und Zustände zur Vermittlung ihrer zeitlichen Gestalt" meint natürlich den Eintritt von Dingen in *bestimmte* Ereignisse und Zustände aus *bestimmten* Ereignissen und Zuständen; keinesfalls jedoch den Eintritt eines bereits existierenden Dinges überhaupt in Ereignisse und Zustände. Es gibt m.a.W. keine materiellen Gegenstände, die in keinerlei Ereignisse bzw. Zustände involviert sind. Möglicherweise könnte man darüber spekulieren, ob der Beginn oder das Entstehen eines Dinges als erster Eintritt eines Dinges in Ereignisse und Zustände zu verstehen ist; die Zeit des Entstehens eines Dinges aber mit jenen zeitlichen Verhältnissen, in welche das Ding durch diesen ersten Eintritt gebracht wird. Ich lasse derlei Überlegungen hier weg. Durch die Rede von diesem „Eintritt" soll die akzidentelle (propriale) Bedeutung zeitlicher Verhältnisse für Dinge unterstrichen werden.

[62] Ich verwende diese eckigen Parenthesen, um die Einheit von x und F in einem Zustand zum Ausdruck zu bringen.

<x F> eintritt, und folglich in die zeitlichen Verhältnisse t, und dasselbe x in einen Zustand <x G> eintritt, und folglich in die von t verschiedenen zeitlichen Verhältnisse t´. Und genau darin bestehen m.E. Änderungen. Es ist, einfach gesagt, nicht widersprüchlich, wenn ein und dasselbe Ding hintereinander in inkompatible Zustände eintritt, sich eben nach meinem Verständnis *ändert*. Es ist nicht widersprüchlich anzunehmen, dass die Tafel grün ist und das Grün-Sein die Tafel in bestimmte zeitliche Verhältnisse bringt, z.B. es hat *früher* stattgefunden, in der *Vergangenheit* der Tafel, und wenn die Tafel blau ist und das Blau-Sein die Tafel in andere zeitliche Verhältnisse bringt, z.B. es findet *später* statt, in der *Gegenwart* der Tafel.

Ebenso kann diese Analyse Leibniz´ Gesetz Genüge tun. Die Forderung nach der Übereinstimmung in allen Eigenschaften als hinreichende Identitätsbedingungen könnte in der vorgeschlagenen zeitlich indexikalisierten Version von Leibniz´ Gesetz beispielsweise übersetzt werden in: Wenn für ein x und für ein y gilt, dass sie in der gleichen Abfolge in die gleichen Zustände eintreten und durch das Eintreten in gleiche Zustände stets in die gleichen zeitlichen Verhältnisse gebracht werden, dann folgt daraus, dass x und y identisch sind. Im Sinne einer notwendigen Bedingung könnte man sagen, dass Dinge nur dann identisch sind, wenn sie in der gleichen Abfolge in die gleichen Zustände eintreten und durch das Eintreten in gleiche Zustände stets in die gleichen zeitlichen Verhältnisse gebracht werden.

Ohne hier weitere Details und Beispiele anzuführen, sollte es verständlich geworden sein, dass es, ausgehend von den Überlegungen in vorhergehenden Abschnitten dieses ersten Hauptteils, möglich ist, das zeitlich indexikalisierte Zukommen von Eigenschaften zu interpretieren, ohne in die Unwegbarkeiten von Lewis´ Vorschlägen zu verfallen. Kann man aber das zeitlich indexikalisierte Zukommen von Eigenschaften verstehen, dann kann man die Annahme von Änderungen und damit auch die der diachronen Identität von Dingen gegen klassische Einwände verteidigen: gegen den Widerspruchsverdacht und den Einwand der Unvereinbarkeit mit Leibniz´ Gesetz.

Ein möglicher Einwand gegen meine Theorie der Änderungen könnte darin bestehen, dass sie (wie jede vergleichbare seit Aristoteles auch) eine *präsentistische* Deutung der Zeit voraussetze. Ich müsste, um mich nicht in Widersprüche zu verwickeln, annehmen, dass nur die Gegenwart real bzw. die Existenz der Dinge an die Gegenwart gebunden sei. Ich müsste akzeptieren, dass nur jene Zeit t, in die Dinge durch das Eintreten in aktuelle Zustände gebracht werden, real sei, nicht aber jene Zeit t´, in die Dinge durch das Eintreten in zukünftige bzw. vergangene Zustände gebracht werden. Sonst könnte sich ergeben, dass es einen Zustand <x F> zu t gäbe und einen anderen, inkompatiblen <x G> zu t´ und beide wären gleich real, was anzunehmen widersprüchlich ist. Im Wissen, dass der Präsentismus angreifbar ist, akzeptiere ich ihn als eine wesentliche Voraussetzung meiner Ontologie der Dinge insgesamt. Als zentralen Einwand gegen den Präsentismus sehe ich ein von Erwin Tegtmeier vorgebrachtes Argument an, dass nämlich der Präsentismus an der Deutung der Früher-Später-Beziehung (FSB) versage.[63] Ich verstehe diesen Einwand so, dass präsentistisch gesehen, immer nur ein Zeitpunkt existieren kann, nicht aber gleichermaßen zwei. Da aber die FSB nicht an einem Zeitpunkt vorkommen kann, sondern immer zwischen zweien bestehen muss, kann es FSB, präsentistisch gesehen, nicht geben. Da aber die FSB grundlegend sei für zeitliche Verhältnisse, müsse der Präsentismus abgelehnt werden. - An anderer Stelle habe ich ausführlich gegen dieses Argument Stellung bezogen, und zwar in einem Artikel mit dem Titel „Warum es die Früher-Später-Beziehung nicht gibt"[64]. Es würde den Rahmen sprengen, diesen an dieser Stelle nochmals aufzurollen: Ich versuche dort jedenfalls Gründe dafür anzugeben, diese Beziehung zurückzuführen auf das Ablaufen von zeitlichen Ereignis- bzw. Zustandsteilen, dem m.e. unmittelbaren Konstituens aller zeitlichen Verhältnisse. Lässt sich FSB reduzieren, kann man auf sie in der Ontologie verzichten. Gibt es keine FSB, fällt aber ein wichtiges Argument gegen den Präsentismus, also gegen meine Ontologie der Dinge weg.

Damit kann ich zum Abschluss dieses ersten Hauptteils kommen, in dem ich versucht habe, die Kategorie der Dinge unter Abhebung von nichtdinglichen Partikularien ontologisch zu charakterisieren, v.a. unter der Rücksicht ihrer Alltagsontologie-Tauglichkeit, und gegen einige grundlegende Einwände zu verteidigen.

---

[63] Vgl. Tegtmeier 1997, 109, wo er Brentanos Präsentismus erörtert; aber auch ders. 1992, 148.
[64] Hier: Kanzian 2004.

II Substanzen

Im ersten Hauptteil habe ich versucht, Grundzüge einer Alltagsontologie von Dingen zu entwerfen und gegen einige grundlegende Einwände zu verteidigen. In diesem zweiten Teil möchte ich einen Schritt weiter-, wenn man so will, in die Kategorie der Dinge „hineingehen", und untersuchen, ob es nicht innerhalb dieser Kategorie weitere ontologisch signifikante Differenzen gibt, die es rechtfertigen, innerhalb der Dinge eine Gruppe mit genau umschreibbaren Besonderheiten anzugeben.

Dabei wird der Begriff „Substanz" eine wichtige Rolle spielen. Um es vorwegzunehmen, werde ich Substanzen als „Subspezies" oder „Genus" innerhalb der umfassenden Kategorie der Dinge einführen. Das mag vom Gebrauch von „Substanz" bei manchen AutorInnen abweichen. Und zwar insofern, als bei manchen „Ding" und „Substanz" als Synonyme aufgefasst werden. Auch von der klassischen Ontologie unterscheide ich mich, insofern nämlich, als ich „Substanz" eben nicht als Bezeichnung einer Kategorie im ontologisch technischen Sinne verstehe. Ich werde nun im zweiten Hauptteil versuchen, diese Abweichungen möglichst umfassend einzuführen und auch ontologisch zu begründen. Der Weg dazu weist einige Parallelen auf zu jenem im ersten Teil. Dort habe ich Dinge als eine Kategorie im Bereich der Partikularien bestimmt, und zwar so, dass ich zunächst nicht-dingliche Partikularien ins Auge gefasst habe, das sind Ereignisse und Zustände. Dinge aber wurden durch den Verweis auf die Unterschiede zu Ereignissen und Zuständen charakterisiert. Hier werde ich mit *Artefakten* beginnen, um die nicht-artifiziellen Dinge über Differenzen zu den ersteren ontologisch zu bestimmen. Ich verrate dem/der LeserIn wohl kein großes Geheimnis, dass allein damit, nämlich mit nicht-artifiziellen Dingen oder Vorkommnissen natürlicher Arten, *Substanzen* gemeint sein können. Dass Substanzen Lebewesen sind, steht ebenfalls schon hier zu vermuten, muss jedoch begründet werden; v.a. meine These, dass „Substanz" und „Lebewesen", bzw. „Lebewesen" und „Vorkommnis natürlicher Arten" extensionsgleich zu verstehen sind. Es gibt m.a.W. keine nicht-lebendigen Substanzen, natürlich auch keine Lebewesen, die keine Substanzen sind. Über all dies soll in diesem zweiten Hauptteil gehandelt werden.

Ein Unterschied zum ersten Hauptteil besteht darin, dass ich jenen Bereich, der dem zu behandelnden übergeordnet ist, wie dort im Fall der Kategorie der Dinge die Partikularien, hier nicht einführen muss. Substanzen sind in meinem Ordnungsschema unmittelbar den Dingen untergeordnet, und über diese muss im Allgemeinen nichts mehr gesagt werden. Wie im ersten Teil werde ich allerdings die Tauglichkeit meiner Ausführungen für eine Alltagsontologie darstellen müssen. Weitere Parallelen werden meta-ontologische Überlegungen sowie die Auseinandersetzung mit ausgewählten Einwänden gegen meine Theorien sein.

II - 1. Nicht-substantielle Dinge, Substanzen, Quasi-Individuen

1.1 Nicht-substantielle Dinge[1]: Artefakte

Bei der ontologischen Charakterisierung von Artefakten kann ich Ergebnisse des ersten Hauptteiles anwenden. Das möchte ich auf zweifache Wiese tun. Zum einen ziehe ich Bestimmungen von dort behandelten Autoren heran; und zwar so, dass ich den positiven Gehalt ihrer Theorien über Artefakte in meine eigene integriere, ohne ihnen in ihren (skeptischen) Schlussfolgerungen über diese Dinge zu folgen (1.11 und 1.12). Zum anderen greife ich Überlegungen zur allgemeinen ontologischen Konstitution von Dingen auf, näherhin deren sortale Dependenz und deren innere Sachverhaltsstruktur, um im Anschluss daran die Besonderheit von Artefakten darzulegen (1.13 und 1.14).

1.11 Artefakte als bewusstseinsabhängige Dinge

(1) Eine erste Charakterisierung von Artefakten lässt sich im Anschluss an Hoffman / Rosenkrantz (HR) gewinnen. Ihnen zufolge sind Artefakte *Vorkommnisse nicht-natürlicher Arten und somit von mindestens einem Bewusstsein abhängig*. Ich möchte hier meine Argumentation gegen ihre skeptischen Schlussfolgerungen bzgl. der Existenz von Artefakten nicht nochmals entfalten, sondern ihre Bestimmungen (gegen ihre Intentionen) zu einem ersten Schritt zu einer Ontologie von Artefakten nützen.

Die Arten von Artefakten als „nicht-natürliche" zu bezeichnen, scheint mir plausibel zu sein. Ebenso wie HRs zunächst auf die Arten selbst bezo-

---

[1] Ich verwende die orthographisch sicher nicht ganz saubere Schreibweise „nicht-substantiell", um Assoziationen zu vermeiden, die wir im Alltag mit dem Attribut „nicht-substanziell" verbinden, etwa: nicht zum Wesen von etwas gehörig o.ä.

gene Grundthese, die ich hier *allgemeine Abhängigkeitsthese* oder kurz AAT nenne:

> AAT: Nicht-natürliche Arten sind von mindestens einem Bewusstsein abhängig.

Diese Bestimmung der Nicht-Natürlichkeit von Arten als ihre Abhängigkeit von einem Bewusstsein, lässt die Frage offen, *was* an Arten es ist, das von einem Bewusstsein abhängt. - Es ist, um es zunächst allgemein zu sagen, das von mindestens einem Bewusstsein abhängig, was eine nicht-natürliche Art *als solche ausmacht*. Was genau das nun aber ist, was eine Art als solche ausmacht, muss von Fall zu Fall beurteilt werden. Die Art Auto z.B. wird wohl durch Nutzenserwägungen (selbstfahrendes Transportmittel) und durch bestimmte technische Funktionen (z.b. eines Verbrennungsmotors), welche ihrerseits die Anordnung und auch das Material von Teilen bedingen, ausgemacht. Was die Art Auto im Detail ist, sollte man besser Mechaniker oder Verkäufer fragen. Unabhängig vom konkreten Beispiel kann man aber sagen, dass die drei Elemente: Nutzen (1), darauf ausgerichtete Funktion (2), gekoppelt mit Anordnungsprinzipien für Teile oder „mereologischen Prinzipien" (3) charakterisierende Merkmale nicht-natürlicher Arten sind.[2]

Von hier aus lassen sich weitere Merkmale von nicht-natürlichen Arten in den Blick bekommen. Das ist zunächst ihre *Komplexität*, folglich ihre *Analysierbarkeit*, welche im Normalfall wohl nicht auf die Unterscheidung der drei genannten Aspekte, nämlich kurz Nutzen, Funktion, mereologi-

---

[2] Rapp 1995, 484, spricht davon dass „die Zweckgebung" maßgeblich sei für das „Was" eines Gebrauchsgegenstands. In die hier verwendete Terminologie übersetzt hieße das, dass eben der „Nutzen" maßgeblich ist für die Art eines Artefakts. Auch Rapp (a.a.O.) gibt ein klares Bekenntnis zur Bewusstseinsabhängigkeit dieses Zweck- oder Nutzensaspekts (und somit der Art von Artefakten), indem er darauf hinweist, dass „wir es selbst sind, die in Form bestimmter Zwecke darüber [über das So-und-nicht-anders-seins von Artefakten] verfügen". U.a. bei Post (1987) ist der Nutzensaspekt als „intentionaler Aspekt" umschrieben, insofern er eben auf die Intention eines Benützers im Hinblick auf ein Artefakt zurückgeht. Ebd., u.a. 315, charakterisiert er Arten von Artefakten „intentional-funktional", was durchaus unserer Bestimmung von Nutzen und Funktion in diesem Kontext entspricht. David Wiggins hat neulich ebenfalls den Aspekt der Bewusstseinsabhängigkeit von Artefakten betont. Er spricht davon, dass wir es sind, die die Funktion und folglich die Art eines Artefakts bestimmen. Wiggins 2005, 138: „It is up to us (us collectively) how to conceive a function". An derselben Stelle betont er: „[it is] the function that defines their [artefact´s] kind."

sche Prinzipien, beschränkt sind. Nutzen, mereologische Prinzipien, und v.a. auch die artspezifische Funktion sind ihrerseits komplex. Ein weiteres Merkmal ist, dass man auf der Ebene der Arten oder Typen Bestimmungen bzgl. ihrer *Identität bzw. Verschiedenheit* vornehmen kann; z.B. dahingehend, dass nicht-natürliche Arten genau dann dieselben sind, wenn sie in Nutzen, Funktion und mereologischen Prinzipien genau (sprich in allen Einzelheiten von Nutzen, Funktion und mereologischen Prinzipien) übereinstimmen.[3]

AAT kann man nun auch differenzieren, unter Bezugnahme auf verschiedene Weisen der Bewusstseinsabhängigkeit. Da wäre zum einen die genetische Dimension von AAT; ich nenne sie Gen AAT. Diese lautet:

> Gen AAT: Nicht-natürliche Arten hängen hinsichtlich ihres Entstehens von mindestens einem Bewusstsein ab.

Gen AAT besagt, dass mindestens ein Bewusstsein eine nicht-natürliche Art hervorbringen, wenn man so will „verursachen" muss, damit es diese nicht-natürliche Art gibt. Veranschaulichen wir diese Bestimmung anhand der Art Auto. Worin sie bestehen mag, haben wir oben bereits umrissen, und das ist offensichtlich in seinem Entstehen von einem Bewusstsein abhängig. Hätte nicht irgendein findiger Ingenieur, von Nutzenserwägungen geleitet, den Funktionsplan für Maschinen entworfen, den man dann, zugegebenermaßen wohl erst im Nachhinein, als Bauplan für Autos bezeichnet hat, gäbe es keine solche Art. (In der Praxis spielt sich die Entstehung einer nicht-natürlichen Art wohl viel komplizierter ab. Oft „entsteht" eine Art dadurch, dass zuerst ein Prototyp gebaut wird, der in seiner Form maßgeblich ist für eine neue Art. Aber das tut der Gültigkeit von Gen AAT keinen Abbruch. M.a.W. Gen AAT gilt unabhängig davon, ob sich die Art aus dem Prototyp ergibt oder umgekehrt.)

Gen AAT ist aber nicht die einzige Dimension von AAT. Es kommt noch dazu die kontinuierliche Abhängigkeit nicht-natürlicher Arten von mindestens einem Bewusstsein, nennen wir diese *Kont AAT*. Sie besagt:

> Kont AAT: Nicht-natürliche Arten hängen hinsichtlich ihres Bestehens zu jedem Zeitpunkt von mindestens einem Bewusstsein ab.

---

[3] Wie im ersten Hauptteil möchte ich auch an dieser Stelle keine Analyse der Existenz von Arten im Hinblick auf das Universalienproblem vornehmen. Ein Aspekt sei jedoch ausdrücklich gemacht: Platonisierenden Interpretationen nicht-natürlicher Arten sind schon mit AAT ein Riegel vorgeschoben.

Gibt es zu einem Zeitpunkt kein Bewusstsein, welches eine nicht-natürliche Art als solche anerkennt, kann es diese nicht-natürliche Art zu diesem Zeitpunkt nicht geben. Kont AAT ergibt sich aus der Annahme, dass der Nutzensaspekt ein notwendiger Bestandteil nicht-natürliche Arten ist, und dieser Nutzensaspekt nicht unabhängig von Bewusstsein bestehen kann.

Bleiben wir bei unserem Beispiel der Art Auto. Würde mit einem Schlage niemand mehr Autos als Autos anerkennen, sprich ihren Nutzen erkennen - sei es weil es kein menschliches Bewusstsein mehr gibt, sei es weil plötzlich infolge einer kollektiven Amnesie niemand mehr in der Lage wäre, Autos als Autos anzuerkennen - gibt es schlicht keine Art der Autos mehr. Das letztere Szenario lässt sich im Übrigen auch so weiterzeichnen, dass es nach Kont AAT zu einem Zeitpunkt t eine nicht-natürliche Art F gibt, zu einem späteren Zeitpunkt t´ nicht, und schließlich zu einem Zeitpunkt t´´, später als t´, wieder. Es ist, zumindest im Gedankenexperiment, zulässig, verlorenes und wiedererlangtes Wissen („Bewusstsein") über dieselbe nicht-natürliche Art F anzunehmen, und das Bestehen von F daran zu knüpfen.

(2) Wir stehen bei der Vertiefung von HRs These, dass nicht-natürliche oder artifizielle Arten als solche von mindestens einem Bewusstsein abhängen. Ich denke, es ist von hier aus nur noch ein kleiner und vor allem unproblematischer Schritt dazu, dass auch das konkrete Vorkommen von individuellen Instanzen dieser Arten bewusstseinsabhängig ist; also dazu anzunehmen, dass Artefakte eben bewusstseinsabhängige Dinge sind.[4]

---

[4] Zur Bewusstseinsabhängigkeit von konkreten Artefakten, insbesondere von Werkzeugen, siehe u.a. Schark 2005, 424: „Ein materielles Ding ist ein Werkzeug nur für jemanden. Unabhängig von irgendeinem Kontext, in dem es als Mittel zur Erreichung bestimmter Zwecke verwendet werden könnte, ergibt seine Charakterisierung als ein Werkzeug mit einer Funktion folglich keinen Sinn". Zum selben Ergebnis kommt Jacquette 2002, 268ff, der Artefakte als „thoroughly intentional" bestimmt. Das bedeutet für ihn, dass Artefakte wie z.B. Werkzeuge, sein Beispiel ist ein Hammer, nicht unabhängig von Zwecken, die ihm ein intentionales Bewusstsein zusprechen, als solche bestehen können: „An artefact like a hammer ... is the expression of purpose ... a product of thought and concrete embodiment of the idea or ideas of a mind or many minds acting in concert intentionally and for the sake of realizing an intention." Desgl. Goodman 2007, 85: „... artifacts ... depend on the activities of intentional agents for their existence". Ins selbe Horn stößt Lynne Rudder Baker. In *The Metaphysics of Everyday Life* (hier Baker 2007) spricht sie von „purpose or use intended by a producer", (51) der „essentiell" sei für ein Artefakt und so seine wesentliche Bewusstseinsabhängigkeit ausmache.

Wir müssen dazu lediglich ein Prinzip annehmen. Es ist das Prinzip der Übertragbarkeit von Bewusstseinsabhängigkeit ÜA:

> ÜA: Ist ein x ontologisch abhängig von einem F, jenes F aber abhängig von mindestens einem Bewusstsein, so ist auch x abhängig von mindestens einem Bewusstsein.

Nehmen wir als x ein Artefakt, nämlich dieses Auto da. F wäre die Art Auto, von der x nach dem bereits im ersten Teil eingeführten Prinzip der sortalen Dependenz ontologisch abhängt. Ist nun F nach AAT und seinen Differenzierungen Gen AAT und Kont AAT von mindestens einem Bewusstsein abhängig, so nach ÜA auch dieses Auto da.

Die sortale Dependenz wurde bereits im ersten Hauptteil dargelegt, AAT und seine Differenzierungen eben erst. ÜA selbst scheint mir aus allgemeinen (onto-) logischen Gründen einleuchtend. Wer es leugnet, muss insbesondere die Unübertragbarkeit von Bewusstseinsabhängigkeit behaupten, und im Allgemeinen sogar die Transitivität ontologischer Abhängigkeit in Frage stellen. Beides sind nicht gangbare Wege. Somit sei es gestattet, *Artefakte* in einem ersten Schritt *als bewusstseinsabhängige Dinge* einzuführen.

In Anwendung dessen, was über die Bewusstseinsabhängigkeit der nichtnatürlichen Arten gesagt wurde, kann man die Bewusstseinsabhängigkeit artifizieller Dinge als eine Abhängigkeit in ihrer *individuellen Form* verstehen (wobei ich „individuelle Form" im Sinne der technischen Einführung im ersten Hauptteil verwende). Dazu ist es lediglich erforderlich, die individuelle Form eines Artefakts zu verstehen als Konkretisierung oder Instantiierung jener allgemeinen Form, die durch seine Art gegeben ist. Diese individuelle Form besteht nach den oben beschriebenen charakteristischen Merkmalen aus jener individuellen Funktion (2), die durch bestimmte Nutzenserwägungen bedingt ist (1) und ihrerseits Anordnungsprinzipien für Teile enthält (3)[5]. Wir können somit davon sprechen, dass aus AAT

---

[5] Kurzum: Die Bewusstseinsabhängigkeit der Existenz individueller Artefakte scheint mir in der aktuellen Literatur eine durchgängig akzeptierte These zu sein. Zur Distinktion zwischen dem Nutzens- und dem Funktionsaspekt innerhalb der individuellen Form von Artefakten siehe u.a. Brown 2007, v.a. 660f: „... an artefact´s form of the whole is not simply a function ... a ship has unity (and therefore being) only because of community of rational agents *decides or make use* of matter that is arranged ship-wise to perform a certain function ...". [Kurzsivierung: Verf.] Nutzen ist also ein zur Funktion zusätzlicher Aspekt im Kontext einer individuellen Form eines Artefakts.

und ÜA die Abhängigkeit der individuellen Form eines Artefaktes von mindestens einem Bewusstsein folgt. Weiters können wir, in Anwendung von ÜA, aus den allgemeinen Merkmalen nicht-natürlicher Arten über die individuelle Form konkreter Artefakte lernen, dass diese *komplex*, und folglich *analysierbar* ist, und sich diese Komplexität nicht auf die Aufgliederung in die drei genannten Elemente beschränkt. Wenn man will, kann man auch Bestimmungen über Identität bzw. Verschiedenheit von Artefakten gewinnen, deren Ausformulierung ich an dieser Stelle aber unterlasse, angesichts der Tatsache, dass von der Identität von Artefakten im nächsten Abschnitt die Rede sein wird.

(3) Eine Anfrage mag darin bestehen, dass sich aus ÜA und *Kont* AAT ergibt, dass auch konkrete Artefakte, bleiben wir bei unserem Auto, in ihrem *kontinuierlichen Bestand* von mindestens einem Bewusstsein abhängen. Was aber ist, wenn mein Auto in der Garage steht, und über eine bestimmte Zeit hinweg wirklich niemandes Bewusstsein auf das Gefährt gerichtet ist? Wird dadurch die Existenz des Artefakts unterbrochen?

Um eine Antwort zu geben, möchte ich zunächst klären, worum es in diesem Beispielfall überhaupt gehen kann: Es geht nicht darum, ob sich das Auto etwa in Luft auflöse, weder in einem wörtlichen, noch in einem metaphorischem Sinne, wenn niemand an es denkt. Es geht vielmehr um die Existenz des Autos *als Auto*.[6] Dann möchte ich einladen, genauer zu sehen, wie es, aufgrund der hier gegebenen Bestimmungen über Bewusstseinsabhängigkeit, überhaupt möglich ist, dass dieses Auto in der Garage, seine Existenz als Auto verliert.

a) Zunächst einmal so, dass sich über einen bestimmten Zeitraum hinweg kein Bewusstsein *auf die Art als solche* bezieht. Dann nämlich bestünde, nach Kont AAT in diesem Zeitraum die Art der Autos nicht. Wenn aber die Art Auto nicht besteht, dann auch nicht dieser Gegenstand in der Garage als Auto. Das ist (unter Absehung der bereits angedeuteten Szenarien vollkommener Auto-Vergessenheit, die getrennt zu behandeln sind)

---

[6] Post, der durchaus auch als Vertreter von Kont AAT interpretiert werden kann, bringt als Beispiel eine Reihe von Scheiben, aufgefunden im Chaco Canyon, die laut Archäologen von der indigenen Bevölkerung als Sonnenmarker verwendet wurden. Post (vgl. a.a.O., 315) verweist darauf, dass die Existenz der Steine *als Sonnenmarker* davon abhängt, dass die Indianer ihm diesen Nutzen, und in der Folge diese Funktion zusprechen.

höchst unwahrscheinlich, kann jedoch durch folgende Ergänzung von Kont AAT noch weiter abgesichert werden:

> Kont AAT*: Nicht-natürliche Arten hängen hinsichtlich ihres Bestehens zu jedem Zeitpunkt davon ab, dass mindestens ein Bewusstsein in der Lage ist, sie als solche anzuerkennen.

Kont AAT* bedeutet, dass auch dann, wenn aktuell niemand an den Nutzen der Autos denkt, das Bestehen der Art gesichert ist, solange es jemanden gibt, der in der Lage ist, diesen Nutzen anzuerkennen. Jede Gefahr für das Auto als Auto, die über die Schreckensszenarien, die wie gesagt extra zu behandeln sind, hinausgehen, kann ausgeschlossen werden.

b) Hört das Auto in der Garage aber nicht auch dann auf ein Auto zu sein, wenn gerade niemand daran denkt, dass hier ein Auto steht? – Ausgeschlossen kann das werden, wenn wir auch auf Kont AAT* ÜA anwenden. Das würde für ein konkretes Artefakt bedeuten, dass seine Existenz als Artefakt zu einem Zeitpunkt t nicht davon abhängt, dass *aktuell* ein Bewusstsein auf dieses Artefakt gerichtet ist. Es reicht, dass es zu t ein Bewusstsein gibt, das in der Lage ist, die fragliche artifizielle Art anzuerkennen, und das konkrete Artefakt als Vorkommnis dieser Art auffasste, wenn es, das Bewusstsein, auf das Artefakt gerichtet wäre. Auf unser Beispiel angewandt: Natürlich gab es z.B. gestern in der Nacht irgendein Bewusstsein, das in der Lage war, Autos anzuerkennen, und dieses Ding in der Garage als Auto auffasste, wenn es auf es bezogen wäre. Also ist auch für die im Einwand genannte Beispielsituation die Kontinuität des Artefakts als Artefakt gewahrt[7].

(4) Anders gelagert ist ein Einwand, der darauf beruht, dass das Auto selbst im Falle des Vergehens allen Auto-anerkennenden Bewusstseins nicht plötzlich verschwindet, wie ich eben schon zugestanden habe. Das Auto bestünde weiter und, da ja alle Dinge durch die Zeit mit sich identisch bleiben, bestünde es als dasselbe weiter wie es war, als es nach Kont AAT*, ja

---

[7] „Dass das Auto in der Garage aufhört ein Auto zu sein, wenn gerade niemand daran denkt, dass hier konkret ein Auto steht", kann auch so verstanden werden, dass zwar jemand an das Ding denkt, aber es nicht als Auto zu identifizieren vermag. Auch hier müssten wir unterscheiden: Denkt jemand, es sei ein Vorkommnis einer anderen Art: dieses Szenario werde ich weiter hinten besprechen; oder versteht jemand überhaupt nicht, welcher Art das Ding ist, weil er zufällig keine Autos kennt. Dann ist zu sagen, dass dies für das Vorkommen des Dings als Auto solange unerheblich ist, solange irgendein Bewusstsein seinen Nutzen als Auto anzuerkennen in der Lage ist.

sogar nach Kont AAT eindeutig ein Auto war. Also sei es auch nach dem Verschwinden Auto-anerkennenden Bewusstseins ein Ding der Art Auto. Kurzum: Die angenommene diachrone Identität der Dinge steche Kont AAT und auch Kont AAT*.

Bevor ich dem Einwand entgegne, möchte ich ihm partiell Recht geben. Es stimmt, dass sich das (aus meiner Sicht ehemalige) Auto selbst beim Verschwinden alles Auto-anerkennenden Bewusstseins nicht in Luft auflöste. Möglicherweise bleibt (zumindest für eine Zeit lang) auch die zur individuellen Form gehörende Funktion bestehen, verbunden mit Anordnungsprinzipien für Teile. Vielleicht bleibt aber nur noch eine mehr oder weniger verbundene Anhäufung von Materialteilen übrig. Die mögliche Kategorisierung derartiger Gebilde möchte ich an dieser Stelle dahingestellt lassen.[8] Dem Einwand jedenfalls, dass hier noch ein artifizielles Individuum der Art Auto vorliegt, möchte ich nun entgegnen, und zwar auf zweifache Weise, je nach Szenario.

a) Gibt es gar kein Bewusstsein mehr, kann das Ex-Auto überhaupt keinen Nutzen mehr haben. Nutzen hängt nämlich von Bewusstsein ab. Hat es keinen Nutzen, dann auch nicht die vollständige individuelle Form eines Artefakts. Dazu gehört nämlich ein Nutzen. Da wir das Zukommen einer vollständigen individuellen Form als notwendige Bedingung für die Konstitution eines Dinges angenommen haben, ergibt sich daraus, dass das (Ex-)Auto überhaupt kein Ding mehr sein kann[9]. Etwas kann aber den Übergang von Ding zu Nicht-Ding als solches nicht überstehen. Ob m.a.W. die angenommene diachrone Identität der Dinge Kont AAT* sticht oder nicht, steht hier gar nicht zur Debatte, weil der fragliche Gegenstand aufhört, ein Ding zu sein. Damit wäre der Einwand partiell, d.h. unter Heranziehung des Szenarios der Auslöschung alles menschlichen Bewusstseins, widerlegt.

b) Nach der zweiten „möglichen Welt" des Einwands, nämlich jener kollektiv Auto-vergessenen Bewusstseins, existiert das Ex-Auto möglicherweise nicht nur als reine Materialanhäufung (mit bzw. ohne Funktion)

---

[8] Unter Vorwegnahme von Ausführungen in II – 1.3 schlage ich vor, derartige Ex-Autos als „Quasi-Individuen" zu verstehen: Gegenstände ohne für eine Identifizierung als Dinge hinreichende individuelle Form.

[9] Rapp 1995, 487 im Hinblick auf den hier behandelten Sachverhalt: „In Absehung von unseren Zwecken betrachtet, wären Artefakte nichts weiter als Akkumulationen oder Aggregate ihrer materiellen Bestandteile." In diesem Zusammenhang spricht Rapp auch davon, dass ein Artefakt somit „seine Existenz unserer Zweckgebung verdankt; es handelt sich gewissermaßen um eine Existenz *für uns*." [Herv. Rapp]; bzw. davon, dass wir die Identität von Artefakten „verwalten".

weiter. Es wäre möglicherweise als Kunstwerk, unerklärliches Kuriosum oder in einer neuen nutzengeleiteten Funktion, etwa als Kleiderschrank weiter in Gebrauch. Hier würde ich für eine ontologische Deutung plädieren, der zufolge das Ex-Auto zwar als Ding weiterexistiert, aber nicht insofern es ein Ex-Auto ist, sondern ein Vorkommnis einer anderen, wieder nicht-natürlichen Art. Um gegen diese Lösung zu sein und zu behaupten, dass Artefakte stets Vorkommnisse ein und derselben Art wären, müsste man eine sehr starke Behauptung voraussetzen. Nämlich die, dass für sämtliche Dinge die Einzigkeit in ihrer Art nicht nur synchron, sondern auch diachron gilt. Ich meine, dass diese Voraussetzung als allgemeine, d.h. auf alle Dinge bezogene These zu stark ist. Um es vorwegzunehmen: Gerade für Artefakte kann sie m.E. nicht gelten. Davon wird später noch ausführlicher die Rede sein. Darum erlaube ich mir, den/die LeserIn mit einer nur provisorischen Zurückweisung des Einwands zu vertrösten.

c) Was aber wäre, wenn das Ex-Auto nach der kollektiven Auto-Amnesie als reine Materialanhäufung, mit oder ohne nutzloser Funktion, weiterbestünde, und es nach der Amnesie wieder zu einer kollektiven Wiederbesinnung auf die Art der Autos käme? - Da es dazwischen, wie angenommen, kein Ding ist, muss man nach Kont AAT* zusammen mit ÜA konsequenterweise davon sprechen, dass die Existenz des Dinges als unterbrochen zu betrachten ist. Die Rechtfertigung einer solchen Sichtweise weist uns über diesen Abschnitt zur allgemeinen Bewusstseinsabhängigkeit der Artefakte hinaus. Wir brauchen, um den Fall dieses Autos in den Griff zu bekommen, Prinzipien, die aus AAT abzuleiten sind, es aber unter der hier fraglichen Rücksicht, nämlich der Möglichkeit alternativer zeitlicher Verläufe bzw. der Unterbrechung in der Existenz, ergänzen. Somit muss ich auch hier vertrösten, allerdings nur auf den folgenden Abschnitt 1.12.

Kont AAT bzw. Kont AAT* gehören zu jenen Thesen, die im Zuge ihrer Ausarbeitung für dieses Buch kontrovers diskutiert wurden. Ich kann hier nicht auf alle Szenarien, als Gegenbeispiele vorgebracht, eingehen. Die Kernfrage der Auseinandersetzung ist m.E., ob nicht das Vorhandensein einer Funktion (samt Anordnungsprinzipien von Teilen) reicht, um das Fortbestehen eines Artefakts zu gewährleisten. Wenn ja, wäre der Nutzensaspekt nicht notwendig für die Kontinuität, somit auch nicht die durch den Nutzensaspekt importierte Bewusstseinsabhängigkeit. - Ich denke allerdings, dass Funktion und Anordnungsprinzipien für Teile nicht für die Fortdauer von Artefakten reichen. Ein Argument ist, dass die angeführte Gegenthese zu Kont AAT die Streichung des Nutzensaspekts aus der individuellen Form eines Artefakts bedingen würde. Dass ein Artefakt, etwa ein Werkzeug, einen Nutzen hat, wäre dann aber für dieses, wenn überhaupt, dann nur von akzidenteller Bedeutung. Ich halte das angesichts unseres alltäglichen Umgangs mit Werkzeugen für seltsam. Dass der Nutzen seiner Funktion nebensächlich ist für ein Werkzeug, kann wohl nur einem Philosophen einfallen.

Nicht-substantielle Dinge: Artefakte

Die Streichung des Nutzensaspekts aus der individuellen Form von Artefakten führte, und damit komme ich zu einem genuin ontologischen Argument, nicht nur zu einer Negierung von Kont AAT, sondern in Folge auch zu einer Negierung von Gen AAT. Gehörte nämlich der Nutzenaspekt nicht zur individuellen Form von Artefakten, sondern nur Funktion und mereologische Prinzipien, hätten auch Gebilde eine vollständige artifizielle individuelle Form, die keineswegs in ihrer Genese auf ein menschliches Bewusstsein zurückgehen. Nehmen wir z.b. einen spiegelglatten Stein an, der ohne das Zutun und ohne jede Beachtung eines Menschen das Sonnenlicht reflektiert. Er ist nutzlos, hat aber eine Funktion und den zur Aufrechterhaltung der Funktion erforderlichen Aufbau. Nach der Gegenthese zu Kont AAT wäre jeder derartige Stein ebenso ein Artefakt, wie jeder Baum, der Schatten wirft, o.ä. Man müsste damit sogar akzeptieren, dass es lange vor dem Auftreten menschlichen Bewusstseins Artefakte gegeben hat.

Der Vertreter der Gegenthese zu Kont AAT mag einwenden, dass nur jene Gebilde mit Funktionen (und damit verbundenen mereologischen Prinzipien) als Artefakte gelten könnten, die *genetisch* auf die Intentionen eines Bewusstseins zurückgehen. Der Beginn des Artefakts sei bewusstseinsabhängig, nicht aber seine Kontinuität. – Dem halte ich entgegen: entweder (a) versteht man die (bewusste) Produktion eines Artefakts so, dass damit die Intention auf einen bestimmten Nutzen verbunden ist, oder so (b), dass man produzierend keinen Nutzen intendiert, sondern nur eine Funktion. (b) geht m.e. an dem vorbei, was faktisch geschieht, wenn wir z.b. Werkzeuge herstellen. (a) könnte man so verstehen, dass (aa) die bei der Verursachung des Artefakts mitbeteiligte Nutzenserwägung einen zusätzlichen Aspekt seiner individuellen Form bedingt, oder (ab) dass dem nicht so ist. Nimmt man (aa) an, muss man Kont AAT akzeptieren (wenn man nicht negieren möchte, dass das Bestehen einer individuelle Form eines Dings notwendig ist für seine Kontinuität oder Fortdauer); (ab) impliziert, dass ein wesentlicher Aspekt der Verursachung eines Artefakts, die Nutzenserwägung, mit seiner individuellen Form nichts zu tun hat. (aa) mit Kont AAT ist meine These, (ab) hat bizarre Konsequenzen, u.a.: Was wesentlich ist für die Hervorbringung eines Dinges, hat mit seiner Identität nichts zu tun; wenn man zugesteht, dass die Identität eines Dinges mit seiner individuellen Form gegeben ist.

Kann das Artefakt aber nicht den Nutzensaspekt seiner individuellen Form erhalten, ohne dass Kont AAT bzw. Kont AAT* gilt? - Nein, Nutzen ohne Bewusstsein des Nutzens ist m.E. nicht intelligibel. - Wie ist das aber mit Maschinen, deren Nutzen, auch vom Erfinder, zeitlich auf eine derart lange Dauer konzipiert ist, dass er das Fortbestehen der menschlichen Spezies aller Wahrscheinlichkeit nach übersteht: Man könnte ja einen Roboter in einem Raumschiff auf die Reise nach unbekannten Galaxien schicken, mit dem Zweck, dort Zeugnis abzugeben von einer Menschheit, die dann schon lange aufgehört haben wird zu bestehen. – Auch dieses Gedankenexperiment erschüttert die Grundlagen von Kont AAT nicht; wir müssten Kont AAT* nur durch die Hinzufügung eines weiteren Zeitindikators zu Kont AAT** ergänzen, welches da lauten mag: Nicht-natürliche Arten hängen hinsichtlich ihres Bestehens zu jedem Zeitpunkt davon ab, dass mindestens ein Bewusstsein in der Lage ist, sie *für diesen Zeitpunkt* als solche, sprich mit dem arteigenen Nutzen, der arteigenen Funktion etc. anzuerkennen. Das muss nicht, kann aber (sehr) zukunftsgerichtet sein, je nach dem intendierten Nutzen.

Ein weiteres Argument, das ich an dieser Stelle nur andeuten kann ist, dass das Genus der Artefakte eine weitere Extension umfasst als werkzeughafte Geräte. Es gibt u.a. auch dingliche Kunstwerke oder dingliche soziale Entitäten, wie Institution, die man gut und gerne zu den Artefakten rechnen kann. (Gründe für diese Meinung führe ich an in: II – 1.33f) Dass Kunstwerke und Institutionen eine wesentlich bewusstseinsabhängige individuelle Form aufweisen, scheint mir nicht bestreitbar, auch wenn der Nutzensaspekt (der auch hier Bewusstseinsabhängigkeit bedingt) für diese Artefakte gegenüber den Werkzeugen grundlegend anders zu konzipieren ist. Was soll ein Kunstwerk, das niemand als solches versteht? Was eine Institution, die niemand als solche anerkennt? Wenn dem so ist, müsste man Werkzeuge ontologisch von den anderen Artefakten so weit absondern, wenn man ihren bewusstseinsabhängigen Nutzensaspekt aus ihrer individuellen Form streicht, dass die Einheit des Genus der Artefakte gefährdet ist. Das ist für ein ontologisches Ordnungsschema der Dinge fatal.

1.12 Artefakte als Dinge mit konventionell festgelegter Identität

(1) Ein zweites ontologisches Charakteristikum von Artefakten entlehne ich von Mark Heller, wiederum ohne meine Einwände gegen seine skeptischen Argumente wider alle Dinge unserer Alltagswelt nochmals auszufalten. Artefakte sind nach Heller Dinge, für die gilt, *dass ihre Identitäts-, insbesondere ihre Persistenzbedingungen konventionell festgelegt werden*. Um die Problematik der Rede von Identitäts*bedingungen* hier auszublenden, formuliere ich die entsprechende Konventionalitätsthese I Konv folgendermaßen:

I Konv: Die Identität von Artefakten ist konventionell festgelegt.

I Konv kann als Ergänzung der allgemeinen These von der Bewusstseinsabhängigkeit der Artefakte (AAT) angesehen werden. Zunächst unter der Rücksicht „Konventionalität", die besagt, dass für gewöhnlich *mehrere* miteinander agierende *Bewusstseinszentren* bei der Bestimmung von Artefakten beteiligt sind. „Für gewöhnlich" meint, dass der Fall eines durch eine einzige Person determinierten Artefakts nicht ausgeschlossen werden soll. Eine andere Rücksicht, unter welcher der Ergänzungsaspekt von AAT durch I Konv gesehen werden kann, ist, dass es bei der *Identität* von Artefakten um die Konstitution der Artefakte *als Individuen* geht, ebenso wie bei AAT; allerdings unter Ausfaltung des Aspekts ihrer *numerischen Einheit*, sowohl *synchron* als auch *diachron* im Sinne von Persistenz.

Worin die Identität im Sinne numerischer Einheit bei Artefakten besteht, können wir in Anlehnung des im vorhergehenden Abschnitt Gesagten[10] so bestimmen, dass Artefakte genau dann dieselben sind, wenn ihre individuelle Form dieselbe ist, d.h. wenn dieser konkrete Nutzen, diese daraus resultierende Funktion und die konkret mit ihr gekoppelten mereologischen Prinzipien genau (siehe oben) übereinstimmen. I Konv besagt nun, dass die Entscheidung darüber, ob dies zutrifft, Sache der Konvention ist.[11]

I Konv kann man entsprechend differenzieren in I syn Konv und I dia Konv, wobei ersteres besagt:

> I syn Konv: Die synchrone Identität von Artefakten ist konventionell festgelegt.

Das bedeutet, dass die Frage nach numerischer Einheit bzw. Verschiedenheit zu einem gegebenen Zeitpunkt bei Artefakten Sache der Konvention ist. M.a.W. hängt die Festlegung, ob gegebenenfalls hier und jetzt ein oder mehrere Artefakte vorliegen, von konventionellen Bestimmungen ab. Im Alltag herrscht in diesen Fragen normalerweise Einverständnis. Das mag so zu verstehen sein, dass die Konventionen nicht kontrovers sind. Niemand zweifelt daran, dass hier ein und nicht zwei Autos vorliegen, zwei und nicht vielmehr nur ein Stuhl. Dass dies aber an den Konventionen liegt, und nicht etwa an den Artefakten als solchen oder an sich, zeigt sich daran, dass sich leicht kontroverse Fälle erzeugen lassen: Wie ist das z.B. mit vernetzten Rechnern? Sind sie ein Artefakt oder liegen mehrere vor? Oder, einfacher, bei zusammengefügten Bücherregalen? Handelt es sich um ein Ding, oder doch um mehrere?[12] Hier sind wohl die Konventionen nicht immer so einhellig; bzw. wird je nach Konvention die Frage nach numerischer Einheit bzw. Verschiedenheit ganz unterschiedlich zu beantworten sein.

---

[10] Die genaue Formulierung bzgl. der Identität von Arten als solcher war: „... nicht-natürliche Arten [sind] genau dann dieselben [...], wenn sie in Nutzen, Funktion und mereologischen Prinzipien genau (sprich in allen Einzelheiten von Nutzen, Funktion und mereologischen Prinzipien) übereinstimmen.

[11] Diese Bestimmung der Identität von Artefakten ist als Basis-Bestimmung zu verstehen im Hinblick auf synchrone Identität, und wird unter Berücksichtigung noch folgender Theoriestücke adaptiert werden müssen.

[12] Romorales (2002) führt bestimmte Tische als problematische Fälle an, um von hier aus auf jene These zu kommen, die wir hier (I syn Konv) nennen. „And if there are vague cases of tables (which there surely are) then we cannot determine exactly how many tables exist in the world at a given time ... for it is *intrinsically* [Herv. Romorales] indeterminate how many tables actually exist at any given time [...]." Ebd. 214.

Von I syn Konv können wir jedenfalls unterscheiden:

I dia Konv: Die diachrone Identität von Artefakten ist konventionell festgelegt.

Diese Bestimmung besagt, dass die numerische Einheit durch die Zeit oder die Persistenz von Artefakten Sache der Konvention ist. Auch hier kann man die alltägliche Übereinstimmung in der Beurteilung der Persistenz von Artefakten als Einigkeit in den Konventionen verstehen. Auch hier fällt es jedoch nicht schwer, Problemfälle zu konstruieren, bis hin zur Möglichkeit verschiedener alternativer Verläufe von Artefakten, je nach konventionellen Festlegungen.[13] Um das noch besser in den Blick zu bekommen, kann man in Analogie zur Unterscheidung zwischen Gen AAT und Kont AAT auch zwischen Gen I dia Konv und Kont I dia Konv unterscheiden, wobei diese besagen:

Gen I dia Konv: Der Beginn der Persistenz von Artefakten ist konventionell festgelegt.

Kont I dia Konv: Der Verlauf der Persistenz von Artefakten ist konventionell festgelegt.

Von besonderem Interesse ist hier das Letztere. U.a. die Geschichte des Theseus-Schiffes ist von Kont I dia Konv betroffen. Und zwar insofern, als wir zwei alternative Verläufe feststellen können, welche auf unterschiedliche Konventionen zurückzuführen sind: Nach der einen Konvention verläuft die Persistenz des Schiffes hin zur Neukonstruktion der alten Planken, nach der anderen hin zur Wiedererrichtung durch neue Bauteile. Konsequent angewendet, kann Kont I dia Konv helfen, auch das Problem des Autos, welches zur Materialanhäufung wird und dann wieder zum Auto, in den Griff zu bekommen. Stimmt Kont I dia Konv, ist nämlich die Annahme von unterbrochenen Verläufen der Persistenz von Artefakten nicht zu negieren.[14] Entsprechende Konventionen sind nämlich nicht auszuschließen. Wenn man so will ist I Konv bei Artefakten Basisprinzip, das dazu beiträgt, Skrupel bzgl. ontologischer Besonderheiten zu beseitigen.

---

[13] Vgl. Rapp 1995, 482: „Im Zusammenhang mit der Identität von Artefakten ergeben sich oft Konstellationen, bei denen die Frage nach der Identität dieser Gegenstände unterschiedlich beantwortet werden kann ... ."
[14] Lowe 1989, 90, unter Verweis auf ders. 1983, räumt diese Möglichkeit ausdrücklich ein.

(2) Bislang ist von Differenzierungen im Bereich von I Konv und seiner Klärungsfunktion in der Anwendung auf Problemfälle die Rede gewesen. Wie aber können wir seine Plausibilität zeigen, und seine Gültigkeit als Ergänzungsprinzip von AAT? Inwiefern bedingt AAT I Konv? Für die Plausibilität von I Konv in allen Ausprägungen spricht zunächst, dass Vorbehalte gegen die Vereinbarkeit von konventionell festgelegter Identität und der aus logischen Gründen geforderten Notwendigkeit der Identität ausgeräumt werden können. Ich habe das im vorigen Teil (I - 6.13) dargelegt und möchte das deshalb hier nicht ausführen.

Zu einem Erweis der Gültigkeit von I Konv kann man auf indirektem Wege kommen. Dieser indirekte Aufweis besteht darin, dass jedweder nicht-konventionelle Ansatz zur Bestimmung der Identität von Artefakten scheitert. Und zwar nicht aus kontingenten Gründen, d.h. auf die Besonderheit mancher konkreten Artefakte bezogenen, sondern aus prinzipiellen. Um das zu verstehen, können wir die Abhängigkeit der individuellen Form von Artefakten von Bewusstseinszentrum aufgreifen, wie sie im vorigen Abschnitt entwickelt worden ist, und damit auch I Konv als von AAT abhängiges Ergänzungsprinzip erweisen: Die individuelle Form von Artefakten besteht nach den beschriebenen charakteristischen Merkmalen aus jener individuellen Funktion (2), die durch Nutzenserwägungen bedingt ist (1) und ihrerseits Anordnungsprinzipien für Teile enthält (3). Der springende Punkt ist nun der, dass die Identität von Dingen, sowohl synchron als auch diachron gesehen, stets mit dem Vorliegen individueller Formen gegeben ist; und individuelle Formen, die durch Nutzenserwägungen mitbedingt sind, niemals nicht-konventionell sein können. Wie sollten sie auch? Nutzen hat immer etwas mit Konvention zu tun. Daraus ergibt sich die prinzipielle Ungangbarkeit einer nicht-konventionellen Bestimmung der Identität von Artefakten, und folglich die Bestätigung des Gegenteils: der These, dass eben die Identität von Artefakten stets Ergebnis konventioneller Festlegung ist.

Zur Illustration des inhaltlichen Kerns des Beweisgangs mag wieder das Theseus-Schiff als Beispiel dienen. Ob diachrone Identität besteht zwischen Ursprungsschiff hin zur Neukonstruktion der alten Planken oder zur Wiedererrichtung durch neue Bauteile kann unabhängig von Konventionen nicht entschieden werden. Jene Nutzenserwägungen sprechen für die eine, diese aber für die andere Laufbahn. Ontologisch gesprochen: Diese Nutzenserwägung bedingt die Persistenz der individuellen Form von Ursprungsschiff hin zur Neukonstruktion der alten Planken, jene aber die Persistenz der individuellen Form von Ursprungsschiff hin zur Wiedererrichtung des Schiffes durch neue Bauteile. Der Beitritt zu einer Nutzenserwägung hängt aber mit der Akzeptanz einer Konvention bzgl. des Schiffes zusammen, nicht mit dem Schiff als solchem. Kurzum: Da die Identität des Schiffes von Nutzenserwägungen und der daraus resultierenden individuellen Form abhängt, Nutzenserwägungen aber notwendig konventionell festgelegt sind, hängt die Identität des Schiffes eben von Konventionen ab.

(3) Ein Einwand: Nehmen wir an, unser gutes Auto (um bei diesem zu bleiben) verliert eines Tages seine Funktionsfähigkeit. Nicht nur sein Motor geht kaputt, sondern auch Getriebe und andere Funktionseinheiten. Totalschaden. Um Steuern und Versicherungsentgelte zu sparen, melden wir das Auto behördlich ab und geben dabei u.a. seine Nummernschilder zurück. Bleibt das Artefakt dennoch dasselbe wie damals, als es funktioniert hat? - Nein!, mag der Vertreter des Einwands mit Bestimmtheit sagen, und zwar ohne Rücksicht auf Konventionen. Denn: zum fraglichen Ding gehört *wesentlich*, dass es (von selbst) fährt, Benzin u.a. in Kohlenmonoxid umwandelt, dass es bei der Behörde als Beförderungsmittel gemeldet ist und somit eine bestimmte Nummerntafel erhält etc. Das alles liegt hier nicht mehr vor. Es verliert *wesentliche Eigenschaften*, hört somit auf zu existieren. Dass dem aber so ist, liegt im Ding selbst. Also gibt es auch bei Artefakten Persistenz, die unabhängig von irgendwelchen Konventionen gegeben oder eben nicht gegeben ist. – Dagegen ist zu sagen, dass die „Essenzialität" der hier im Einwand als „wesentlich" geschilderten Eigenschaften ihrerseits ja doch nur wieder durch Konventionen zustande kommt. Besonders klar scheint mir das bei den Nummerntafeln zu sein. Wesentlich für ein Fahrzeug ist die (Selbigkeit der) Nummerntafel nur im Kontext ganz bestimmter Konventionen. Manche benützen ein Fahrzeug auch ohne Nummerntafel und begeben sich damit in Konflikt mit den gesetzlich normierten Normal-Konventionen. (Andere sind trotz behördlicher Genehmigung nicht in der Lage, Fahrzeuge artgerecht zu benützen – was hier allerdings nichts zur Sache tut.) Wie kommen wir aber ontologisch mit dem Totalschaden zurecht? – Gegenfrage: Wer bestimmt, dass das Von-selbst-Fahren wesentlich ist für das fragliche Ding? In technischen Museen stehen eine Reihe Exponate, die nicht mehr auto-mobil sind und dennoch mit guten Gründen als identisch mit jenen Artefakten erachtet werden, die in den 20-er oder 30-er Jahren des letzten Jahrhunderts ihre Besitzer befördert haben. Wer möchte Persistenzkriterien für Artefakte verbieten, nach denen nicht eine bestimmte Funktion, sondern vielleicht nur das Vorhandensein markanter Bauteile, ja sogar gewisse nostalgische Gefühle maßgeblich

sind? – Ohne in die Details der Kfz-Technik, -Verwaltung und –Verehrung einsteigen zu können, sollte das Beispiel den ontologisch springenden Punkt deutlich machen: dass nämlich bei Artefakten auch wesentliche Eigenschaften als solche von Konventionen abhängen, und somit nicht für eine bewusstseinsunabhängige Deutung ihrer Persistenz herangezogen werden können.

Möglicherweise könnte man den Einwand aber weiterspinnen. Welche Eigenschaften für ein Ding wesentlich sind, welche aber nicht, hängt von der *Artzugehörigkeit* des Dinges ab. Für ein Auto z.B. ist eine bestimmte Funktion wesentlich, für ein Museumsexponat aber nicht. Wenn ich mich darauf festlege, dass die Essentialität von Eigenschaften für ein Artefakt konventionell zu entscheiden ist, so muss ich auch die Artzugehörigkeit von Artefakten von einem konventionellen Standpunkt aus betrachten. Und zwar so weit, dass ich es zulasse, dass ein Artefakt einer Art (Auto) mit diesen wesentlichen Eigenschaften angehört, dasselbe Artefakt aber auch als Vorkommnis einer anderen Art (Exponat) betrachtet werden kann, mit jenen, anderen wesentlichen Eigenschaften. – Das gebe ich zu, partiell jedenfalls, und werde im nächsten Abschnitt 1.13, erläutern, wie ich das meine; vor allem warum ich meine, dass diese vermeintlich kritische Bemerkung zur (wesentlichen) Stützung meiner Auffassung herangezogen werden kann.

Mit Theseus´ Schiff kommen wir mittlerweile jedenfalls zurecht. Auch für das Auto mit unterbrochener Persistenz ist ein theoretischer Rahmen gegeben. Wie aber steht es mit jenem Auto aus dem Abschnitt 1.11, das im Szenario kollektiv Auto-vergessenen Bewusstseins als Kunstwerk, unerklärliches Kuriosum oder in einer neuen nutzengeleiteten Funktion, etwa als Kleiderschrank, weiter in Gebrauch ist? Wie, so können wir gleich auch den eben gesponnenen Faden aufgreifen, mit dem Artefakt, das von Auto zum Museumsexponat wird? – Um auch mit diesen zu Rande zu kommen, müssen wir in Anwendung von AAT und I Konv zu einer weiteren Bestimmung von Artefakten kommen, die bislang noch nicht gegeben wurde. Und zwar (über):

1.13 Die Artzugehörigkeit der Artefakte

(1) In einem nächsten Schritt möchte ich also Artefakte unter Berücksichtigung der Eigenart ihrer Artzugehörigkeit charakterisieren. Ich werde dazu Überlegungen anwenden, die ich im ersten Hauptteil entwickelt habe. Bei der Bestimmung des ontologischen Unterschieds zwischen Dingen und an-

deren Partikularien, etwa von Ereignissen, habe ich versucht zu zeigen, dass Dinge, im Unterschied zu Ereignissen, zu ein und demselben Zeitpunkt immer genau einer Art, verstanden als species infima, angehören. Offen gelassen habe ich es, ob die Einzigkeit ihrer Artzugehörigkeit auch diachron gilt. Der Grund, warum ich dies offen gelassen habe ist, dass m.e. für eine Gruppe für Dinge, nämlich für Artefakte, diese Einzigkeit gerade nur synchron, nicht aber diachron gilt. Meine These, ich nenne sie die These von der diachron multiplen Artzugehörigkeit von Artefakten, kurz Dia mult Art, lautet:

> Dia mult Art: Artefakte können im Verlauf ihrer Persistenz verschiedenen Arten angehören.

Die These besagt, dass ein und dasselbe artifizielle Individuum x für eine Zeit der Art F, danach aber der Art G angehören kann, ohne weitere prinzipielle Einschränkung; d.h. x kann nach G wieder zu F, oder aber zu einer von F und G verschiedenen Art H gehören.[15] In Anwendung der oben eingeführten Terminologie können wir auch sagen, dass es im Bereich der Artefakte möglich ist, dass diachrone numerische Einheit besteht bei einem Vorkommnis, dessen Form FO-A durch eine durch Nutzenserwägungen N-A bestimmte individuelle Funktion IF-A mit Anordnungsprinzipien für Teile konstituiert ist, und einem Vorkommnis, dessen Form FO-B (verschieden von FO-A) durch eine durch Nutzenserwägungen N-B bestimmte individuelle Funktion IF-B mit Anordnungsprinzipien für Teile ausgemacht wird. Einfacher und auf unser Beispiel bezogen bedeutet das, dass unser Artefakt der Art Auto identisch sein kann mit einem Artefakt der Art Kleiderschrank, wobei es diesen Arten diachron folgend angehört.

An dieser Stelle kann die, in Fußnote 11 angekündigte Modifikation der Basis-Bestimmung der Identität von Artefakten („Artefakte sind genau dann dieselben, wenn ihre individuelle Form dieselbe ist, d.h. wenn dieser konkrete Nutzen, diese daraus resultierende Funktion und die konkret mit ihr gekoppelten mereologischen Prinzipien genau (siehe oben) übereinstimmen.") erfolgen, die da lauten mag: Artefakte sind genau dann dieselben, wenn im Verlauf ihrer Geschichte ihre individuellen Formen dieselben sind, d.h. wenn sie zu jedem Zeitpunkt ihres Bestehens in ihrem konkreten Nutzen, der da-

---

[15] Lowe kann als Vertreter einer solchen These genannt werden. Siehe ders. 1998, 55: „In the case of artefacts [...] such physical restraints are absent and hence 'metamorphosis" may be expected to be a [...] common phenomenon amongst them." ... "metamorphosis [...] is a process whereby one and the same individual object of one sort F to being an object of another sort G". Auch Lowe besteht aber darauf, dass ",.. no object can *simultaneously* be both an F and a G."[Herv. Lowe]

raus resultierende Funktion und den mit ihr gekoppelten mereologischen Prinzipien genau übereinstimmen.

(2) Wie aber lässt sich Dia mult Art begründen? – Die Antwort lautet: Durch Rekurs auf I Konv. Im vorherigen Abschnitt wurde I Konv eingeführt als ontologisches Basistheorem, das dazu führt, Skrupel bzgl. ontologischer Besonderheiten von Artefakten zu beseitigen. Das kann auch bzgl. Dia mult Art in Anschlag gebracht werden. Ich denke, dass I Konv so stark ist, dass es zur Etablierung von Dia mult Art hinreicht.

Versuchen wir zur Klärung dieser Auffassung vorerst die Position eines Leugners von Dia mult Art einzunehmen. Seine These lautet:

> Dia non-mult Art: Artefakte können im Verlauf ihrer Persistenz nicht verschiedenen Arten angehören.

In Bezug auf unseren Auto-Kleiderschrank vertritt der Befürworter von Dia non-mult Art die Auffassung, dass durch den Artwechsel die diachrone Identität oder Persistenz des Individuums x der Art Autos aufhört, ja aufhören muss. Nach seiner Auffassung beginnt mit dem Artwechsel ein Individuum y der Art Kleiderschrank, wobei gilt, dass y nicht identisch ist mit x. In Anwendung der hier entwickelten Terminologie wäre seine Auffassung allgemein zu formulieren: Zwischen einem Vorkommnis, dessen Form FO-A durch eine durch Nutzenserwägungen N-A bestimmte individuelle Funktion IF-A mit Anordnungsprinzipien für Teile konstituiert ist, und einem Vorkommnis, dessen Form FO-B (verschieden von FO-A) durch eine durch Nutzenserwägungen N-B bestimmte individuelle Funktion IF-B mit Anordnungsprinzipien für Teile ausgemacht wird, kann keine diachrone Identität bestehen.

M.E. scheitert Dia non-mult Art an einer Konfrontation mit I Konv. Der Leugner von Dia mult Art hat im Hinblick auf I Konv genau zwei Möglichkeiten: Die eine wäre, Dia non-mult Art mit I Konv in Einklang zu bringen; die andere jedoch, I Konv zu negieren. Ich sehe nun aber beide Alternativen auf dem Holzweg. I Konv zu negieren, ginge nur um den Preis, auch alle anderen Basis-Prinzipien für Artefakte bis hin zu AAT in Frage zu stellen, was letztlich zur Preisgabe einer Ontologie von Artefakten führte. Um Dia non-mult Art mit I Konv in Einklang zu bringen, könnte man festlegen, dass nur mit Dia non-mult Art vereinbare Konventionen in I Konv zugelassen werden; insbesondere, dass die Konventionalität der Persistenz von Artefakten am Wechsel der Artzugehörigkeit ihre Grenzen findet. Das aber scheint mir problematisch zu sein. Der Konventionalität

Grenzen zu setzen, ist m.E. nur dort gerechtfertigt, wo es übergeordnete sachliche Gründe gibt; z.b. wenn wir gezwungen wären, durch konventionelle Annahmen für Artefakte den vorgegebenen ontologischen Rahmen der Dinge, gar der Partikularien zu sprengen. Konventionen, die aus einem Ding plötzlich ein Ereignis oder gar ein nicht-partikuläres Individuum machten, sind damit gemeint. Das aber ist im Fall eines Artwechsels nicht gegeben.

Ich komme somit zum Schluss, dass Dia non-mult Art an I Konv scheitert und somit das Gegenteil, nämlich Dia mult Art, anzunehmen ist.

(3) Bevor ich auf einen weiteren Einwand gegen Dia mult Art zu sprechen komme, möchte ich zwei Erläuterungen voranschicken. Die erste betrifft das Wort „können" in der gegebenen Formulierung von Dia mult Art. Es besagt, dass durch Dia mult Art keineswegs Artefakte negiert werden, die von ihrem Beginn bis zu ihrem Ende einer und nur einer Art angehören. Selbstverständlich kann es Konventionen geben, welche die Persistenz eines bestimmten Artefakts auf die Zugehörigkeit zu genau einer Art beschränken. Ich denke, dass dies sogar der Normalfall ist. Der Zwang zum Artwechsel würde I Konv genauso entgegenstehen wie die kategorische Forderung nach diachroner Einzigkeit der Artzugehörigkeit.

Bleiben wir bei unserem Autokleiderschrank. Es kann eine Konvention (A) geben, nach der das Ding als ein und dasselbe Artefakt aufzufassen ist, nach der modifizierten Identitätsbedingung unter 1.13 (1). Mit gleichem Recht mag aber eine alternative Konvention (B) gelten, nach der Auto und Kleiderschrank numerisch verschiedene Dinge sind. Die modifizierte Bestimmung besagt den Zusammenhang der Selbigkeit individueller Formen und (diachrone) Identität; lässt aber die Interpretation dieser Selbigkeit offen. Diese kann bei Artefakten aufgrund divergierender Deutung ihrer Geschichte unterschiedlich zu bestimmen sein. Nach Konvention A liegt ein Ding x vor, das von t bis t´ die individuelle Form Au und von t´ bis t´´ die individuelle Form Ka aufweist. Seine Persistenz ist durch die besagten individuellen Formen bestimmt. Nach Konvention B liegt ein Ding x vor, das von t bis t´ die individuelle Form Au aufweist und ein anderes Ding y, das von t´ bis t´´ die individuelle Form Ka aufweist. Die Persistenz des ersten ist durch die besagte individuelle Form, die des zweiten durch die andere bestimmt. Dass nach Konvention A beide individuelle Formen nacheinander die Persistenz des einen Dinges bestimmen („Selbigkeit in der Abfolge bestimmter individueller Formen" besteht); nach Konvention B aber die einzelnen Formen jeweils ein Ding, unterscheidet eben die Konventionen.

Eine zweite Klarstellung mag dahin gehen, dass Dia mult Art die sortale Dependenz für Artefakte nicht außer Kraft setzt. M.a.W. gelten die Wirkungen der sortalen Abhängigkeit auch dann für die Persistenz von Artefakten, wenn ihre jeweilige Sorte oder Art eine andere wird. Die Wirkungen der sortalen Abhängigkeit, wie sie im ersten Teil entwickelt wurden, aber sind für die Persistenz v.a. Festlegungen bzgl. der Kontinuität, aber auch bzgl. materieller Konstitution. Gehört ein Individuum x bis zu einem Zeitpunkt t der Art F an, gelten für x bis t die Kontinuitäts- und Konstitutionsbedingungen, wie sie mit F gegeben sind. Gehört es ab t aber der Art G an, gelten für (dasselbe) x ab t die Kontinuitäts- und Konstitutionsbedingungen von G. Ist das Ding bis t ein Auto, ist seine „Laufbahn" bestimmt durch die Auto-eigenen Bedingungen; ist x nach vorherrschender Konvention nach t ein Kleiderschrank, dann eben durch die Kleiderschrank-Bedingungen.

(4) Ein Einwand gegen Dia mult Art mag sein, ob man damit nicht auch auf die Annahme der *synchronen* Mehrheit von Arten für Artefakte festgelegt ist. Wenn es, wie gegen Dia non-mult Art vorgebracht, problematisch ist, der Konventionalität Grenzen zu setzen, warum sollte sie, so der Einwand, vor der synchronen Einzigkeit der Artzugehörigkeit von Artefakten Halt machen? - Meine Antwort ist eine zweifache.

Zum einen gibt es einen sachlich übergeordneten Grund, warum die Liberalität, die Dia mult Art zum Ausdruck bringt, nicht auch für die Artzugehörigkeit zu einem bestimmten Zeitpunkt gilt. Das ist die sortale Dependenz der Identität aller Dinge, die im ersten Abschnitt als ein Aspekt der Existenzabhängigkeit der Dinge im Kontext ihrer sortalen Dependenz entwickelt wurde. Die sortale Dependenz der Identität ist nicht vereinbar mit einer These Syn mult Art, die somit in Konsequenz zur *Relativität der Identität* von artifiziellen Dingen führen würde. Die Relativität der Identität von Dingen zu behaupten, würde, wie im ersten Teil ausgeführt, den vorgegebenen ontologischen Rahmen für Dinge sprengen. Artefakte würden unter dieser Rücksicht wie Ereignisse behandelt, für welche die sortale Relativität ihrer Identität charakteristisch ist.

Zum anderen lässt sich zeigen, dass die synchrone Einzigkeit der Artzugehörigkeit von Artefakten im Unterschied zu Dia non-mult Art mit I Konv durchaus vereinbar ist. Und zwar so, dass I Konv besagte Einzigkeit sogar zu präzisieren vermag; auf eigenartige, d.h. ausschließlich für Artefakte gültige Weise. Nehmen wir zur Illustration den Schirmständer eines öffentlichen Gebäudes, z.B. eines Finanzamtes. Es wird (leider) genug Besucher des Amtes geben, die dieses Ding als Abfallkübel gebrauchen. Liegt hier nicht der Fall eines Dinges vor, das *gleichzeitig* Schirmständer und auch Abfallkübel ist? Oder nehmen wir ein Schachbrett, das man gut und gerne auch als Damebrett verwenden kann. Ist das nicht ein Schachbrett *und* ein Damebrett? (Man gestehe mir um des Gangs der Überlegung willen zu, dass Schachbrett und Damebrett unterschiedliche species infimae sind.) – Tatsächlich ist es so, dass es sich hier um Dinge handelt, die zu einem Zeitpunkt, also synchron, als Vorkommnisse unterschiedlicher Arten betrachtet werden können. Aber, und das ist der Unterschied zu Ereignissen, *nicht von denselben Personen*. Herr X und Frau Y können dasselbe Ding als Vorkommnis verschiedener Arten betrachten, aber nur so, dass sich Herr X für die eine, Frau Y aber für die andere entscheidet. Für Frau Y ist das jetzt ein Schirmständer, für Herrn X ein Papierkorb. Für sie ist das jetzt ein Schachbrett, für ihn aber ein Damebrett. Auszuschließen ist, dass jemand mit dem Brett gleichzeitig Schach und Dame spielt; auch, dass jemand ein Ding gleichzeitig als Schirmständer und als Papierkorb erachtet. Die synchrone Einzigkeit in ihrer Art bleibt bei Artefakten gewahrt, welche Art aber zu einem Zeitpunkt diese einzige ist, kann mitunter - wie in den Beispielen - Sache divergierender Konventionen sein. (Darin kann man eine gewisse Analogie sehen zur Persistenz von Artefakten, wie anhand des Theseus-Schiffes gesehen. Auch hier kann es aufgrund verschiedener Konventionen verschiedene Persistenzverläufe geben. Allerdings ist auszuschließen, dass dieselben Personen unterschiedliche Verläufe annehmen.)

Um es etwas technisch anmutender zu sagen: Für Artefakte gilt, dass ein und dasselbe x zu ein und demselben Zeitpunkt t von einer Personengruppe gemäß einer Konvention als der Art F, von einer anderen Personengruppe gemäß einer anderen Konvention jedoch als der Art G zugehörig betrachtet wird. Es geht jedoch nicht, dass dasselbe x zum selben Zeitpunkt von denselben Personen als F und als G betrachtet wird. Wobei F und G für verschiedene species infimae stehen, die durch unterschiedliche Nutzenserwägungen, bedingt durch divergierende Konventionen, zustande kommen. (Dem steht nicht entgegen, dass, um es zum Vergleich nochmals zu sagen, dasselbe x zu *verschiedenen* Zeitpunkten von denselben Personen als F und G betrachtet werden *kann*.)

Vielleicht mag es die ein oder andere geben, die das Beispiel von Schach und Dame überzeugt, nicht aber jenes von Papierkorb und Schirmständer. Zur Bekräftigung ihrer Skepsis mag die Gegnerin Beispiele von Dingen anführen, wie z.B. ein Amphibienfahrzeug, offensichtlich gleichzeitig von derselben Person als Boot *und* als Auto zu verstehen. Hier liegt ein x vor, das für eine Person zu einem Zeitpunkt t F (Boot) und G (Auto) ist. – Ich möchte mich jetzt nicht durch den Hinweis verteidigen, dass wir das Ding wohl nicht gleichzeitig als das eine *und* das andere verwenden. Ich nehme vielmehr das Theorem zu Hilfe, dass man im Bereich der Artefakte, nach Maßgabe von Nutzenserwägungen und entsprechender Funktionalität, stets neue Arten konstruieren kann; ein Theorem das sich unmittelbar aus AAT, genauerhin aus Gen AAT ergibt. Und unser Amphibienfahrzeug gehört eben *einer* solchen neuen Art an, die Merkmale anderer Arten, in unserem Fall von Autos und von Booten, in sich vereint. Es liegt das Vorkommnis *einer* Art H vor, die so konstruiert ist, dass sie Merkmale von F (Boot) und G (Auto) enthält. Dieses Recht, nämlich der Neubegründung von artifiziellen Arten, möchte ich auch in Anspruch nehmen für den (für meine Einstellung höchst befremdlichen) Fall, dass ein Finanzamtsbesucher ein Ding als Papierkorbschirmständer ansieht; wenn er also offenen Auges seinen Müll in einen Schirmständer schüttet. Dann liegt ein Ding vor, das er (der Schmutzfink) als neue Art betrachtet, welche Merkmale von Papierkörben und Schirmständer vereint.

Natürlich könnte man im Anschluss an die hier vertretenen Thesen weitere Debatten führen, z.b:
- Ist die Neubildung von Arten bei Artefakten nicht auch diachron möglich? – Ja, warum nicht, Dia mult Art steht dies, aufgrund der in ihm enthaltenen „können"-Bestimmung, nicht entgegen.
- Geht die besagte synchrone Neubildung von Arten nicht auch bei Ereignissen? Auch hier: Ja, warum nicht. Bei Ereignissen ist es aber auch möglich, dass dieselbe Person ein Ereignis synchron als Vorkommnis unterschiedlicher „species infimae" auffasst. Es gilt die Relativität der Identität. Obwohl sie sich darin von Artefakten unterscheiden, sei es zugestanden, dass sich Ereignisse und artifizielle Dinge einander in einer Weise ähneln, wie das bei Ereignissen und nicht-artifiziellen Dingen nicht der Fall ist. Der Grund liegt in der Konventionalität, die sowohl bei Ereignissen als auch bei Artefakten eine bedeutende Rolle spielt. Ontologisch signifikant sind dennoch die Unterschiede, v.a. im Hinblick auf Drei- bzw. Vierdimensionalität, bzgl. ihrer Sachverhaltsstruktur, und, last not least, sortale Dependenz versus sortale Relativität der Identität.
- etc.

Wir können dabei bleiben, dass die Konventionalität der Identität von Artefakten eine eigentümliche Deutung der synchronen Einzigkeit der Artzugehörigkeit derselben erlaubt. Sei es dadurch, dass es den Fall zulässt, dass ein Ding zu einem Zeitpunkt von verschiedenen Personen nach unvereinbaren Konventionen als Vorkommnis unterschiedlicher Arten aufgefasst wird; sei es so, dass die synchrone Einzigkeit der Art von Artefakten durch Neukonstruktionen von Arten gewahrt bleibt. Wir können somit auch dabei bleiben, dass Artefakte durch die Möglichkeit, diachron (und nur diachron) verschiedenen Arten anzugehören, charakterisiert sind. Damit können wir auch die unter 1.11 und 1.12 genannten Problemfälle (Stichwörter: Auto – Kleiderschrank; Auto – Museumsexponat) in unserem theoretischen Rahmen erfassen.

1.14 Die Sachverhaltsstruktur der Artefakte

(1) Im ersten Hauptteil habe ich versucht aufzuzeigen, dass bei den Dingen im Unterschied zu den Ereignissen die Sachverhaltsstruktur synchron eindeutig bestimmt ist. Das ergibt sich daraus, dass bei Dingen sowohl der Material- als auch der Formaspekt von ihrer Art abhängen, und Dinge nun einmal, wie gesehen, synchron nur einer einzigen Art angehören. Die Sachverhaltsstruktur von Dingen unterliegt synchron einer einzigen Bestimmung. Für Artefakte aber gilt diese Einzigkeit in der Bestimmung der Sachverhaltsstruktur diachron nicht.[16] Ich formuliere die entsprechende These:

> Dia mult Strukt: Artefakte können im Verlauf ihrer Persistenz in ihrer Sachverhaltsstruktur unterschiedlichen Bestimmungen unterliegen.

Führen wir uns zur Erläuterung der These nochmals vor Augen, worin die Sachverhaltsstrukturen von Dingen im Allgemeinen, sowie jene von Artefakten im Besonderen bestehen. Die Sachverhaltsstruktur ist ein Kompositum aus Form- und Materialaspekt. Letzterer macht das *Woraus* etwas ist aus, ersterer das *Wie* es eben geformt ist. Bei Artefakten ist der Formaspekt, wie gesehen, durch Nutzenserwägungen und die sich daraus ergebende Funktionen mit bestimmten Anordnungsprinzipien für Teile gegeben. Das Woraus dieser Teile macht den Materialaspekt der Artefakte aus.

Wie ist es nun aber zu verstehen, dass Artefakte im Verlauf ihrer Persistenz in ihrer Sachverhaltsstruktur unterschiedlich bestimmt sein können? – Zunächst einmal so, dass die unterschiedliche Bestimmtheit den Formaspekt betreffen mag. Es ist also nach dem Gesagten möglich, dass ein und dasselbe Ding, z.B. aufgrund abgeänderter Nutzenserwägungen, eine Form verliert und eine andere annimmt. Da zu Formen auch Anordnungsprinzi-

---

[16] Terminologisch lege ich mich darauf fest, dass „(synchrone) Eindeutigkeit", als Gegenbegriff von „Mehrdeutigkeit", aufzufassen ist als synchron einmaliges Bestimmtsein in der Sachverhaltsstruktur. Dass die Sachverhaltsstruktur diachron mehreren, d.h. unterschiedlichen Bestimmungen unterliegen kann, bedeutet jedoch nicht, dass eine diachrone Mehrdeutigkeit bestünde, weil ja trotz unterschiedlicher Sachverhaltsstruktur diese zur jeweiligen Zeit eindeutig ist.

pien für Teile gehören, kann sich somit auch ihre mereologische Komposition ändern, und auch das Woraus dieser Teile, also der Materialaspekt. Das muss genauer bestimmt werden, und zwar zunächst dahingehend, dass mit dieser *Abänderung des Materialaspekts* nicht einfach ein Austausch eines Materialteiles durch einen anderen gemeint sein kann; wie wenn ich bei einem Auto einen Kotflügel durch einen anderen ersetze. Es ist vielmehr der Raum der Möglichkeiten gemeint, woraus die Teile eines Dinges bestehen. Wird, um bei unserem Beispiel zu bleiben, aus einem Auto ein Kleiderschrank, wird sich der Raum der sich auf den Materialaspekt beziehenden Möglichkeiten gravierend verändern: ein Auto kann aus Blech, Aluminium etc. bestehen (die Beschlagenen werden das genauer wissen als ich), ein Kleiderschrank aber wohl auch aus weniger stabilen Teilen. Dass sich mit dem *Wechsel des Formaspekts* die Anordnungsprinzipien für Teile eines Individuums ändern, bedeutet wiederum nicht, dass es einen Teil gegen einen anderen austauscht, oder einen Teil verliert, oder einen anderen dazu gewinnt. Es bedeutet vielmehr, dass sich die Komposition aus Teilen sowohl hinsichtlich ihrer Anzahl als auch hinsichtlich ihrer Anordnung, v.a. auch hinsichtlich dessen, was als unverzichtbarer („wesentlichen") Teil gilt, ändert. Wenn ich auch hier beim Beispiel von Auto und Kleiderschrank bleiben darf, so sollte doch klar sein, dass beim Auto andere Teile unverzichtbar sind (z.B: Motor, Getriebe, Räder, etc.) als beim Kleiderschrank. Auch hier überlasse ich es lieber den Fachleuten, eine mechanisch präzise Bestimmung zu geben.

Ein weiterer Aspekt der Erläuterung betrifft die auch in Dia mult Strukt enthaltene „können"-Bestimmung. Sie lässt es offen, ob es nicht auch Artefakte geben mag, die hinsichtlich ihrer Sachverhaltsstruktur stets denselben Bestimmungen unterliegen. Das ist der Fall, wenn die Artefakte zeit ihres Bestehens nur einer Art angehören.

Eine (davon unabhängig zu verstehende) Eigenart der Sachverhaltsstruktur von Artefakten ist die Möglichkeit ihrer vollständigen Statik. Wenn das Artefakt von Beginn bis zu seinem Ende nicht nur in seinem Formaspekt, sondern auch hinsichtlich seines Materialaspekts keinerlei Abänderung erfährt, mag dies der Fall sein. Ich meine sogar, dass dies bei Artefakten die Regel, die Änderung hingegen der Ausnahmefall ist.

Neben den Möglichkeiten der statischen Sachverhaltsstruktur und der artwechselbedingten Abänderung der Bestimmtheit, bleibt bei Artefakten auch die nicht artwechselbedingte Modifikation der Sachverhaltsstruktur: wenn sich etwa der Formaspekt eines Dinges aufgrund von zunehmenden (oder auch abnehmenden) Nutzenserwartungen ändert, und sich daraus eine Funktionsänderung und in der Folge auch eine Abänderung des Materialaspekts ergibt; ohne dass dadurch ein Artwechsel angenommen wird. Nur der Vollständigkeit halber sei erwähnt, dass derartige Modifikationen abhängen von Konventionen (gerade unter der Rücksicht des Nichtwechsels der Art), somit von den für Artefakte üblichen Prinzipien betroffen sind.

Ohne das an dieser Stelle auszuführen, bitte ich, diese Aspekte, nämlich die Statik bzw. die Eigenart der Modifikation artifizieller Sachverhaltsstruktur, in Erinnerung zu behalten, wenn es in den nächsten Abschnitten um die Sachverhaltsstruktur nicht-artifizieller Dinge geht.

(2) Nachdem wir der Frage nachgegangen sind, wie Dia mult Strukt zu verstehen ist, können wir uns auch dem Erfordernis der Begründung der These stellen. M.E. ist Dia mult Strukt durch Dia mult Art zu begründen. Das ergibt sich daraus, dass sowohl der Form- als auch der Materialaspekt der Sachverhaltsstruktur aller Dinge, also auch der Artefakte, von ihrer Art abhängen. Beim Formaspekt ist diese Abhängigkeit eine unmittelbare, weil er ja durch das gegeben ist, was eine Art als solche ausmacht. Beim Materialaspekt ergibt sich die Abhängigkeit mittelbar. Und zwar daraus, dass Nutzen, Funktion und Anordnungsprinzipien für Teile zu dem zu zählen sind, was Arten ausmacht, und der Materialaspekt, wie gesagt, von diesen Faktoren abhängt. Nach Dia mult Art können Artefakte im Laufe ihrer Persistenz aber unterschiedlichen Arten angehören. Somit müssen Artefakte auch im Laufe ihrer Persistenz in ihrer Sachverhaltsstruktur unterschiedlichen Bestimmungen unterliegen können. Und nichts anderes wird durch Dia mult Strukt zum Ausdruck gebracht. (Natürlich wird mit dieser Begründung auch die Abhängigkeit von Dia mult Strukt von all jenen Thesen, insbesondere von I Konv, behauptet, aufgrund derer Dia mult Art gilt.)

(3) Im Kontext von Dia mult Art haben wir diskutiert, ob man mit seiner Annahme nicht auch auf die Akzeptanz der synchron multiplen Artzugehörigkeit von Artefakten festgelegt wäre. Bei Dia mult Strukt stellt sich ein analoges Problem: Ist bei Artefakten nicht auch synchron eine Mehrdeutigkeit von Sachverhaltsstrukturen denkbar, wie bei Ereignissen? Gestützt mag eine These Syn mult Strukt werden durch das oben gemachte Zugeständnis bzgl. der Mehrzahl von Arten, als deren Vorkommnisse Artefakte auch synchron aufgefasst werden können. Dort haben wir ja angenommen, dass Artefakte Dinge sind, die auch zu ein und demselben Zeitpunkt von *unterschiedlichen* Personen (aufgrund unterschiedlicher Konventionen) verschiedenen Arten zugeordnet werden. Bedingt das nicht die ins Spiel

gebrachte Mehrdeutigkeit? - Ich denke, dass dem nicht so ist. Und zwar aus analogen Gründen, die wir für die synchrone Einzigkeit der Art eines Artefakts ins Treffen geführt haben; trotz der Möglichkeit, dass diese einzige Art von verschiedenen Personen(gruppen), nach unterschiedlichen Konventionen, verschieden beurteilt werden kann. Fassen verschiedene Personen, je nach Zugang, ein Artefakt als Vorkommnis verschiedener Arten auf, ergibt sich daraus, dass auch die Sachverhaltsstruktur des Artefakts von den verschiedenen Personen verschiedentlich interpretiert wird, allerdings, je nach Konvention, durch die jeweils angenommene Art einmalig bestimmt.

Um wieder das Beispiel des Schirmständers im Finanzamt heranzuziehen. Wenn es eine Personengruppe geben mag, die das Ding als Abfallbehälter sortal einordnet, so können die Leute das nur mit der Konsequenz tun, dem Ding (nur) das zuzusprechen, was wir hier die Sachverhaltsstruktur eines Abfallbehälters nennen würden. Auch die oben zugestandene Möglichkeit, dass Menschen Abfall sehenden Auges in einen Schirmständer werfen, macht unsere Theorie nicht hinfällig: Die Möglichkeit des Schmutzfinks, kombinierte Arten zu bilden, macht die traurige Sachverhaltsstruktur eines Abfallschirmständers nicht mehrdeutig. Es ist so wie beim Amphibienfahrzeug: Ein Individuum dieser Art hat synchron eine eindeutige Sachverhaltsstruktur, die sowohl in ihrem Material- als auch in ihrem Formaspekt Merkmale der durch die Art Auto als auch durch die Art Boot bedingten Elemente aufweist. Der Punkt: Die Möglichkeit, Dinge synchron aufgrund unterschiedlicher Konventionen unterschiedlichen Arten zuzuordnen, hebt die synchrone Eindeutigkeit der Sachverhaltsstruktur nicht auf.

Zusammenfassend können wir sagen, dass Artefakte Vorkommnisse nicht-natürlicher Arten sind. Wie nicht-natürliche Arten als solche von mindestens einem Bewusstsein abhängen, so auch deren Instanzen. In dieser Bewusstseinsabhängigkeit hat auch das Prinzip der Konventionalität der Identität von Artefakten seinen Grund. Dieses Prinzip I Konv aber wird seinerseits als Basistheorem für weitere Bestimmungen angenommen: Artefakte können durch die Zeit unterschiedlichen Arten angehören; somit haben sie auch die Möglichkeit, diachron in ihrer Sachverhaltsstruktur unterschiedlich bestimmt zu sein. Zu ein und demselben Zeitpunkt können Artefakte von unterschiedlichen Personen als Vorkommnisse unterschiedlicher Arten aufgefasst werden, was die Eindeutigkeit der Sachverhaltsstruktur aus den jeweiligen konventionellen Perspektiven nicht aufhebt.

1.2 Vorkommnisse natürlicher Arten: Lebewesen

In einem nächsten Schritt können wir uns nun fragen, ob es Dinge gibt, auf welche die eben für Artefakte vorgenommenen Charakterisierungen nicht zutreffen. Gibt es m.a.W. auch nicht-artifizielle Dinge, die ich auch „Vorkommnisse natürlicher Arten" nennen werde? - Ich bereite wohl niemandem eine große Überraschung, wenn ich das annehme. Auch die Einführung von Vorkommnissen natürlicher Arten anhand der Lebewesen ist keine allzu gewagte Vorgangsweise. Spezieller und begründungsbedürftig ist freilich die These - ich habe sie in der Einleitung zum zweiten Hauptteil bereits angedeutet -, dass *nur* Lebewesen Vorkommnisse natürlicher Arten sind. Dass u.a. Goldklumpen, Steine, Seen und Berge hier nicht her gehören, wird zu erläutern sein. Ich werde das im Abschnitt 1.3 tun. Jetzt beginne ich aber mit der angekündigten grundlegenden Einführung der nicht-artifiziellen Dinge.

1.21 Bewusstseinsunabhängige Dinge

(1) Die Untersuchung der Eigenart von Artefakten haben wir im Abschnitt 1.11 (über ihre Bewusstseinsabhängigkeit) bei artifiziellen *Arten* begonnen, um von dort zu den konkreten individuellen Artefakten zu kommen. Hier können wir analog vorgehen und uns fragen, ob es Arten im Sinne der species infimae gibt, die nicht von irgendeinem Bewusstsein (dem Gottes ausgenommen[17]) abhängen? Wenn nein, dann gäbe es nur nicht-natürliche Arten im Sinne von Hoffman / Rosenkrantz. Dann aber wären alle Dingarten in irgendeinem Sinne artifiziell. - Ich denke aber, dass das nicht der Fall ist. Es gibt *natürliche Arten*, die nicht bewusstseinsabhängig sind, für die also folgende *allgemeine Unabhängigkeitsthese*, kurz AUT, gilt:

AUT: Natürliche Arten sind von keinem Bewusstsein abhängig.[18]

---

[17] Im Folgenden verzichte ich auf die Anführung der Beifügung „dem Gottes ausgenommen", wenn ich von der Bewusstseinsunabhängigkeit natürlicher Arten, aber auch von Vorkommnissen natürlicher Arten spreche. Obgleich ich der (hier nicht relevanten) Meinung bin, dass alle Arten, auch die natürlichen, sowie alle ihre Vorkommnisse, von Gottes Bewusstsein abhängen.

[18] Ich führe hier, wie bereits mehrmals gesagt, weder eine Debatte über Universalien noch über abstrakte Entitäten im Allgemeinen. Somit ist die Bewusstseinsunabhängigkeit natürlicher Arten nicht im Sinne der Akzeptanz platonisierender Ansichten zu verstehen. Ich halte also natürliche Arten für unabhängig von menschli-

Bei der Erläuterung von AUT können wir uns wieder die (entscheidende!) Frage stellen, was genau es ist, das eine natürliche Art ausmacht, und wie es zu verstehen ist, dass dies grundsätzlich von Bewusstseinsabhängigkeit ausgeschlossen werden kann. Im Allgemeinen, sprich unter Absehung einzelner natürlicher Arten, kann man annehmen, dass diese (1) durch eine *geschlossene Organisationsstruktur*, (2) darauf ausgerichtete *Regulationsprinzipien*, (3) und mit einem damit gekoppelten *Entwicklungs- und Replikationsplan* charakterisiert sind.[19] (1) besagt, dass natürliche Arten einen genau vorgegebenen „Bauplan" aufweisen, in welchem Verhältnis und Funktion einzelner Teile im Ganzen bzw. für das Ganze enthalten sind. Diese Funktionen sind wechselseitig verknüpft und auf vielfache Weise voneinander abhängig. In diesem Sinne ist die „Geschlossenheit" der Organisationsstruktur zu verstehen. Die unter (2) gemeinten Prinzipien regeln die Beziehung der Organisationsstruktur zur Umwelt, etwa den Austausch von Stoffen, welcher für das Bestehen eines unter die Art fallenden Individuums erforderlich ist, etc. (3) schließlich gibt Aufschluss (a) über den Entwicklungsverlauf von Individuen, die einer bestimmten natürlichen Art angehören, (b) über die Reproduktion neuer Vorkommnisse der Art, aber auch (c) über die Evolution der Art als solcher, sprich über ihre, in Konfrontation mit der Umwelt eröffneten Entwicklungsmöglichkeiten.

AUT können wir nun so verstehen, dass die geschlossene Organisationsstruktur, die darauf ausgerichteten Regulationsprinzipien und schließlich der damit gekoppelte Entwicklungs- und Replikationsplan von natürlichen Arten, in der gegebenen Explikation, von keinem Bewusstsein abhängig sind.

Von hier aus können wir weitere Merkmale natürlicher Arten in den Blick bekommen: Das ist zunächst ihre *Komplexität*, folglich ihre *Analysierbarkeit*, welche (wie bei den artifiziellen Arten) im Normalfall nicht auf die Unterscheidung der drei genannten Aspekte beschränkt sind. Sowohl Organisationsstruktur, als auch Regulations- und Entwicklungs- bzw. Replikationsplan sind ihrerseits (äußerst) komplex. Ein weiteres Merkmal ist, dass man auf der Ebene der Arten oder Typen Festlegungen bzgl. ihrer *Identität* bzw. *Verschiedenheit* vornehmen kann; und zwar ebenfalls in

---

[19] chem Bewusstsein; abgesehen davon, wie man Arten im Hinblick auf das Universalienproblem interpretiert.
Diese Merkmale natürlicher Arten lehnen sich an an Merkmale, die Autoren (v.a. Toepfer 2005, hier: 166ff) als Merkmale für Arten von Lebewesen vorgesehen haben. Das entspricht der in der Einleitung zu diesem Abschnitt 1.2 geschilderten Annahme, die noch zu verteidigen sein wird.

Analogie zu den artifiziellen Arten, dahingehend, dass natürliche Arten genau dann dieselben sind, wenn sie in Organisationsstruktur, Regulations- und Entwicklungs- bzw. Replikationsplan genau (sprich in allen Einzelheiten) übereinstimmen.

Die Sache wird vielleicht etwas anschaulicher, wenn wir uns eine solche natürliche Art vor Augen stellen, z.B. die Art der Schafe. Diese allseits bekannte Art weist (confer 1) einen bestimmten „Bauplan" auf, in welchem Verhältnis und Funktion einzelner Teile im Ganzen bzw. für das Ganze von Individuen, die unter sie fallen, enthalten sind. Diese Funktionen sind wechselseitig verknüpft und auf vielfache Weise voneinander abhängig. Die Funktionen z.B. von Herz, Lunge und Gehirn sind, ohne in die veterinärmedizinischen Details gehen zu können, verbunden, auf für den Laien undurchschaubare wechselseitig bedingt und auf das Ganze ausgerichtet. Mit diesem Bauplan gehen (cf. 2) Prinzipien einher, welche die Beziehung der „schafartigen Organisationsstrukturen" zu ihrer Umwelt regeln: ihre Ernährung, ihren Stoffwechsel etc. Schließlich ist der Bauplan gekoppelt (cf. 3a) mit bestimmten Weisen, wie sich Schafe von Zeugung über Geburt, Jugend, hin zum reifen Erwachsenenalter und (so sie nicht vorher tragischerweise ein widernatürliches Ende finden) dann ins Alter entwickeln; zudem damit (cf. 3b), wie sich Schafe fleißig fortpflanzen, und schließlich (3c) welche evolutionären Möglichkeiten dieser großartigen Spezies zukommen. Ist die Art Schaf eine natürliche Art, wird mit AUT behauptet, dass all das von keinem Bewusstsein abhängig ist.

(2) Um das Gesagte weiter zu verdeutlichen, können wir in Analogie zu AAT auch AUT, die allgemeine Unabhängigkeitsthese von natürlichen Arten, in einen genetischen und einen kontinuierlichen Gesichtspunkt differenzieren. Der erste Aspekt wird durch Gen AUT beschrieben, welche lautet:

> Gen AUT: Natürliche Arten hängen hinsichtlich ihres Entstehens von keinem Bewusstsein ab.

Gen AUT besagt, dass es Arten gibt, deren Verursachung in keiner Weise auf irgendein menschlich intentionales Bewusstsein zurückgeführt werden kann. Um Gen AUT zu begründen, soll auf ein besonderes markantes Beispiel verwiesen werden, nämlich auf die (mittlerweile verschwundene, dennoch aber gut nachweisbare) Art Tyrannosaurus Rex, eine Spezies jener Tiere, die man heute Dinosaurier nennt. Diese Art kann in ihrer Entstehung schon deshalb nicht von einem Bewusstsein abhängen, weil zu der Zeit, in der diese Art entstanden ist, kein der Artbildung fähiges Bewusstsein, sprich ein menschliches, existiert hat. Natürlich wurde diese Art von Paläontologen *entdeckt*. Entdecken aber ist ein anderer Vorgang als das *Erfinden, im Sinne der Hervorbringung einer Art*, wie das bei Artefakten der Fall ist.[20] M.E. kann kein vernünftiger Zweifel darüber bestehen, dass die genetische Unabhängigkeit auch für bestehende, sprich nicht-ausgestorbene natürliche Arten gilt. Den Analogieschluss von Dinos z.b. auf Schafe auszufalten, scheint mir deshalb überflüssig.

Diese Arten, für deren Genese es nicht sinnvoll ist, nach einem menschlichen Urheber zu suchen, sind nun auch solche, deren Bestand nicht von der fortgesetzten Anerkennung durch mindestens ein Bewusstsein abhängt, für die m.a.W. Kont AUT gilt:

> Kont AUT: Natürliche Arten hängen zu keinem Zeitpunkt hinsichtlich ihres Bestehens von irgendeinem Bewusstsein ab.

Stimmt Kont AUT, bleibt die Art der Schafe auch dann bestehen, wenn mit einem Male kein der Art-Konstitution fähiges Bewusstsein da wäre. Wenn es z.B., um die science-fiction Szenarios aus dem vorhergehenden Abschnitt aufzugreifen, mit einem Mal keine Menschen mehr gäbe, bzw. aufgrund einer vollständigen Amnesie niemand mehr Schafe als solche reidentifizieren könnte. Die Begründung für Kont AUT ist, dass kein Aspekt dessen, was natürliche Arten als solche ausmacht, weder die mit der Art Schaf gegebene Organisationsstruktur, noch Regulations-, noch Entwicklungs- bzw. Replikationsplan, von einem menschlichen Bewusstsein abhängen kann. Auch hier erspare ich mir, aufgrund der Klarheit des Falles, wietere Ausführungen, etwa über den bewusstseinsunabhängigen *Bestand* von Arten vor dem Auftreten menschlichen Bewusstseins.

Möglicherweise könnte gegen Kont AUT vorgebracht werden, dass es bzgl. bestehender Arten möglich ist, dass Menschen durch bewusste Maßnahmen sämtliche ihrer Vorkommnisse zum Verschwinden brächten, und so die Art ausrotteten. Allein dass Menschen das tun könnten, zeige die Abhängigkeit natürlicher Arten von menschlichem Bewusstsein. Die Art Schaf hänge unter dieser Rücksicht insofern von menschlichem Bewusstsein ab, als sie nur solange besteht, solange nicht jemand auf die (kranke)

---

[20] Vgl. dazu Rapp 1995, 484, wo er in vergleichbarem Zusammenhang zwischen dem „Erfinden" von Arten (bei Artefakten) und dem „Herausfinden" von (natürlichen) unterscheidet.

Idee käme, alle Schafe zu beseitigen. – Wenn überhaupt[21], dann liegt in diesem Fall bestenfalls eine Art „physische Abhängigkeit" vor, und hat mit einem ontologischen Begriff der Abhängigkeit bzw. Unabhängigkeit nichts zu tun. Das zeigt sich schon daran, dass in diesem Sinne im Bereich kategorialer Ontologie nichts als wirklich „unabhängig" zu erachten wäre – was die theoretische Funktion des Attributs zunichte machen würde.

(3) Wie aber steht es neben den natürlichen Arten selbst mit den Vorkommnissen natürlicher Arten? Sind auch sie bewusstseinsunabhängig? – Außerhalb des Raumes ontologischer Spekulation würde dies wohl niemand in Zweifel ziehen. Selbstverständlich hängt das Vorkommen Susannes, dieses Schafes da, nicht von einem menschlichen Bewusstsein ab; wenn man den Begriff der (Un-)Abhängigkeit in einem ontologisch relevanten Sinn erhalten möchte. Der Vollständigkeit halber soll jedoch darauf aufmerksam gemacht werden, dass die Begründung *der Abhängigkeit* individueller Artefakte von mindestens einem Bewusstsein nicht so ohne weiteres Aufschluss gibt für die Ausformulierung *der Unabhängigkeit* individueller Vorkommnisse natürlicher Arten von menschlichem Bewusstsein. Das Prinzip ÜA, das die *Abhängigkeit* eines artifiziellen Individuums von einem Bewusstsein über die Übertragung der Abhängigkeit seiner Art von einem Bewusstsein in Anwendung des Prinzips der sortalen Dependenz behauptet, lässt sich nicht einfach auf ein Prinzip der Übertragbarkeit besagter *Unabhängigkeit* von Vorkommnissen natürlicher Arten umschreiben. Ist nämlich ein x ontologisch abhängig (im Sinne der sortalen Dependenz) von einer Art F, F aber unabhängig von jedwedem Bewusstsein, sowohl im Hinblick auf Gen AUT als auch auf Kont AUT, folgt daraus nicht die Bewusstseinsunabhängigkeit von x. Dazu braucht es (theoretisch) Zusatzannahmen, etwa dergestalt, dass bei Vorkommnissen natürlicher Arten auch keine anderen, nicht die Art betreffenden Bewusstseinsabhängigkeiten möglich sind. Aufgrund der Klarheit der Sache unterlasse ich aber die Ausformulierung derartiger Zusatzannahmen.

Weit informativer ist es, ausgehend von den bisherigen Überlegungen nach dem zu fragen, was Vorkommnisse natürlicher Arten ausmacht. Was ist, um einen im ersten Hauptteil eingeführten und bei den Artefakten angewendeten Terminus aufzugreifen, ihre *individuelle Form*? - Auch hier können wir diese Frage beantworten, indem wir die individuelle Form eines Vorkommnisses natürlicher Arten verstehen als Konkretisierung oder

---

[21] „wenn überhaupt" meint: wenn man die Auffassung hat, man könne Arten über die Auslöschung aller ihr zugehörigen Individuen vernichten.

Instantiierung dessen, was seine Art ausmacht. Das aber ist: (1) *diese* konkrete *geschlossene Organisationsstruktur,* die, um beim Beispiel zu bleiben, hier bei Susanne vorliegt, (2) *diese* auf die Struktur ausgerichteten *Regulationsprinzipien* und (3) schließlich dem damit gekoppelten *Entwicklungs- und Replikationsplan* Susis. Klar ist, dass (1) – (3) im Sinne der oben gegebenen Erläuterungen, inklusive der Ausfaltung von (3) in (3a-c), zu verstehen sind. Wie auch immer wir im Detail die individuelle Form Susannes und die aller anderen Vorkommnisse natürlicher Arten verstehen. Wichtig ist es zu sehen, dass diese *komplex,* und somit auch *analysierbar* ist. In dieser Komplexität ihrer individuellen Form ist ein weiteres für Susi entscheidendes ontologisches Merkmal (mit-) begründet, nämlich ihre *Zerstörbarkeit*: Zerfällt Susis individuelle Form, und das ist aufgrund ihrer Komplexität offensichtlich möglich, besteht darin ein Grund dafür, dass das Individuum Susanne Schaf zu existieren aufhört. (Ein anderer Grund ist, dass das Individuum Susi nach ihrem Schafsein nicht noch einer anderen Art, weder natürlich, noch künstlich, angehören, sie folglich keine „neue individuelle Form" bekommen kann. Davon aber später.)

Versteht man die individuelle Form von Vorkommnissen natürlicher Arten in dem von mir skizzierten Sinn, wird auch klar, warum diese Vorkommnisse, selbst bei Verschwinden allen menschlichen Bewusstseins, nicht einfach zu „mehr oder weniger verbundenen Anhäufungen von Materialteilen" werden, wie das oben von Artefakten angenommen wurde. Ihre individuelle Form ist in allen Aspekten bewusstseinsunabhängig und garantiert somit auch bei Eintritt dieses Szenarios ihr Zugehören zu einer species infima. Ihre Existenz als Dinge kann ihnen allein durch das Verschwinden der Menschen nicht abgesprochen werden. Damit stellt sich bei Vorkommnissen natürlicher Arten auch nicht das Problem unterbrochener Existenz oder Persistenz, das sich bei Artefakten ergibt, wenn man annimmt, dass im Szenario einer kollektiven Amnesie bzgl. einer Art individuelle Artefakte zu Portionen von Materialteilen, und nach Aufhebung der Amnesie wieder zu artifiziellen Dingen werden.

Natürlich bleibt im Gedankenexperiment das Szenario, dass bei kollektiver Schaf-Vergessenheit die Menschen Vorkommnisse mit der ehemals als Schaf-artig bezeichneten individuellen Form anders beschreiben, in der Folge vielleicht sogar alternativ biologisch klassifizieren. Das aber ist kein Problem der Schafe, weder auf der Ebene der Arten selbst, noch auf jener der Vorkommnisse. Es hat m.a.W. nur mit dem Zugang der Menschen zu diesen Lebewesen zu tun, nichts aber mit ihrer Ontologie, worum es uns hier ausschließlich geht.[22]

1.22 Dinge mit nicht-konventionell festlegbarer Identität

(1) Artefakte haben wir als Dinge bestimmt, deren Identität, insbesondere deren Persistenz, konventionell festgelegt wird. Nicht-artifizielle Dinge sind somit solche, für die das Gegenteil gilt: Ihre Identität, insbesondere ihre Persistenz, ist nicht Gegenstand konventioneller Festlegung.[23] Eine entsprechende These I non-Konv können wir für Vorkommnisse natürlicher Arten folgendermaßen formulieren:

> I non-Konv: Die Identität von Vorkommnissen natürlicher Arten ist nicht konventionell festgelegt.

Die Begründung von I non-Konv können wir zunächst so vornehmen, dass es als Gegenteil von I Konv aufzufassen ist. I Konv aber setzt AAT voraus. Gilt AAT für einen Bereich der Dinge nicht, so muss eben das Gegenteil, nämlich I non-Konv, für diese Dinge angenommen werden. (Es sei denn, man leugnet überhaupt die Identität der Dinge, oder meint, es gäbe ein drittes zwischen I Konv und I non-Konv - was nicht der Fall ist.) Kurzum: Die allgemeine Bewusstseinsunabhängigkeit von Vorkommnissen natürlicher Arten, zum Ausdruck gebracht in AUT, bedingt die Annahme, dass auch die Identität dieser Dinge nicht bewusstseinsabhängig, somit auch nicht konventionell sein kann. (Wenn man annimmt, dass Konventionalität, wie im vorhergehenden Abschnitt geschildert, eine besondere Form der Bewusstseinsabhängigkeit ist.)

---

[22] Die biologische Einführung von Arten hat natürlich zu tun mit sprachlichen Distinktionen, die auf Bewusstseinszentren, sprich auf die beteiligten Wissenschaftler, zurückzuführen ist. „What line it is depends on us ..." sagt Jonathan Bennett über die Trennungslinie, die Biologen zwischen unterschiedlichen Arten ziehen. Das heißt jedoch nicht, dass die Gründe der Trennungslinie, sprich jene Fakten, die – um in der hier gewählten Terminologie zu sprechen – die individuelle Form von Lebewesen unterscheidet, nicht Teil der Wirklichkeit wären, und vollkommen unabhängig von irgendwelchen Wissenschaftlern bestünden. „...But where the line falls is through the world", fügt Bennett an. Beide Zitate aus: ders. 1991, 653.

[23] Wiggins 2001, 88, sei als Zeuge angeführt, wenn er lapidar feststellt, dass „identity questions about members of natural kinds [...] are the most unsuitable of all candidates for any conventionalist treatment."

Von hier aus lässt sich auch ausformulieren, inwiefern I non-Konv einen Ergänzungsaspekt von AUT darstellt. In Analogie zu den Artefakten können wir nämlich feststellen, dass es auch bei der *Identität* von Vorkommnissen natürlicher Arten um deren *Konstitution als Individuen* geht, unter Ausfaltung der Aspekte ihrer numerischen Einheit, sowohl synchron als auch diachron, d.h. im Sinne ihrer Persistenz. Desgleichen können wir deren Identität auch bestimmen, so dass Vorkommnisse natürlicher Arten genau dann dieselben sind, wenn ihre individuelle Form dieselbe ist, d.h. wenn (1) ihre konkrete geschlossene Organisationsstruktur, (2) die auf die Struktur ausgerichteten Regulationsprinzipien, und (3) der damit gekoppelte Entwicklungs- und Replikationsplan dieselben sind; wobei auch hier gilt, dass (1) – (3) im Sinne der obigen Ausführungen zu verstehen, und (3) in (3a-c) auszufalten ist.

Als entscheidend festgehalten sei, dass im Sinne von I non-Konv die Unabhängigkeit aller Aspekte der Identität der Vorkommnisse natürlicher Arten von irgendwelchen Konventionen anzunehmen ist.

(2) Auch I non-Konv können wir nun differenziert darlegen, in einen synchronen (I syn non-Konv) und einen diachronen Aspekt (I dia non-Konv), wobei für ersteren gilt:

I syn non-Konv: Die synchrone Identität von Vorkommnissen natürlicher Arten ist nicht konventionell festgelegt.

Das bedeutet, dass es keine Frage der Konvention ist zu entscheiden, ob hier zu einem gegebenen Zeitpunkt ein oder mehrere Vorkommnisse natürlicher Arten vorliegen. Diese These kann dadurch gestützt werden, dass es nach dem Gesagten ein Kriterium für die Entscheidung zwischen numerischer Einheit bzw. Vielheit zu einem bestimmten Zeitpunkt gibt, das seinerseits nicht auf konventioneller Festlegung beruht: Synchrone Identität besteht genau dann, wenn zu einem gegebenen Zeitpunkt *eine einzige* Organisationsstruktur, und nicht mehrere, vorliegt; mit eigenen Regulationsprinzipien und einem damit gekoppelten Entwicklungs- und Replikationsplan. Bei Vorkommnissen natürlicher Arten unterschiedlicher species infimae bringt das Kriterium grundsätzlich ein klares Ergebnis mit sich: Es kann nämlich keine Vorkommnisse unterschiedlicher species infimae geben mit derselben geschlossenen Organisationsstruktur etc. Auch bei Vorkommnissen natürlicher Arten derselben species infima scheint mir das Kriterium als solches einleuchtend und noch dazu einfach handhabbar zu sein. Ein Blick in den Stall macht uns klar, wie viele schafartige Organisationsstrukturen dort vorkommen. Stimmt unser Kriterium, wird die Anzahl der Schafe, ohne Chance auf konventionelle Abänderung, dadurch eindeutig bestimmt. (Bei anderen Spezies reicht ein Blick mitunter nicht. So habe ich von Experten gehört, dass es bei manchen pilzartigen Geflechten, die z.T. sehr weitflächig auftreten, gar nicht so einfach ist zu sagen, ob eine oder mehrere Organisationsstrukturen etc. auftreten. Das tut der Geltung unseres Kriteriums keinen Abbruch, welches ja lediglich den Zusammenhang behauptet zwischen Einzigkeit der Organisationsstruktur zu einem Zeitpunkt und synchroner Identität; nicht jedoch, dass die Feststellung dieser Einzigkeit stets so bequem ist wie bei den Schafen.)

Wie auch immer: Der zweite Aspekt von I non-Konv ist jedenfalls der diachrone:

I dia non-Konv: Die diachrone Identität von Vorkommnissen natürlicher Arten ist nicht konventionell festgelegt.

Es ist, um die These mit anderen Worten wiederzugeben, die Persistenz durch die Zeit eines Vorkommnisses natürlicher Arten unabhängig von Konventionen gegeben. Es ist nicht von Konventionen abhängig, wann ein Vorkommnis natürlicher Arten beginnt. Das wäre der *genetische Aspekt* dieser Persistenzthese[24]. Und es ist „von Natur aus" festgelegt, wie seine Persistenz verläuft. Das wäre der *Kontinuitäts-Aspekt*.[25]

Der Kontinuitäts-Aspekt ergibt sich m.E. aus der gegebenen Bestimmung der individuellen Form von Vorkommnissen natürlicher Arten, zusammen mit AUT. Und zwar deshalb, weil ein notwendiger Bestandteil dieser individuellen Form ein Entwicklungs-(und Replikations-)plan ist. Ist dieser im Sinne von AUT unabhängig von jedwedem Bewusstsein, kann die Persistenz eines Vorkommnisses natürlicher Arten, die ja von diesem Entwicklungspan abhängt, nicht wieder konventionell festgelegt sein. (Es sei denn, man meint, dass die Persistenz eines Vorkommnisses natürlicher Arten trotz oder zusätzlich zu ihrem „natürlichen" individuellen Entwicklungsplan auch noch konventionell zu verstehen ist. Das aber ist kein intelligibler Standpunkt.) Wenn man möchte, könnte man diese Überlegungen stützen durch die Ausformulierung eines Kriteriums für die Entscheidung

---

[24] Vgl. Rapp 1995, 485. Sein Beispiel: „Wenn sich [...] die Frage ergibt, wann die Existenz des Frosches beginnt, dann wird dies nicht eine Frage der Festsetzung sein ...".

[25] Hier bevorzugt Rapp (ebd.) eine Katze als Beispiel: „Worum es geht, ist vielmehr, dass wir uns nicht im Ernst überlegen, ob wir die Existenz unserer Katze um zwölf Uhr mittags als beendet betrachten wollen oder nicht ...".

zwischen numerischer Einheit bzw. Vielheit durch die Zeit hindurch, das nicht auf konventioneller Festlegung beruht: Bei einem Vorkommnis y einer natürlichen Arten besteht Persistenz zu einem Vorkommnis x, genau dann, wenn sich die geschlossene Organisationsstruktur etc. von y aus dem, mit seiner Organisationsstruktur gekoppelten Entwicklungsplan von x entwickelt hat[26]. (Damit ist klar, dass „x" und „y" im Fall des Vorliegens der ins Auge gefassten Entwicklungskontinuität für ein und dasselbe Individuum stehen; im Fall des Nichtvorliegens freilich für verschiedene Individuen.)

Auch dieses Kriterium ist bei Vorkommnissen unterschiedlicher species infimae offensichtlich unproblematisch, weil sich keine Organisationsstruktur etc. einer Art aus einer anderen entwickeln kann. Auch für Vorkommnisse derselben species infimae dürfte im Regelfall sowohl das Kriterium klar, als auch seine Anwendung einfach sein. Natürlich wird es auch hier Problemfälle geben, die sich v.a. aus der praktischen Problematik ergeben, Vorkommnisse natürlicher Arten in ihrer Entwicklung beständig nach dem gegebenen Kriterium zu beobachten. Ich meine aber, dass das kein Problem des Kriteriums selbst ist.

Auf den ersten Blick gesehen könnte es hinsichtlich des genetischen Aspekts Probleme geben. Und zwar unter der Rücksicht, dass die Frage nach dem Beginn eines Vorkommnisses natürlicher Arten unter mancherlei Rücksicht eine kontroverse Sache ist. Ohne jetzt ins Detail zu gehen und Gefahr zu laufen, in bioethische Debatten abzugleiten, möchte ich doch erwähnen, dass manche meinen, diese Kontroversen könnten nur durch konventionelle Einigung über den Beginn von Vorkommnissen natürlicher Arten entschieden werden. – Vor dem Hintergrund eines ontologischen Rahmens, der individuelle Formen vorsieht, stellt sich das Problem des Beginns eines Lebewesens als die Frage, *ab wann* tatsächlich seine vollständige individuelle Form vorliegt.[27] Wenn, wie hier angenommen, die individuelle Form von Vorkommnissen natürlicher Arten nicht abhängig von menschlichem Bewusstsein ist, kann aber die Frage nach ihrem Beginn

---

[26] Romorales 2002, 220, spricht davon, dass ein nicht-konventionelles Kriterium für die Persistenz von Vorkommnissen natürlicher Arten „am-Leben-bleiben" ist. „They are the same as long as they remain alive". Er sieht hier einen wesentlichen Unterschied zu Artefakten, von denen es keine nicht-konventionelle Bestimmung der Persistenz gibt.

[27] Hier kann ich auf Arbeiten von Barry Smith und Berrit Brogard verweisen, die einer (nicht-konventionalistischen) Lösung des Problems des Beginns von Vorkommnissen nicht-natürlicher Arten nachgehen. Siehe u.a. Cohnitz / Smith 2003.

nicht konventionell entschieden werden. Und allein darauf kommt es uns in diesem Kontext an.

(3) Im Kern setzt also jede inhaltliche Begründung von Thesen im Bereich von I non-Konv da an, dass die Identität jedes Vorkommnisses natürlicher Arten mit seiner individuellen Form gegeben ist, diese individuelle Form aber, in allen geschilderten Aspekten, unabhängig von jedwedem Bewusstsein (und folglich unabhängig von Konventionen) verstanden werden muss. Hat man dies im Auge, lassen sich auch weitere Zweifelsfälle und darauf aufbauende Einwände lösen.

So könnte man, um gegen meine Thesen zu argumentieren, nach der Möglichkeit von Parallelen zwischen Artefakten und Vorkommnissen natürlicher Arten fragen: Was hindert uns etwa, Konventionen einzuführen, denen zufolge wir die Persistenz eines Individuums, z.B. des Schafes Susi, über ihren (mehr oder weniger) natürlichen Tod hinaus verlängern? Warum wollen wir nicht die Steak-Summe, welche die „Nachfolge" von Susi angetreten hat, weiter als Susi erachten? - Meines Erachtens ist diese Betrachtungsweise unzutreffend. Mit Susis Tod geht ihre individuelle Form zu Grunde, und zwar dadurch, dass die geschlossene Organisationsstruktur etc. zerstört wird. Ohne individuelle Form aber keine Identität. Wenn es noch zusätzlicher Argumente bedürfte, könnten wir darauf hinweisen, dass Steak-Summe gar keine species infima im eingeführten technischen Sinn ist, nach dem Tod Susis also kein *Ding* vorliegt, das ihre Nachfolge antreten könnte.

Um noch eine andere Stoßrichtung möglicher Kritik anzudeuten, möchte ich anführen, dass es aufgrund der Nicht-Konventionalität der Persistenz von Vorkommnissen natürlicher Arten in ihrem Bereich auch keine Analogie zur fragwürdigen Geschichte des Theseus-Schiffes geben kann. Und zwar aus prinzipiellen Gründen. Verliert ein Vorkommnis natürlicher Arten Teile bzw. erhält es neue hinzu, so lässt sich doch stets eindeutig sagen, ob die für die Persistenz maßgebliche Kontinuität einer geschlossenen Organisationsstruktur etc. nach einem Entwicklungsplan vorliegt oder nicht, und wo bzw. an welchem Individuum diese stattfindet. Selbst dann, wenn die abgestoßenen Teile in einen anderen Organismus integriert würden, was ja theoretisch der Fall sein könnte. Daraus ergibt sich auch beim Austausch von Teilen und deren anderwärtiger Wiedereingliederung eine vorgegebene, d.h. nicht konventionell korrigierbare Laufbahn eines Individuums.

Als letzten Problemfall möchte ich einen Regenwurm schildern, dessen Teile sich nach erfolgter Trennung eigenständig zu neuen Individuen weiterentwickeln. (Analog würde ich die Fortpflanzung von Einzellern durch Teilung interpretieren.) Liegt hier ein Phänomen vor, das uns, bei den gegebenen Annahmen, in Probleme im Kontext „gesplitteter Existenz" bringt? Brauchen wir hier konventionelle Deutungen der Persistenz, um angeben zu können, wer identisch ist mit dem ursprünglichen Regenwurm U: der sich aus Teil A oder der sich aus Teil B entwickelnde Regenwurm? - Ich denke, dass dies in Anwendung der hier gegebenen Bestimmung der individuellen Form von Vorkommnissen natürlicher Arten, wie es Regenwürmer sind, und unserem Persistenzkriterium nicht erforderlich ist. Der ursprüngliche Regenwurm U hat eine geschlossene Organisationsstruktur etc. Diese besteht bis zur Trennung von U in die Teile A und B. Bei dieser Aufteilung geht die geschlossene Organisationsstruktur von U, damit die individuelle Form von U, und somit das Individuum U zu Grunde. Sollten sich tatsächlich sowohl aus A als auch aus B eigenständige Regenwürmer entwickeln, so deshalb, weil neue, eigenständige und geschlossene Organisationsstrukturen etc. entstehen, die als individuelle Formen neuer Regenwürmer zu verstehen sind. Die Persistenz der neuen Regenwürmer ist nach dem gegebenen Kriterium zu beurteilen, hat aber, und das ist der springende Punkt, mit U nichts mehr zu tun.[28]

Ich denke, dass sich auch andere Beispiele „alternativer" Laufbahnen auf eine der Weisen behandeln lassen, wie sie eben geschildert wurden. Damit möchte ich dabei bleiben, Dinge anzunehmen, deren Identität bzw. Persistenz nicht Produkt konventioneller Festlegungen sein können.

1.23 Die Artzugehörigkeit von Vorkommnissen natürlicher Arten

(1) Für alle Dinge gilt, so haben wir ihren Unterschied zu Ereignissen festgelegt, dass sie zu ein und demselben Zeitpunkt genau einer species infima angehören. Für Artefakte aber ist anzunehmen, dass die Einzigkeit in ihrer Artzugehörigkeit *nur* für einen bestimmten Zeitpunkt, nicht aber diachron gilt. Vorkommnisse natürlicher Arten aber können weder synchron, noch diachron zwei Arten angehören. Sie sind zeit ihrer gesamten Existenz auf

---

[28] Anders liegt der Fall eines Regenwurmes U, der sich trotz Absonderung eines Teiles A in der Größe seiner halben Körperhälfte weiterentwickelt, der abgesonderte Teil A aber leblos verkommt. A wird aus der geschlossenen Organisationsstruktur von U ausgeschieden, Persistenz besteht aber, nach dem gegebenen Kriterium, zwischen U vor Abtrennung von A und U nach Abtrennung von A.

diese ihre eine Art festgelegt. Ich nenne diese These in Fortführung des hier gewählten Schemas *Dia non-mult Art*, wobei gilt:

> Dia non-mult Art: Vorkommnisse natürlicher Arten können im Verlauf ihrer Persistenz nicht verschiedenen Arten angehören.

Dia non-mult Art mag nun als Antwort auf zwei verschiedene Fragestellungen gelesen werden. Die erste ist, ob ein Vorkommnis im Verlauf seiner Persistenz *mehr als einer natürlichen Art* angehören kann. Die zweite aber ist, ob ein Vorkommnis im Verlauf seiner Persistenz *zuerst einer natürlichen, dann einer artifiziellen Art* angehören kann. Dia non-mult Art behauptet eine negative Antwort auf beide Fragestellungen. Auf die erste Frage bezogen können wir Dia non-mult Art ausformulieren: Ist ein Individuum x durch eine für die Art F charakteristische geschlossene Organisationsstruktur O-F, auf O-F ausgerichtete Regulationsprinzipien, schließlich mit einem mit O-F gekoppelten Entwicklungs- und Replikationsplan bestimmt, kann es nicht identisch sein mit einem Individuum y, welches durch eine für die natürliche Art G charakteristische geschlossene Organisationsstruktur O-G etc. determiniert ist, wenn F und G unterschiedliche species infimae sind. Auf die zweite Frage bezogen: Ist ein Individuum x durch eine für die Art F charakteristische geschlossene Organisationsstruktur O-F, auf O-F ausgerichtete Regulationsprinzipien, schließlich mit einem mit O-F gekoppelten Entwicklungs- und Replikationsplan bestimmt, kann es nicht identisch sein mit einem Individuum y, welches durch für die artifizielle Art H charakteristische Nutzenserwägungen N-H etc. determiniert ist.

(2) Im Abschnitt 1.13 haben wir Dia mult Art bei Artefakten an der Konventionalität ihrer Identität, genauer: ihrer Persistenz, festgemacht. Die Konventionalität der Identität ist stark genug, um die diachrone Mehrheit der Artzugehörigkeit zu gewährleisten. Für Vorkommnisse natürlicher Arten aber gilt, wie wir im vorherigen Abschnitt gesehen haben, die Konventionalität ihrer Identität nicht. Also fällt das Argument für die Annahme der Möglichkeit ihrer multiplen Artzugehörigkeit weg. Deduktiv begründet wäre Dia non-mult Art natürlich erst, wenn I Konv für das Gegenteil, nämlich Dia mult Art, nicht nur als hinreichend (wie in 1.13 argumentiert wurde), sondern auch als notwendig erachtet würde. Dann nämlich folgte für Dinge, deren Identität nicht konventionell festgelegt wird, die Einzigkeit ihrer Art im gesamten Verlauf ihrer Persistenz. - Ich denke aber, dass wir beim Erweis der Gültigkeit unserer These nicht auf die Ableitung aus ge-

gebenen Bestimmungen angewiesen sind. Wir verlassen uns dabei vielmehr (um zunächst beim Szenario der ersten Fragestellung zu bleiben) auf die „physikalische"[29], besser biologische Faktizität, dass es kein Vorkommnis gibt, das im Verlauf seiner Persistenz mehreren natürlichen Arten angehört. Damit interpretieren wir Dia non-mult Art so, dass in der aktuellen Welt kein Vorkommnis einer natürlichen Art die Entwicklungskapazität (das „Können" des Wechsels) von einer species infima zu einer anderen hat.

Ist es begrifflich aber nicht doch möglich, Dinge mit nicht-konventionell festgelegter Identität anzunehmen, die diachron zwei natürlichen Arten angehörten? – Ich möchte das hier offen lassen; auch auf die Gefahr hin, dass wir so Hunde nicht vor möglichen Welten schützen, in denen sie zu Katzen werden, oder Regenwürmer zu Schlangen etc. Der Unterschied zwischen Vorkommnissen natürlicher Arten und Artefakten scheint mir dennoch auch unter der Rücksicht Artzugehörigkeit hinreichend klar. Und darauf möchte ich hier ja hinaus.

(3) Möglicherweise könnte jemand aber auf die Idee kommen, Dia non-mult Art auch in dieser Welt zu problematisieren, und zwar unter Berücksichtigung der zweiten Fragestellung. Denken wir z.B. an den Fall (Tierfreunde mögen das Beispiel verzeihen), dass ein armer Hirsch (mit prächtigem Geweih) erlegt, präpariert und zu einem Hutständer gemacht wird. Liegt hier nicht der Fall *eines* Individuums vor, das zuerst, als Hirsch, Vorkommnis einer natürlichen Art ist, dann aber, als Gebrauchsgegenstand, Vorkommnis einer artifiziellen species infima? Besteht m.a.W. nicht Persistenz zwischen dem lebenden Hirsch und dem Artefakt? Bzw.: Ist es nicht doch Sache der Konvention zu entscheiden, ob hier Persistenz vorliegt oder nicht? – Dagegen meine ich, dass diese traurige Geschichte so zu interpretieren ist, dass der Hirsch mit seinem Tod aufhört, ein Vorkommnis einer natürlichen Art zu sein, und damit als Individuum zu existieren. Persistenz zwischen Tier und Artefakt kann nicht bestehen, wenn wir vom lebendigen Hirsch ausgehen und das in II-1.22 vorgeschlagene Persistenzkriterium anwenden. Der mit seiner geschlossenen Organisationsstruktur gekoppelte Entwicklungsplan sieht nämlich keinesfalls die Entstehung eines Artefakts vor. Die Organisationsstruktur wird mit dem Tod zerstört, das Individuum Hirsch geht wie gesagt zu Grunde. Auch kann es nicht Sa-

---

[29] Nach Lowe 1998, 55 kann die Möglichkeit, dass aus einer Katze ein Hund wird, nicht logisch, sondern nur physikalisch ausgeschlossen werden. Diese These hat er bereits in *Kinds of Beings* entwickelt: ders. 1989, 103.

che der Konvention sein zu entscheiden, ob Persistenz besteht oder nicht. Konventionen hinsichtlich der Persistenz greifen erst ab der Herstellung des Artefakts aus den sterblichen Resten des Hirsches, nicht bereits zur Zeit des Bestehens des Vorkommnisses einer natürlichen Art. Also ist auch die Frage nach der Beziehung von lebendem Hirsch und Artefakt keine durch Konventionen entscheidbare.

Analog dazu ist auch die Geschichte von Frau Lot aus der Bibel, zuerst Mensch, also Vorkommnis einer natürlichen Art, dann aber Salzsäule, zu interpretieren. – Bei der Erstarrung zur Salzsäule verliert Frau Lot ihren Status als Vorkommnis einer natürlichen Art. Das aber hat zur Folge, dass ihre individuelle Form im eingeführten Sinn zerstört wird. Das wiederum besagt das Ende von Frau Lot. Man kann von *ihr* nicht sagen, sie sei eine Salzsäule, wie auch immer man die Art der Salzsäulen versteht. Persistenz zwischen Mensch und Salzsäule kann nicht bestehen, weil sich aus der menschlichen geschlossenen Organisationsstruktur und ihrem Entwicklungsplan keine Salzsäule ergeben kann. Auch Konventionen greifen nicht hinsichtlich der diachronen Beziehung von Mensch und Salzsäule, weil Konventionen erst nach dem Ende des Menschen relevant werden.

1.24 Die Sachverhaltsstruktur von Vorkommnissen natürlicher Arten

(1) Im ersten Hauptteil habe ich versucht aufzuzeigen, dass bei den Dingen, im Unterschied zu den Ereignissen, die Sachverhaltsstruktur synchron eindeutig bestimmt ist (I – 4.34). Das ergibt sich daraus, dass bei Dingen sowohl der Material- als auch der Formaspekt von ihrer Art abhängen, und Dinge synchron nur einer einzigen Art angehören. Im Unterschied zu Artefakten gilt nun aber für Vorkommnisse natürlicher Arten diese Einzigkeit in der Bestimmung ihrer Sachverhaltsstruktur nicht nur synchron, sondern auch *diachron*. Ich formuliere die entsprechende These nach dem gewohnten Schema:

> Dia non-mult Strukt: Vorkommnisse natürlicher Arten unterliegen in ihrer Sachverhaltsstruktur (auch) im Verlauf ihrer Persistenz einer einzigen Bestimmung.

Dia non-mult Strukt ist durch Dia non-mult Art in hinreichender Weise zu begründen. Und zwar deshalb, weil, um es zu wiederholen, sowohl der Form- als auch der Materialaspekt der Sachverhaltsstruktur aller Dinge, also auch der Vorkommnisse natürlicher Arten, von ihrer Art abhängen. Gehört ein solches Vorkommnis auch diachron nur einer einzigen Art an, ist ausgeschlossen, dass es diachron in seiner Sachverhaltsstruktur unterschiedlichen Bestimmungen unterliegt.

Wenn man möchte, könnte man auch Dia non-mult Strukt im Hinblick auf die im vorhergehenden Abschnitt II-1.23 auseinander gehaltenen Fragestellungen differenzieren. Demnach geht es nicht, dass die Sachverhaltsstruktur eines Vorkommnisses einer natürlichen Art F im Verlauf seiner Persistenz durch eine von F verschiedene, natürliche species infima G bestimmt ist. Und es ist ausgeschlossen, dass ein Vorkommnis einer natürlichen Art irgendwann in seiner Sachverhaltsstruktur durch eine artifizielle species infima determiniert ist. Außerdem ist es ausgeschlossen, dass eine Entscheidung, ob ein Vorkommnis natürlicher Arten in seiner Sachverhaltsstruktur doch irgendwann durch eine artifizielle Art bestimmt ist, oder nicht, Sache der Konvention wäre.

(2) Die m.E. einfach zu gebende Begründung von Dia non-mult Strukt entbindet uns nicht vom Erfordernis der Erläuterung der These. Führen wir uns dazu ein letztes Mal vor Augen, worin die Sachverhaltsstrukturen von Dingen im Allgemeinen, sowie jene von Vorkommnissen natürlicher Arten im Besonderen bestehen. Die Sachverhaltsstruktur aller Dinge ist ein Kompositum aus Form- und Materialaspekt. Letzterer macht das *Woraus* etwas ist aus, ersterer das *Wie* es eben geformt ist. Bei Vorkommnissen natürlicher Arten ist der Formaspekt nicht (wie bei Artefakten) durch bewusstseinsabhängige Nutzenserwägungen etc. bedingt, sondern durch die mit ihrer Art gegebene bewusstseinsunabhängige geschlossene Organisationsstruktur, auf diese ausgerichtete Regulationsprinzipien, und schließlich mit einem entsprechenden Entwicklungs- und Replikationsplan. Bei Artefakten hängen Anordnungsprinzipien für die Teile, welche das jeweilige Woraus oder den materialen Aspekt ausmachen, mit jenen Funktionen zusammen, welche durch die jeweiligen Nutzenserwägungen bedingt sind. Bei Vorkommnissen natürlicher Arten ist es analog zu sehen: Auch hier hängt der Materialaspekt, oder das Woraus ein solches Ding ist, ab von der jeweiligen Organisationsstruktur. Das Material eines Vorkommnisses natürlicher Arten besteht genau aus jenen Bestandteilen, die in die jeweilige Organisationsstruktur eingebunden sind. Wie dieses Material beschaffen ist, und die Organisationsstruktur welcher Art welches Material bedingt, lehrt uns die organische Chemie, bzw. den weiteren Aufbau materialer Teile im Hinblick auf eine bestimmte Organisationsstruktur die Biologie, welche auch ganz hervorragend Auskunft gibt über den Austausch materialer Teile aufgrund der mit einer Organisationsstruktur verbundenen Regulationsprinzipien.

Weiterer Erläuterungen bedarf zunächst die mit Dia non-mult Strukt gegebene These von der (auch diachronen) Einzigkeit der Determination des *Formaspekts* von Vorkommnissen natürlicher Arten. Und zwar deshalb, weil dieser Formaspekt bei Vorkommnissen natürlicher Arten stets einer Dynamik unterworfen ist, welche eine Abänderung dieses Formaspekts, in der gegebenen Beschreibung - geschlossene Organisationsstruktur etc. -, bedingt. (Zur Erinnerung: Bei den Artefakten kann der Formaspekt statisch sein, und selbst wenn er dynamische Elemente aufweist, dann auf typisch artifizielle, nicht mit natürlichen Vorkommnissen vergleichbare Wiese; worauf ich bereits im Abschnitt 1.14 aufmerksam machen durfte). Dass diese Dynamik nicht gegen die Einzigkeit der Determination des Formaspekts von Vorkommnissen natürlicher Arten spricht, hängt damit zusammen, dass die Dynamik selbst besagter (sortaler) Determination unterliegt. Ein Aspekt der Form eines Vorkommnisses natürlicher Arten ist ja ein Entwicklungsplan. Ist dieser von einer einzigen Art bestimmt, so auch die mit ihm gegebene Dynamik, in Konsequenz die damit einhergehende Abänderbarkeit der Form. M.a.W. ist die Dynamik als dem jeweiligen Formaspekt intrinsisch aufzufassen. Ist Letzterer einzig bestimmt, so auch die Erstere.

Der Formaspekt unseres Schafes Susanne, um endlich wieder auf sie zu sprechen zu kommen, ist dynamisch, und zwar solange Susi lebt. Susi entwickelt sich („ihre Organisationsstruktur" etc.) gemäß des mit ihrer Art gegebenen Plans. Möglicherweise könnte man von hier aus auch den Tod Susis verstehen, und zwar als das Aufhören der durch ihre Art einzigartig bestimmte dynamische Entwicklung ihrer Form.

Auch der Materialaspekt der Sachverhaltsstruktur erfordert nähere Beachtung, vor allem unter der Rücksicht dessen, was mit „Einzigkeit seiner Bestimmtheit" bzw. überhaupt mit „seiner Bestimmtheit" gemeint ist. - Was damit nicht gemeint sein kann ist, dass jene materiellen Partikel, die faktisch den besagten Materialaspekt ausmachen[30], bestimmt wären. Schon allein der beständige Austausch konkreter Materialteile in einem Vorkommnis natürlicher Arten, macht dies klar. Angesichts der Integration nicht-natürlicher Bestandteile in Vorkommnisse natürlicher Arten (Stichwort „Transplantationschirurgie" bzw. „künstliche Organe") ist auch Vorsicht angebracht, die Bestimmtheit des Materialaspekts an der Beschaffenheit konkreter Teile festzumachen[31]. Das Faktum nicht-organischer Teile in

---

[30] Zur Distinktion zwischen „materiell" und „Material-" siehe die Ausführungen im ersten Teil I – 4.2 (3).
[31] HR 1997 unterscheiden in diesem Zusammenhang verschiedene „degrees of naturalness" (ebd. 118-21), die durch den Einbau nicht natürlicher Bestandteile in

natürlichen Organisationssystemen verbietet es sogar, den Materialaspekt allgemein am Erfordernis, dass seine Teile Kohlenstoffverbindungen sein müssen, festzumachen. – Die Bestimmtheit auch des Materialaspekts der Sachverhaltsstruktur von Vorkommnissen natürlicher Arten ist unter der Rücksicht zu verstehen, dass der Materialaspekt durch den Formaspekt bedingt ist. Er erhält seine Bestimmtheit vom jeweiligen Formaspekt. Als das Material eines Vorkommnisses natürlicher Arten kann nun all das (und nur das) fungieren, das in seine individuelle Form integriert werden kann: Was, um es wieder kompliziert zu sagen, aufgrund der, mit der individuellen Form gegebenen Regulationsprinzipien in seine geschlossene Organisationsstruktur integriert werden kann. Ist nun der Formaspekt der Sachverhaltsstruktur von Vorkommnissen natürlicher Arten auch diachron und in seiner Dynamik einzig sortal bestimmt, so über diesen mittelbar auch der Materialaspekt.

Dass der Materialaspekt als solcher, d.h. unabhängig vom jeweiligen Formaspekt, für die Bestimmtheit von Sachverhaltsstrukturen, wenig beizutragen vermag, kann durch die Feststellung gestützt werden, dass Formen verschiedener Arten durchaus ähnliche Erfordernisse hinsichtlich des Materialaspekts implizieren. Je näher sich die Arten stehen, umso ähnlicher wird der materiale Aufbau der unter sie fallenden Individuen. Das macht aber nichts. Für die hier relevante Bestimmung von Vorkommnissen natürlicher Arten zählt ausschließlich die Sachverhaltsstruktur als Ganze. Und die ist, wie gesehen, schon aufgrund der jeweiligen Eigentümlichkeit ihres Formaspekts in ihrer Bestimmtheit zu verstehen.

1.25 Epilog und Ausblick: Lebewesen sind Substanzen

Natürliche Arten hängen in keiner Weise, also weder genetisch noch kontinuierlich, von einem Bewusstsein ab. Dasselbe gilt für individuelle Dinge, die unter sie fallen. Die Identität von Vorkommnissen natürlicher Arten ist nicht konventionell festgelegt. Wenn man so will, ist sie „von Natur aus" gegeben. Vorkommnisse natürlicher Arten gehören sowohl synchron als auch diachron genau einer species infima an. Deshalb unterliegt auch ihre Sachverhaltsstruktur nicht nur synchron, sondern auch diachron einer einzigen Bestimmung.

Solche Vorkommnisse natürlicher Arten oder Lebewesen, und nur diese, nenne ich nun, wie in der Einleitung zum Hauptteil II angekündigt,

---

Organismen beeinflusst werden. Ihnen zufolge gibt es also hinsichtlich der Natürlichkeit von Vorkommnissen Grade.

„Substanzen". Damit schlage ich vor, innerhalb der *Kategorie* der Dinge die *Genera* der Artefakte und der eben eingeführten Substanzen zu unterscheiden.

Dieser Vorschlag eines ontologischen Ordnungsschemas hat Klärungsbedarf. Eine Diskussionsebene ist markiert durch Fragen wie: Kann man die Grenzen zwischen Artefakten und Lebewesen überhaupt klar ziehen? Viele Tiere werden von uns Menschen mit einem „Nutzen" versehen, bei manchen führt diese Verzweckung so weit, dass man sogar von der Hervorbringung neuer Arten von Lebewesen durch menschliche Zwecksetzungen sprechen kann, etwa durch Genmanipulation. Entstehen dabei nicht *artifizielle* Arten von Lebewesen? Auf der anderen Seite kann man bezüglich Artefakten Gedankenexperimente anstellen, die auf eine selbstständige Weiterentwicklung und Reproduktion bestimmter Maschinen, z.B. komplexer Roboter, hinauslaufen. Nehmen diese nicht Merkmale von Vorkommnissen natürlicher Arten an? – Diese und ähnliche Fragen werde ich versuchen zu klären im Abschnitt II-3, insbesondere in II-3.2, wo über die Begründung, aber auch über die Konsequenzen der Annahme der *kategorialen Einheit* von Artefakten und Lebewesen oder Substanzen gehandelt wird. Um es vorwegzunehmen: Dort liegt auch die Entschärfung der Gefahr von „Grenzgängern" für unser Ordnungsschema.

Eine andere, bereits zu Beginn von II – 1.2 angedeutete Frageebene betrifft die Verteidigung meiner Behauptung der Extensionsgleichheit von „Vorkommnisse natürlicher Arten" und „Lebewesen" bzw. „Lebewesen" und „Substanzen". Diese werde ich nun angehen.

1.3 Quasi-Individuen und andere abgewiesene Substanz-Kandidaten

Die Diskussion von möglichen und faktischen Einwänden gegen meine begrifflichen Festlegungen mag helfen, die damit gekoppelten Thesen weiter zu erläutern, und von hier aus auch noch zusätzliche Unterscheidungen im Bereich der Dinge (und darüber hinaus) anzustellen: Gibt es nicht doch unbelebte Vorkommnisse natürlicher Arten, gar unbelebte Substanzen? Atome, Massenportionen, darunter natürliche Formationen wie Berge und Seen werden in der Literatur als Beispiele genannt. Weiters: Was sind Dinge wie Kunstwerke, Ausstellungsstücke o.ä. Es sind keine Artefakte in eingeführtem Sinne. Sollte man sie (deshalb) als Substanzen erachten, obwohl sie keine Lebewesen sind?

Bei meiner Beantwortung dieser Fragen ist zunächst einmal Bescheidenheit angesagt. Es kann hier nicht die Absicht sein, eine vollständige Ontologie all dieser Gebilde vorzulegen. Der Duktus dieses Buches geht von *Dingen* im Allgemeinen (unter Abhebung von nicht-dinglichen Partikularien), über *Substanzen* (unter Abhebung von nicht-substantiellen Dingen) verstanden als Lebewesen, hin zu den *Personen* (welche unter Abhebung von nicht-personalen Lebewesen bestimmt werden sollen). Nichtsubstantielle Dinge und andere „abgewiesene Kandidaten" für den Substanz-Status kommen hier (wie auch die nicht-dinglichen Partikularien im ersten Teil) nur insofern ins Blickfeld, als sie uns bei der Verfolgung dieses „roten Fadens" helfen. Somit möchte ich mich bei meiner Einteilung der angesprochenen Gebilde auf das Legen grober Linien beschränken; und das auch nur unter der Rücksicht der Verteidigung meiner These der Extensionsgleichheit von „Substanz" und „Lebewesen".

Die angekündigten groben Linien eines ontologischen Rahmens für die genannten Substanzkandidaten werden unterscheiden zwischen solchen, die sich als hypostasierte Modelle bzw. als abstrakte Individuen herausstellen (Atome, 1.31), solchen, die als „Quasi-Individuen" einzustufen sind (u.a. Massenportionen, 1.32), und solchen, die zwar als Dinge, aber eben auch nicht als Substanzen aufzufassen sind (Kunstwerke u.ä., 1.33).

1.31 Atome

(1) „Atom" ist weder hinsichtlich seiner Intension, noch seiner Extension eindeutig bestimmt. Wenn man von Atomen spricht, tut man deshalb gut daran zu klären, worüber man eigentlich redet.

Eine erste Verwendungsweise von „Atom" mag jene sein, die sich an dem orientiert, was manche Naturwissenschaftler als kleinste Bausteine der materiellen Wirklichkeit ausweisen. „Physikalische" oder „physische" Atome bestehen, je nach Element, aus unterschiedlich vielen Protonen, Neutronen und Elektronen. Es tut hier nichts zur Sache, ob die aktuelle Forschung bereits basalere subatomare Bauteile nachweisen konnte, etwa Neutrinos, Quarks o.ä. Die ontologische Frage ist vielmehr, ob man nicht auch von physischen Atomen annehmen könnte, sie hätten eine *sachverhaltsartige Struktur*: eine *Form*, die sich an ihrer Elementzugehörigkeit orientieren mag, und einen *Material-Aspekt*, der entsprechend der jeweiligen Form das Woraus eines Atoms ausmachte. Dann wären Atome Dinge, von denen man gut und gerne fragen könnte, warum man sie aus dem Bereich der Substanzen verbannt. Sie weisen ja auch Merkmale auf, die man traditionell Substanzen zuspricht: Sie seien Träger von Eigenschaften und in einem durchaus nicht-metaphorischen Sinne unabhängig. Hat man jene Bilder vor Augen, die etwa in Klassenräumen von Mittelschulen den Aufbau von Atomen illustrieren, könnte man durchaus in diese Richtung spekulieren. - Das Problem ist nur, dass es sich bei diesen Bildern, die z.B. Elektronen als kleine Kugeln darstellen, welche um einen Atomkern, gebildet aus Protonen und Neutronen, kreisen, *Modelle* sind. Und zwar solche, die nicht den Anspruch erheben können, eine realistische Abbildung des Dargestellten zu sein, wie es zum Beispiel Fotos von alltäglichen Gegenständen sind.[32] Jede Darstellung von physischen Atomen ist wesentlich von theoretischen Interessen, Versuchsanordnungen, ja konkreten Fragerichtungen geprägt. Die Frage, ob Atome „wirklich" so sind, wie sie in den Schaubildern dargestellt werden, belächeln Naturwissenschaftler milde.

Was auch immer nun physische Atome „wirklich" sind bzw. woraus sie „wirklich" bestehen: Sie bzw. ihre Bestandteile weisen jedenfalls, nach naturwissenschaftlichen Standardtheorien, Merkmale auf (z.B. mangelnde Identität durch die Zeit, z.T. sogar mangelnde Materialität), die es ausschließen, sie als Substanzen in einen kategorialen Rahmen einzuordnen[33]. Revisionäre Ontologen, mit denen ich unter dieser Rücksicht (ausnahmsweise) übereinstimme, nehmen dies zum Anlass, Substanzen überhaupt zu leugnen[34]. Womit ich natürlich überhaupt nicht mehr übereinstimme. Was ich hier, ohne in Grundsatzdebatten abzugleiten, festhalten möchte ist, dass

---

[32] Vgl. u.a. auch Hofmann 2005, 88f und die dort angeführten Literaturhinweise. Hofmann negiert den Ding-Status quantenmechanischer Teile.
[33] Das ist die Hauptthese von Simons 1998.
[34] Vgl. ebd.

physische Atome keine Gefahr für unsere These von der Extensionsgleichheit von „Lebewesen" und „Substanz" sind. Die kleinsten Einheiten der physikalischen Wirklichkeit sind natürlich keine Lebewesen, aber eben auch keine Substanzen.

(2) Manche Autoren führen Atome ein als kleinste, einfache, unteilbare, materielle Einheiten[35]. „Kleinst" mag heißen, dass es keine basaleren Einheiten gibt; „einfach", dass sie innerlich nicht in weitere Komponenten, etwa „Natur" und „Individuationsprinzip" bzw. Form- und Materialaspekt gegliedert werden können; „unteilbar", dass sie keine echten Teile aufweisen; „materiell", dass sie als solche Materie aufbauen. Im Unterschied zu der eben behandelten Verwendung von „Atom" kann damit keinerlei aktueller naturwissenschaftlicher Anspruch, auch nicht zur Erarbeitung von Modellen, erhoben werden. Zumindest wenn man die Demokritsche Theorie des Bestands der Materie nicht zur aktuellen Naturwissenschaft zählt. Ich möchte diese Atome „metaphysische" nennen, um sie von den „physischen" abzugrenzen. Für unseren Kontext besonders interessant sind metaphysische Atome, weil sie, u.a. von Hoffman / Rosenkrantz, als Substanzen aufgefasst werden[36]. Metaphysische Atome sind für HR neben Lebewesen (und anderen Gebilden, die noch behandelt werden) Vorkommnisse der Kategorie der Substanzen. Das bedeutet für HR v.a., dass metaphysische Atome *unabhängig* von anderen Entitäten (ihrer Art, wie HR betonen, was hier keine Rolle spielt) existieren.

Wenn der hier vorgeschlagene ontologische Rahmen, welcher Lebewesen, und nur solche, als Substanzen vorsieht, adäquat sein soll, dann muss ich sachliche, sprich ontologische Gründe vorbringen, warum metaphysische Atome in diesem Rahmen nicht zu den Substanzen gezählt werden. – Alle möglichen Argumente, die hier anzuführen wären, werden durch einen radikalen sachlichen Grund hinfällig: Metaphysische Atome können deshalb nicht zu den Substanzen gezählt werden, weil es kein Motiv oder gar Argument gibt, weder empirisch, noch im Sinne einer ontologischen Analyse, für deren Existenz. Ganz im Gegenteil: Ich halte den Begriff eines unteilbaren materiellen Partikels für in sich widersprüchlich. Ist doch

---

[35] HR 1994, u.a. 69. Als klassisches Vorbild für diese Bestimmung von Atomen kann übrigens John Locke dienen, vgl. ders., *An Essay Concerning Human Understanding*, u.a. 330.

[36] HR 1997, u.a. 151. Auch Jonathan Lowe spricht mitunter von „einfachen Substanzen" ohne innere Struktur. Siehe Lowe 2003b, 80.

Materialität notwendig verknüpft mit Ausdehnung, Ausdehnung aber mit Teilbarkeit. Existiert etwas nicht, kann es keine Substanz sein.

In der Tat scheint mir die Annahme von kleinsten, einfachen, unteilbaren, materiellen Einheiten auf (metaphysischen) Spekulationen zu gründen, die ihrerseits auf Abstraktionen bzw. Idealisierungen beruhen. Man abstrahiert aus der Ganzheit komplexer Dinge bestimmte Aspekte und spricht ihnen idealisierend (aus meiner Sicht: quasi-) substantielle Merkmale zu, etwa (relative) Unabhängigkeit, aber auch Basalität, u.a. So kommt es zu „atomistischen" Ontologien, die „metaphysical simples"[37] oder „ultimate units of metaphysical analysis"[38] annehmen. Manche abstrahieren aus der Gesamtheit eines komplexen alltäglichen Dinges einzelne konkrete Eigenschaften, hypostasieren diese und sprechen ihnen sogar den Status von Basis-Entitäten zu, die im Bündel Dinge konstituierten. In den seltensten Fällen wird diese Art metaphysischer Atome allerdings als „Substanzen" bezeichnet. Das erleichtert es uns, sie hier beiseite zu lassen.

(3) Die letzte Verwendungsweise von „Atom" kommt meines Wissens in der aktuellen Literatur nicht vor, soll hier dennoch der Vollständigkeit halber erwähnt sein. Es ist Leibniz´ Begriff von *Monaden*, die er selbst eben auch als *Atome*[39] bezeichnet und, für uns besonders relevant, als *Substanzen* kategorisiert.[40] Monaden aber haben bekanntlich keine Ausdehnung, und konsequenterweise auch keine Teile. Sieht man vom problematischen (und von Leibniz schließlich aufgegebenen) Begriff von Monaden rein körperlicher Gegenstände ab, werden diese schließlich als *Entelechien* oder *Seelen* bestimmt[41]. Sie enthalten Bau- und Entwicklungsplan von Organismen, sind so auch ihr „Lebensprinzip". Monaden sind selbst unkörperlich, obwohl sie als Lebensprinzip mit körperlichen, besser organischen Abläufen in „prästabilierter harmonischer" Verbindung stehen.

Im Unterschied zum Begriff von unteilbaren materiellen Einheiten ist jener von unteilbaren, also einfachen, nicht-materiellen Monaden durchaus stimmig. Ohne uns jetzt auf die ontologische Annahme von solchen nicht-materiellen Individuen, wie es Monaden sind, zu verpflichten, muss zumindest mit ihrer Möglichkeit gerechnet, und ihnen folglich auch ein (möglicher) Ort in unserem ontologischen Rahmen zugewiesen werden. Soll unser Ordnungsschema adäquat sein, darf dieser Ort nicht in der Extension von „Substanz" liegen. – Das lässt sich zeigen, wenn man bedenkt, dass einfache, unteilbare, nicht-materielle Entitäten keine Partikularien sein

---

[37] Van Inwagen 1990, u.a. pref. 5.
[38] Denkel 1996, u.a. 16.
[39] Leibniz, *Monadologie*, Absatz 3. U.a. dort ist von Monaden als den „wahren Atomen der Natur" die Rede.
[40] Ebd., u.a. Absatz 1.
[41] Ebd. Absatz 19.

können. Da sie dennoch Individuen sind, kommt ihnen der Status *abstrakter* Individuen zu. Abstrakte Individuen können aber nicht zu den Substanzen (in einem technischen Sinne) gehören. Würde man das annehmen, müsste man in der Extension von „Substanz" partikuläre und nicht-partikuläre Vorkommnisse unterbringen, was den Begriff für *jedes* kategorialontologische Ordnungsschema disqualifizierte. Ich schlage deshalb vor, jene ontologische Merkmale, durch die ich im ersten Hauptteil Dinge charakterisiert habe, als notwendige Mindestvoraussetzung für eine Subsumierung unter den Substanz-Begriff anzunehmen: Materialität, Konkretheit, Individualität, Komplexität (im jeweils erläuterten Sinne), aber auch diachrone Identität. Damit wären nicht nur Leibniz′ Atome, sondern u.a. auch Mengen, Klassen, aber auch Eigenschaften, Ereignisse o.ä. als Substanz-Kandidaten auszuscheiden, selbst wenn diese manche Merkmale aufweisen sollten, die traditionell den Substanzen zugesprochen werden.

Dem Vorwurf, dass diese Argumentationslinie ordnungstheoretisch ist, würde ich entgegnen, dass derartige Überlegungen im Kontext kategorialer Ontologie durchaus ihre Berechtigung haben. – Könnten diese nicht konterkariert werden durch alternative Ordnungsschemata?, mag die Kritikerin zusetzen. Was würde ich gegen eine technische Einführung von „Substanz" als Überbegriff z.B. aller abstrakten Individuen oder aller nicht-materieller Entitäten vorbringen können? – Gar nichts! Ich würde solche Schemata als mögliche Konsequenz der Negierung meines Vorschlags der Extensionsgleichheit von „Lebewesen" und „Substanz" vielmehr zu meinem Gunsten in Anschlag bringen.

Begebe ich mich mit diesen ordnungstheoretischen Überlegungen nicht in einen Zirkel, weil ich so ein Ordnungsschema ordnungstheoretisch, oder – schematisch begründen möchte? - Nein. Was zu begründen ist, ist die Adäquatheit der Extensionsgleichheit von „Lebewesen" und „Substanz". Setzte ich nun diese Extensionsgleichheit rein über ordnungstheoretische Stipulationen fest, beginge ich einen solchen Fehler. Was ich an dieser Stelle vorschlage, ist, keine Nicht-Dinge zu den Substanzen zu zählen, um den Substanz-Begriff nicht unbrauchbar zu machen. Im Bereich der Dinge bleiben genügend brauchbare Substanz-Kandidaten übrig, die durch zusätzliche ontologische Gründe abgewiesen werden müssen.

(4) Ich fasse zusammen: Atome können nicht den Substanzen zugeschlagen werden. Die Begründung dafür ist von Verwendungsweise zu Verwendungsweise von „Atom" verschieden. Im ersten Sinne physischer oder physikalischer Atome bezieht sich „Atom" auf ontologisch nicht bindende Modelle, deren genauere Bestimmung getrost den Naturwissenschaften überlassen bleiben kann. Die sind sich wenigstens darin einig, dass physikalischen Atomen wesentliche Ding-, folglich Substanz-Merkmale fehlen. Im zweiten Sinne („metaphysische Atome") stellt sich vor der Frage nach ihrem Substanz-Status grundsätzlich die nach ihrer Existenz. Im dritten

Sinne schließlich sind („Leibnizsche") Atome jenseits des Bereichs der Partikularien anzusiedeln, was ihren Substanz-Status ebenfalls ausschließt.

Um unsere These von der Extensionsgleichheit von „Substanz" und „Lebewesen" weiter zu verteidigen, können wir uns somit anderen Substanz-Kandidaten zuwenden, u.a. jenen, die in der Literatur als *Massenportionen* bezeichnet werden.

1.32 Massenportionen

Bei den Massenportionen soll hier zwischen drei Gruppen unterschieden werden. Der ersten Gruppe gehören die *einfachen Massenportionen* an, welche durch bekannte Vorkommnisse wie Goldklumpen, unbestimmte Wasser- bzw. Gasvolumina vorgestellt werden können. Die zweite Gruppe sind Bildungen entweder aus mehreren gleichartigen, aber auch ungleichartigen einfachen Massenportionen. Ich werde von ihnen als *materiellen Zusammenfügungen* sprechen. Die dritte Gruppe beinhaltet Vorkommnisse, die aus (vielen) verschiedenen Stoffen, z.T. auch stark divergierender Konsistenz, aufgebaut sind und sich quantitativ von Gegenständen der ersten beiden Gruppen abheben. Sie ist die mit Abstand diffuseste Gruppe, und umfasst beispielsweise Felsen, ja Berge, ebenso wie Seen und Meere. Ich nenne diese die Gruppe der *natürlichen Formationen*.

Die Beschäftigung mit Massenportionen ist hier schon deshalb unabdingbar, weil manche von ihnen als geradezu paradigmatische Fälle von „Vorkommnissen natürlicher Arten"[42], andere sogar (wie erwähnt) als Substanzen bezeichnet werden. Da Massenportionen natürlich keine Lebewesen sind, steht das unseren Einteilungen entgegen.

1.321 Einfache Massenportionen

Ich bringe bei meinen Ausführungen über einfache Massenportionen zunächst Argumente gegen ihre Zugehörigkeit zur Kategorie der *Dinge* vor, die in der Folge sogar gegen ihren Status als *Individuen* sprechen.

Ein Argument gegen den Ding-Status von einfachen Massenportionen geht vom Faktum aus, dass einfache Massenportionen mit Dingen raumzeitlich vollständig koinzidieren können. Der Grund dafür aber, in der hier entwickelten Terminologie gesagt, ist, dass *einfache Massenportionen* den

---

[42] Vgl. u.a. Kripke 1993, wo Wasser, Gold etc. durchgängig als Beispiele für natürliche Arten; Wassermengen und Goldklumpen aber als „Vorkommnisse natürlicher Arten" gelten.

Materialaspekt von Dingen ausmachen können, das Material eines Dinges aber mit dem Ding, das es mit-konstituiert, raum-zeitlich vollständig übereinstimmt. Gold macht das Material der Statue aus, um ein Standardbeispiel zu erwähnen; und deshalb sind die raum-zeitlichen Eigenschaften des Goldklumpens (zeit der Existenz der Statue) natürlich dieselben wie jene der Statue. Ist man nun gegen die Identsetzung von Material und Ding, oder, anders gesagt, will man daran festhalten, dass materielle Konstitution nicht Identität besagt[43]; dennoch aber die problematische Folgerung der „Kohabitation" numerisch verschiedener *Dinge* vermeiden, legt sich die hier anvisierte Lösung nahe. Im Fall der Statue koinzidiert eine Portion der Masse Gold, welche den Materialaspekt der Statue ausmacht, selbst aber kein Ding ist, vollständig mit dem durch sie mit-konstituierten Ding, eben der Statue.

Außerdem: Im Abschnitt I - 4.331 („Arten") haben wir gesehen, dass mass-terms, das sind Ausdrücke für Massen-Arten, etwa „Gold" oder „Wasser", nicht gekoppelt sind mit *Kriterien für die Identifizierung* von Gegenständen. Sie helfen uns nicht, *etwas* aus unserer Umwelt herauszuheben. Sie tragen auch nicht dazu bei, Gegenstände zu zählen. „Gold" bzw. „Wasser" in „Das ist Gold." bzw. „Dort fließt Wasser." hat keine Funktion für die Identifizierung von Gegenständen. Damit können solche mass-terms auch nicht für jene Arten im eigentlichen Sinne stehen, die als *species infimae* eingeführt wurden. Dinge, wie sie hier bestimmt wurden, müssen aber notwendigerweise Vorkommnisse von species infimae sein; was wiederum ausschließt, dass Vorkommnisse von Massen oder eben einfache Massenportionen zu den Dingen gezählt werden können.

Lebewesen-Arten, um die Gegenprobe anzuführen, wie Schaf, Regenwurm, etc. geben klar Aufschluss über die Identifizierung der unter sie fallenden Vorkommnisse. Die Anführung von *sortalen Ausdrücken* für dieselben erlaubt es, nachvollziehbare Zählungen zu formulieren. „Hier weiden drei *Schafe*." „27 *Regenwürmer* tummeln sich in diesem Erdstück" sind klare Aussagen. Das gilt analog auch für artifizielle Arten, auch wenn hier zur Klärung der mit den sortalen Ausdrücken gekoppelten Identifizierungskriterien konventionelle Festlegungen erforderlich sind. Dann aber identifizieren diese Ausdrücke und sind hinreichend für gelungene Zählakte.

Wenn man für die technische Verwendung von „Vorkommnis einer natürlicher Art" als Minimalbedingung annimmt, Vorkommnis einer species infima zu sein, fällt Kripkes Verwendungsweise übrigens als ontologisch technische weg; was die hier vertretene Extensionsgleichheit von „Lebewesen" und „Vorkommnis natürlicher Arten"

---

[43] Zur Klärung dieser Thesen vgl. Lowe 1998, 198f; aber auch diverse einschlägige Beiträge in Rea 1997, etwa den Mark Johnstons „Constitution Is Not Identity" und Hugh Chandlers „Constitutivity and Identity".

stärkt und die Begriffsbildungen Kripkes ins rechte Licht rückt: Ihm geht es nicht um ontologische Klassifizierungen, sondern um die Semantik bestimmter Ausdrücke.

Jonathan Lowe hat einfache Massenportionen (deshalb) charakterisiert als Gebilde ohne „bestimmte Zählbarkeit" (engl.: „determinate countability"[44]). Der Grund ihrer prinzipiellen (d.h. auch durch Konventionen nicht behebbare!) Unzählbarkeit liegt darin, dass ihnen, ontologisch betrachtet, wie er sagt, *kein Einheitsprinzip* innewohnt. Es lässt sich nicht sagen, welche Einheiten mit „Gold" bzw. mit „Wasser" gemeint sind. Sprachphilosophisch gesehen, lässt sich mit den genannten Ausdrücken auf nichts Bestimmtes referieren, auch nicht mit „ein Stück M" oder „ein Teil M", wenn es sich bei „M" in diesen Ausdrücken um einen mass-term handelt. Gebilde nun, auf die man nicht bestimmt referieren, die man (somit) auch nicht zählen kann - beides weil in ihnen kein Einheitsprinzip enthalten ist -, nennt Lowe auch *„Quasi-Individuen"*.

Einfache Massenportionen sind das mögliche Material von Dingen, selbst aber keine Dinge. Sie sind nicht einmal Individuen, sondern aufgrund der angeführten Gründe „Quasi-Individuen", deren Status als Entitäten sogar fragwürdig ist. Die Argumente, die gegen den Substanz-Status der Leibniz-Atome ins Treffen geführt wurden, treffen mehr noch die einfachen Massenportionen. Wir müssten die Extension von „Substanz" derart (über)-dehnen, dass es jedes ontologische Ordnungsschema zerreißen würde. Das ist ein weiterer Schritt dazu hin, Vorkommnisse natürlicher Arten mit Lebewesen gleichzusetzen, und ihnen exklusiv den Titel der Substanzen zu reservieren. So weit sind wir aber noch nicht, und so wollen wir uns der nächsten Gruppe im Bereich der Massenportionen zuwenden, die immer wieder als Substanz-Kandidaten gehandelt werden:

1.322 Materielle Zusammenfügungen

Wie in der Einleitung zu diesem Abschnitt angedeutet, sollen unter den materiellen Zusammenfügungen zweierlei Gruppen Gebilde subsumiert werden: einmal Zusammenfügungen aus mehreren *gleichartigen* Massenportionen, hier *materielle Zusammenfügungen I* genannt. Haufen etwa, die aus mehreren Portionen Sand bestehen, können hier angeführt werden. Vielleicht auch Kohleadern in Bergwerken, wenn man sie als Zusammenfügung einzelner Kohleportionen verstehen möchte. Die andere Gruppe von *materiellen Zusammenfügungen, hier: II*, machen Zusammenfügungen

---

[44] Lowe 1998, u.a. 76.

verschiedenartiger Massenportionen aus. Steine, wie sie am Wegrand liegen, sind, wenn man sie genauer betrachtet, recht deutliche Beispiele für materielle Zusammenfügungen der zweiten Gruppe: Sie bestehen normalerweise aus unterschiedlichen kleinen Massenportionen, zum Beispiel Quarzverbindungen bzw. solchen metallischer Herkunft.

Auch hier möchte ich Argumente gegen die Zugehörigkeit der behandelten Gebilde zur Kategorie der *Dinge* vorbringen, die auszuweiten sind gegen ihren Status als *Individuen*.

Warum sollen materielle Zusammenfügungen[45] keine Dinge sein? - Mein erstes Argument ist, dass zwischen einfachen Massenportionen und materiellen Zusammenfügungen ein rein quantitativer Unterschied besteht. Materielle Zusammenfügungen *bestehen einfach* aus gleichartigen (I) bzw. verschiedenartigen (II) Massenportionen; wobei „bestehen einfach" hier im Sinne einer Summenbildung ohne Dazukommen eines Formprinzips zu verstehen ist. (Zur Erläuterung ein Hinweis auf das Gegenteil: Bastle ich aus einem Holz- und einem Metallstück einen Hammer, bilde ich ebenfalls eine Summe, allerdings nach der bestimmten Form, dem *Formprinzip*, eines Artefakts, genauer eines Werkzeugs. Der Hammer besteht somit *nicht einfach* aus seinen Teilen, in eingeführtem Sinne.) Wenn zwischen einfachen Massenportionen und materiellen Zusammenfügungen ein rein quantitativer Unterschied besteht, einfache Massenportionen aber keine Dinge sind, so können auch materielle Zusammenfügungen keine Dinge sein.

Zur weiteren Begründung, dass zwischen einfachen Massenportionen und materiellen Zusammenfügungen ein rein quantitativer Unterschied besteht, führe ich an, dass die Grenze zwischen diesen Gruppen unscharf bleibt, und durch „Grenzgänger" aufgerissen ist. Diese Unschärfe, zunächst auf die Unterscheidung zwischen einfachen Massenportionen und materiellen Zusammenfügungen I bezogen, hat ihren Grund darin, dass es aufgrund des mangelnden Einheitsprinzips von einfachen Massenportionen (siehe Lowe), z.B. Sandportionen, mitunter nicht möglich ist, sie klar von materiellen Zusammenfügungen der ersten Gruppe zu unterscheiden. Wer

---

[45] HR sprechen hier von „mereological compounds", die als „physical compounds" eben den Substanzen zuzurechnen sind. (Vgl. HR 1997 chapter 3, v.a. 73ff) Die Eigenart von mereological compounds ist ihres Erachtens, dass sie im Gegensatz z.B. zu Artefakten und Lebewesen keine mereologischen Teile verlieren können, ohne aufzuhören als dieselben zu existieren. Die hier unter den „materiellen Zusammenfügungen" behandelten Gebilde fallen bei HR eindeutig unter die mereological compounds. HRs Terminologie verwende ich hier nicht, weil mich die Gebilde unter einer anderen Rücksicht als ihrer mereologischen Konstitution interessieren.

sagt uns, ob hier eine Sandportion oder ein Haufen mehrerer Sandportionen vorliegt? Etwas anders gelagert ist das Problem der Grenzziehung zwischen materiellen Zusammenfügungen II und ihren „Nachbarn". Natürlich gibt es durchaus klare Fälle, wie die angeführten Steine am Wegesrand. Aber wie ist es mit jener Menge Wasser, die zwischen diesen beiden Brücken hier zurzeit den Flusslauf des Inns bildet? - Betrachten wir diese aufgrund der zweifellos vorhandenen Einschlussstoffe als materielle Zusammenfügung II, oder nehmen wir „Wasser" als umfassenden Massenterm und verstehen derartige Wassermengen als materielle Zusammenfügung I, oder gar als einfache Wasserportion? Das gleiche gilt für durchschnittliche Erdanhäufungen. Lassen wir diese, aufgrund der vielfältigen Bestandteile, als materielle Zusammenfügungen II gelten, oder nehmen wir „Erde" als relevanten Massenterm und fassen Erdhaufen als materielle Zusammenfügung I, vielleicht sogar als einfache Massenportion auf? Kurzum: Die Grenzen sind, trotz der Klarheit von Einzelfällen, fließend. Sind nun einfache Massenportionen keine Dinge, so auch nicht Gebilde, die Gruppen angehören, die keine eindeutigen Grenzen zu den einfachen Massenportionen aufweisen.

Ein zusätzliches Argument gegen die Zugehörigkeit der materiellen Zusammenfügungen zur Kategorie der Dinge ist, dass das im Kontext der einfachen Massenportionen erwähnte Kohabitationsargument auch auf diese angewandt werden kann. Auch materielle Zusammenfügungen können den Materialaspekt von Dingen ausmachen. Steine sind das Material von Statuen, Metall-Zusammenfügungen das Material von Schmuckstücken. Ist man nun gegen die Identsetzung von Material und Ding, will aber dennoch die problematische Folgerung der Kohabitation numerisch verschiedener *Dinge* vermeiden, legt sich die hier anvisierte Lösung nahe: auch materielle Zusammenfügungen sind keine Dinge.

In Fortsetzung dieser Argumentationslinien lässt sich zeigen, dass sich die Lowe'sche Bestimmung von Quasi-Individuen auch direkt auf die materiellen Zusammenfügungen anwenden lässt. Auch materielle Zusammenfügungen haben keine „determinate countability". Auch hier liegt der Grund im mangelnden ontologischen Einheitsprinzip von solchen Zusammenfügungen. Dabei soll nicht geleugnet werden, dass sich das Fehlen von Einheitsprinzipien bei materiellen Zusammenfügungen mitunter anders auswirkt als bei einfachen Massenportionen. Bei materiellen Zusammenfügungen wie etwa Steinen wirkt sich das Fehlen am augenscheinlichsten dadurch aus, dass auch echte Teile derselben gut und gerne als Steine bezeichnet werden können. Des gleichen spricht nichts dagegen, hinreichend zusammenhaftende Gebilde ebenfalls als *einen* Stein zu betrachten. Es sind diese und vergleichbare Gründe, warum eben mit „Stein", möglicherweise Zählbarkeit, aber keine „*bestimmte* Zählbarkeit" im Sinne Lowes gegeben ist. Für Erdhaufen gilt dasselbe. Bei Berücksichtigung dessen, was über Steine gesagt wurde, ist es nicht eindeutig bestimmbar, wie viele Erdhaufen auf einer Baustelle zu finden sind. Kurzum: Weder Erdhaufen noch Steinen ist ein ontologisch signifikantes Einheitsprinzip eigen[46]. Das ist der entscheidende Grund, materielle Zusammenfügungen zu den „*Quasi-Individuen*" zu zählen.

Materielle Zusammenfügungen sind Quasi-Individuen, die sich von einfachen Massenportionen abheben, ohne dass diese Abhebung zu ernst, sprich ontologisch relevant, genommen werden dürfte. Sind aber materielle Zusammenfügungen keine Individuen, so auch keine Vorkommnisse der Kategorie der Dinge, folglich auch keine Substanzen; was der Grund ist, warum wir hier jeden ontologischen Rahmen ablehnen, der das vorsieht.

Innerhalb der materiellen Zusammenfügungen II gibt es natürlich (graduelle!) Unterschiede. Besonders komplexe unter ihnen sind uns schon an anderer Stelle untergekommen. Es sind Gebilde, die sich von Artefakten nur durch das Fehlen eines Nutzens unterscheiden; u.a. Ex-Autos, die nach dem plötzlichen Verschwinden allen Autoidentifizierenden Bewusstseins, eine zeitlang sogar noch eine gewisse Funktionalität und Integrität ihrer Teile aufweisen. – Nutzlose Funktionen sind aber nicht hinreichend dafür, dass ihrem Träger der ontologische Status eines Dinges zukommt. Das zeigt sich darin, dass es Träger nutzloser Funktionen gibt, die eindeutig zu den materiellen Zusammenfügungen, ja sogar zu den einfachen Massenportionen gehören: So mag ein Metallstück Licht reflektieren, die Luft um ihn herum erwärmen etc. etc. Der ontologische Grund, warum derartige Gebilde nicht zu den Dingen gehören, ist übrigens auch hier das Fehlen eines (vollständigen) Formprinzips.

Natürlich kann ich aus einem Metallstück (wieder) ein Instrument bauen. Dann aber verbinde ich diese Funktion mit einem Nutzen, kreiere ein Formprinzip, folglich ein Artefakt, das teilweise oder ganz aus einer materiellen Zusammenfügung konstituiert ist. Wir gehen aber davon aus, dass Konstitution nicht Identität ist, sodass wir weiterhin zwischen materieller Zusammenfügung und dem durch die materielle Zusammenfügung konstituiertem Artefakt unterscheiden können.

---

[46] Hier können wir (ausnahmsweise) eine Anleihe an Van Inwagen nehmen, der zeigt, dass weder Kontakt, noch Kohäsion, noch Fusion von materiellen Zusammenfügungen plausible Einheitsprinzipien abgeben können; vgl. Van Inwagen 1990, 33-37 (Kontakt), 57f (Kohäsion), 58ff (Fusion). Sind plausible Einheitsprinzipien notwendig für bestimmte Zählbarkeit im Sinne von Lowe´s determinate countability, können materielle Zusammenfügungen, wie hier behauptet, nicht bestimmt zählbar sein.

1.323 Natürliche Formationen

Unter natürlichen Formationen werden hier Seen, Meere, Felsen, Hügel, Berge und vergleichbare Gebilde verstanden. Terminologisch lehne ich mich zunächst wieder an HR an, die diese Gebilde „inanimate natural formations" nennen[47]. Allerdings zählen HR auch natürliche Formationen zu den Substanzen, wogegen ich auftreten muss, um meine These von der Extensionsgleichheit von „Lebewesen" und „Substanz" weiter verteidigen zu können. - Meine Argumentation wird auch hier darauf hinauslaufen, dass natürliche Formationen keine Dinge, ja nicht einmal Individuen sind, und *deshalb* auch keine Substanzen. (Für manche Gebirgsbewohner ist das besonders schwer zu akzeptieren. Da nützt es auch nichts, darauf hinzuweisen, dass man Berge auch als Nicht-Dinge nicht schlechthin ignoriert, und es auch zu den sportlichen Höchstleistungen gehört, Quasi-Individuen zu erklimmen.)

Mein erstes Argument hier ist analog zu meinem ersten Argument, warum materielle Zusammenfügungen keine Dinge sind: Ebenso wie zwischen einfachen Massenportionen und materiellen Zusammenfügungen nur ein quantitativer Unterschied besteht, so auch zwischen materiellen Zusammenfügungen, vor allem II, und natürlichen Formationen. Natürliche Formationen *bestehen einfach* aus mitunter sehr komplex angeordneten materiellen Zusammenfügungen, die sich z.T. durch erhebliche Erstreckungen auszeichnen. Man erspare mir die Anwendung dieser Bestimmung auf Seen oder Berge. Klar sollte jedoch sein, dass auch hier „einfach bestehen" im Sinne einer Summenbildung ohne Dazukommen eines Formprinzips zu verstehen ist; und diese Bildung kann keine nicht rein quantitativen Differenzen bedingen.

Für den rein quantitativen Unterschied zwischen materiellen Zusammenfügungen und natürlichen Formationen spricht übrigens auch das Vorhandensein von Grenzgängern zwischen diesen Gruppen; manche Felsbrocken z.B., von denen nicht klar ist, ob sie noch zu den materiellen Zusammenfügungen oder schon zu den natürlichen Formationen gehören.

Wenn nun zwischen materiellen Zusammenfügungen und natürlichen Formationen ein rein quantitativer Unterschied besteht, materielle Zusammenfügungen aber keine Dinge sind, so können auch natürliche Formationen keine Dinge sein.

---

[47] Vgl. HR 1997, 73.

Gegen das Argument vom *einfachen Bestehen* natürlicher Formationen aus materiellen Zusammenfügungen, könnte man einbringen, dass es doch *typische Gestalten* u.a. von Seen und Berge gebe. – Ich meine, dass selbst das Vorliegen solcher typischer Gestalten (gegen das man im Übrigen auch sein könnte) nicht mit dem eines ontologischen Formprinzips verwechselt werden darf. Letzteres gäbe es nur, wenn Entstehen, zeitlicher Verlauf und auch Ende durch eine Art-determinierte individuelle Form, die auch die räumlichen Teile in ihrem Verhältnis zum Ganzen strukturiert, bestimmt geregelt wäre. Das ist bei Artefakten, oben habe ich einen Hammer als Beispiel angeführt, durch Nutzen und darauf ausgerichtete Funktion der Fall, bei Lebewesen durch jene komplexe Form, die wir kurz „Leben" nennen können. Bei natürlichen Formationen hingegen gibt es kein solches bestimmtes Formprinzip.

Aufgrund der mitunter riesigen Erstreckung von natürlichen Formationen erscheint die Anwendung des Kohabitationsarguments auf sie auf den ersten Blick künstlich und überzogen zu sein. Doch gibt es durchaus Berge, die als *Statuen* fungieren, wie z.B. in den USA jene Formationen, in die vier Präsidentenköpfe eingemeißelt sind. Auch kann man sich vorstellen, dass ganze Berge als „Instrument", z.B. zur Bestimmung des Sonnenstandes und zu anderen astronomischen Untersuchungen, fungieren. Somit hätten wir es mit Dingen zu tun, einer Statue und einem (riesigen) artifiziellen Instrument, von denen man sagen könnte, ihr Material sei jeweils durch einen Berg ausgemacht. Wiederum: Will man die Ineinssetzung von materieller Konstitution und Identität vermeiden, dazu noch die Kohabitation numerisch verschiedener Dinge, muss man Berge und mit ihnen auch die anderen natürlichen Formationen, aus der Kategorie der Dinge ausschließen.

Schließlich sei darauf hingewiesen, dass sich die Lowe'sche Bestimmung von Quasi-Individuen, zumindest in analoger Weise, auch auf Seen, Berge u.ä. Gebilde übertragen lässt. Quasi-Individuen mangelt es an „determinate countability". Ihnen wohnt kein ontologisches Einheitsprinzip inne. Das lässt sich auch von natürlichen Formationen sagen, wenn sich dies auch anders als bei einfachen Massenportionen, wohl auch anders als bei materiellen Zusammenfügungen, auswirkt. Bei natürlichen Formationen zeigt es sich v.a. darin, dass ihre Grenzen notorisch, d.h. prinzipiell *unsicher* sind[48]. Es lässt sich nicht sagen, wo z.B. ein Berg genau beginnt, und wo genau er aufhört; auch nicht, ob Gesteinsformationen als ein oder als mehrere Berge aufzufassen sind. Diese Unsicherheit betrifft auch den Beginn und das Ende eines Berges. Welcher Krümmungsgrad der Erdoberfläche markiert das Entstehen eines Berges? Ab welchem Grad der Erosion von

---

[48] Vgl. Romorales 2002, 216; wo sich auch Hinweise auf die spärliche weitere Literatur zum Berg-Thema finden.

Felsmaterial soll man aufhören, von einem Berg zu reden? Diese Unsicherheit betrifft auch Seen, wenn auch anders. Bei Meeren kommt sie besonders deutlich zum Tragen[49]. Wo endet der Antarktische Ozean[50]? Wie viele Meere gibt es auf dieser Welt? Aber auch: Wann beginnt ein Meer, wann endet es?

Kann man Berge z.B. aber nicht doch zählen? Sind nicht Fragen wie „Wie viele Berge gibt es in Tirol?" sinnvoll? - Möglicherweise führt uns hier unser oberflächlicher Sprachgebrauch in die Irre. Wir sind es gewohnt, dass Berge, Seen und auch Meere Eigennamen haben, wie sie auch Dingen, insbesondere Lebewesen zukommen. Auch scheint die Grammatik von „Berg", „See" oder „Meer" so zu funktionieren, wie „Schaf" oder „Rasenmäher". „Der Olperer ist ein Berg", „Susi ist ein Schaf" sehen strukturell gleich aus. - Dass „Berg" so funktioniert wie „Schaf" aber ist ein Irrtum. „Berg" ist im Unterschied zu „Schaf" eben nicht gekoppelt mit Identifizierungskriterien. Berge besitzen, ontologisch gesehen, kein Lowe'sches Einheitsprinzip, wie Susi es sehr wohl aufweist. So ist, genauer gesehen, die Frage nach der Anzahl von Bergen in Tirol nur sinnvoll, wenn man sie versteht als Frage, wie viele Gebilde mit Bergnamen es in Tirol gibt. Das aber ist etwas ganz anderes. Gegenprobe: Die Frage, wie viele Schafe es in Tirol gibt, kann nicht leicht, aber doch eindeutig beantwortet werden.

Wir können dabei bleiben: Natürliche Formationen sind Quasi-Individuen, keine Dinge, somit können sie, und allein darauf will ich hier hinaus, keine Substanzen sein.

1.33 Kunstwerke

Ganz anders als Atome, Massenportionen und somit alle bisher in diesem Abschnitt behandelten Gebilde sind Kunstwerke und ihnen ähnliche Gegenstände anzugehen. Den Anfang mache ich mit Kunstwerken, um dann in der Folge auf die ihnen ähnlichen Gegenstände zu kommen. Auch hier beginne ich mit einer Einschränkung. Ich möchte in diesem Kontext Kunstwerke nur unter der Rücksicht ihrer (vermeintlichen) Substantialität

---

[49] ... wie es im Allgemeinen festzuhalten ist, dass sich natürliche Formationen darin unterscheiden, wie bzw. in welcher Eindeutigkeit sich die hier angeführten Argumente auf sie anwenden lassen. Extrembeispiele scheinen mir ganze Planeten, wie Erde, Mars, Venus, zu sein. Auf sie lässt sich das „einfach-bestehen-aus"-Argument sehr gut, das Zählbarkeitsargument weniger gut anwenden, weil „Planet" mit besseren Zählbarkeitskriterien gekoppelt ist wie mit „Berg". Auf diese Unterschiede systematisch zu reflektieren, sprengt den Rahmen dieser Arbeit.

[50] Laut Wikipedia wird seine natürliche Grenze durch die antarktische Konvergenz gebildet. Das ist jene Zone, in der die kalten Wassermassen der Antarktis auf die warmen Wassermassen des Nordens treffen. Sie verläuft zwischen dem 40. und 60. Breitengrad und ist sowohl im Verlauf als auch jahreszeitlich schwankend.

behandeln. Das Ziel dieser Ausführungen ist nämlich ausschließlich die Verteidigung meiner These von der Extensionsgleichheit von „Substanz" und „Lebewesen". So werde ich keine Spekulationen darüber anstellen, ob es neben konkreten Vorkommnissen von Kunstwerken auch noch Kunstwerke als abstrakte Entitäten gibt.[51] Sollte es solche geben, sind sie für meine These keine Gefahr. Ich ziehe also nur Kunstwerke in Betracht, die als *Partikularien* zu bestimmen sind. Aber auch nicht alle partikulären Kunstwerke sind im Hinblick auf mein Thema interessant. Ausblenden kann ich all jene, die ereignishaften Charakter haben, wie z.B. konkrete Aufführungen von Musikstücken oder andere Inszenierungen. Meine These von der Extensionsgleichheit von „Lebewesen" und „Substanz" gefährden am ehesten nicht-ereignishafte Partikularien wie Bilder oder Statuen. Von ihnen lässt sich nämlich gut und gerne sagen, dass sie der Kategorie der Dinge angehören. Es sind materielle Gegenstände, die aus einem Material- und einem eindeutig vollständigen Formaspekt bestehen.

Und damit sind wir auch schon beim Kern meines Interesses: Wenn diese Kunstwerke Dinge sind, warum sollten sie keine Substanzen sein? – Meine Antwort ist, dass *Kunstwerke innerhalb der Kategorie der Dinge in den Bereich der Artefakte einzuordnen sind.*

Um diese Antwort zu einem Argument für die Extensionsgleichheit von „Lebewesen" und „Substanz" zu machen, muss ich in einem ersten Schritt zeigen, dass Kunstwerke tatsächlich zu den Artefakten gehören; in einem zweiten, dass kein Artefakt eine Substanz sein kann. Den ersten Schritt gehe ich jetzt gleich an. Der zweite verlangt die Formulierung eines Substanzkriteriums, anhand dessen der Ausschluss der Artefakte aus der Extension von „Substanz" begründet werden kann. Das wird in Abschnitt II – 2. geschehen.

Führen wir uns zur Erläuterung dieser These nochmals kurz vor Augen, was zu Beginn dieses Hauptteils II zur allgemeinen Bestimmung der Artefakte gesagt wurde. Konkrete Artefakte sind dort charakterisiert durch die sie bestimmenden Nutzenserwägungen (1) und eine durch (1) bedingte individuelle Funktion (2), die ihrerseits Anordnungsprinzipien für Teile enthält (3). Kurz: Nutzen, Funktion, Anordnung von Teilen bestimmen wesentlich Artefakte.

Um die Brücke zu den dinghaften Kunstwerken zu schlagen, können wir zunächst daran ansetzen, dass sich dieser Begriff von Artefakten an

---

[51] Für Interessenten an einer vollständigen Ontologie von Kunstwerken empfehle ich die Arbeiten von Maria Reicher; u.a. Reicher 1998 sowie 2005.

ganz bestimmten Artefakten orientiert, nämlich jenen, die man einfach auch als *Werkzeug* bezeichnen mag. („Werkzeug" wird hier in einem weiten, fast heideggerschen Sinne von Werk-*Zeug* verwendet, sodass auch Verkehrsmittel, Kleidungsstücke, Mobilar etc. darunter fallen). Dieser sich an Werkzeugen orientierende Nutzens- und Funktionsbegriff kann nun aber durchaus modifiziert werden. Etwa dergestalt, dass man von einem individuellen oder gesellschaftlichen *Nutzen* spricht, auf den hin seine *Funktion*, hier wohl besser seine möglichst ästhetisch wirkende *Struktur*, die Anordnung von Teilen des Kunstwerks bedingt. Ich kann an dieser Stelle nicht in die Agenden der Philosophie der Kunst einzugreifen. Es ist jedoch durchaus legitim von einem *Nutzen* von Kunstwerken zu sprechen, sei es, wie manche meinen, zur Sensibilisierung der Betrachter für gesellschaftliche Probleme, zu seiner moralischen Läuterung, oder einfach nur zur Einübung des Hinschauen-Könnens, oder ähnlichem. (Vorausgesetzt wird dabei freilich, dass der Begriff „Nutzen" nicht von vornherein eng zweck-rational aufgefasst werden muss.[52]) Auf diesen Nutzen ausgerichtet hat das Kunstwerk natürlich auch eine *Funktion*, besser *Struktur*, wenn sich diese auch von jenem der Werkzeuge unterscheidet. Dieser Nutzen, gekoppelt mit einer Struktur, betrifft wie gesagt auch die konkrete *Komposition* des Kunstwerks.

Kunsttheoretiker mögen mit dieser Parallelisierung mit Werkzeugen zum Zwecke der gemeinsamen Klassifizierung von Werkzeugen und dinghaften Kunstwerken als Artefakte keine große Freude haben. Mit ihnen möchte ich mich nicht streiten. Deshalb will ich für meine These keine kunsttheoretischen, sondern ontologische Argumente beibringen.

Zunächst halte ich fest, dass dinghafte Kunstwerke und Werkzeuge unter einem ontologisch wesentlichen Merkmal zusammengehören, nämlich ihrer *Bewusstseinsabhängigkeit*. Ohne jetzt alle Aspekte meiner für Artefakte entwickelten „Allgemeinen Abhängigkeitsthese" (AAT) nochmals ausbreiten zu wollen; so scheint doch klar, dass es kein Kunstwerk gibt, ohne dass ein Subjekt (sprich ein Künstler) es geschaffen hat; und in der Folge (mindestens) ein Bewusstsein (im Grenzfall nur jenes des Künstlers) grundsätzlich (d.h. habituell) in der Lage ist, es als solches Kunstwerk aufzufassen; seinen „Nutzen" und seine „Funktion" zu erfassen. Daraus ergibt

---

[52] Arthur Schopenhauer hat diesen Nutzens-Aspekt von Kunstwerken besonders pointiert eingeführt: Die Kunst ist es, die das Subjekt anfänglich aus dem sinnlosen Treiben des „Willens" aussteigen lässt. Vgl. ders., *Die Welt als Wille und Vorstellung*, I, 3, § 38, insb. 290ff.

sich, dass auch die Konventionalität der Identität (I Konv) in allen ihren Ausprägungen auf Kunstwerke angewendet werden kann. Besonders wichtig für unseren Kontext erscheint mir, dass, konsequent ausgehend von AAT und I Konv, auch Dia mult Art, also die Möglichkeit der multiplen Artzugehörigkeit von individuellen Kunstwerken durch die Zeit, angenommen werden kann. Für die hier zur Debatte stehende Nähe zu den Werkzeugen spricht besonders jene Abänderung der Arten individueller Dinge, die im Wechsel von einer Werkzeugart in eine Kunstwerkart (bzw. umgekehrt) besteht. Denken wir z.b. an die so genannte Objektkunst. Ein Gebrauchsgegenstand, etwa ein Sessel, wird aus seinem ursprünglichen alltäglichen Kontext herausgenommen und zu einem Kunstgegenstand umfunktioniert. Der Künstler intendiert, *ein und demselben Ding*, das bis zu einem bestimmten Zeitpunkt den Nutzen eines Sitzmöbels hat und dessen Funktion eben als Sessel die Anordnung seiner Teile bestimmt, den Nutzen eines Kunstgegenstandes zu geben: etwa das Nachdenken darüber und sein absichtsfreies Betrachten, mit einer neuen Funktion, die in einer möglichst ästhetischen Struktur die Anordnung der Teile desselben bestimmt. (Ich habe auch schon gehört, dass derartige Objektkunststücke dann wieder als Gebrauchsgegenstand verwendet werden.) Das setzt die Möglichkeit der diachronen Identität des Dinges trotz des Artwechsels voraus, und zwar eines Wechsels eben von Werkzeugart zu Kunstwerkart. Ein solcher Artwechsel ist aber nur möglich, weil Werkzeug und Kunstwerk gemeinsam unter die Artefakte fallen. Gegenprobe: Versucht jemand aus einem Vorkommnis einer natürlichen Art ein Kunstwerk zu machen, z.B. durch Präparation, ist das nicht möglich ohne die Zerstörung des natürlichen Individuums, deren Identität durch Lebensfunktionen bestimmt, und gerade nicht durch (I Konv) „verlängert" werden kann, wie wir oben unter 1.22 und 1.23 gesehen haben.

Als letzten Hinweis auf die „nahe Verwandtschaft" von Werkzeugen und dinghaften Kunstwerken führe ich an, dass ein und dasselbe Ding von unterschiedlichen Personen auch zu ein und demselben Zeitpunkt als Werkzeug bzw. als Kunstwerk betrachtet werden kann. Knüpfen wir an das Beispiel von Sessel bzw. Objektkunstwerk an. Immer wieder mag es vorkommen, dass in Schauräumen moderner Kunst entsprechend gebaute Objektkunstwerke als Sessel gebraucht; bzw. Sessel als Kunstwerke bestaunt werden. Auch die Möglichkeit, dass ein Ausstellungsbesucher sehenden Auges das Kunstwerk als Sessel verwendet, mag vorkommen (was die Parallelität dieses Falles mit dem Abfallschirmständer im Finanzamt zeigt). Deshalb braucht es bei Objektkunst-Ausstellungen, mit Exponaten wie dem oben geschilderten Sessel-Kunstwerk, gute Führungen bzw. besonders resolutes Aufsichtspersonal. Der ontologische Ernst der Sache ist, dass sowohl Werkzeug als auch Kunstwerk Artefakte sind, für die allgemein gilt, dass sie (aufgrund unterschiedlicher Konventionen) auch synchron von *unterschiedlichen* Personengruppen verschiedenen artifiziellen Arten zugeordnet werden können, ohne prinzipielle Einschränkung auf Subgenera im Bereich der Artefakte.

Kurzum: Dinghafte Kunstwerke gehören mit den Werkzeugen zu den Artefakten, nicht aber zu den „Vorkommnissen natürlicher Arten", die allein, als Lebewesen interpretiert, als Substanzen bezeichnet werden sollen.

1.34 Museumsexponate und andere „kunstwerkähnliche" Gebilde

Ich komme zu meinen Ausführungen über Museumsexponate, die nicht als dinghafte Kunstwerke zählen, z.B. alten Fluggeräten in technischen Museen. Es handelt sich bei ihnen um Dinge, die als Werkzeuge gebaut und verwendet wurden. Übersiedeln sie ins Museum, ändert sich ihr Nutzen: Sie dienen dann v.a. der Belehrung über Geschichte, Technik und ihre Entwicklung o.ä.. Auf diesen Nutzen hin ist ihre Funktion, sprich ihre, die Anordnungsprinzipien für Teile beinhaltende Struktur ausgerichtet. Dank den für alle Artefakte geltenden Grundthesen AAT und I Konv ist es kein Problem, ein und dasselbe Ding zunächst einer Werkzeug-Art, dann einer Art Exponate zuzuordnen, sprich auch Dia mult Art auf das Ding anzuwenden. Wenn man möchte, könnte man auch den Unterschied zwischen solchen Exponaten und den dinghaften Kunstwerken erörtern, die m.E. im Nutzenaspekt zu sehen sind; hier Belehrung, dort Betrachtung etc. Auch die Funktion ist bei Exponaten wie alten Flugzeugen nicht ästhetisch zu beurteilen, wie die Struktur dinghafter Kunstwerke. Wichtig ist die Ähnlichkeit all dieser Dingarten, welche durch ihren gemeinsamen Status als Artefakte bedingt ist.

In der Diskussion wird mitunter auf archäologische Gegenstände, wie unentdeckte Grabbeigaben verwiesen. Im Grab Tut-Ench-Amuns z.B. befand sich u.a. ein zusammenklappbares Bettgestell, das dem Pharao von offensichtlich ärmeren Leuten mit in seine letzte Ruhestätte gegeben wurde. (Es ist wenig schmuckvoll und erinnert frappant an moderne Gästebetten.) Wie kann dieses Ding nun nach der hier eingeführten Terminologie ontologisch eingeordnet werden? - Zunächst ist es eindeutig ein Werkzeug (im eingeführten weiten Sinn) mit Nutzen, darauf ausgerichteter Funktion und Anordnungsprinzipien für Teile. Dessen diachrone Identität als solches

Werkzeug der Art Bett ist nach den gegebenen Bestimmungen im Kontext von AAT, vgl. hier v.a. Kont AAT*, nicht in Gefahr, denn stets gibt es Bewusstseinszentren, die habituell in der Lage sind, das Ding als Bett aufzufassen. Nach der Auffindung durch Ägyptologen wird man das Ding nicht mehr nach seinem Werkzeug-Nutzen verwenden, sondern im Sinne des Nutzens eines Museums-Exponats, das wohl (im Unterschied z.b. zur weltbekannten goldenen Gesichtsmaske) nicht als dinghaftes Kunstwerk zu bestimmen ist. Es ist besser zur Belehrung, z.b. über die Begräbnisbräuche der alten Ägypter zu verwenden. Jedenfalls liegt ein und dasselbe Ding vor, für das nach den gegebenen allgemeinen Bestimmungen über Artefakte gelten mag, dass es zuerst einer Art der Werkzeuge, dann aber einer Art der Exponate angehört. Wieder kommt hier, zusätzlich zu AAT und I Konv, auch Dia mult Art zum Tragen. Wieder erweist sich damit die ontologische Nähe auch von Exponaten, die keine Kunstwerke sind, zu den Werkzeugen.

Was aber ist mit Gegenständen aus Grabkammern, die man nicht als Werkzeug bestimmen kann, von denen man überhaupt nicht (mehr) sagen kann, *was* sie seien bzw. ursprünglich waren? - Eine Möglichkeit ist, diese Gegenstände als *ehemalige* Werkzeuge zu verstehen und zu mutmaßen, dass irgendwann in den letzten Jahrhunderten die Situation eingetreten ist, in der niemand mehr in der Lage war, auch nicht habituell, das Ding als Werkzeug zu identifizieren. Versteht aber niemand mehr den Werkzeug-Nutzen des Gegenstandes, ist es, wieder nach Kont AAT*, um seinen Artefakt-Status geschehen. In Analogie zu jenen Ex-Autos, die nach Verschwinden alles Auto-identifizierenden Bewusstseins als Sonderfall materieller Zusammenfügungen II übrig bleiben, wird man dann auch diese Gebilde verstehen. Macht man nach Auffindung aus ihnen ein Museumsexponat, und / oder ein Kunstwerk, erhalten sie wieder Nutzen, Funktion mit Anordnungsprinzipien für Teile, damit eine vollständige individuelle Form und folglich wiederum den Passierschein für die Kategorie der Dinge. Dass dieser Eintritt von Gegenständen in die Kategorie der Dinge durch das Tor der Artefakte mehrmals möglich ist, haben wir bereits im Rahmen der Diskussion der Konsequenzen von I Konv gesehen.

Anstelle uns noch weiter in die Diskussion fragwürdiger Gegenstände zu begeben, wollen wir aber wieder den roten Faden dieser Untersuchung aufgreifen: Es geht um eine klare Trennlinie zwischen Vorkommnissen natürlicher Arten und Atomen, Massenportionen und allen Artefakten. Vorkommnisse natürlicher Arten, interpretiert als Lebewesen, und nur diese sollen den Substanzen zugerechnet werden.

Damit ist die hier vorgeschlagene Begrenzung des Bereichs der Substanzen ein Stück weit verteidigt. Was jedoch noch fehlt, ist eine inhaltliche Charakterisierung von Substanzen. Es braucht m.a.W. auch eine ontologische Bestimmung von Substanzen; und zwar eine solche, die auf Lebewesen und nur auf diese zutrifft. Es braucht, um einen gängigen Terminus aufzugreifen, ein *Substanzkriterium*, von dem gezeigt werden kann, dass es Lebewesen und nur diese erfüllen. Und damit sind wir bei der Aufgabe des nächsten Abschnittes.

Der Vollständigkeit halber sei erwähnt, dass es im Bereich oder im *Genus* der Artefakte m.E. noch eine weitere wichtige Untergruppe oder ein *Subgenus* gibt: das sind soziale Entitäten, insofern sie der Kategorie der Dinge zugerechnet werden können, z.B. Institutionen wie Staaten, Universitäten, Fußballvereine. Soziale Entitäten unterscheiden sich von anderen Artefakten durch Modifikationen sämtlicher Aspekte der individuellen Form: Nutzen, Funktion, mereologische Prinzipien. Insbesondere müssen auch die Basisprinzipien für Artefakte entsprechend adaptiert werden: z.B. I Konv, v.a. unter Rücksicht, dass unter Konventionen auch stark reglementierte, z.B. in Gesetzesform festgelegte, verstanden werden können.

Hier lasse ich soziale Entitäten weg, um den roten Faden nicht zu verlieren. Aber auch deshalb, weil soziale Entitäten für gewöhnlich nicht als Substanz-Kandidaten gehandelt werden. Sie gefährden meine Thesen bzw. mein Ordnungsschema nicht.

II - 2. *Substanzkriterien*

Was Substanzen ontologisch gesehen sind, lässt sich traditionell anhand von Kriterien erörtern, von denen behauptet wird, dass sie genau auf jene Kandidaten zutreffen, die man als Substanzen ausweisen möchte. Diese Kriterien sind in der Regel allgemeine Charakteristika, teils logischer, teils ontologischer Art. Der Einfachheit halber möchte ich mich im Folgenden auf die Diskussion eines einzigen Kriteriums, nämlich des *Unabhängigkeitskriteriums* beschränken: Substanzen und nur diese sind in ihrer Existenz (in näher zu bestimmender Weise) unabhängig von (in manchen Versionen: allen) anderen Entitäten der kategorialen Wirklichkeit.

Das klassische *Nicht-Aussagbarkeitskriterium*, welches nach Aristoteles´ Kategorienschrift eigentlich ein „Nicht-Aussagbarkeits- und Nicht-In-Sein-Könnens-Kriterium" ist[1], wurde bereits im Kontext einer Kriteriologie für den gesamten Bereich der Partikularien behandelt[2], wo m.E. auch sein adäquater sachlicher Ort ist.

Ein historisches Substanzkriterium ist auch das *Substratum-Kriterium*, demzufolge Substanzen und nur diese anderen Entitäten in irgendeiner Weise „zugrunde liegen". Substanzen und nur diese sind „Träger" anderer Entitäten, etwa von Eigenschaften, wenn man diese als Entitäten auffassen möchte. Auch das Substratum-Kriterium kann sich letztlich auf Aristoteles berufen. Es wurde aber in der Neuzeit, etwa bei Descartes bzw. Locke, modifiziert. Das Substratum-Kriterium sieht sich zunächst der kritischen Frage ausgesetzt, wie der „Träger" oder eben das Substratum von Eigenschaften selbst zu verstehen sei. Sind Substanzen, als Substrata, selbst vollkommen eigenschaftslos oder „bare" (engl.), wie es in der aktuellen Diskussion heißt? Die Annahme von bare-particulars, wie sie reine Substratum-Substanzen wohl wären, stößt auf mitunter heftigen Widerstand. Manche meinen bereits logische Gründe gegen Entitäten ohne Eigenschaften vorbringen zu können: So sei der Begriff einer eigenschaftslosen Entität widersprüchlich, weil von jeder Entität mindestens eine Eigenschaft ge-

---

[1] Vgl. u.a. Rapp 2005, 152ff. Die Ausformulierung der Stelle (ins Deutsche übersetzt) ist: „Substanz im eigentlichsten, ursprünglichsten und vorzüglichsten Sinne ist die, die weder von einem Subjekt ausgesagt wird, noch in einem Subjekt ist ..." Aristoteles, Kategorienschrift, übers. v. E. Rolfes, Philosophische Bibliothek Band 8/9. Felix Meiner Verlag, Hamburg 1974, 45. Von einem Subjekt ausgesagt ohne in einem Subjekt zu sein, werden Arten („Substanzen im zweiten Sinne"); allgemeine Eigenschaften („Akzidentien") werden von einem Subjekt ausgesagt und können (nur) in Substanzen sein. Nicht ausgesagt, jedoch notwendig in einem Subjekt aber sind individuelle Eigenschaften.

[2] Vgl. I – 2 (3).

dacht werden müsse, nämlich die, keine Eigenschaften zu haben³ - Ich möchte hier nicht behaupten, dass man diesen Einwänden hilflos ausgesetzt wäre und es überhaupt keine sinnvolle Auffassung von „Substrata" oder bare-particulars geben könne. Ich meine nur, das Substratum-Kriterium ist selbst derart explikationsbedürftig, dass es schwer zur Klärung von etwas, nämlich von Substanzen, herangezogen werden kann.

Das Unabhängigkeitskriterium kommt mit den beiden eben im Einschub genannten Kriterien darin überein, letztlich auf die Aristotelische Kategorienschrift zurückzugehen.⁴ Mit dem Substratum-Kriterium gemein hat es, dass es in der Philosophie der Neuzeit auf eine Weise modifiziert wurde, die es an den Rand der Unbrauchbarkeit geführt hat. Hier können wir auf Spinoza verweisen, der bekanntlich das Unabhängigkeitskriterium für Substanzen so stark gemacht hat, dass Gott und nur Gott es erfüllen kann⁵. Das aber führte zur Desavouierung des Substanz-Begriffs in der kategorialen Ontologie (und hat theologische Konsequenzen, Stichwort „Pantheismus" bzw. „Panentheismus", die wir hier nicht weiter verfolgen können). Allerdings, und das unterscheidet das Unabhängigkeitskriterium m.E. vom Substratum-Kriterium, gibt es in der aktuellen Ontologie Versuche seiner Rekonstruktion, welche die historischen Probleme m.E. vermeiden. Wenn es also heute ein praktikables Substanz-Kriterium gibt, dann im Kontext der Diskussion der „Unabhängigkeit" von Substanzen. Ich möchte hier nicht die Entscheidung für eine der vorhandenen Versionen des Unabhängigkeitskriteriums anstreben. Ich will vier davon vorstellen und zeigen, dass sie allesamt zur Stützung meiner These von der Extensionsgleichheit von „Lebewesen" und „Substanzen" herangezogen werden können.

2.1 Peter Simons modal-existenzielles Unabhängigkeitskriterium

(1) In sachlicher Anlehnung an Aristoteles stellt Simons in seinen Erläuterungen des Unabhängigkeitskriteriums für Substanzen zwei Aspekte in den Mittelpunkt: Das ist zum einen der Rekurs auf *Existenz*, zum anderen

---

[3] U.a. HR 1997, 18. Zur Kritik an Substratum-Theorien von Substanzen siehe auch Mertz 2005, v.a. 252-262. Er meint freilich, dass die aristotelische Substanztheorie auf Substrata verpflichte und deshalb abzulehnen sei.

[4] Das Nicht-In-Sein-Können von Substanzen im ersten Sinn, wie es in der oben angeführten Stelle der Kategorienschrift zu finden ist, kann als exegetische Basis dienen; wenn man das In-sein-Müssen von Entitäten als ontologische Abhängigkeit versteht.

[5] Spinoza, *Die Ethik*, 1. Teil, 3. Definition, in Zusammenschau mit den Lehrsätzen 6–8. Liske (2005, 172) spricht davon, dass nur „das Gesamtsystem der Wirklichkeit" bei Spinoza als „autarke Substanz in Frage" kommt.

die *modale* Komponente. Dass es bei der Unabhängigkeit der Substanzen um deren Existenz geht, bestimmt dieses Merkmal als ontologisches und grenzt es gegen andere Formen der Unabhängigkeit ab, etwa psychologische, soziologische, physikalische etc. Dass Simons eine *modale* Formulierung für die Unabhängigkeit von Substanzen ins Auge fasst, zeigt wiederum, dass es eben um notwendige, d.h. nicht kontingente Zusammenhänge geht. Kontingenterweise kann eine Substanz z.B. vom Zukommen bestimmter Eigenschaften abhängen, wenigstens über eine begrenzte Zeit hinweg. Das aber kann hier nicht gemeint sein.

Simons' modal-existentiellem Unabhängigkeitskriteriums für Substanzen können wir uns in mehreren Schritten annähern. Diese Schritte kurz anzureißen, ist für das Verständnis dieses Kriteriums instruktiv. Simons Vorgangsweise ist, dass er zunächst „Abhängigkeit" im Hinblick auf die gegebene Zielsetzung definiert, um so zu einer *Definition* von Substanzen über ihre modal-existentielle Un-Abhängigkeit zu kommen. Kriterium für die Zugehörigkeit zu den Substanzen ist die Erfüllung der angestrebten Definition.

Beginnen können wir mit einer ersten vorläufigen Definition ontologischer Abhängigkeit („A"):

> A (Simons – I): a ist abhängig von b $\leftrightarrow$ Df. $\Box(E!a \rightarrow E!b)$[6]

... wobei die Formel so zu lesen ist, dass a genau dann von b abhängt, wenn notwendigerweise gilt, dass die Existenz von a die Existenz von b impliziert. Notwendigerweise gilt, ohne (die Existenz von) b kein(e Existenz von) a. - Dabei ergibt sich zunächst das Problem der Selbstabhängigkeit. Die Notwendigkeit der Identität jeder Entität mit sich selbst bringt mit sich, dass die Existenz jeder Entität a dann von der Existenz von b in gegebenem Sinne abhängt, wenn b identisch ist mit a. Mit der Hinzufügung von a≠b kann man diesem Problem jedoch entkommen, sodass wir stehen bei:

> A (Simons – II): a ist abhängig von b $\leftrightarrow$ Df. a≠b & $\Box(E!a \rightarrow E!b)$

---

[6] Die Formulierung dieser Definition, wie auch jene von A (Simons – II, III, IV) entnehme ich aus Schnieder 2002. Das Schema für die Bezeichnungen dieser und der folgenden Definitionen ist so zu lesen, dass „A" für Definition von Abhängigkeit steht, „S" weiter unten übrigens für Definition von Substanzen. „Simons" ist klar. Die römischen Ziffern stehen für Vorgänger-Formulierungen der Definition eines Autors, „*" für Ergänzungen einer Definition durch den Verfasser.

Ein weiteres Problem für eine stichhaltige, d.h. im Hinblick auf ein Unabhängigkeitskriterium für Substanzen geeignete Definition von „abhängig" liegt in der Existenz notwendiger Entitäten wie z.B. Gottes, oder (wenn man Realist genug ist) der Zahlen. Notwendige Entitäten sind solcher Art, dass sie es unmöglich machen, dass ein a existiert, nicht aber sie selbst, d.h. jede beliebige Entität ist in ihrer Existenz in jedem Fall von einer solchen notwendigen Entität im Sinne der bisherigen Formulierungen abhängig. Deshalb tut man gut daran, eine Ausschlussklausel für notwendige Entitäten („$\neg\Box$E!b") einzufügen, und kommt somit zu:

A (Simons – III): a ist abhängig von b $\leftrightarrow$ Df. a$\neq$b & $\Box$(E!a $\rightarrow$E!b) & $\neg\Box$E!b

Abhängigsein kann, wie oben angedeutet, verschiedenes bedeuten. Und selbst wenn man alle nicht-ontologischen Kontexte ausblendet, sind nicht alle Verständnisweisen von „abhängig" brauchbar für eine Bestimmung von Substanzen über das Gegenteil, nämlich ihre Unabhängigkeit. Eine genetische Abhängigkeit z.B., wie sie bei Lebewesen von ihren Eltern besteht, betrifft wohl auch deren Existenz. Dennoch muss sie für unsere Zielsetzung ausgeblendet werden, wenn man nicht von vornherein alle Lebewesen aus dem Bereich der Substanzen eliminieren möchte. Genetische Abhängigkeit kann durch die Bestimmung ausgeschlossen werden, dass die anvisierte Abhängigkeit während der gesamten Existenzzeit von a zutreffen muss, d.h. für alle Zeitpunkte, zu denen a existiert, ist es notwendig, dass seine Existenz die von b impliziert.

A (Simons – IV): a ist abhängig von b $\leftrightarrow$ Df. a$\neq$b & $\Box(\forall t)$ (E_t!a $\rightarrow E_t$!b) & $\neg\Box$E!b

Eine letzte Ergänzung ist erforderlich, wenn man bedenkt, dass auch die Abhängigkeit, welche Ganzheiten von ihren Teilen aufweisen, ausgeklammert werden muss. Von jeder vermeintlichen Substanz lässt sich nämlich sagen, dass sie in irgendeiner Weise (das Bestehen aus) echte(n) Teilen impliziert. So fügt Simons zu seiner Definition von „abhängig" den Ausschluss des Verhältnisses eines echten Teiles zu seiner Ganzheit hinzu. Damit gelangen wir schließlich mit Simons zu folgender Definition:

A (Simons): a ist abhängig von b $\leftrightarrow$ Df. a$\neq$b & $\Box(\forall t)$ (E_t!a $\rightarrow E_t$!b) & $\neg\Box$E!b & $\neg$b<<a[7]

---

[7] Wobei wir auch bei Simons eigener Formulierung sind: siehe ders. 1987, 306.

Mit dieser Bestimmung der Abhängigkeit kommt Simons schließlich zu einer Definition von Substanz:

> S (Simons): Substanzen sind Entitäten, die im Sinne von A (Simons) von keiner Entität abhängen.

(2) Wenden wir uns nun aber der Frage zu, ob Simons´ Definition von Substanzen zur Stützung der hier vertretenen These von der Extensionsgleichheit von „Substanz" und „Lebewesen" herangezogen werden kann. Die erste Fragerichtung mag darin bestehen, ob alle Lebewesen Simons´ Definition erfüllen? Trifft es für jedes Lebewesen a zu, dass es keine Entität b gibt, von der a numerisch verschieden ist, und von der gelten würde, dass notwendigerweise zu jedem Zeitpunkt (die Existenz von) a (die Existenz von) b impliziert, wobei b nicht identisch mit Gott ist (und nicht mit irgendeiner anderen notwendigen Entität), und auch nicht echter Teil von a?

Wovon könnten Lebewesen überhaupt in einem Sinn abhängen, dass ihre Unabhängigkeit in Simons´ Sinn gefährdet wäre? - Von endlichen Bewusstseinszentren nicht, wenn die Überlegungen, die wir oben unter II – 1.21 angestellt haben, zutreffen. Von einem unendlichen Bewusstsein wohl schon. Das aber kann nur einem unendlichen Wesen zukommen. Von einem solchen ist jedoch anzunehmen, dass es die in A (Simons – III) eingeführte Klausel nicht erfüllt; was seine Funktion als „b" in Simons´ Definition ausschließt. Es gibt Lebewesen, die biologische Eltern haben. Von diesen sind sie abhängig. Aber diese Abhängigkeit ist rein genetisch, und dagegen ist Simons´ Definition nicht nur gewappnet; ihre Formulierung kann, wie oben erwähnt, gerade gegen die genetische Abhängigkeit als modal-existenzielle verstanden werden. Jedes Lebewesen hat Organe (bzw., für den Fall von Einzellern, irgendwelche organähnliche Lebensfunktionsträger), von denen sie ebenfalls in gewisser Weise in ihrer Existenz abhängen. Organe (bzw. ähnliche Lebensfunktionsträger) aber sind echte Teile von Lebewesen, durchaus im Sinne von Simons´ Definition. Sie gefährden somit den Substanz-Status von Lebewesen nicht.

Gilt aber auch, dass *nur Lebewesen* Simons´ Substanzdefinition erfüllen? Es ist hier (ohne unabsehbare Abschweifungen) unmöglich, für dieses, wie für die folgenden Substanz-Kriterien, einen umfassenden Ausschließlichkeitstest durchzuführen. Ich schlage deshalb vor, dass wir uns auf jene Kandidaten beschränken, die wir bislang im Kontext dinglicher Partikularien diskutiert haben. (Dass z.B. Ereignisse und Zustände keine modalexistenziell unabhängigen Entitäten sein können, dürfte nach den gegebenen Bestimmungen über dieselben im ersten Hauptteil ohnehin klar sein.) Bei diesen Kandidaten können wir zwischen Artefakten, Atomen und Massenportionen unterscheiden. Wobei ich hier auf die erfolgten Differenzierungen im Bereich der Artefakte (etwa zwischen Werkzeugen und dinglichen Kunstwerken) und bei den Massenportionen (einfache, komplexe, natürliche Formationen) verzichten darf, weil sie für die Frage nach der Substanzialität dieser Gebilde nach Simons´ Kriterium keine Rolle spielen.

Artefakte, um bei diesen zu bleiben, sind bewusstseinsabhängige Dinge. Und diese Bewusstseinsabhängigkeit hat, wie wir gesehen haben, nicht nur eine genetische Dimension. Sie trifft im Sinne von Kont AAT zu jedem Zeitpunkt der Existenz eines Artefakts zu. Es braucht ein Bewusstseinszentrum, um die Kontinuität einer artifiziellen Art zu gewährleisten, und somit, in Anwendung des Prinzips der Übertragbarkeit von Existenzabhängigkeit, auch die eines konkreten Artefakts. Somit können wir für jedes konkrete Artefakt a behaupten, dass es zu jedem Zeitpunkt seiner Existenz von einem b, nämlich einem Bewusstseinszentrum abhängt, von dem gilt, dass es nicht identisch ist mit a, nicht notwendig und sicher nicht echter Teil von a ist.

Artefakte hängen also im Sinne von A (Simons) von anderen Entitäten ab. Sie erfüllen somit S (Simons) nicht. Das gilt auch, wenn man bedenkt, dass die besagte Abhängigkeit eines Artefakts nicht zu *einem bestimmten* Bewusstseinszentrum bestehen muss. Wir müssen nur die Möglichkeit zulassen, dass sich „b" in A (Simons) auf mehrere Individuen bezieht, bzw. auf „irgendein" Individuum, das in der Lage ist, a als Vorkommnis einer bestimmten artifiziellen Art zu verstehen.[8] Davon aber, und das ist entscheidend, hängen sämtliche Artefakte in ihrer Existenz ab.

Bei den Atomen haben wir drei Verständnisweisen unterschieden, wovon wohl nur die dritte, Leibniz´ Atom-Theorie („Monaden"), ontologische Relevanz beanspruchen kann. Hier sind sie auch deshalb zu berücksichtigen, weil Leibniz seinen Monaden ausdrücklich Merkmale der Simon'schen

---

[8] Folgt daraus, dass die Abhängigkeit der Artefakte von Bewusstseinszentren lediglich „generisch" ist, wie z.B. die Abhängigkeit von Substanzen z.B. von *irgendwelchen* Ausdehnungseigenschaften oder Farbeigenschaften zu verstehen ist? – Nicht, wenn man die Abhängigkeit der Substanzen z.B. von *irgendwelchen* Ausdehnungs- bzw. Farbeigenschaften als wechselseitige versteht, da ja auch die besagten Eigenschaften von Substanzen abhängen, die der Artefakte von Bewusstseinszentrum aber als strikt nicht-wechselseitig, - und wir den Begriff der generischen Abhängigkeit auf wechselseitige Abhängigkeiten beschränken.

(Un-)Abhängigkeit zuspricht[9]. – Ich möchte gar nicht den Versuch unternehmen, einen Keil zwischen Leibniz' Monaden und Simons' Unabhängigkeitskriterium zu treiben. Vielmehr möchte ich darauf hinweisen, dass diese Monaden *abstrakte Individuen* sind. Sie sind keine Partikularien, somit auch keine Dinge. Unter Heranziehung der ordnungstheoretischen Überlegungen aus dem Abschnitt II – 1.31 (3) schlage ich allerdings vor, S (Simons) unter Abänderung des „Genus" des Definiendum, bei Beibehaltung der „spezifischen Differenz" zu modifizieren in:

S (Simons *): Substanzen sind *Dinge*, für die gilt, dass sie im Sinne von A (Simons) von keiner Entität abhängen.

Damit können wir – unabhängig davon, ob Leibniz' Monaden wirklich das Unabhängigkeitskriterium erfüllen oder nicht - unsere These von der Extensionsgleichheit von Substanzen und Lebewesen mit (vielleicht besser, nach) Simons, und gegen Leibniz, aufrechterhalten.[10]

Diese Modifikation macht S (Simons) auch unabhängig von so manchen schwerwiegenden ontologischen Vorentscheidungen, z.b. dass es weder abstrakte Individuen noch abstrakte allgemeine Entitäten (Universalien) in einem platonisierenden Sinne gebe. S (Simons*) ist eine brauchbare Substanz-Definition, auch wenn Zahlen, Eigenschaften, Relationen unabhängig von menschlichem Bewusstsein existieren, weil all diese Gebilde, was auch immer sie sind, so doch keine Dinge sind.

Wie aber steht es mit unseren mehr oder weniger komplexen Massenportionen? – Wenn wir die eben vorgeschlagene Ergänzung von Simons' Substanzdefinition in Anschlag bringen, erübrigen sich weitere Ausführungen. Massenportionen sind, wenn wir die Ausführungen unter II – 1.32 berücksichtigen, keine Dinge. Massenportionen können verstanden werden, jetzt in Anlehnung an die unter I – 4.2 (3) angestellte Überlegungen, als Konstituenten des Materialaspekts der inneren Sachverhaltsstruktur von Dingen. Um es einfacher zu sagen: Sie bilden das Material von Dingen, sind aber selbst keine. Natürlich gibt es Massenportionen, die kontingenterweise nicht zum Materialaspekt der inneren Sachverhaltsstruktur eines Dinges gehören. Es gibt Bronzeklumpen, die nicht zur Statue verarbeitet wurden, etc. Diese „möglichen Materialaspekte" sind, und damit schließe ich meinen Rekurs auf bereits Gesagtes, mit Jonathan Lowe als *Quasi-Individuen* zu bestimmen. Quasi-Individuen aber sind keine Dinge. Sind aber Substan-

---

[9] Leibniz, *Monadologie*, u.a. Sätze 1, 6, 11.
[10] Zur Verteidigung der Einschränkung des Bereichs von Substanzdefinitionen auf Dinge, siehe auch die folgenden Ausführungen unter II – 2.35 und II – 3.

zen bestimmt als *Dinge*, die im Sinne von A (Simons) von keiner Entität abhängen, können Massenportionen keine Substanzen sein.

Somit sei es gestattet, die These von der Extensionsgleichheit von „Substanz" und „Lebewesen" als mit Simons´ Unabhängigkeitskriterium vereinbar zu erachten, selbst wenn wir die von Simons selbst gegebene Substanzdefinition S (Simons) zu S (Simons *) modifizieren müssen.

2.2 Kit Fines essenzialistisches Unabhängigkeitskriterium

(1) Hier können wir nicht den Motiven nachgehen, die Fine veranlassen, anstatt Simons´ modal-existenzieller Unabhängigkeit jene der Unabhängigkeit in der *Essenz* anzuvisieren. Der Hinweis, dass für Fine Essenzialität zum Zweck der Darstellung *asymmetrischer* Abhängigkeiten (im Hinblick auf Substanzen und anderen Entitäten) besser geeignet sei[11], mag hier genügen. Wichtig ist, dass er, in Analogie zu Simons, über einen Begriff der (essenziellen) Abhängigkeit zu einem Substanzen definierenden Begriff der ontologischen Unabhängigkeit kommen möchte.

Um Fines Anliegen zu verstehen, müssen wir zunächst versuchen, seinen (von Standardbestimmungen abweichenden) Begriff der Essenz nachzuvollziehen. „Essenz" wird bei ihm erläutert über eine bestimmte Beziehung zwischen Gegenständen und Propositionen, nämlich die des *Wahrseins einer Proposition aufgrund des Wesens eines Gegenstandes* oder *aufgrund dessen, was „zur Identität" eines Gegenstands gehört*; in den folgenden Definitionen ausgedrückt durch das Symbol $\square_x p$. (Nota bene die begriffliche Unterscheidung zwischen „Wesen" und „Essenz". Ersteres bezieht sich auf etwas „in" einem Gegenstand; Letzteres ist auf der propositionalen Ebene angesiedelt.) Die Essenz eines Gegenstandes oder Dinges ist die Summe der aufgrund des Wesens oder der „Identität" des Dinges wahren Propositionen.

E (Fine): y ist die Essenz von x ↔Df. y enthält alle Propositionen p, so dass $\square_x p$[12]

Die Proposition „Hans ist vernunftbegabt" gehört zur Essenz von Hans, weil es eine Proposition ist, die (wenn sie wahr ist) aufgrund dessen wahr ist, was zur „Identität" von Hans gehört. Ohne Vernunftbegabtheit gäbe es nämlich diesen Hans nicht. Die Propositionen „Hans ist Zahnarzt" oder gar „Hans hat braune Haare" sind keine Bestandteile der Essenz von Hans,

---

[11] Vgl. Fine 1994, 3.
[12] Bei dieser Formulierung orientiere ich mich wieder an Schnieder 2002, hier: 29.

weil Zahnarzt-sein oder gar Braunhaarig-sein nicht zum Wesen oder zur Identität von Hans, noch von irgendeinem Menschen, gehören können. Dadurch, dass jemand sein Zahnarzt-sein aufgibt oder grauhaarig wird, verliert er nicht seine Identität.

Doch wie kommt man von diesem Begriff einer Essenz zu einem Abhängigkeitsbegriff? - Fine spannt den Bogen zwischen Essenz und Abhängigkeit mittels der Ausdrucksweise eines „Konstituenten einer Proposition". Fine lädt uns dabei ein, die Redeweise von *Objekten als Konstituenten von Propositionen* zu akzeptieren. Und ich würde die/den geneigte/n LeserIn hier um des Gangs der Überlegungen willen bitten, Fine diesen Gefallen zu tun. Am besten können wir uns dabei behelfen, wenn wir Fines Redeweise über „Objekte als Konstituenten von Propositionen" als Rede über *Referenten* von singulären Termini verstehen, die (oder je nach Theorie von Propositionen: deren Gehalt) Teil von Propositionen sind. Hans, also die durch den Namen in der Proposition bezeichnete Person, ist in diesem Sinn Konstituent der Proposition von „Hans ist klug". Abhängigkeit lässt sich somit wie folgt definieren:

A (Fine) x ist abhängig von y ↔ Df. es gibt eine Proposition p, die zur Essenz von x gehört, so dass y ein Konstituent von p ist.[13]

Um uns diesen Begriff der Abhängigkeit etwas klarer zu machen, nehmen wir als Beispiel eine basale Aussage über Hansens Klugheit, nämlich: „Diese Klugheit gehört zu Hans". Dass dies eine Proposition ist, die zur Essenz dieser Klugheit gehört, ist klar, wenn man bedenkt, dass sie wahr gemacht wird durch etwas, das zur Identität dieser Klugheit gehört: nämlich die von Hans zu sein. Hans, die Person, aber ist in eingeführtem Sinne ein Konstituent der Proposition „Diese Klugheit gehört zu Hans", weil er Referent eines singulären Terms ist, der oder dessen Gehalt Teil der besagten Proposition ist. Daraus ergibt sich, dass nach Fine diese Klugheit eben von Hans abhängig ist.

Durch diesen Abhängigkeitsbegriff meint Fine aber „Substanz" definieren zu können: Etwas ist eine Substanz, wenn es (außerhalb seiner selbst) nichts gibt, von dem es abhängt:

S (Fine): x ist eine Substanz ↔ Df. $\neg(\exists y)$ (x≠y & x ist von y im Sinne von A (Fine) abhängig)[14]

---

[13] Vgl. ebd. 31
[14] Schnieder 2002, 32.

(2) Was uns hier eigentlich interessiert ist, ob auch Fines Definition von Substanzen zur Stützung der hier vertretenen These von der Extensionsgleichheit von „Substanz" und „Lebewesen" herangezogen werden kann. Die erste Fragerichtung mag wieder darin bestehen, ob alle Lebewesen diese Definition erfüllen? Trifft es für jedes Lebewesen x zu, dass es keine Entität y gibt, von der x numerisch verschieden ist, und von der gelten würde, dass sie Konstituent einer Proposition ist, die zur Fine'schen Essenz von x gehört? – Der erste Einwand gehört dem Theologen. Die Proposition „Hans ist ein Geschöpf Gottes", so sagt er, wird durch etwas wahr gemacht, das zum Wesen oder zur Identität von Hans gehört. Sie zählt also zur Fine'schen Essenz von Hans. Da nun aber Gott durchaus auch als Fine'scher Konstituent dieser Proposition bezeichnet werden kann, hätten wir Hans' Unabhängigkeit von Gott preiszugeben, was ihn, Hans, (nicht Gott!,) nach dem Wortlaut von Fines Substanz-Definition aus dem Bereich der Substanzen eliminieren würde. Das ist für uns problematisch, da wir daran festhalten wollen, dass Hans ein Lebewesen ist. – Zur Verteidigung bleiben m.E. genau zwei Auswege: Entweder Atheismus, oder eine Modifikation der Abhängigkeitsdefinition durch eine Klausel „und y ist nicht Gott". Ich schlage die zweite Strategie vor, ergänze A (Fine) zu

A (Fine*) x ist abhängig von y ↔ Df. es gibt eine Proposition p, die zur Essenz von x gehört, so dass y ein Konstituent von p ist und y ist nicht Gott.

... und kann dem theologischen Einwand begegnen, zugunsten der These, dass nach Fine doch alle Lebewesen Substanzen sind.

Der zweite Einwand gehört dem Biologen, der darauf hinweist, dass es Lebewesen gibt, wie z.B. Hans, die Eltern haben. Und es kann nicht ohne weiteres geleugnet werden, dass „Sabine ist die Mutter von Hans" eine Proposition ist, für die sowohl gilt, dass sie zur Fine'schen Essenz von Hans gehört, und dass Sabine ihr Konstituent ist. Damit werden nach dem Buchstaben von S (Fine) Hans und auch alle anderen Lebewesen mit biologischen Eltern aus dem Bereich der Substanzen verbannt. – Hier können wir Fine nur durch eine Erweiterung seiner Abhängigkeitsdefinition retten, die, allerdings wider seine Intention, auf die Existenz der betroffenen Entitäten Bezug nimmt. Und wir müssen das tun, unabhängig von der Zielrichtung der hier vorgetragenen Überlegungen; sonst wäre Fines Substanzbegriff praktisch unbrauchbar. Diese Rettung kann, einem Vorschlag Schnieders gemäß[15], so vorgenommen werden, dass zu A (Fine*) die Forderung nach einer zeitlichen Bestimmung für die Existenz des Abhängigen dazukommt. Wir stehen dann bei

A (Fine**) x ist abhängig von y ↔ Df. es gibt eine Proposition p, die zur Essenz von x gehört, so dass y ein Konstituent von p ist, und y ist nicht Gott, und x kann nur solange existieren, wie y existiert.

Das würde die genetische Abhängigkeit, wie sie zwischen Kindern und ihren biologischen Eltern besteht, ausschließen. Stimmt man aber dieser Erweiterung zu, hätten wir keinen weiteren Grund, am Substanzstatus aller Lebewesen zu zweifeln, was allein hier unser Ziel ist.

Das letzte Bedenken mag jenes des Mereologen sein. Haben nicht Lebewesen echte Teile, welche als Konstituenten von Propositionen verstanden werden müssen, die zur Essenz der Lebewesen gehört? Denken wir z.B. an Hans´ Leber und formulieren wir eine Proposition, wie sie eine Röntgenärztin gegenüber ihrem Assistenten äußern mag: „Dies ist Hans´ Leber". Diese Leber ist Fine´scher Konstituent dieser Proposition. Die entscheidende Frage ist, ob diese Proposition auch eine ist, die wahr gemacht wird durch das Wesen Hans´, also durch etwas, das zu seiner Identität gehört. Dann wäre Hans nach Fine von dieser Leber abhängig. - Eine Möglichkeit zur Entgegnung wäre, darauf zu beharren, dass dem nicht so ist: das zu-Hans-Gehören dieser Leber gehört nicht zum Wesen von Hans; auch nach der Entfernung dieser Leber kann er als derselbe weiterexistieren. Zumindest im Gedankenexperiment sei es möglich, alle Organe auf diese Weise zu behandeln. Hat man hier andere Ansichten und meint, dass es Organe gebe, die zur Identität eines Lebewesens gehören, tritt die andere Möglichkeit ein: dann müssten wir zur Abhängigkeitsdefinition Fines noch eine Ergänzung des Ausschlusses echter Teile hinzufügen, in Analogie zur Ergänzung, die wir von Simons her kennen. Wie auch immer: Von Seiten der Mereologie erwarten wir keinen entscheidenden Einwand gegen die These, dass Fines Abhängigkeits- und seine Substanzdefinition zur Stützung des Substanzstatus aller Lebewesen zu verwenden ist.

---

[15] Ebd. 33. Eine alternative Rettung wäre es übrigens, die Essentialität der Eltern für ein Lebewesen mit Eltern zu negieren. Derselbe Hans, der von Sabine geboren wurde, könnte dann auch der Sohn von Susanne sein. Lehnt man eine derartige Strategie ab, muss man wohl den hier mit Schnieder vorgeschlagenen Weg gehen, um die Lebewesen mit Eltern unter Fines Substanzbegriff zu bringen.

Erfüllen nur Lebewesen Fines Substanzdefinition? - Auch hier opfern wir dem Fortkommen den Anspruch auf Vollständigkeit. Vielleicht mag es aber dennoch instruktiv sein, in diesem Zusammenhang zunächst auf nichtdingliche Partikularien Bezug zu nehmen. Hansis Klugheit, die wir hier als einen Zustand mit der inneren Struktur bestehend aus Hans und dieser seiner konkreten Klugheit auffassen, haben wir bereits behandelt und nach Fines Bestimmungen als abhängiges Partikulare aufgewiesen. Wie aber ist es mit einem Ereignis, etwa dem Bohren, das er hier am Zahn eines Patienten vornimmt. (Nicht vergessen, Hans ist Zahnarzt.) „Dieses Bohren wird von Hans vollbracht": Hier haben wir eine Proposition, die zur Essenz dieses Bohrens gehört, wenn man bedenkt, dass sie wahr gemacht wird durch etwas, das zur Identität des Bohrens gehört: nämlich von Hans vollbracht zu werden. Die Person Hans aber ist in eingeführtem Sinne ein Konstituent dieser Proposition. Also ist dieses Bohren von Hans abhängig, auch im Sinne von A (Fine), samt Ergänzungen. Also stimmt es, dass nach Fines Substanzdefinition dieses Ereignis, wie alle anderen auch, klar vom Bereich der Substanzen ferngehalten werden können.

Ein weiteres Beispiel kommt aus der Mengentheorie: die Menge, der Hans und nur Hans als Element angehört: {Hans}. Die Proposition „Hans ist Element der Menge {Hans}" gehört zur Essenz dieser Menge, weil sie wahr gemacht wird aufgrund des Fine´schen Wesens dieser Menge. Hans, der Referent von „Hans" aber ist Konstituent der besagten Proposition. Also ist die Menge {Hans} abhängig von Hans. (Nota bene: Das Umgekehrte ist nicht der Fall. Die besagte Menge gehört nicht zu den Konstituenten des Wesens von Hans. Daraus kann man auch die von Fine ins Treffen gebrachte Asymmetrie von A (Fine) ersehen, und s.E. den Vorteil seiner Theorie gegenüber einer modal-existentiellen Definition der Abhängigkeit.) Mengen können jedenfalls nach Fines Definition keine Substanzen sein. Das entspricht im Übrigen dem hier vorgeschlagenen Ausschluss abstrakter Individuen aus der Extension von „Substanz".

Wie steht es aber mit Artefakten, Atomen und Massenportionen? – Artefakte sind Dinge, deren Bewusstseinsabhängigkeit nicht nur eine genetische Dimension hat. Somit können wir für jedes Artefakt x behaupten, dass es ein y gibt, nämlich ein Bewusstseinszentrum, von dem gilt, dass es nicht identisch ist mit x, nicht Gott ist, und x nur solange existieren kann, wie es y gibt. Wenn wir wieder konzedieren, dass sich „y" nicht nur auf ein, sondern auch auf mehrere Individuen beziehen kann bzw. auf „irgendein" Individuum, die / das in der Lage sind / ist, x als Vorkommnis einer bestimmten artifiziellen Art zu bestimmen, lassen sich sicher Propositionen formulieren, in denen dieses y als Konstituent von Propositionen auftritt, die zur Essenz eines Artefakts x gehören. Artefakte sind keine Fine'schen Substanzen.

Mit Leibniz' Monaden und Massenportionen aller Komplexität möchte ich an dieser Stelle ebenso verfahren wie im vorhergehenden Abschnitt: Sie sind keine Dinge, sondern abstrakte Individuen bzw. Quasi-Individuen. Bestimmt man aber Substanzen als *Dinge* und ergänzt folglich S (Fine) zu:

S (Fine*): x ist eine Substanz ↔ Df. x ist ein Ding und $\neg(\exists y)$ (x≠y & x ist von y im Sinne von A (Fine**) abhängig)

so können all diese Gebilde keine Substanzen sein. Somit sei es gestattet, die These der Extensionsgleichheit von „Substanz" und „Lebewesen" auch mit Fines Unabhängigkeitskriterium und der daraus resultierenden Substanzdefinition vereinbar zu erachten.

2.3 Benjamin Schnieders Kriterium der explanatorischen Unabhängigkeit

(1) Der von Schnieder anvisierte (Un-)Abhängigkeitsbegriff im Hinblick auf ein Substanz-Kriterium ist, wie er sagt, „*explanatorisch*". Dazu analysiert er zunächst den Begriff „Explanation", um in der Folge explanatorische oder eben *Erklärungs-* (Un-)Abhängigkeit zu erhalten. Kausal ist „Erklärung" in diesem Zusammenhang nicht zu verstehen[16], wohl aber *begrifflich*, wie z.B. in „Xanthippes Verwitwung trat ein, weil Sokrates starb" oder „NN hat das Gesetz gebrochen, weil er falsch geparkt hat". Durch „Falsch-Parken" wird keine Ursache des Gesetzesbruches angeführt, sondern eine Erklärung, warum z.B. ein uniformierter Gesetzeshüter NN einer Verwaltungsübertretung bezichtigen kann. Betreffen die angeführten Beispiele lediglich Erklärungen intrakategorialer Verhältnisse (hier zwischen Ereignissen), lassen sich doch auch interkategoriale formulieren, etwa zwischen Zuständen bzw. Ereignissen (Schnieder spricht von Adhärenzen) und Substanzen (die zunächst in einem vortheoretisch offenen Sinn verstanden werden). Er weist allerdings darauf hin[17], dass die hier interessanten interkategorialen begrifflichen Erklärungsbeziehungen zwischen Adhärenzen und Substanzen nicht die Existenz von Substanzen allein oder als solche betreffen, sondern Substanzen, insofern sie so und so sind (oder in diese oder jene Ereignisse involviert sind). Somit ist eine korrekte begriff-

---

[16] Schnieder 2004, 322.
[17] Ebd. 338ff.

liche Erklärung von Hansis Klugheit, dass dieselbe existiert, weil Hans klug ist. Ein Zustand wird erklärt dadurch, dass eine Substanz eine Eigenschaft hat. Aus diesen Einsichten entwickelt Schnieder den Begriff „Erklärungs"- oder „explanatorische Abhängigkeit", demzufolge (vereinfacht gesagt), ein x genau dann von einem y abhängt, wenn es ein F gibt, für das gilt, dass x existiert, weil y F ist. Nochmals: Hansis Klugheit hängt von Hansi ab, weil es ein Klugsein gibt, für das gilt, dass Hansis Klugheit deshalb existiert, weil er, Hansi, sie, diese Klugheit, hat. Ich überlasse es dem geneigten Leser, das Ereignis Hansis Bohren nach Schnieder in seiner Abhängigkeit von Hansi zu erweisen. Mit Schnieder können wir jedenfalls feststellen, dass nach diesem Begriff sämtliche Adhärenzen abhängig sind. Substanzen aber hängen in diesem Sinne von keiner Entität (oder dem so-und-so-Sein irgendeiner Entität) ab.[18] So kommt man zu einem theoretisch geklärten Sinn von Substanzen als explanatorisch unabhängigen Entitäten.

(2) Sind alle Lebewesen und nur diese Schnieder´sche Substanzen? – Die erste Fragerichtung erfordert die Untersuchung, ob es nicht doch irgendein Lebewesen x geben kann, für das gilt, dass es aufgrund des F-seins eines y existiert. – Hier muss man sich schon gehörig anstrengen, um die Konstruktion eines Beispiels auch nur zu versuchen. Möglicherweise kann man sagen, dass Hans aufgrund des Vater-seins-von-Hans Herberts existiert. – Selbst wenn man Vater-sein-von-Hans als F zulässt und Herberts Vater-sein-von-Hans als F-sein eines y, von dem Hans als x abhängt, kann man hier (in Analogie zur Vorgangsweise bei Simons und Fine) leicht Modifikationen erzeugen, die auch im Hinblick auf Schnieders Abhängigkeitsbegriff den genetischen Aspekt ausblenden. Analog könnte man den mereologischen Aspekt behandeln. Selbst wenn wir eine Eigenschaft konstruieren, die im Zu-Hans-gehören-einer-Leber besteht und mit Hans´ Leber einen Zustand bildet, stellt sich die Frage, ob Hans in seiner Existenz davon abhängt. – Nein! würde ich aufgrund der modernen Transplantationschirurgie sagen; und selbst wenn: dann fügen wir eben (wie bei Simons und Fine) eine Klausel in die Abhängigkeitsdefinition ein, welche die Abhängigkeit von echten Teilen ausschließt.

Erfüllen nur Lebewesen Schnieders Substanzdefinition? – Artefakte sind bewusstseinsabhängige Dinge. Das heißt, dass sie in ihrer Existenz als Artefakte davon abhängen, dass sie mindestens eine Person als solche anerkennt. Es ist nicht abwegig, dieses Anerkennen als Eigenschaft F zu verstehen, und den entsprechenden Bewusstseinszustand einer Person als F-

---

[18] Ebd. 347.

sein eines y in Schnieders Sinn. Von diesem Bewusstseinszustand hängt dann das Artefakt ab. Damit gilt für jedes Artefakt x, dass es von einem y abhängt, in dem Sinn, dass x existiert, weil y F ist. Auch hier möge die Leserin die Möglichkeit zulassen, dass sich „y" auf mehrere Individuen bezieht, bzw. auf „irgendein" Individuum, das in der Lage ist, x als Vorkommnis einer artifiziellen Art zu bestimmen. Artefakte sind damit keine Schnieder´schen Substanzen.

Bzgl. Leibniz´ Monaden und Massenportionen jedweder Komplexität habe ich bei Schnieder gegenüber Simons und Fine nichts Neues anzubieten: Sie sind immer noch keine Dinge, sondern abstrakte Individuen bzw. Quasi-Individuen. Bestimmt man aber Substanzen als *Dinge*, die in Schnieders Sinn unabhängig sind, können all diese Gebilde keine Substanzen sein. Somit lässt sich unsere These von der Extensionsgleichheit von „Substanz" und „Lebewesen" auch nach Schnieders Ansatz verteidigen.

2.4 Hoffman / Rosenkrantz´ „independence within its kind"

(1) Als viertes Unabhängigkeitskriterium wollen wir jenes von Hoffman / Rosenkrantz (HR) im Hinblick auf unsere These untersuchen. Es liegt den ersten drei behandelten Kriterien terminologisch quer und erfordert daher an manchen Stellen besondere Erläuterungen.

HRs *Unabhängigkeit innerhalb einer Art* oder besser einer Kategorie benötigt zunächst einen Hinweis darauf, was sie unter „Kategorie" verstehen. Dazu ein Zitat: „Ontological categories are of different levels of generality, and are related to one another as species and genus. Thus, these categories constitute a system of classification which reflects these logical relations".[19] Da es (im Unterschied zum hier vorgeschlagenen Klassifikationsschema) nach HR Kategorien-Ebenen gibt, die sich analog zum Verhältnis von Spezies und Genus der Tradition aufeinander beziehen, kann man eine Hierarchie nach Allgemeinheitsgrad der ontologischen Kategorien angeben. HR unterscheiden vier Ebenen („levels"), wobei zum level A allein die „Kategorie" der Entität („entity") gehört. Entitäten können in abstrakte und in konkrete Entitäten (level B-Kategorien) eingeteilt werden. In deren Bereich unterscheiden HR verschiedene level C-Kategorien. Zu der level B-Kategorie der konkreten Entitäten gehören die level C-Kategorien (u.a.) Ereignis, Adhärenz (Eigenschaft, Trope) und Substanz. Die level D-Kategorien sind dann Unterarten der level C-Kategorien.

Nach diesem Hinweis auf die doch eigentümliche Verwendung des Ka-

---

[19] HR 1994, 16; vgl. auch dies. 1997, 46.

tegorienbegriffs wollen wir uns nun der Charakterisierung von Substanzen als einer solchen level C-Kategorie widmen. Dabei kommen HR mit Simons, Fine und Schnieder zunächst überein, und zwar darin, Substanzen als *unabhängige* Entitäten zu kennzeichnen. Eine entsprechende Substanzdefinition nach dem Unabhängigkeitskriterium liest sich nach HR folgendermaßen:

> S (HR): x is a substance = df. x instantiates a level C category, $C1$, such that: (i) $C1$ could have a single instance throughout an interval of time, and (ii) $C1$'s instantiation does not entail the instantiation of another level C category which could have a single instance throughout an interval of time, and (iii) it is impossible for $C1$ to have an instance which has as a part an entity which instantiates another level C category other than Concrete Proper Part, and other than Abstract Proper Part.[20]

Die ontologische Unabhängigkeit der Substanzen, so verstanden, ist keine generelle Unabhängigkeit, insbesondere keine von Entitäten anderer Kategorien. Das ist ein markanter Unterschied zu den bisher behandelten Unabhängigkeitskriterien. Unabhängigkeit wird bei HR verstanden als (zumindest zeitweilige) Unabhängigkeit von anderen Vorkommnissen der eigenen Kategorie, siehe Klausel (i). Dass Substanzen unabhängige Entitäten sind, heißt somit nicht, dass sie auch unabhängig sein müssten z.B. von Eigenschaften oder Ereignissen. Damit verpflichten sich HR nicht auf eigenschaftslose Substanzen, die sich ihres Erachtens der Problematik von „bare substrata-Theorien" ausgesetzt sehen[21]. Worauf sie sich jedoch verpflichten ist, dass man sich, zumindest für eine bestimmte Zeitspanne, ein Universum mit genau einer Substanz denken können muss. Klausel (ii) meint, dass aus der Verwirklichung einer Substanz nicht das Vorkommen einer Entität derselben Kategorienebene folgen darf, die über eine bestimmte Zeit hinweg die einzige ihrer Kategorie sein könnte: Level C-Entitäten, die in ihrer Existenz von Entitäten abhängen, welche Klausel (i) erfüllen, können keine Substanzen sein. Die Klausel (iii) schließt aus, dass Substanzen als Summen anderer level C-Entitäten, wie Ereignissen oder Eigenschaften, verstanden werden. Ausnahme sind „echte Teile", die nach HR als solche eine (oben nicht erwähnte) level C-Kategorie ausmachen.

---

[20] HR 1997, 65; siehe auch: HR 1994, 94, (4D1), (4D2) und 127, (4D1*), (4D2*).
[21] Siehe dazu den Einschub in der Einleitung zu diesem Abschnitt II – 2.

(2) Kann es irgendein Lebewesen geben, das HRs Substanzdefinition nicht erfüllt? – HR meinen nicht, und ich erlaube mir, ihnen zuzustimmen. Unsere Standardtests sind durch HRs Definitionen leicht zu meistern. Denken wir nur an den theologischen Einwand von der Abhängigkeit aller Lebewesen von Gott. Dem ist zu erwidern, dass Gott keinesfalls als Entität einer level C-Kategorie verstanden werden darf. Auch der genetische Einwand greift nicht, da nach den Klauseln (i) und (ii) die Unabhängigkeit nur über eine bestimmte Zeit hinweg von anderen Vorkommnissen derselben bzw. u.U. einer anderen Kategorie verlangt wird. Und für kein Lebewesen gilt, dass es nicht eine Zeit lang ohne seine Eltern existieren könnte. Dass echte Teile von Lebewesen deren Unabhängigkeit verhindern, wird durch (iii) ausgeschlossen.

Sind aber nur Lebewesen HR-Substanzen? - Bleiben wir zur Erläuterung zunächst bei Entitäten außerhalb des Bereichs der Dinge. Eigenschaften können nach Klausel (i) keine Substanzen sein. Wenn es eine Eigenschaft gibt (z.b. die Farbe Rot), so muss es stets auch andere Eigenschaften geben, die ihr aufgrund größerer Allgemeinheit übergeordnet sind (z.B. Farbigkeit). Andererseits können übergeordnete Eigenschaften nicht ohne die untergeordneten existieren. Ereignisse können nach HR deshalb keine Substanzen sein, weil erstere zeitlich ausgedehnte Entitäten sind. Es gibt nach HR keine punktuellen Ereignisse. Die zeitlichen Teile aber aller Ereignisse müssen wiederum Ereignisse sein, sodass es ausgeschlossen ist, dass es irgendwann genau ein Ereignis im Kosmos geben könnte. Zum selben Ergebnis kommt man, wenn man Ereignisse als von Dingen abhängige Entitäten erachtet, und Dinge so konzipiert, dass sie eine Zeitlang ohne andere Dinge existieren können. Dann greift Klausel (ii).

Die Adaptierung von HRs Substanzdefinition auf unsere These von der Extensionsgleichheit von „Substanz" und „Lebewesen" bleibt dennoch heikel. Und zwar deshalb, weil es HR explizit ablehnen, nur Lebewesen zu den Substanzen zu zählen. Dabei gibt es keine Probleme mit Artefakten. Wie bereits im ersten Hauptteil geschildert (I – 6.12), negieren HR generell die Existenz bewusstseinsabhängiger Gebilde, wie es Artefakte sind. Gibt es, wie HR behaupten, keine Artefakte, können sie keine Substanzen sein.[22]

---

[22] HRs Argumentation gegen die Existenz von Artefakten habe ich zurückgewiesen. Für diesen Kontext spielt das keine Rolle. Hier geht es nur um die Übereinstimmung mit ihnen unter der Rücksicht, dass Artefakte keine Substanzen sind. Nebenbei bemerkt: Selbst wenn HR Artefakte annehmen würden, könnten Artefakte nach den Klauseln (i) bzw. (ii) ihrer Substanzdefinition keine Substanzen sein, wenn Kont AAT stimmt: Das Vorkommen eines Artefakts impliziert nach Kont

Kritischer wird es mit Atomen, die HR als „metaphysische" Atome im Sinne von II – 1.31 (2) verstehen. Sie sind kleinste, einfache, unteilbare, materielle Einheiten. In besagtem Abschnitt habe ich unter Bezugnahme auf HR gegen die Existenz derartiger Entitäten argumentiert, sodass ich bei der Adaptierung von HRs Substanzdefinition auf die hier anvisierte These hinzufügen muss: Nur Lebewesen sind Substanzen, wenn es Atome in HRs Sinn nicht gibt.

Differenzierend zu betrachten sind jene Gebilde, die ich oben (II – 1.32) allgemein als „Massenportionen" bezeichnet habe. Interessanterweise sind die komplexesten unter ihnen, die natürlichen Formationen wie Berge oder Seen, auch für HR keine Substanzen. Im Unterschied zu Lebewesen ist ihre Identität vage und *subjektabhängig*[23], was Klausel (i) entgegensteht.

Einfache Massenportionen aber sind für HR Substanzen, ebenso wie „mereological compounds"[24], die mit unseren materiellen Zusammenfügungen verglichen werden können. Ich muss also gegen diesen Aspekt der Substanzlehre von HR argumentieren, um ihre Substanzdefinition mit meiner These, dass genau die Lebewesen Substanzen sind, in Einklang zu bringen. Dazu stehen mir mindestens zwei Strategien offen. Die erste ist zu zeigen, dass einfache Massenportionen und materielle Zusammenfügungen irgendeine Bestimmung von HRs Substanzdefinition nicht erfüllen. M.E. trifft dies für Klausel (i) zu. Ich gehe davon aus, dass jede einfache Massenportion und jede materielle Zusammenfügung räumlich ausgedehnt ist, und dass jeder räumliche Teil einer Massenportion ebenfalls als Massenportion bzw. jeder räumlicher Teil einer materiellen Zusammenfügung entweder wiederum als materielle Zusammenfügung oder als einfache Massenportion aufzufassen ist. Damit gibt es keine Zeitspanne, in der genau eine einfache Massenportion bzw. genau eine materielle Zusammenfügung vorkommen kann. Die zweite Strategie ist analog zur Vorgangsweise im Kontext der Adaptierung von Simons´, Fines und Schnieders Substanzdefinitionen. Auch hier stelle ich, unter Anwendung bereits gelieferter Begründungen, fest, dass einfache Massenportionen und materielle Zusammenfügungen keine Dinge sind; und füge in HRs Substanzdefinition eine

---

AAT nämlich das Vorkommen eines Betrachters. Fasst man den Betrachter als Substanz auf, greift (i); fasst man ihn als konkrete Nicht-Substanz auf, greift Klausel (ii).

[23] HR 1997, 169f. Vgl. auch Nida-Rümelin M. 2001.
[24] Siehe HR 1997, 73-90 und 151f.

Beschränkungsklausel auf den Bereich, oder wie ich sagen würde, auf die Kategorie der Dinge hinzu:

> S (HR *) x ist eine Substanz = df. x gehört der Kategorie der Dinge an und (i) x kann über einen Zeitraum hinweg eine einzige Instanz haben, (ii) das Vorkommen von x impliziert nicht das Vorkommen einer Entität einer anderen C-Kategorie, die über einen Zeitraum hinweg nur eine einzige Instanz haben kann, (iii) x kann keine Vorkommnisse anderer C-Kategorien als echte Teile haben, mit Ausnahme echter Teile selbst [wenn man sie wie HR als solche als C-Kategorie auffasst].

2.5 Substanzen sind unabhängige Dinge

Ich möchte dabei bleiben, Substanzen als *unabhängige Dinge* zu definieren; ohne mich auf einen bestimmten Begriff der ontologischen Unabhängigkeit festzulegen. Der Grund besteht darin, dass es offensichtlich, im Hinblick auf Substanzdefinitionen, brauchbare Bestimmungen dieser Unabhängigkeit gibt. Und zwar solche, die auf mein theoretisches Ziel ausgerichtet werden können: die Festlegung, dass Lebewesen und nur diese Substanzen sind.

Neben Modifikationen einzelner Definitionen hat sich eine Abänderung der diskutierten Substanzbestimmungen allerdings durchgängig als unumgänglich erwiesen, nämlich die Beschränkung des Bereichs oder des „Genus" der jeweiligen Definitionen auf die Dinge. Vielleicht mag dies der ein oder dem anderen, trotz der im Abschnitt II-1.31 (3) vorgebrachten ordnungstheoretischen Überlegungen, suspekt erscheinen: Geht man so vor, wie ich das vorschlage, könnte man sich die Argumentation gegen Nicht-Dinge wie Ereignisse, Zustände bzw. Eigenschaften als Substanzen nicht sparen? - Das ist eigentlich richtig. Führe ich Argumente gegen den Substanz-Status etwa von Ereignissen an, sind das Zusatzüberlegungen, nicht notwendig für das Erlangen des Zieles dieser Überlegungen. Ich führe solche Argumente aber ohnehin nur an, wenn sie für den Kontext des jeweils behandelten Autors instruktiv und für die Verteidigung einer Substanzdefinition, insbesondere im Hinblick auf das Ziel meiner Überlegungen, relevant sind. Analoges lässt sich übrigens auch im Hinblick auf Quasi-Individuen sagen.

Bleibt aber nicht doch ein gewisses Unbehagen, *alle* Nicht-Dinge *definitorisch* aus dem Bereich der Substanzen auszugliedern? – Ich möchte diesem Unbehagen noch mehr Rechnung tragen. Und zwar durch einen

Versuch der Verteidigung meiner definitorischen Festlegung. Diese Verteidigung soll durch die inhaltliche Ausfaltung jener Gründe geschehen, die dafür sprechen, Substanzen als eine *Untergruppe der Kategorie der Dinge* zu verstehen. Versteht man Substanzen als Untergruppe oder „Genus" der Dinge, folgt, unter Voraussetzung des Ausschlusses eines transkategorialen Status von Substanzen, dass Nicht-Dinge (wie Leibniz´ Atome, Massenportionen, etc.) keine Substanzen sein können.

Dass Substanzen ein „Genus" der Dinge sind, setzt voraus, dass Dingen Kategorienstatus zukommt (nicht Substanzen!), und dass es mit den Substanzen noch mindestens ein anderes Genus innerhalb dieser Kategorie gibt. Der Kategorienstatus der Dinge wurde bereits im ersten Hauptteil erläutert. Somit kann der Schwerpunkt der nun folgenden Ausfaltung in der Erörterung liegen, inwiefern Lebewesen oder eben Substanzen gemeinsam mit dem „Genus" der Artefakte dieser einen Kategorie der Dinge angehören.

II - 3. Dinge machen die Kategorie aus, nicht Substanzen

Bei diesem Unterfangen können wir uns auf jene Überlegungen des ersten Hauptteils stützen (I – 5.1), in denen versucht wurde, Kriterien für kategoriale Einheit bzw. Verschiedenheit von Entitäten zu entwickeln. In Erinnerung rufen möchte ich zunächst die grundsätzliche Stoßrichtung der diesbezüglichen Ausführungen. Ich möchte mich fragen, was Entitäten zu Entitäten einer Kategorie macht; bzw. was Entitäten zu Entitäten verschiedener Kategorien. Warum, um die Fragestellung auf unser Thema zu beziehen, gehören Artefakte und Lebewesen oder Substanzen einer Kategorie, und nicht vielmehr verschiedenen (womöglich jeder der je eigenen) an? Wie lässt sich dafür argumentieren?

Bevor wir fortfahren, muss eine Einschränkung aus dem ersten Hauptteil aufgegriffen werden: dass nämlich die einzelnen Kriterien, jedes für sich genommen, keine hinreichende Handhabe zur Entscheidung über kategoriale Einheit bzw. Verschiedenheit aller Entitäten liefern, und auch der dort entwickelte und hier aufgenommene Kriterienkatalog als Ganzer durchaus offen, sprich nicht abgeschlossen ist. Dennoch ist dieser Katalog brauchbar, was aus der ersten Anwendung auf das Verhältnis von Dingen und Ereignissen ersichtlich sein sollte.

Ich gehe nun so vor, dass ich zunächst die einzelnen Kriterien kategorialer Einheit bzw. Verschiedenheit aufgreife (3.1), auf das Verhältnis von Artefakten und Lebewesen anwende (3.2), und daraus meine Schlüsse ziehe.

3.1 Eine Wiederaufnahme: der Kriterienkatalog für kategoriale Einheit bzw. Verschiedenheit

(i) Als erstes Kriterium wurde im ersten Hauptteil Übereinstimmung bzw. Nicht-Übereinstimmung in Identitätsbedingungen erwähnt. Dabei haben wir, trotz seiner Plausibilität prima facie, ein allgemeines oder grundsätzliches, sowie ein für die Dinge besonderes Problem zur Sprache gebracht. Das grundsätzliche lässt sich in Form eines Dilemmas anführen: Einmal kann man Identitätsbedingungen nämlich sehr *unspezifisch* verstehen, wie etwa Leibniz´ Gesetz. Dass Identität aus der Gleichheit aller Eigenschaften folgt, und umgekehrt, gilt, wenn es stimmt, für alle Entitäten (denen man Eigenschaften zusprechen kann – was bei entsprechend weiter Interpretation von „Eigenschaft" eben von allen Entitäten möglich ist). Somit kann man aus der Übereinstimmung darin, dass Leibniz´ Gesetz auf zwei Entitäten anzuwenden ist, allein oder für sich genommen, keine Schlüsse ziehen bzgl. deren kategorialer Einheit bzw. Verschiedenheit. Das ist das erste Horn. Die Alternative, sprich das zweite Horn, wäre, Identitätsbedingungen spezifischer zu formulieren. Dieser Weg ist zwar gangbar, wirft aber selbst mehr Probleme auf als er Lösungen bereithält. Das zeigt sich schon daran, dass sich die Anerkennung keiner hinreichend spezifischen Identitätsbedingung in der Fachdiskussion auch nur einigermaßen etablieren konnte. Daraus ergibt sich ein nahtloser Übergang zum besonderen Problem für die Dinge, welches gerade in dieser Schwierigkeit der Angabe von Identitätsbedingungen besteht. Wollen wir die Frage kategorialer Einheit bzw. Verschiedenheit allein über den Verweis auf spezifische Identitätsbedingungen angehen, verschieben wir ein Problem, anstatt es zu lösen.

(ii) Das zweite war die „zeitliche Gestalt" als Kriterium kategorialer Einheit bzw. Verschiedenheit, die Weise wie Entitäten in der Zeit sind, oder „wie sie sich zur Zeit verhalten". Haben Entitäten ein „mittelbares" oder „unmittelbares" Verhältnis zur Zeit, im Sinne der Ausführungen in Abschnitt I – 4.31? Haben Entitäten selbst eine zeitliche Ausdehnung? Bestehen sie aus zeitlichen Teilen? Antworten auf derartige Fragen geben Aufschluss über die zeitliche Gestalt von Entitäten. – Im ersten Hauptteil haben wir gesehen, dass das Kriterium als einziges und allgemeines nicht brauchbar ist; und zwar deshalb nicht, weil wir (kategorial verschiedene) Entitäten ohne zeitliche Gestalt nicht von vornherein ausschließen sollen. Dennoch ist es *im Bereich konkreter* Entitäten für die Bestimmung kategorialer Einheit bzw. Verschiedenheit nicht nur nützlich, sondern auch unverzichtbar (manche meinen sogar „hinreichend"). Kommen konkrete Entitäten in ihrer zeitlichen Gestalt überein, spricht das jedenfalls für ihre kategoriale Einheit.

(iii) Dass dritte Kriterium ist das der ontologischen Abhängigkeiten zwischen verschiedenen Typen von Entitäten. Besteht zwischen Entitäten a, b, c eines Typs und Entitäten g, h, i eines anderen Typs eine Art von Abhängigkeit, die zwischen a, b, c bzw. g, h, i und anderen Vorkommnissen desselben Typs nicht bestehen kann, so ist diese Art von Abhängigkeit ein Kriterium dafür, dass sich das Abhängige kategorial von dem unterscheidet, wovon es abhängt. Die Art der Abhängigkeit ist freilich zu spezifizieren: Im Hinblick auf das Verhältnis von Dingen und Ereignissen z.B. hat sich die *wechselseitige* Abhängigkeit des Zukommens räumlicher und zeitlicher Eigenschaften bewährt.

(iv) Das vierte Kriterium kategorialer Einheit bzw. Verschiedenheit bezieht sich auf die Weise, Arten anzugehören. Vorkommnisse einer Spezies und Vorkommnisse einer anderen Spezies können dann nicht verschiedenen Kategorien angehören, wenn sich die eine Spezies zur anderen in einem Unterordnungsverhältnis befindet; aber auch dann nicht, wenn die fraglichen Spezies einem gemeinsamen Genus untergeordnet werden. Ein darüber hinausgehender, besonderer Aspekt dieses Kriteriums ist die Weise der sortalen Determination der Identität von Vorkommnissen. Vorkommnisse, deren Identität sortal dependent sind, können nicht derselben Kategorie angehören wie Vorkommnisse mit sortal relativer Identität.

(v) Schließlich haben wir als fünftes Kriterium kategorialer Einheit bzw. Verschiedenheit Übereinstimmung bzw. Unterschiedenheit in der Sachverhaltsstruktur angenommen. Von Übereinstimmung in der fraglichen Struktur ist genau dann auszugehen, wenn alle Elemente und alle Beziehungen zwischen diesen Elementen dieselben sind. Unterscheiden sich Entitäten in ihrer inneren Sachverhaltsstruktur, können sie nicht derselben Kategorie angehören, und Entitäten mit derselben Sachverhaltsstruktur gehören derselben Kategorie an.

3.2 Warum Artefakte und Lebewesen derselben Kategorie angehören

Meine Argumentation wird so aufgebaut sein, dass sich aus den Kriterien (ii), (iv) und (v) Argumente für die kategoriale Einheit von Artefakten und Lebewesen ergeben. In Hinblick auf das Kriterium (i) ist die Problematik der Anwendung für unsere Themenstellung zu erläutern. Bei Kriterium (iii) ist seine Vereinbarkeit mit unserer These gesondert aufzuweisen, scheint es doch, prima facie, dagegenzusprechen.

(ad ii) Dass Kriterium (ii) auf Artefakte und Lebewesen anzuwenden ist, liegt auf der Hand: Vorkommnisse beider Gruppen haben eine zeitliche Gestalt. Wie aber ist diese bei Artefakten und bei Lebewesen in Hinblick auf Kriterium (ii) zu interpretieren? Entscheidend ist hier, ob sich Artefakte und Lebewesen bezüglich Mittelbarkeit bzw. Unmittelbarkeit ihrer Verhältnisses zur Zeit, wieder im Sinne der Ausführungen in Abschnitt I – 4.31, voneinander unterscheiden.

Wir haben gesehen, dass Artefakte und Lebewesen im Hinblick auf ihre Identität durch die Zeit darin zunächst *nicht* übereinkommen, dass diese bei den einen, den Artefakten, durch konventionelle Festlegungen mitbedingt ist, bei den anderen hingegen, den Lebewesen, nicht. Dieser Unterschied liegt in der Bewusstseinsabhängigkeit der Kontinuität von Artefakten begründet (vgl. Kont AAT). Des gleichen haben wir gesehen, dass die Analyse der Persistenz bei Artefakten und bei Lebewesen unterschiedlich vorzunehmen ist: Der ontologische Grund dafür ist der Unterschied in ihrer individuellen Form. Bei Artefakten ist diese ein komplexes Kompositum aus Nutzen, Funktion und mereologischen Prinzipien; bei Lebewesen hingegen eines aus geschlossener Organisationsstruktur, Entwicklungs- sowie Replikationsplan.

Dennoch sind sowohl Artefakte als auch Lebewesen *drei- und nicht vierdimensionale* Entitäten. Weder Artefakte noch Lebewesen haben eine zeitliche Ausdehnung, die es gestatten würde, sie selbst als Summen zeitlicher Teile aufzufassen. Vorkommnisse beider „Genera" sind durch die Zeit dieselben. Artefakte und Lebewesen kommen darin überein, dass sie ihre zeitlichen Eigenschaften von jenen Ereignissen bzw. Zuständen entlehnen, die ihre Geschichte bilden. Und es sind diese grundlegenden Merkmale, welche das ausmacht, was wir hier die „zeitliche Gestalt" einer Entität im Hinblick auf Kriterium (ii) genannt haben. Also können wir davon sprechen, dass die im Hinblick auf Kriterium (ii) relevante zeitliche Gestalt von Artefakten und Lebewesen dieselbe ist.

Eine Anfrage mag darauf abzielen, dass wir bei der Beschreibung der Persistenz der Artefakte auf die *komplexe* Struktur ihrer jeweiligen individuellen Form gestoßen sind. Wie aber geht die Feststellung der Komplexität einer individuellen Form, und damit ihr Zusammengesetztsein, zusammen mit der behaupteten Irreduzibilität der diachronen Identität, wie sie für dreidimensionale Entitäten erforderlich ist? Zusammengesetztes ist reduzibel, nämlich auf seine Bestandteile. – M.E. geht die Rückführung der individuellen Form einer Entität auf verschiedene Bestandteile nicht Hand in Hand mit jener ihrer diachronen Identität auf andere Relationen, etwa die Relation einer „Gen-Identität" oder einer „Kontinuität verschiedener zeitlicher Teile". Eine dreidimensionale Entität besteht zu jedem Zeitpunkt ihrer Existenz „als Ganze", selbst wenn die Voraussetzung dieses Bestehens, sprich das Vorliegen einer bestimmten individuellen Form, komplex ist. Eine Entität kann m.a.W. in einem strikten Sinn diachron identisch sein, auch wenn der ontologische Garant für das Bestehen der Identität zusammengesetzt ist[25]. In diesem Sinn könnte man sagen, dass der ontologische Garant diachroner Identität bei Artefakten, da er komplex ist, auf seine Bestandteile reduziert werden kann, nicht aber ihre diachrone Identität selbst auf irgendwelche anderen Relationen. Das ist die eine Strategie, dem Einwand zu entgegnen. Eine andere wäre darin zu sehen, dass ja auch Lebewesen (wenn auch anders als Artefakte) eine komplexe individuelle

---

[25] Siehe u.a. Barker / Dowe 2008.

Form aufweisen. Somit kann das Problem der Vereinbarkeit von irreduzibler diachroner Identität und komplexer individueller Form nicht zur Infragestellung der kategorialen Einheit von Artefakten und Lebewesen gemäß Kriterium (ii) herangezogen werden.

Ein anderer Anschlag auf die Selbigkeit in der zeitlichen Gestalt von Artefakten und Lebewesen, angezielt auf die Dreidimensionalität der Artefakte, wäre, auf den möglichen Artwechsel von Artefakten hinzuweisen. Lässt sich daraus nicht die Annahme ableiten, dass Artefakte aus zeitlichen Teilen bestehen, welche eben durch die „Metamorphose" bedingt sind? – Ich denke, dass die Rede von zeitlichen Teilen einer Entität in einem ontologischen Sinne ausschließlich durch die vierdimensionale Konstitution, also die zeitliche Ausdehnung dieser Entität, gerechtfertigt ist. Ein Artefakt wird durch einen Artwechsel aber nicht plötzlich von Drei- in Vierdimensionalität befördert. Also wird das Artefakt auch nicht durch die Metamorphose zu einem Kompositum aus zeitlichen Teilen. Es ist ja mit Dia mult Art gemeint, dass durch die Metamorphose die diachrone Identität einer Entität gerade nicht beeinträchtigt wird. Natürlich kann man, in nicht-ontologisch gemeinter Rede, durchaus von zeitlichen Teilen von Artefakten sprechen, vielleicht sogar in Verbindung mit der Zugehörigkeit zu verschiedenen Arten. Das kann man aber auch bei Lebewesen tun, manchmal sogar in Zusammenhang mit der Prädikation verschiedener Phasensortale (z.B. „Raupe", „Schmetterling"). Hier wie da muss man sich aber gewahr sein, dass man damit, genau genommen, nicht die Entitäten selbst, sondern deren Geschichte und ihre mögliche Gliederung meint; die Geschichte, welche wie gesagt durch Ereignisse bzw. Zustände vermittelt ist.

Wir können dabei bleiben: Lebewesen und Artefakte sind konkrete Entitäten, die in ihrer zeitlichen Gestalt übereinkommen. Das spricht jedenfalls, um es vorsichtig zu sagen, für ihre kategoriale Einheit.

(ad iv) Das vierte Kriterium kategorialer Einheit bzw. Verschiedenheit ist in sich differenziert zu betrachten. Der erste Aspekt ist der Ausschluss der kategorialen Verschiedenheit für Entitäten von Arten, die innerhalb der „arbor porphyriana" in einem Unterordnungsverhältnis stehen. Stehen m.a.W. Arten von Entitäten in einer Spezies–Genus Beziehung, können sie klarerweise nicht verschiedenen Kategorien angehören. Hier ist für unsere Frauge nach dem Verhältnis von Artefakten und Lebewesen nichts zu holen, da diese nicht in diesem Unterordnungsverhältnis zueinander stehen. Es spricht aber auch nicht gegen die kategoriale Einheit, da diese Nicht-Unterordnung keinesfalls als hinreichend für kategoriale Verschiedenheit aufzufassen ist.

Nicht besser ergeht es uns mit dem zweiten Aspekt des besagten Kriteriums. Können Arten einem übergeordneten Genus gemeinsam untergeordnet werden, schließt das die kategoriale Verschiedenheit der ihr angehörigen Entitäten aus. Nicht brauchbar ist auch dieser Aspekt für unsere Fragestellung deshalb, weil in diesem Zusammenhang „übergeordnetes Genus" als eine Typenbezeichnung *unterhalb* des Allgemeinheitsgrades einer Kategorie verstanden werden muss. Sonst wäre das Kriterium trivial. Einerseits ist für Artefakte und Lebewesen aber kein solches übergeordnetes Genus unterhalb des Allgemeinheitsgrades einer Kategorie vorgesehen. Andererseits kann dieses Fehlen aber auch nicht als Argument gegen ihre kategoriale Einheit verwendet werden. Sonst müsste man z.B. allen Genera, die in ihrer Allgemeinheit direkt unter der Kategorie angesiedelt werden, kategoriale Gemeinsamkeit absprechen. Daraus ergibt sich die behauptete Unbrauchbarkeit.

Anders ist das mit dem dritten Aspekt des Kriteriums (iv), welches auf die Weise der sortalen Bestimmung der Identität von Entitäten rekurriert. Zunächst gilt es freilich auch hier, den Unterschied zwischen Artefakten und Lebewesen ins Auge zu fassen. Dieser besteht in der Geltung von Dia mult Art für Artefakte. Ein und dasselbe Artefakt kann im Laufe seiner Existenz verschiedenen species infimae angehören. Für Lebewesen ist das ausgeschlossen. – Dennoch, und das ist im Hinblick auf das Kriterium der springende Punkt, gehören sowohl Artefakte als auch Lebewesen zu ein und demselben Zeitpunkt genau einer species infimae an, welche ihre Identität in eingeführtem Sinne sortal determiniert. Ihre Identität ist nicht sortal *relativ*, in dem Sinne, dass sie jederzeit relativ zu verschiedenen Arten unterschiedlich aufgefasst werden könnte. Kriterium (iv), so viel können wir feststellen, spricht nicht gegen die kategoriale Einheit von Artefakten und Lebewesen.

(ad v) Als fünftes Kriterium zur Entscheidung von kategorialer Einheit bzw. Verschiedenheit haben wir Übereinstimmung bzw. Nicht-Übereinstimmung in der Sachverhaltsstruktur von Entitäten angenommen. Von Übereinstimmung in der Sachverhaltsstruktur ist genau dann auszugehen, wenn alle Elemente und alle Beziehungen zwischen diesen Elementen dieselben sind.

Da weder Artefakte noch Lebewesen atomar bzw. molekular-nichtsachverhaltsartig strukturiert sind, gehören beide zum Geltungsbereich dieses Kriteriums. Freilich ist auch hier anzumerken, dass es zwischen Artefakten und Lebewesen gewisse Unterschiede in ihren Sachverhaltsstrukturen gibt. Diese betreffen vor allem die Art des Aufbaus der jeweiligen Formaspekte, die ich hier nicht nochmals ausführen möchte. Auch könnte man durchaus auf Eigenarten des Materialaspekts der Lebewesen hinweisen. Ohne mich zu tief in die Biochemie begeben zu können, ist es doch so, dass Kohlenstoff notwendiger Bestandteil organischer Einheiten ist. Das trifft nicht auf Artefakte zu. Artefakte hingegen können materiell so aufgebaut sein, dass das lebensfeindlich ist.

Bei all diesen Differenzen ist aber doch daran festzuhalten, dass unser Kriterium nicht auf die Ebene derartiger Besonderheiten abzielt, ja abzielen kann. Eine Nicht-Übereinstimmung in der Sachverhaltsstruktur, wie sie zum Aufweis kategorialer Verschiedenheit erforderlich wäre, beträfe die Konstitution aus Form- und aus Materialaspekt als solche, wie wir das beispielsweise bei der Analyse des Verhältnisses von Ereignissen und Dingen festgestellt haben. Das muss so sein, denn wollte man das Kriterium so feinkörnig einstellen, dass bereits die Diskrepanz im Aufbau beispielsweise von Formaspekten hinreichend für kategoriale Verschiedenheit wäre, müssten wir auch innerhalb der Artefakte, z.B. bei Kunstwerken und Werkzeugen, eine solche kategoriale Differenz annehmen. Vermutlich auch im Bereich der Lebewesen, wenn wir etwa den Formaspekt eines pflanzlichen Einzellers mit jenem eines Primaten vergleichen.

Wie ist das aber mit der Geltung von Dia mult Strukt für Artefakte, nicht aber für Lebewesen? – Dia mult Strukt hängt in seiner Geltung derart stark an Dia mult Art, dass es nicht möglich ist, dass das eine kategoriale Verschiedenheit bedingt, das andere aber nicht. Dia mult Art aber bedingt keine kategoriale Verschiedenheit. So kann das auch Dia mult Strukt nicht. Auch hier ist entscheidend, dass die Bestimmtheit in der Sachverhaltsstruktur, sowohl für Artefakte als auch für Lebewesen, zu einem Zeitpunkt eindeutig ist.

Da bliebe freilich noch der Hinweis, dass wir bei Lebewesen von einer notwendigen Dynamik als innerem Moment ihrer Sachverhaltsstruktur gesprochen haben, während dies bei Artefakten keineswegs der Fall ist. Es gibt Artefakte mit stets statischer Sachverhaltsstruktur. - Auch dieser Gegensatz kann keinen kategorialen markieren. Und zwar deshalb nicht, weil es durchaus auch Artefakte mit dynamischer Sachverhaltsstruktur gibt. Wäre die Dynamik in der Sachverhaltsstruktur im Unterschied zur Statik hinreichend für kategoriale Verschiedenheit, bedeutete dies eine kategoriale Diskrepanz innerhalb des Bereichs der Artefakte.

Unsere These von der kategorialen Einheit von Artefakten und Lebewesen kann unter Verweis auf Kriterium (v) gestützt werden.

(ad i) Wir kommen zu einem Kriterium, das uns beim Aufweis des kategorialen Unterschiedes zwischen Ereignissen und Dingen Hilfestellungen geboten hat, dessen Anwendung aber bzgl. der Frage nach dem Verhältnis von Artefakten und Lebewesen problematisch erscheint. Das Kriterium besagt, dass genau dann, wenn zwei Entitäten denselben Identitätsbedingungen unterliegen, sie derselben Kategorie angehören. (Schon hier könnte man Differenzierungen einmahnen, etwa im Hinblick darauf, ob sich das Kriterium tatsächlich auf eine notwendige und hinreichende Bedingung kategorialer Einheit bzw. Verschiedenheit bezieht. Auch müsste man klären, worin die Selbigkeit von Identitätsbedingungen besteht. Ich lasse das beiseite, um überhaupt zu meinem Punkt zu kommen.)

Das Problem ist wie gesagt, dass sich Identitätsbedingungen auf verschiedenen Allgemeinheitsstufen formulieren lassen. Die allgemeinste Stufe von Identitätsbedingungen wird wohl durch Leibniz' Gesetz zum Ausdruck gebracht, demzufolge Entitäten genau dann identisch sind, wenn sie in allen Eigenschaften übereinstimmen. Auf dieser Stufe fällt es nicht schwer, die Übereinstimmung in Identitätsbedingungen von Artefakten und Lebewesen zu behaupten. Unterliegen Artefakte dem Leibnizschen Gesetz, so tun das auch die Lebewesen. (Auch hinsichtlich möglicher Einschränkungen der für Leibniz' Gesetz maßgeblichen Eigenschaften, z.B. auf extensionale[26], kommen Artefakte und Lebewesen überein.) Das Problem ist, dass sich auf dieser Stufe für überhaupt keine Entitäten signifikante Unterschiede festmachen lassen. Alle Entitäten müssten ein und derselben Kategorie angehören, wenn man Kriterium (v) im Wortlaut auf der Allgemeinheitsstufe von Leibniz' Gesetz heranzieht.

Lässt man nur raum-zeitliche Eigenschaften in der Formulierung zu, erhält man eine Identitätsbedingung auf einer weniger allgemeinen Stufe. Entitäten wären genau dann identisch, wenn sie in allen raum-zeitlichen Eigenschaften übereinstimmen. Geht man von der Identitätsbedingung der raum-zeitlichen Koinzidenz aus, kann man ebenfalls die Übereinstimmung in der Identitätsbedingung von Artefakten und Lebewesen behaupten. Ebensowenig wie sich zwei Lebewesen zur selben Zeit am gleichen Ort aufhalten können, so vermögen das zwei numerisch verschiedene Artefakte.[27] Bleiben wir dabei, könnten wir daraus ein Argument für die kategoriale Einheit von Artefakten und Lebewesen gewinnen. Das Problem ist nur,

---

[26] Vgl. Runggaldier / Kanzian 1998, 97.
[27] Hier sind die allgemeinen Überlegungen bzgl. der raum-zeitlichen Kohabitation mit zu berücksichtigen, die ich erstmals in Abschnitt I – 4.332 a) angestellt und in II – I.32 aufgegriffen habe.

dass wir, durchaus in Fortführung bereits angestellter Überlegungen, noch weniger allgemeine Identitätsbedingungen, sowohl für Artefakte als auch für Lebewesen, formulieren können. Bei Artefakten mag gelten, dass sie genau dann dieselben sind, wenn dieser konkrete Nutzen, diese daraus resultierende Funktion und die konkret mit ihr gekoppelten mereologischen Prinzipien übereinstimmen. Bei Lebewesen aber gilt, dass sie genau dann dieselben sind, wenn sie in ihrer Organisationsstruktur und den damit gekoppelten Regulationsprinzipien sowie dem Entwicklungsplan übereinstimmen. Wir sehen also, dass hier – in Entsprechung zur Unterschiedlichkeit ihrer individuellen Form – auch voneinander abweichende Identitätsbedingungen formuliert werden können.

Auf dieser Allgemeinheitsstufe, die freilich schon sehr niedrig ist, muss jedoch nicht Schluss sein. Wenn man möchte, könnte man auch für die verschiedenen Lebensformen, selbstverständlich auch für die unterschiedlichen Gruppen im Bereich der Artefakte, voneinander abweichende Identitätsbedingungen benennen.[28]

Was heißt das nun für unsere Fragestellung nach der Übereinstimmung in Identitätsbedingungen als Kriterium für kategoriale Einheit und Verschiedenheit? - Es ist nur dann anwendbar, wenn wir die Allgemeinheitsstufe angeben, auf der wir die Übereinstimmung bereits als Argument für kategoriale Einheit, Nicht-Übereinstimmung schon als Grund für die kategoriale Verschiedenheit akzeptieren wollen. Wie aber soll eine solche Angabe vor sich gehen? – Willkürlich? Oder gar unter Rückgriff auf Wendungen wie „höchstmögliche für ontologische Einteilungen maßgebliche Allgemeinheit"? Ersteres bringt uns kaum weiter, wenn wir die Frage nach kategorialen Einteilungen nicht rein pragmatischen Erwägungen überantworten wollen; Letzteres aber läuft auf zirkuläre Begründungen hinaus, wenn man bedenkt, dass die gegebene Formulierung, aber auch ähnliche, bereits auf den Kategorienbegriff oder synonyme Wendungen rekurrieren.

Ich denke, wir sollten bei unserer Untersuchung mit Kriterium (i) – trotz anfänglichen Erfolgsaussichten für einen Erweis der kategorialen Einheit von Artefakten und Lebewesen – vorsichtig bleiben.

(ad iii) Ich komme zu jenem Kriterium aus unserem Katalog, das hinsichtlich der Frage nach dem Verhältnis zwischen Lebewesen und Artefakten, zumindest auf den ersten Blick besehen, den anderen Kriterien gegenüber quer steht. Und zwar deshalb, weil es das einzige ist, welches die kategori-

---

[28] Jonathan Lowe hat in einem neueren Artikel davon gesprochen, dass Identitätsbedingungen von Dingen sogar von Art („kind") zu Art divergierten: Lowe 2005, 45.

ale Verschiedenheit von Lebewesen und Artefakten nahezulegen scheint. Es lautet: Besteht zwischen Entitäten a, b, c eines Typs und Entitäten g, h, i eines anderen Typs eine Weise von Abhängigkeit, die zwischen a, b, c bzw. g, h, i und anderen Vorkommnissen desselben Typs nicht bestehen kann, so ist diese Art von Abhängigkeit ein Kriterium dafür, dass sich das Abhängige kategorial von dem unterscheidet, wovon es abhängt.

Nehmen wir die Bewusstseinsabhängigkeit (nach AAT und seinen Ausprägungen) eines Artefakts a von einem menschlichen Bewusstseinszentrum g, welches zweifellos den Lebewesen zuzurechnen ist. Diese Bewusstseinsabhängigkeit besteht wohl weder zwischen a und einem anderen Artefakt b, noch zwischen g und einem anderen Lebewesen h. Also scheint Kriterium (iii) gegen die kategoriale Einheit von Artefakten und Lebewesen zu sprechen.

Wie kann man dies im Sinne der hier vertretenen Auffassung der kategorialen Einheit von Artefakten und Lebewesen entkräften? – M.E. so, dass nicht jede Art von ontologischer Abhängigkeit in diesem Kriterium Berücksichtigung finden kann; Bewusstseinsabhängigkeit gehört gerade nicht dazu. Die Begründung dafür ist, dass sich kategoriale Unterscheidungen auf solche in der *bewusstseinsunabhängigen* Wirklichkeit beziehen müssen. Diesem Postulat kann aber ein Kriterium nicht genügen, wenn und insofern es auf Bewusstseinsabhängigkeit rekurriert. Also kann Kriterium (iii), wenn und insofern es auf die Bewusstseinsabhängigkeit der Artefakte von Lebewesen rekurriert, nicht als Argument für die kategoriale Verschiedenheit von Artefakten und Lebewesen herangezogen werden.

Ein weiteres Argument: Bei grundlegenden Einteilungen wie es kategoriale sind, ist m.E. für Begründungsinstanzen Universalität vorausgesetzt. D.h. Begründungen für kategoriale Verschiedenheit bzw. Einheit müssen sich auf alle in Frage kommenden Entitäten beziehen. Bei der Argumentation der kategorialen Verschiedenheit von Dingen und Ereignisse beispielsweise wurde so argumentiert, dass bei Ereignissen eine Abhängigkeit von Dingen besteht, die weder zwischen Ereignissen noch zwischen Dingen bestehen kann. Diese Art der Abhängigkeit ist aber nicht auf eine eingeschränkte Gruppe der Dinge bzw. der Ereignisse zu beziehen. Grundsätzlich ist kein Ding geeignet, nicht in besagter Weise als Relatum in der fraglichen Abhängigkeitsbeziehung zu stehen, ebenso wenig wie es ein Ereignis geben kann, das nicht von Dingen abhängt. Es gilt die Universalität der Begründungsinstanzen in diesem Sinne. Das gleiche lässt sich sagen über das Verhältnis von Zuständen und Ereignissen, die gerade nicht als kategorial verschieden erachtet wurden. Keine Gruppe der Ereignisse bzw.

der Zustände ist von den kausalen Abhängigkeitsverhältnissen ausgeschlossen, welche im Sinne von Kriterium (iii) für ihre kategoriale Einheit sprechen. Anders ist das bei der Abhängigkeit der Artefakte von Lebewesen. Diese bezieht sich eben nicht auf *alle* Lebewesen, weil nicht alle Lebewesen, genau genommen sogar nur ein marginaler Bruchteil derselben, der Bildung und Anerkennung von Artefakten im Sinne von AAT fähig sind. Die Gültigkeit eines Arguments für die kategoriale Verschiedenheit von Artefakten und Lebewesen, welches auf dem Verweis auf die einseitige Abhängigkeit der Artefakte von Lebewesen aufbaut, ist somit hinsichtlich der Begründungsinstanzen keineswegs universal. Es sind nicht alle, sondern nur ein kleiner Bruchteil der Lebewesen heranzuziehen. Deshalb ist das Argument m.E. für derart grundlegende Einteilungen, wie es kategoriale sind, ungeeignet.

Wir können aber noch eine radikalere Strategie gegen Kriterium (iii) als Argument für die kategoriale Verschiedenheit von Artefakten und Lebewesen einschlagen. Nehmen wir an, wir lassen, ungeachtet der eben vorgebrachten Überlegungen, Kriterium (iii) für unsere Fragestellung gelten. Dann stellt sich die Frage, ob es tatsächlich stimmt, dass es keine Lebewesensarten bzw. Lebewesen gibt, die von anderen Lebewesen so abhängen wie Artefakte das tun? – Der Verweis auf genmanipulierte Lebewesen mag hier als ein augenfälliges Gegenbeispiel vorgebracht werden. Arten von Lebewesen, welche durch gentechnische Manipulationen entstanden sind, hängen, etwa im Sinne von Gen AAT, von Bewusstseinszentren, also von anderen Lebewesen ab, wie artifizielle Arten das tun.[29] Desgleichen mag man, zumindest im Gedankenexperiment, überlegen, ob nicht die Abhängigkeit der Artefakte von organischen Bewusstseinszentren in derselben Weise auch zwischen Artefakten und anderen Artefakten bestehen könnte. Wenn wir z.B. (wie in Abschnitt II – 1.25 angedeutet) annehmen, dass hochkomplexe Roboter andere Artefakte konstruieren könnten. Kriterium (iii) spräche so gesehen sogar für die kategoriale Einheit von Artefakten und Lebewesen.

Hier ist nicht der Ort des Einstiegs in die artificial-intelligence-Debatte. Im Anschluss an diese Überlegungen lässt sich dennoch, unabhängig von allen

---

[29] In einem Artikel „Lebewesen als Artefakte. Zur Ontologie der Genmanipulation", hier: Kanzian 2008c, habe ich dies ausführlicher dargelegt, ebenso wie andere artifizielle Merkmale von genmanipulierten Lebewesen.

Kriterien unseres Katalogs, ein zusätzliches Argument für die kategoriale Einheit von Artefakten und Lebewesen entwickeln. Es beruht auf jenem allgemeinen Prinzip, dass „Grenzgängertum" zwischen zwei Bereichen kategoriale Verschiedenheit ausschließt. Es besagt genauerhin, dass dann, wenn Entitäten sowohl charakterisierende Merkmale des einen als auch solche des anderen Bereichs zukommen, keine kategoriale Verschiedenheit zwischen diesen Bereichen besteht. Es ist dann nämlich keine eindeutige Trennung zwischen diesen Bereichen möglich, wie sie unterschiedliche Kategorien aufweisen. Es gibt aber solche Grenzgänger zwischen den Artefakten und den Lebewesen. Denken wir neben gentechnisch manipulierten Lebewesen, an solche, die im Frühstadium ihrer Entwicklung ausschließlich zu Forschungs- und / oder medizinischen Zwecken *benützt* werden, mit allen Konsequenzen. Auch hier haben wir lebendige Organismen, die manche Charakteristika von Artefakten aufweisen.

Weit weniger radikal hinsichtlich ethischer Implikationen, aber dennoch unter der hier relevanten Rücksicht interessant, mag ein Verweis auf die (industrielle) *Nutz*-Tierhaltung sein. Lebewesen werden (ausschließlich) unter einem Nutzens-Aspekt gehalten. Dieser Nutzen ist abhängig von Zwecksetzungen menschlicher „Bewusstseinszentren" und bestimmt die „Funktion" dieser Lebewesen. Beginnt nicht schon hier, ontologisch betrachtet, Grenzgängertum?

Die Grenze zwischen Lebewesen und Artefakten ist aber auch von der anderen Seite her prinzipiell durchlässig. Wenn wir schon an sciencefiction anknüpfen, so müssen wir die Möglichkeit einräumen, dass in ferner Zukunft Artefakte andere „Artgenossen" hervorbringen, auf ähnliche Weise, wie das heutige Lebewesen tun. Warum sollten diese dann nicht auch Merkmale von Organismen, wie eine geschlossene Organisationsstruktur etc. haben können?

Ich möchte diesen Faden hier nicht weiter verfolgen. Ich denke dennoch, dass die hier vorgebrachten Überlegungen, bei all ihrer zugestandenen Vorläufigkeit, für die Rechtfertigung der Annahme reichen, dass Artefakte und Lebewesen ein und derselben Kategorie angehören, nämlich den Dingen, welche mit der Kategorie der nicht-dinglichen Partikularien, das sind Ereignisse und Zustände, den Gesamtbereich der Partikularien ausmachen.

Machen Lebewesen oder Substanzen ein „Genus" der Dinge aus, und negiert man den transkategorialen Status von Substanzen, können Nicht-Dinge keine Substanzen sein. Das aber ist jene These, deren Verteidigung dieser Abschnitt primär dient.

II - 4. Haben wir es hier mit einer Alltagsontologie zu tun?

(1) Zu Beginn dieses Buches findet sich das Bekenntnis zu einer „Alltagsontologie" der Dinge. Dieses Bekenntnis wurde im ersten Hauptteil nicht nur durch die Angabe einer Kriteriologie, was denn nun tatsächlich als Alltagsontologie gelten mag, umzusetzen versucht, sondern auch durch eine Reflexion über die Alltagsontologie-Tauglichkeit der dort vertretenen Thesen. Wie aber steht es diesbezüglich mit den Ergebnissen des zweiten Hauptteiles? Haben wir es hier ebenfalls, bzw. immer noch, mit einer Alltagsontologie zu tun? – Auch hier möchte ich diese Frage zum Anlass nehmen, das Gesagte zusammenzufassen und vielleicht auch unter einer noch nicht gebotenen Rücksicht zu verteidigen.

Die Beantwortung dieser Frage setzt einige Vorbemerkungen voraus. Zunächst ist klar, dass sich die allgemeine Kriteriologie, wie sie anfangs entwickelt wurde - stichwortartig wiedergegeben: Entsprechung zu alltäglichen Intuitionen sowie zu den Grundzügen des Sprechens, Revidierbarkeit – an die grundlegenden Linien eines ontologischen Rahmens richtet. Eine solche Linie wäre die Differenzierung zwischen Dingen und nicht-dinglichen Partikularien, sowie die wichtigen ontologischen Merkmale, welche diese Unterscheidung markieren. Die grundlegenden Linien zur Abgrenzung und Bestimmung der gesamten Kategorie der Dinge wurden im ersten Hauptteil entwickelt. Ihre Alltagsontologie-Tauglichkeit musste konsequenterweise aufzuweisen versucht werden.

Im zweiten Hauptteil sind wir in die Kategorie der Dinge „eingestiegen", um in ihrem Bereich Differenzierungen vorzunehmen. Wir sind also weg gegangen von allgemeinen, hin zu besonderen Charakteristika. Somit ist auch die gegebene Kriteriologie, eben aufgrund ihrer Allgemeinheit, nicht mehr so ohne weiteres anzuwenden. Wie soll auch die Geltung von Kont I dia Konv oder Dia mult Strukt alltäglichen Intuitionen entsprechen, oder auch nicht? Handelt es sich doch bei diesen Thesen, die hier beispielhaft angeführt werden, um theoretisch schwer beladene Konstrukte. Auch werden wir nicht beurteilen können, ob z.B. die vorgenommenen Modifikationen von Simons´ modal-existenziellem Unabhängigkeitskriterium für Substanzen den Grundzügen unseres Sprechens entspricht oder nicht; oder gar ob Fine Simons gegenüber unter dieser Rücksicht der Vorzug zu geben wäre. Insgesamt handelt es sich dabei um viel zu spezielle Sprechweisen. Wir werden uns in der Untersuchung der Alltagsontologie-Tauglichkeit des zweiten Hauptteils somit wohl in einem, nicht unerheblichem

Ausmaß auf die Bekundung zurückziehen müssen, dass sich seine Thesen innerhalb des Rahmens des ersten Hauptteiles entwickeln lassen. Und dass wir auch dann Thesen als alltagsontologische, oder zumindest als einer Alltagsontologie nicht widersprechend annehmen, wenn sie (i) sich innerhalb eines erwiesenermaßen alltagsontologischen Rahmens entwickeln lassen, und (ii) selbst hinsichtlich Intuitivität bzw. Entsprechung zu den Grundstrukturen unseres Sprechens neutral sind.

(2) Diese Bescheidenheitsbekundung ist aber nicht das einzig Bemerkenswerte im Hinblick auf die Alltagsontologie-Tauglichkeit des zweiten Hauptteils.

Ein weiterführender Aspekt ist, dass Thesen, deren Status als alltagsontologische im ersten Hauptteil explizit aufgewiesen wurden, auch im zweiten Hauptteil unmittelbare Anwendung finden. Ich meine hier zunächst die *diachrone Identität* aller Dinge (vgl. I – 5.32). Sie spielt bei der ontologischen Charakterisierung sowohl der Artefakte als auch der Lebewesen eine entscheidende Rolle. Ob als konventionell gedeutet oder als bewusstseinsunabhängig: Es geht hier wie da um diachrone Identität in einem strikten Sinn, d.h. um eine nicht auf grundlegendere Relationen rückführbare Beziehung. Ohne diachrone Identität ginge die hier vorgebrachte Unterscheidung zwischen Artefakten und Lebewesen ins Leere. Und ihre Annahme ist, in Anwendung der Ergebnisse von I – 5.32, eben eine alltagsontologisch ausgewiesene.

Dasselbe kann im Hinblick auf die *sortale Dependenz* der Identität von Dingen gesagt werden. Auch ihre Alltagsontologie-Tauglichkeit wurde im ersten Hauptteil gezeigt; vgl. die einschlägigen Ausführungen in I – 5.33. Dabei ist hervorzuheben, dass in jenem Abschnitt nicht nur die allgemeinen Wirkungen der sortalen Dependenz behandelt wurden (Existenz-, Kontinuitäts-, Konstitutionsbedingungen), sondern auch die mit der sortalen Dependenz der Identität gegebene Annahme, dass ein Ding zu einem Zeitpunkt genau einer species infima angehört. Und diese These von der synchronen Einzigkeit der Artzugehörigkeit aller Dinge ist auch im zweiten Hauptteil entscheidend. Sie dient als Argument für die kategoriale Einheit von Artefakten und Lebewesen, und sie hilft zur Bestimmung des ontologischen Unterschieds zwischen diesen „Genera" im Bereich der Kategorie der Dinge: Für die einen (die Artefakte) gilt die sortale Einzigkeit *nur* synchron, für die anderen (die Lebewesen) gilt sie *nicht nur* synchron.

(3) Wir können aber im Hinblick auf die Alltagsontologie-Tauglichkeit von im zweiten Hauptteil vertretenen Thesen noch ein Stück weitergehen. Zentrales Anliegen ist es ja, die Lebewesen oder Substanzen im Bereich der Kategorie der Dinge zu „definieren". Dazu musste ihre Unterscheidung von allen Arten Artefakten, aber auch von den sogenannten Quasi-Individuen vorgenommen werden. Ohne nochmals in die Details der ausgeführten Bestimmungen einzusteigen, sollte klar sein, dass sich die Unterscheidungen der Lebewesen von den Artefakten zum einen, und von den Quasi-Individuen zum anderen, auf eine breite *intuitive Basis* beziehen lassen. Natürlich wird man keine spontanen Einstellungen zu den speziellen unterschiedlichen Beschreibungen der individuellen Formen von Artefakten und Lebewesen aufweisen können; ebenso wenig zu den einzelnen Argumenten gegen den Ding-Charakter von Atomen, einfachen Massenportionen bzw. natürlichen Formationen wie Seen und Berge. Dass aber ein Regenwurm, ein Schaf, gar ein Vorkommnis unserer eigenen biologischen Spezies von den Werkzeugen, Kunstwerken o.ä. zu unterscheiden ist, bzw. von Goldklumpen und Gebirgsformationen, scheint auch ohne empirische Feldstudien vorderhand *intuitiv* klar. Dass diese Unterscheidung deren ontologischen Status oder deren Existenz betrifft, steht außer Streit, wenn man schon „Existenz" oder „ontologischen Status" im Kontext der Rede von alltäglichen Intuitionen anführen möchte. Dasselbe würde ich übrigens im Hinblick auf allgemeine Merkmale der Lebewesen als Substanzen meinen, um nur ihre *Bewusstseinsunabhängigkeit* zu erwähnen. Es entspricht alltäglichen Intuitionen, dass sowohl natürliche Arten als auch ihre Vorkommnisse unabhängig von endlichen Bewusstseinszentren bestehen.

(4) Der Stellenwert von Intuitionen wurde als ein Merkmal einer Alltagsontologie vorgestellt. Ein anderes ist die Entsprechung zu dem, was im ersten Hauptteil als „Grundzüge unseres alltäglichen Sprechens" bezeichnet wurde. Solche Grundzüge sind die Subjekt-Prädikat-Struktur, aber auch die Funktion unseres alltäglichen Sprechens bei der *Identifizierung* von Individuen. Bei Letzterem möchte ich im Folgenden ansetzen.

Im ersten Teil haben wir festgestellt, dass wir im Alltag faktisch Differenzen machen bzgl. *der Weise, wie* wir unterschiedliche Individuen identifizieren. Von besonderem Interesse für unseren Kontext ist, dass die Identifizierung mancher Individuen von der Identifizierung anderer, besser andersartiger Individuen abhängt. Wenn wir z.B. Ereignisse identifizieren, tun wir das nicht, ohne uns auch auf jene Dinge zu beziehen, in welche die zu identifizierenden Ereignisse involviert sind. Fußballspiele, Konzerte, aber auch einfache Bewegungen identifizieren wir nicht, ohne auf Spieler, Musiker, aber auch irgendwelche dingliche Träger von Bewegungen Bezug zu nehmen. Wenn wir hingegen Dinge identifizieren, können wir das im Alltag normalerweise direkt tun, d.h. ohne den Umweg über Ereignisse bzw. andere nicht-dinghafte Partikularien.

Der Grund warum ich dies hier aufgreife ist, dass eine Alltagsontologie dieses Geflecht von Abhängigkeiten in der Identifizierung von Gegenständen mit zu berücksichtigen und auch zu erhellen hat. Ich behaupte nun, dass Artefakte und Lebewesen in diesem Geflecht der Abhängigkeiten in der Identifizierung eine nicht-unterscheidbare Funktion haben. Wir können normalerweise sowohl Artefakte als auch Lebewesen direkt identifizieren, d.h. ohne vorher auf Ereignisse bzw. Zustände Bezug nehmen zu müssen. Ob wir ein Schaf oder einen elektrischen Rasenmäher aus der Vielfalt der Eindrücke unserer alltäglichen Lebenswelt herausgreifen, macht unter der Rücksicht der Direktheit bzw. der Bezugslosigkeit des Herausgreifens keinen Unterschied. Und es macht auch bei der Identifizierung z.B. von Ereignissen keinen Unterschied, ob wir sie als Ereignisse „an" Lebewesen oder „an" Artefakten identifizieren. Denken wir an Bewegungen: Unter der Rücksicht ihrer Identifizierung ist es egal, ob es sich um Körperbewegungen eines Lebewesens handelt, oder etwa um die Bewegung eines Armes einer Hebemaschine.

Im ersten Hauptteil haben wir auch davon gesprochen, dass es Rücksichten gibt, unter denen Dinge – per akzidens – von Ereignissen abhängen. Es sind solche Rücksichten, die sich auf zeitliche Merkmale der Dinge beziehen. Diese Abhängigkeit per akzidens ist gleichermaßen auf Lebewesen und auf Artefakte zu beziehen. Sowohl die Geschichte von Lebewesen als auch die von Artefakten ist als Summe von Ereignissen[30] zu verstehen, in welche die jeweiligen Individuen involviert sind. Der ontologische Grund ist darin zu sehen, dass sowohl Artefakte als auch Lebewesen dreidimensional sind, und deshalb ihre „zeitliche Gestalt" eine mittelbare sein muss. Insofern zeitliche Merkmale aber für die Identifizierung maßgeblich sind, und sei es auch nur per akzidens, hängen sowohl Lebewesen als auch Artefakte in ihrer Identifizierung ab von nicht-dinglichen Partikularien. (Um dieser akzidentellen Rücksicht Rechnung zu tragen, habe ich gerade vorhin davon gesprochen, dass im Alltag „normalerweise" die Identifizierung der Dinge ohne Verweis auf Ereignisse vonstatten geht.) Wie auch immer: Sollte die Direktheit oder die Bezugslosigkeit des Identifizierens

---

[30] ... wohl auch von Zuständen; das lasse ich hier weg, der Flüssigkeit der Darstellung wegen.

von Lebewesen durch diese akzidentelle Abhängigkeit eingeschränkt sein, so auch die Direktheit oder Bezugslosigkeit der Identifizierung von Artefakten, und zwar unter derselben Rücksicht und mit derselben Begründung. Alltagsontologien haben das Geflecht von Abhängigkeiten in der Identifizierung von Gegenständen mit zu berücksichtigen. Für eine Ontologie, in der im Geflecht dieser Abhängigkeiten ununterscheidbare Entitäten derselben Kategorie angehören, liegt somit ein Grund vor, diese als alltagsontologisch zu bestimmen. Die hier vertretene Ontologie aber sieht zwischen Artefakten und Lebewesen im Geflecht der Abhängigkeiten in der Identifizierung keine Unterschiede. Sie nimmt Lebewesen und Artefakte als Entitäten derselben Kategorie, nämlich der Dinge, an. Sie ist auch unter dieser Rücksicht als alltagsontologisch zu bestimmen.

III Personen

In den beiden ersten Hauptteilen bin ich daran gegangen, eine Ontologie der Kategorie der Dinge zu entwickeln, in deren Bereich zwischen Artefakten und Lebewesen oder Substanzen unterschieden wird. In diesem dritten und abschließenden Teil möchte ich einen Schritt weiter-, und zwar in den Bereich der Lebewesen hineingehen. Dabei will ich untersuchen, ob es nicht innerhalb dieses „Genus" weitere ontologisch signifikante Differenzen gibt, die es rechtfertigen, innerhalb desselben eine Gruppe mit genau bestimmbaren Besonderheiten anzugeben. Diese Gruppe sollen die Personen sein.

Dass Personen eine „Subspecies" der Substanzen ausmachen, ist – philosophiehistorisch gesehen – ein weniger ungewöhnliches Erklärungsziel als die Unterordnung der Substanzen unter besagte Kategorie der Dinge. Seit Boethius, der bekanntlich Personen definiert als „individuelle Substanzen rationaler Natur"[1] gehört diese These zum Allgemeingut der Person-Debatte. Wobei „Allgemeingut" nicht bedeutet, dass alle Teilnehmerinnen an dieser Debatte Boethius´ These zustimmen.[2] - Auch meine Gefolgschaft Boethius´ hat seine Grenzen. Ich werde in diesem dritten Hauptteil versuchen, eine ontologische Bestimmung von Personen zu geben, die sich an die Ausführungen der beiden vorhergehenden Teile anschließt, und deshalb weitgehend selbständig ist, nicht nur gegenüber Boethius.

Es geht mir um eine *Ontologie* der Personen. Personen sind aber – im Gegensatz zu Dingen und Substanzen – nicht allein, wahrscheinlich nicht einmal in erster Linie ein Thema der Ontologie. Schon ein Blick auf die aktuelle Debatte zeigt, dass hier andere philosophische Disziplinen sehr stark hereinwirken, erwähnt seien nur die philosophy of mind und – da „Person" auch stark normative Konnotationen aufweist - die Ethik bzw. die angewandte Ethik. Im ersten Abschnitt dieses dritten Hauptteiles (III - 1) möchte ich diese weiteren Kontexte zumindest ansatzweise berücksichtigen. Ebenso wie die bereits angesprochene reiche Philosophiegeschichte der Personen-Debatte. Mich interessiert, ob sich für die hier angestrebte

---

[1] „Persona vero rationabilis naturae individua substantia (est)": Boethius, Contra Eutychen et Nestorium IV; zitiert nach Kreuzer 2001, 61, FN 8.
[2] Kreuzer 2001, 65, z.B. betrachtet es bei Boethius für einen Rückschritt, „Personen wie ein Ding im geschlossenen Kosmos von Substanzen [zu denken]", wie es im Übrigen auch hier vorgeschlagen wird.

Theorienbildung nicht auch daraus relevante Gesichtspunkte ergeben. *Selbstbewusstsein* als bestimmendes Merkmal von Personen, bzw. Einheit von Selbstbewusstsein als Konstituent personaler Identität wird dabei in den Mittelpunkt des Interesses rücken.

Dann werde ich in Analogie zu den ersten beiden Hauptteilen vorgehen und nach Möglichkeiten suchen, die ontologische Besonderheit der Personen unter den Lebewesen herauszuarbeiten. Auch hier sind jene Entitäten, die den zu Behandelnden, den Personen, übergeordnet sind, bereits hinlänglich eingeführt. Über Lebewesen oder Substanzen muss im Allgemeinen nichts mehr gesagt werden. Wir können uns darauf konzentrieren, was Personen von allen anderen Lebewesen abhebt. Dabei werde ich mich auf einen Aspekt der individuellen Form von Personen konzentrieren: nämlich ihre nicht-analysierbare Einheit und Einfachheit (Nicht-Komplexität). Diese ontologische Bestimmung wird mit Selbstbewusstsein bzw. Einheit von Selbstbewusstsein in Zusammenhang gebracht (Abschnitt III - 2).

Zum Abschluss werde ich versuchen, meine Thesen gegen Einwände zu verteidigen, und so ein Stück weit erläutern. Wieder werde ich entsprechende metaontologische Gesichtspunkte aufgreifen, und – wie es einem Schlussteil zusteht - einen Ausblick auf Themen geben, deren Behandlung im Kontext dieses bescheidenen Buches nicht erfolgen kann (III - 3).

III - 1. Selbstbewusstsein als Bedingung für Personalität

Ich habe die Geduld der LeserInnen in diesem Buch bereits soweit strapaziert, dass ich es nicht mehr wage, etwas an- bzw. gar auszuführen, was man gut und gern an anderer Stelle nachlesen kann. In diesem Sinn verzichte ich auf Bemerkungen zur Etymologie des Person-Begriffs und auf jedweden Anlauf, die Person-Debatte in ihren historisch-systematischen Dimensionen auch nur einigermaßen umfassend darstellen zu wollen.[3] Im Mittelpunkt der Überlegungen dieses Abschnitts soll, wie angekündigt, die neuzeitliche Bestimmung von Personen über *Selbstbewusstsein* stehen. Personen sind selbstbewusste Lebewesen oder Substanzen, personale Identität ist konstituiert durch die Einheit des Selbstbewusstseins.[4]

---

[3] Vgl. dazu u.a. Teichert 2000, I und II; Mohr 2001; Schlegel 2007, Abschnitt 1.2.1. Kurz und bündig: Burkhardt 2002.

[4] Das Selbstbewusstseins-Kriterium für Personalität findet sich in der aktuellen Literatur mitunter auch als ein Kriterium des Vermögens zu „first-personal intentional states"; vgl. u.a. Baker 2000, u.a. 67, 104. Ich halte Selbstbewusstsein als notwen-

Ich werde in diesem Abschnitt nicht historisch–chronologisch vorgehen. Vielmehr möchte ich nach sachlichen Gesichtspunkten Autoren anführen, die mir, unabhängig davon in welchem Jahrhundert sie geschrieben haben, als Diskussionspartner zur Entwicklung meiner These geeignet erscheinen. Ich werde mich auf (einige) Klassiker der Geschichte und der aktuellen Diskussion beschränken; nicht weil ich meine, dass es nicht Nicht-Klassiker gäbe, die dazu vielleicht besser geeignet wären, sondern weil ich mir – aufgrund der Bekanntheit der Autoren – allzu viel Einführendes zu ihren Theorien ersparen zu können glaube.

1.1 Daniel Dennett

Personen sind selbstbewusste Wesen. Als ersten Vertreter dieser These nenne ich Daniel Dennett, der in seinem berühmten Aufsatz über die „Bedingungen der Personalität"[5] eine entsprechende Auffassung ausgearbeitet hat. Freunde Dennetts werden mit großer Skepsis auf mein Vorhaben reagieren, ihren Helden heranzuziehen als Beleg für eine Theorie in einem offensichtlich ontologischen, Dennett würde sagen „metaphysischen" Kontext. Ich gebe ihnen recht, zumindest teilweise. Somit möchte ich zunächst Selbstbewusstsein als eine Bedingung für Personalität im Kontext von Dennetts Theorienbildung schildern (1). Dann werde ich klar zu machen versuchen, inwiefern Dennett den hier vorgebrachten Überlegungen tatsächlich fremd bleiben wird (2), unter welcher Rücksicht er aber doch auch zu unserem Kontext passen kann (3).

(1) Ich werde noch darauf zu sprechen kommen, dass es Dennett gerade *nicht* um eine *Ontologie* der Personen geht, darum „was Personen wirklich seien". Es geht ihm vielmehr um eine *Erklärung des Verhaltens* bestimmter Wesen. „Wesen" darf dabei nicht zu eng aufgefasst werden, v.a. nicht im Sinne von „Lebewesen", schon gar nicht von „Lebewesen einer bestimmten biologischen Spezies". Das wäre nach Dennett bereits eine Art „Rassismus": Nicht-Lebendiges, gar Nicht-Menschliches von vornherein, d.h. allein aus begrifflichen Gründen, aus der Extension des Person-Begriffes zu verbannen. Vielleicht verhalten sich ja gerade Roboter oder andere

---

diges und intrinsisches Element solcher Bewusstseins-Zustände, sodass ich Bakers (und anderer) Kriterium nicht in Gegensatz zu dem hier entwickelten sehe. Sollte es dennoch Unterschiede geben, betreffen die mehr die Fachdiskussion in der philosophy of mind als eine Ontologie von Personen.

[5] Hier: Dennett 1983.

Nicht-Menschen so, dass die Personen-charakterisierende Verhaltenserklärung auf sie zutrifft; vielleicht Menschen so, dass sie sich (nur) nicht-Personen-charakterisierend benehmen (können).

Selbstbewusstsein aber ist Personen charakterisierend. D.h. Selbstbewusstsein ist ein Merkmal jenes Verhaltens, das Personen und nur diese auszeichnet. Was aber versteht Dennett genauerhin unter Selbstbewusstsein? Ist Selbstbewusstsein die einzige Bedingung von Personalität? Ist Selbstbewusstsein hinreichend für Personalität? – Zur ersten Frage: Es gibt zwei Schlüssel zum Verständnis von Dennetts Begriff des Selbstbewusstseins. Der erste ist Elisabeth Anscombes Begriff der „Verantwortung für eine Handlung". Diesem zufolge muss ich mir einer Handlung unter der fraglichen Rücksicht *bewusst* sein, und zwar als *meiner* Handlung, dass ich für diese (zumindest) moralisch zur Verantwortung gezogen werden kann. Wenn ich mir nicht bewusst bin, dass *ich* es war, der dieses und jenes getan hat, fällt nach Anscombe Verantwortung für dieses und jenes weg.[6] In der Fähigkeit, mir einer Handlung als der meinen bewusst zu sein, zeigt sich *Selbstbewusstsein*.

Der zweite Schlüssel ist Harry Frankfurts Begriff *reflexiver Selbsteinschätzung*, von dem Dennett sagt, er „stelle das echte Selbstbewusstsein dar"[7]. Bei Frankfurt manifestiert sich reflexive Selbsteinschätzung in der Bildung von „Wünschen zweiter Ordnung", worunter auf Wünsche (erster Ordnung) bezogene Wünsche zu verstehen sind. Jemand will sich dies und jenes wünschen, hat z.B. einen Willen, sich zu wünschen, eine unliebsame Angewohnheit los zu werden. Diese Fähigkeit, sich reflexiv auf eigene Wünsche zu beziehen, ist für Frankfurt übrigens Voraussetzung für Willensfreiheit. So ist z.B. jeder Raucher frei zu wollen, das Laster bleiben lassen zu wünschen.

Wie auch immer. Wir können jedenfalls festhalten, dass Selbstbewusstsein nach Dennett eine reflexive Fähigkeit ist, deren Ausübung zur moralischen Bewertbarkeit von Verhalten vorausgesetzt wird.

Kommen wir aber nun zur zweiten Frage: Ist Selbstbewusstsein die einzige Bedingung für Personalität? – Selbstbewusstsein ist für Dennett nicht die einzige Bedingung für Personalität, allerdings eine „Endbedingung", wie ich das ausdrücken möchte. Das ist jene Bedingung, die den Abschluss einer Reihe anderer Bedingungen für Personalität bildet. Diese

---

[6] Vgl. dazu die kritische Fußnote (25) zu dieser These in Dennett 1983, 39. Ob Anscombe Recht hat oder nicht, spielt für den Duktus der hier dargelegten Überlegungen keine Rolle.

[7] Dennett 1983, 41.

anderen Bedingungen werden für Selbstbewusstsein vorausgesetzt. Selbstbewusstsein ist also keine Voraussetzung für weitere Bedingungen der Personalität. (So ist „Endbedingung" gemeint.) Wie aber geht die Reihe „abwärts" weiter? Was sind die anderen Bedingungen für Personalität? - Die nächste Bedingung für Personalität nach Dennett ist Kommunikationsfähigkeit. Für Dennett ist klar, dass Kommunikationsfähigkeit für die „Verantwortung für meine Handlungen"(Anscombe), Manifestation von Selbstbewusstsein, vorausgesetzt werden muss. „Verantwortung für meine Handlungen" beruht nämlich, so Dennett, auf einem Begriff der Gerechtigkeit. Dieser aber, und hier beruft sich Dennett auf Rawls, sei Ergebnis eines Prozesses *sprachlicher* Interaktion. So gesehen kann sprachliche Interaktion oder *sprachliche Kommunikation* als eine weitere Bedingung für Personalität verstanden werden.

Die Fähigkeit zur sprachlichen Kommunikation analysiert Dennett über Grices Theorie „nicht-natürlicher Bedeutung" und der Fähigkeit, in diesem Sinne bedeutungsvolle Äußerungen zu produzieren. Das Hervorbringen bedeutungsvoller Äußerungen aber setzt ganz bestimmte mentale, genauer *intentionale* Fähigkeiten voraus. Ohne hier ins Detail gehen zu können[8], sei vermerkt, dass ein Sprecher die Intention haben muss, in einem Zuhörer bestimmte intentionale Akte hervorzubringen, um bedeutungsvoll mit dem Zuhörer zu kommunizieren. Wichtig ist hier, dass sich der Sprecher intentional auf Intentionen des Zuhörers beziehen kann. Etwas oder jemand, der sich intentional auf Intentionen eines anderen beziehen kann, bezeichnet Dennett als „intentionales System zweiter Ordnung". Und hierin besteht eine weitere Bedingung für Personalität: ein *intentionales System zweiter Ordnung* zu sein. Bei der Analyse schließlich dieser Bedingung stoßen wir auf die restlichen drei Bedingungen für Personalität: die da sind *Vernünftigkeit* („ein vernünftiges Wesen zu sein"), *Bewusstsein*, und, nota bene: die Haltung anderer ihm gegenüber, die darin besteht, ihm *Intentionen* zuzusprechen. Die Formulierung der zuletzt genannten Bedingung erinnert uns daran, dass es Dennett nicht darum geht, „objektiv" feststellen zu wollen, was etwas ist. Es geht vielmehr darum, ob das Verhalten von etwas am besten so zu erklären ist, dass es bestimmte Merkmale aufweist, etwa „*intentionales System*" zu sein.[9]

---

[8] Siehe dazu Dennett 1983, 33f.
[9] Den Begriff „Wesen mit Intention" oder „Intentionales System", wie er in Dennett 1983 verwendet wird, führt Dennett ein in seinem Aufsatz „Intentional Systems", hier: Dennett 1981. Für eine kritische Analyse (36ff) bzw. einen Vorschlag zur Wieterentwicklung (41ff) siehe u.a. Brandl 2003.

Vernünftigkeit (1), Bewusstsein (2), intentionales System zu sein (3) bilden gemeinsam die Voraussetzung für intentionale Systeme zweiter Ordnung (4), welche Kommunikationsfähigkeit (5) und Selbstbewusstsein (6) begründen. Diese sechs Merkmale[10] machen nun die von Dennett aufgewiesenen Bedingungen für Personalität aus (, wobei immer mitzudenken ist, dass sich die genannte Beobachter-Abhängigkeit der Zuschreibung von „Intentionales System", auf die Zuschreibung „Intentionales System zweiter Ordnung", sowie auch auf die anderen Bedingungen der Personalität überträgt.) Damit ist die Antwort auf die oben aufgeworfene zweite Frage klar. Es gibt mehrere Bedingungen der Personalität, Selbstbewusstsein ist nicht die einzige.

Wir können somit zur Beantwortung der dritten Frage kommen: Ist Selbstbewusstsein hinreichend für Personalität? – Wenn wir Selbstbewusstsein bei Dennett als „Endbedingung" in oben eingeführtem Sinn verstehen, folgt aus dem Vorliegen von Selbstbewusstsein auch das Vorliegen der Bedingungen (1)-(5), weil (1)-(5) notwendige Voraussetzungen für Selbstbewusstsein sind. Ist (1)-(6) ein vollständiger Katalog von Bedingungen für Personalität, *müsste* somit mit dem Vorliegen von (6) auch Personalität gegeben sein. So gibt Dennett auch selbst zu verstehen, dass die sechs Bedingungen eigentlich als hinreichend betrachtet werden *könnten*[11]. Aus Selbstbewusstsein *folgte* Personalität, wenn, ja wenn es objektive Merkmale zur Bestimmung von Personalität *gäbe*.

Die konjunktivische Verwendung der Verba in den letzten Sätzen ist aber entscheidend. Ihre Bedeutung ist es, nochmals darauf hinzuweisen, dass wir nach Dennett im Grunde nie sagen können, ob ein Wesen tatsächlich diese Bedingungen erfüllt oder nicht. Es habe gar keinen Sinn, „objektiv" feststellen zu wollen, ob etwas ein intentionales System ist oder nicht. Nicht nur die genannte Beobachter-Abhängigkeit der Zuschreibung von Intentionen, sondern auch die Tatsache, dass wir, so Dennett, für jedes Verhalten, das wir intentional erklären, auch eine nicht-intentionale, sprich

---

[10] In der Literatur finden sich verschiedene, von Dennett abweichende Bedingungskataloge für Personalität. Hinweisen möchte ich auf einen davon, nämlich jenen von J. Fletcher in ders. 1972. Fletcher (dessen Liste auch von Singer, vgl. Singer 2006, 120 [hier verwendete Ausgabe von *Praktische Ethik*] aufgegriffen wird) listet mehr Bedingungen auf als Dennett, neben Selbstbewusstsein z.B. noch Selbstkontrolle, Sinn für Vergangenheit und Zukunft u.ä. Ohne dies hier ausführen zu können, meine ich, dass diese Vermögen Explikationen von Selbstbewusstsein sind, die keine Bedingungen für Personalität darstellen, welche sachlich über jene Dennetts hinausgehen würden.

[11] Vgl. Dennett 1983, 42.

"mechanische" Erklärung haben können[12], macht diese Objektivität hinfällig. Somit sei auch Selbstbewusstsein keine hinreichende Bedingung für Personalität, wenn wir dies „objektiv" oder ontologisch verstehen. Faktisch gebe es nämlich überhaupt keine solchen objektiven oder ontologischen Bedingungen. (Natürlich steht uns der Rückzug auf einen rein verhaltenstheoretischen oder „moralischen" Person-Status offen, für den Selbstbewusstsein in gewisser Weise doch hinreichend wäre. Dieser Rückzug kommt einem Verzicht einer Ontologie der Personen gleich. Wir können ihn in unserem Kontext beiseite lassen.)

(2) Dass Selbstbewusstsein das ontologisch charakterisierende Merkmal von Personen *wäre*, wenn es ein ontologisch charakterisierendes Merkmal von Personen *gäbe*, ist eine Hypothese, der wir hier nicht beitreten können. Dieser Dennettsche Konjunktiv klingt bescheiden, ist es aber nicht. Er wird vielmehr im Kontext der Argumentation durch schwere Prämissen erkauft. Auf eine Prämisse habe ich eben hingewiesen. Es ist die *mechanistische Grundauffassung*, die darin besteht, dass ja letztlich doch jedes Verhalten „nicht-intentional" erklärt werden könne. Jedes „intentionale System" kann man auch als „mechanisches System" verstehen. Intentionen sind reduzibel, somit auch alle Merkmale von Personen, die auf Intentionalität Bezug nehmen. Das ist die erste Prämisse des Dennettschen Konjunktivs. Die zweite, damit zusammenhängende, ist die, dass der Status von etwas als einem intentionalen System von Beobachtern abhängt. Intentionen *hat* etwas nicht unabhängig von jemandem, der ihm Intentionen zuspricht. Das Zusprechen von Intentionen erfolgt dann, wenn dies am besten erklärt, warum bestimmte Wahrnehmungen („in-put") einem bestimmten Verhalten („output") funktional korrelieren. Mehr ist über Intentionen, ja über das gesamte „mentale Leben" eines Individuums, nicht zu sagen. Dieser *Funktionalismus* ist die zweite Prämisse des Dennettschen Konjunktivs. Will man sich nicht auf Funktionalismus und Mechanismus verpflichten, ist man frei, den Dennettschen Konjunktiv abzulehnen und in seiner Theorienbildung einen Indikativ anzustreben: Selbstbewusstsein ist ontologisch charakterisierendes Merkmal von Personen.

Dennett macht in „Bedingungen der Personalität" noch mehr Vorannahmen, um nur Grices Theorie nicht-natürlicher Bedeutung und Rawls Konzeption von Gerechtigkeit nochmals zu erwähnen. Diese Voraussetzungen sind aber harmlos im Vergleich zu den im vorigen Absatz genannten. Sie spielen bei der Begründung von Dennetts Konjunktiv nur eine un-

---

[12] Ebd.

tergeordnete Rolle; haben vielmehr zu tun mit seiner Einführung von Selbstbewusstsein als „Endbedingung". Diese Einführung benötigen wir für den Kontext unserer Theorienbildungen nicht, somit müssen wir uns auf Grice und Rawls nicht verpflichten. Besagte Einführung steht meinen Überlegungen aber auch nicht entgegen. Somit erspare ich es mir, gegen sie ins Feld zu ziehen.

Von einer weiteren These, die bei Dennett nicht als Voraussetzung oder Prämisse, sondern als Konsequenz zu verstehen ist, möchte ich mich jedoch ausdrücklich distanzieren: Dennett geht es bei der Bestimmung von Personalität um die Eruierung einer Besonderheit im Verhalten. Das bedingt, dass das *aktive Ausüben* von Selbstbewusstsein, als Charakteristikum dieses besonderen Verhaltens, Personalität ausmacht. Wer und *nur* wer sich selbstbewusst verhält, ist eine Person. Das klingt „liberal" und überwindet vermeintliche Engpässe in der Theorie der Personalität; etwa eine speziezistische Begrenzung des Begriffs einer Person. Was so offen und „anti-rassistisch" (Dennett) klingt, weil es nicht auf Vorkommnisse einer biologischen Spezies eingeschränkt bleibt, macht aber den Bereich der Personen an einer anderen Stelle sehr eng. Dort nämlich, wo eben die aktive Ausübung von Selbstbewusstsein noch nicht bzw. (auch unumkehrbar) nicht mehr möglich ist. Sind Wesen ohne aktive Ausübung von selbstbewussten Akten wie Neugeborene bzw. (irreversibel) Komatöse keine Personen?[13] Dennett muss dies annehmen, und zwar a priori oder aus begrifflichen Gründen; als Konsequenz der Negierung eines „metaphysischen" Person-Begriffs zugunsten eines rein verhaltenstheoretischen. Dieser Konsequenz möchte ich skeptisch gegenüberstehen.

(3) Was aber übernehme ich von Dennett? - Selbstbewusstsein, das sich manifestiert in moralischem Bewusstsein und in Reflexion über eigene mentale Zustände, ist charakteristisch für Personalität. So verstehe ich positiv den Kern von Dennetts Theorie. Das kann man m.E. unabhängig von Dennetts besonderem argumentativem Kontext aufgreifen und weiterführen, auch (wie später zu zeigen sein wird) zu einer Theorie des ontologischen Grundes von Selbstbewusstsein als Bedingung für Personalität. Das gleiche gilt für seine These, dass Selbstbewusstsein nicht als isolierte Bedingung für Personalität verstanden werden kann. Selbstbewusstsein hat zu tun mit Rationalität (siehe Dennetts Bedingung 1), einer besonderen Art von Bewusstsein (Bedingung 2), von Intentionalität (Bedingungen 3 und 4)

---

[13] U.a. Teichert 2000, 285 weist darauf hin, dass nach Dennett nicht alle Menschen Personen sind.

und einer bestimmten Fähigkeit zur Kommunikation (Bedingung 5); ohne, und auch das halte ich für wichtig, dass Selbstbewusstsein in diese Elemente aufgelöst, darauf reduziert werden könnte. Das macht Dennett ja auch klar: Selbstbewusstsein ist „mehr" als die anderen Bedingungen und kann somit nicht auf diese anderen zurückgeführt werden. Selbstbewusstsein ist unhintergehbares definiens von Personalität.

1.2 John Locke

(1) Die Etablierung einer Bestimmung von Personen über psychologische Fähigkeiten, insbesondere über das Selbstbewusstsein, hat Daniel Dennett nicht erfunden. In der Geschichte der Philosophie ist dieses Verdienst für gewöhnlich mit dem Namen John Lockes verbunden. Und hier ist es die berühmte Passage in §9 des 27. Kapitels seines *Essay´s concerning Human Understanding*,[14] welche in diesem Zusammenhang standardmäßig angeführt wird. Sie enthält jene richtungweisende Definition von „Person", die da lautet: „[…] *Person* […] is a thinking intelligent Being, that has reason and reflection, and can consider it self as it self, the same thinking thing in different times and places; which it does by that consciousness, which is inseperable from thinking, and as it seems to me essential to it."[15]

John Lockes Definition enthält auch traditionelle Elemente. Insbesondere erinnert „thinking intelligent Being" durchaus an Boethius´ Substanz rationaler Natur. Entscheidend ist aber der Unterschied zu Boethius. Dieser besteht, neben der Ablehnung der Boethianischen Definition von Personen über das „Genus" der Substanzen, in der Explikation der personhaften Rationalität in Richtung „reason", v.a. „reflection", schließlich über die Fähigkeit, sich selbst als sich selbst zu verstehen. Bei dieser Fähigkeit zu selbstbewusster Reflexion handelt es sich bei Locke nicht um eine Fähigkeit neben anderen. Selbstbewusstsein ist bei Personen untrennbar („inseperable") von anderen Bewusstseinsakten, und wesentlich („essential") für diese. So fährt auch Locke an der angegebenen Stelle fort mit der Betonung, dass jedes personale Bewusstsein notwendig mit dem Bewusstsein, dass sie, die Person, es ist, die den Bewusstseinsakt setzt, verbunden ist. In diesem Sinn ist es gerechtfertigt, vom Selbstbewusstsein als dem Zentral- oder „Schlüssel"-Element von Lockes Personen-Definition zu sprechen.[16]

---

[14] Hier: Locke, Essay. Ausgabe: siehe Literaturverzeichnis.
[15] Locke, Essay, 335. Herv. Locke.
[16] Vgl. Lowe 1995, 104: „ … self-consciousness [is] the key ingredient in the proper conception of person."

Dieser Interpretation entspricht die, ebenso berühmte, Bestimmung personaler Identität über das Selbstbewusstsein: „... in this alone consists *personal Identity*, i.e. the sameness of a rational Being: And as far as this consciousness can be extended backwards to any past Action or Thought, so far reaches the Identity of that *Person*; it is the same *self* now it was then; and ´tis by the same *self* with this present one that now reflects on it, that that Action was done."[17]

In Konsequenz der Ablehnung einer Definition von „Person" über den Substanz-Begriff, geht Locke dazu über, die personale Identität nicht über die Identität von Substanzen zu bestimmen, sondern eben über die Fähigkeit, Bewusstseinsakte und Handlungen als die je eigenen zu begreifen. Die Fähigkeit, C.Ks gestrige Handlung als *meine* zu verstehen, macht die personale Identität von mir („meinem Selbst") heute mit C.K. gestern aus. Lockes Bestimmung personaler Identität ist also zunächst auf diachrone Identität ausgerichtet. Es geht um Selbstbewusstsein durch die Zeit als Grundlage der Persistenz von Personen. Sie kann aber auch auf die synchrone Identität einer Person angewendet werden. Alle Bewusstseinsakte und alle Handlungen, die zu einem Zeitpunkt untrennbar (im Sinne der Definition von Personen) mit meinem Selbstbewusstsein verbunden sind, machen meine Identität zu diesem Zeitpunkt aus. Sie sind mir eigentümlich und unterscheiden mich von allen anderen Personen. So gesehen konstituiert Selbstbewusstsein meine numerische Identität zu einem Zeitpunkt, aber auch meine „Individuation", wenn man darunter die Abgrenzung von allem, hier besser allen anderen Personen, versteht.

(2) John Lockes Definitionen stützen das hier anvisierte Argumentationsziel, dass Personen selbstbewusste Lebewesen oder Substanzen sind, teilweise, nämlich unter der Rücksicht des Selbstbewusstseins. (Darin kommt Dennett mit Locke überein.) Sie stehen ihm aber auch entgegen, aufgrund der bereits angesprochenen Weigerung Lockes, Personen über Substanzen zu bestimmen, folglich Personen als Teilbereich der Substanzen in ein kategoriales Schema einzuordnen.

Um diese Weigerung Lockes zu verstehen, müssen wir einen kurzen Blick auf seine Konzeption von Substanzen werfen. Diese ist (wohl auch in seiner Selbsteinschätzung) derart problematisch[18], dass sie weder für eine

---

[17] Locke, Essay, chapt. 27, §9. Alle Herv. Locke.
[18] Vgl. Lowe 1995, 72: „Locke´s extensive discussion of the topic of substance in the *Essay* is highly complex and in places apparently inconsistent"; zum gleichen Urteil kommt u.a. Röd 1984, 42f.

Definition von Person, noch für eine Bestimmung personaler Identität herangezogen werden kann. Bei Lockes Verwendung von „Substanz" in seinem *Essay* müssen wir (leider) zwischen der „eigentlichen", weil explizit eingeführten Bedeutung und seiner faktischen Verwendung unterscheiden. Eigentliche Arten von Substanzen sind Gott, materielle und immaterielle (endliche) Atome („finite intelligents", durchaus vergleichbar mit den Cartesianischen „res cogitantes")[19]. Faktisch fallen aber bei Locke auch komplexe (materielle und immaterielle) Gebilde unter den Substanzbegriff. Die Unklarheit der Extension von „Substanz" ist aber weder das einzige noch das entscheidende Problem. Der Sache nach versteht Locke unter Substanzen nicht ganze Dinge bzw. ganze Lebewesen (wie das hier angezielt wird), sondern jene *Substrata*, welche als selbst eigenschaftslose Träger von Eigenschaften der Dinge bzw. Lebewesen angenommen werden. Diese Träger sind, weil eigenschaftslos, vollkommen bestimmungslos, und somit ein „something we know not what"[20]. Jeder Versuch Personen über „something we know not what" zu definieren, muss aber zum Scheitern einer Bestimmung von Personen führen. Das macht Locke-immanent durchaus verständlich, warum eine auf Substanzen beruhende Person-Definition abgelehnt wird.

Analoges lässt sich auch über personale Identität sagen. Locke ist ausdrücklich bemüht, bzgl. Identität zu unterscheiden, nicht nur zwischen der Identität von Substanzen und von Personen, sondern durchaus auch zwischen der Identität von Organismen und von Personen. (Auch zwischen der Identität von Organismen und materiellen Zusammenfügungen – was hier beiseite gelassen werden kann.) Worin die Identität von Substanzen besteht, ist durch informative Kriterien nicht anzugeben. Das ergibt sich sowohl aus der eigentlichen Bestimmung von Substanzen als Atomen, deren Natur wesentlich einfach ist, als auch aus ihrem Charakter als epistemisch unzugänglichen Substrata. Die Identität von Organismen aber ist die Kontinuität von Lebensfunktionen, kurz Leben. Sie beruht nicht auf Gleichheit materieller Bestandteile (was sie von der Identität von nicht-lebendigen materiellen Zusammenfügungen unterscheidet). Sind Personen über Selbstbewusstsein definiert, kommt – im Kontext der Locke´schen Ausführungen

---

[19] Locke, Essay, chapt. 27, §2.
[20] Locke, Essay, chapt. 23, §2. Vgl. auch Specht 1989, 96. Lowe sieht zwei Motive hinter dieser Deutung von Substanzen als Substrata: Locke habe die Abhängigkeit der Eigenschaften von – selbst unabhängigen – Substanzen gewährleisten wollen, und die Idee einer „ersten, ungeformten und somit eigenschaftslosen Materie" in die Idee eines Trägersubstrats zu integrieren versucht. Siehe Lowe 1995, 74.

– für die Bestimmung ihrer Identität weder ein Rekurs auf nicht-informative Kriterien für Substanz-Identität in Frage, noch ein Verweis auf die Identität organischen Lebens (schon gar nicht der Weg über irgendwelche materialen Bestandteile selbstbewusster Individuen). Locke-immanent gesehen bleibt die Identität von Personen nur über die synchrone und diachrone „Reichweite" von Selbstbewusstsein zu bestimmen.

Will man Lockes Ansatz zur Bestimmung von Personen bzw. von personaler Identität über Selbstbewusstsein aufgreifen und vereinbar machen mit einer ontologischen Konzeption von Personen als Substanzen (unter anderen), so ist das dann nicht ausgeschlossen, wenn man sich nicht der Lockeschen Substanz-Theorie anschließt. Der Lockeschen Substrata-Konzeption von Substanzen schließe ich mich aber nicht an (siehe auch den Beginn von Abschnitt II - 2 „Substanzkriterien"). Also scheint mir der hier anvisierte Weg weiter verfolgbar.

(3) Lockes Theorie von Personen und von personaler Identität hat schon bald Kritiker auf den Plan gerufen, welche sich v.a. auf die Festlegung konzentrieren, dass nach Locke die diachrone Identität von Personen auf der „Reichweite" des Selbstbewusstseins beruhe. Und tatsächlich scheint Selbstbewusstsein als *Konstituent* personaler Identität durch die Zeit spontane Abwehrreaktionen geradezu zu provozieren. Wie ist das mit mir im Zustand des Tiefschlafes? Nehmen wir an, es gäbe in dieser Zeit keine Bewusstseinszustände, die ich am nächsten Tag als die meinen ausweisen könnte. Ist meine personale Identität unterbrochen? Oder, noch tiefgreifender, wie ist das Phänomen der vollständigen Amnesie unter der Rücksicht personaler Identität zu beurteilen? Wird durch den Gedächtnisverlust, der ja unweigerlich die Fähigkeit unterbindet, Bewusstseinszustände über die Zeit als die eigenen anzusehen, die Identität als Person beendet? Bin ich vor der Amnesie und ich nach der Amnesie zwei verschiedene Personen? – Tiefschlaf ist für Locke kein Problem für personale Identität. Wir können nach dem Schlaf im Normalfall Bewusstseinszustände und auch Handlungen vor dem Schlaf als die unsrigen auffassen, und so personale Identität durch die Nacht hindurch konstituieren (auch wenn es dazwischen Zeitperioden geben mag, in denen wir dazu nicht in der Lage sind[21]). Nicht so einfach ist das bei vollständiger Amnesie. Hier verteidigt sich Locke zunächst so, dass er uns auffordert, die Referenz von „ich" in Fragen wie „Bin ich vor und ich nach der Amnesie derselbe?" zu klären. Referiert „ich" auf einen Menschen, verstanden als Organismus, kann die Frage mit

---

[21] Locke, Essay, chapt. 27, §10.

Ja beantwortet werden. (Das ist nach Locke auch die Erklärung unserer intuitiv positiven Antwort auf diese Frage). Referiert „ich" hingegen auf eine Person, ist die Frage zu verneinen: Totale Amnesie beendet nach Locke personale Identität. Locke weist allerdings darauf hin, dass dies durchaus unserer (gesellschaftlichen) Praxis entspricht. Man sagt ja auch „Jemand, der das getan hat – das bin ich nicht", wenn wir nach einem Bewusstseinswandel, z.b. verursacht durch temporäre totale Amnesie, unsere Handlungen vor der Amnesie beurteilen. Auch wird, so Locke, der Gute jetzt nicht für etwas bestraft, was ein Böser einst getan hat, selbst wenn beide auf einen menschlichen Organismus zurückgehen; vorausgesetzt der Gute kann die Taten eines Bösen nicht als die seinigen auffassen.[22]

Wie auch immer. Vor dem Hintergrund aktueller Kontexte der Person-Debatte ist die hier in Bezug auf Amnesie angesprochene Problematik von Lockes Kriterium aber noch auszuweiten: Wie ist das mit irreversibel komatösen Menschen? Sie können sicherlich keine Bewusstseinszustände als die ihren erachten. Verlieren sie ihre personale Identität, folglich ihren Status als Personen? Oder mit Ungeborenen, ja Neugeborenen? Entwicklungspsychologen meinen, dass Selbstbewusstsein erst relativ spät, etwa mit einem Alter von zwei bis drei Jahren einsetzt. Was ist mit den Kindern vorher? Sind sie keine Personen, wie das später u.a. von Daniel Dennett angenommen wird?

Locke konnte in seinem *Essay* natürlich nicht alle Einwände vorwegnehmend diskutieren. Bedauerlicherweise aber auch nicht die geschichtswirksamsten seiner eigenen Zeitgenossen. Hier möchte ich zunächst die Kritik Joseph Butlers (1692-1752) anführen, der meint, dass Selbstbewusstsein personale Identität voraussetzt, und diese folglich nicht begründen kann. Butlers Einwand ist also ein Zirkelvorwurf. Wenn ich, so Butler, an eine Handlung vor 20 Jahren als die meine zurückdenke, so kann diese Reflexi-

---

[22] Locke, Essay, chapt. 27, §20. Leibniz unterscheidet in diesem Zusammenhang zwischen einer „moralischen Identität des Ich" (als Person) und einer „metaphysischen Identität des Ich" (beruhend auf der Identität einer immateriellen Substanz oder Monade). Die moralische Identität der Person ist gleich Locke nach dem Selbstbewusstsein zu beurteilen. Allerdings nicht ausschließlich: Durch Zeugen können Laufbahnen von moralischen Personen erzeugt werden, über die, z.B. durch totale Amnesie eingeschränkten Fähigkeiten der Betroffenen hinaus. M.a.W., wenn es Zeugen gibt, konstituiert deren Aussage die Identität einer moralischen Person auch über vollständigen Bewusstseinsverlust hinweg, was – für den Juristen Leibniz wohl durchaus beabsichtigt - auch strafrechtliche Konsequenzen hat. Vgl. Thiel 2001, 90f.

on mir dabei helfen, meine personale Identität *festzustellen* („to ascertain"). Es sei jedoch falsch zu meinen, dass eine solche Reflexion personale Identität *konstituiere*. Sein Schluss: „ ... one should really think it self-evident, that consciousness of personal identity presupposes, and therefore cannot constitute, personal identity."[23] Jonathan Lowe hat diesen Zirkelvorwurf Butlers an Locke durch zeitgenössische Überlegungen bzgl. der „first-person-perspective" aktualisiert. Sich an Bewusstseinszustände bzw. Handlungen als die meinen (zurück-)zu erinnern, meint, bzgl. Bewusstseinszuständen bzw. vergangenen Handlungen die Erste-Person-Perspektive einzunehmen. Ich kann eine Handlung als meine, und nicht als die Handlung einer anderen Person bzw. als gar keiner Person begreifen. Das aber setzt ein Wissen darüber voraus, was mich von jeder anderen Person unterscheidet bzw. was mich zu einer Person macht, m.a.W. darüber, worin meine personale Identität besteht. Also setzt die Erste-Person-Perspektive personale Identität voraus, und kann sie folglich nicht begründen.[24]

Ein weiterer geschichtswirksamer Einwand stammt von Thomas Reid (1710-96). Reids Kritik an Locke beruht auf formalen Merkmalen der Identitätsbeziehung, allen voran deren Transitivität.[25] Intendiert Locke tatsächlich personale *Identität*, muss diese auch der Logik der Identitätsrelation entsprechen. Das aber kann Lockes Theorie personaler Identität nicht. Also ist sie, so Reid, falsch. Reids Argumentation ist an einem bekannten Beispiel augenscheinlich dargelegt.[26] Denken wir an einen tapferen Offizier. Dieser stahl während seiner, sehr lang zurückliegenden Schulzeit Obst, und wurde dafür (man entschuldige das Beispiel) verprügelt. Während seines, lang zurückliegenden ersten Feldzugs erobert er, als junger Soldat, die Standarte des Gegners, und wird dafür mit militärischen Ehren ausgezeichnet. Später wird er, nach weiteren zählbaren Erfolgen, zum General befördert. Zum Zeitpunkt seiner Beförderung zum General kann sich der Offizier (natürlich) an die Handlung des Standartenklaus als die seine erinnern; zum Zeitpunkt des Standartenklaus (zugegebenermaßen) an *seine* üble Handlung in der Schule. Aufgrund der sehr langen Zeit dazwischen kann er sich allerdings zum Zeitpunkt der Beförderung zum General nicht mehr auf *seine* Schulstreiche besinnen. Das ist psychologisch durchaus nachvollziehbar. Wie aber geht das mit der Transitivität der Identitätsbe-

---

[23] J. Butler, Of Personal Identity, in Perry 1975, hier: 100.
[24] Lowe 1995, 109f.
[25] Thiel 2001, 85 weist darauf hin, dass das Transitivitäts-Argument gegen Locke auf Berkeley zurückgeht.
[26] Vgl. T. Reid, Essays on the Intellectual Powers of Man, in Perry 1975.

ziehung zusammen? Reid meint, gar nicht, wenn wir personale Identität, wie Locke das tut, an der Fähigkeit festmachen, sich an Handlungen als die seinigen zu erinnern. Dann bestünde personale Identität zwischen Schüler und Standarteneroberer, Standarteneroberer und General, nicht aber zwischen Schüler und General. Was sollen wir aufgeben: Lockes Theorie der personalen Identität oder die Transitivität der Identität? Reid rät zu ersterem.

(4) Die hier vorgenommene Diskussion des historischen Beitrags John Lockes zur Personen-Debatte mag zeigen, welche Hürden zu nehmen sind, wenn man, sprich wenn ich, sein Kriterium des Selbstbewusstseins für die Definition von „Person" und für die Bestimmung personaler Identität aufgreifen möchte. Neben der bereits angesprochenen Vermeidung von Substrata-Theorien von Substanzen, sind das, und daran führt kein Weg vorbei, Butler und Reid. Wir müssen die angestrebten Definitionen und Bestimmungen zirkelfrei halten und als vereinbar erweisen mit den formalen Merkmalen der Identität, sofern es uns um Identität geht. Last not least sei gesagt, dass wir uns – wenn wir heute auf Locke zurückgreifen – den Anforderungen der modernen Personen-Debatte stellen müssen, und die liegen – Stichwort Ungeborene und irreversibel Komatöse – nicht nur im Bereich der Ontologie. Das habe ich bereits im Kontext der Diskussion von Daniel Dennett angedeutet.

1.3 Peter Singer

Die letzte Bemerkung können wir als Übergang zur Behandlung von Peter Singers Thesen verwenden. Singer ist bekanntlich kein Ontologe, sondern ein Vertreter der (angewandten) Ethik. Für Singers Ethik aber spielt der Person-Begriff eine zentrale Rolle. Das macht ihn für unseren Kontext interessant. Nicht nur das, Singer nimmt in seiner Definition von „Person" explizit auf Locke Bezug, um sich festzulegen: „Auf jeden Fall schlage ich vor; `Person´ in der Bedeutung eines rationalen und selbstbewussten Wesens zu gebrauchen ..."[27]. Er übernimmt also Lockes Person-Kriterium gleichsam wörtlich und rückt Selbstbewusstsein in den Mittelpunkt seiner einschlägigen Überlegungen. Weiters ist festzustellen, dass Singer im Hinblick auf das Selbstbewusstseins-Kriterium Lockes „Aktualismus" konsequent umsetzt. D.h. der Person-Status eines Wesens hängt bei Singer von einer *aktiven* Fähigkeit (nicht dem bloßen Vermögen) ab, bestimmte

---
[27] Singer 2006, 120.

selbstbewusste Vollzüge zu setzen. In der Illustration der praktischen Auswirkung seines Aktualismus oder Anti-Potentialismus greift Singer auf sehr handgreifliche Beispiele zurück: „Wer ein lebendes Huhn in kochendes Wasser wirft, handelt viel schlimmer als jemand, der dasselbe mit einem Ei macht. Prinz Charles ist der potentielle König von England [sic!], aber er besitzt nicht die Rechte eines Königs"[28]. Ebensowenig, so können wir Singer verstehen, wie Prinz Charles König des Vereinigten Königreichs [!] ist, ist ein, nur dem bloßen Vermögen nach selbstbewusstes Wesen Person und besitzt die damit verbundenen Rechte.[29]

Mit Dennett gemein hat Singer seinen strikten Anti-Speziezismus. Die Zugehörigkeit zu einer bestimmten biologischen Spezies ist weder notwendig noch hinreichend für den Person-Status eines Wesens. So kann es durchaus nicht-menschliche Personen, v.a. aber auch menschliche Nicht-Personen geben. Welche Konsequenzen Singer daraus für die angewandte Ethik zieht, darf als anfänglich bekannt vorausgesetzt werden. Ich möchte nicht gleich zu Beginn dieses Abschnitts mein ganzes Pulver verschießen, sondern wieder schrittweise vorgehen, d.h. Singers Position soweit das erforderlich ist, weiter darstellen (1), es wagen, jene Thesen zu umschreiben, die ich im Folgenden aufgreifen will (2), und gleich darauf klar machen, was hier zurückgewiesen wird, und mit welcher Begründung (3).

(1) Singers Ethik ist eine utilitaristische. „Gut" und „böse" in einem moralischen Sinne werden Handlungen zugesprochen im Hinblick auf ihre Konsequenzen. Handlungen mit *nützlichen* Konsequenzen sind moralisch gut, solche mit *schädlichen* Konsequenzen moralisch schlecht oder eben böse. Dies darf nicht zu eng verstanden werden: weder im Hinblick auf die inhaltliche Bestimmung des abgezielten Nutzens, etwa allein als Lustmaximierung im Sinne eines einfachen Hedonismus; noch im Hinblick auf die Anzahl der von Handlungen betroffenen Individuen. So geht es nicht um den Nutzen einzelner, wenn Handlungen beurteilt werden (schon gar nicht ausschließlich um den Nutzen der Agenten der Handlungen selbst). Der Utilitarismus hat eine soziale Dimension, dergestalt dass es um Nutzensmaximierung bei einer größtmöglichen Zahl von Individuen geht. Dies steht auch bei Singer im Mittelpunkt, der versucht, seine Ethik als universale zu entwerfen.

---

[28] Singer 2006, 199.
[29] Wir bedanken uns beim britischen Königshaus für die bleibende Aktualität der bis dato 29 Jahre alten Singerschen Beispiele.

Es kann hier nicht eingegangen werden auf eine weitere Spezifizierung des Singerschen Utilitarismus, z.b. im Hinblick auf seine Einordnung im Spektrum „reiner Handlungsutilitarismus" (jede einzelne Handlung ist Gegenstand von Nützlichkeitserwägungen) und „reiner Regelutilitarismus" (Handlungs*maximen* oder *–regeln* gilt es im Hinblick auf Nützlichkeit zu beurteilen)[30]. Wichtig ist allerdings die Positionierung der Singerschen Ethik als „*Präferenz*utilitarismus". Präferenzen sind Interessen von Individuen; Interessen sind wiederum das, was ein Wesen nach Abwägung aller relevanten Faktoren vorzieht. Als *nützlich* im Sinne eines präferenzutilitaristischen Kalküls sind nun Handlungen zu beurteilen, „nach dem Grad, in dem sie mit den Präferenzen der von Handlungen oder ihren Konsequenzen betroffenen Wesen übereinstimmen."[31] Sodass eine Handlung als moralisch schlecht bezeichnet werden kann, die den Interessen oder der Präferenz eines Individuums entgegensteht ohne dass, wie Singer ergänzt, „diese Präferenz durch entgegengesetzte Präferenz [anderer] ausgeglichen wird"[32]. Gut ist hingegen eine nützliche Handlung im gerade eingeführten Sinne. Betreffen die Konsequenzen einer Handlung die Präferenzen eines Individuums nicht, kann diese Handlung nicht als schlecht bezeichnet werden, natürlich auch nicht als gut. Sie kann folglich, vom Standpunkt einer (angewandten) Ethik, weder verboten, natürlich auch nicht empfohlen werden.

Wie aber kommt der oben geschilderte Person-Begriff in diesem Konzept zur Geltung? – Personen haben besondere Präferenzen. Sie und nur sie haben das Interesse, „weiterhin als eine distinkte Entität zu existieren"[33]. Personen haben ein auf die Zukunft gerichtetes Interesse, als sie selbst weiter zu existieren, Pläne für *ihre eigene* Zukunft zu entwerfen, Wünsche hinsichtlich *ihrer eigenen* Zukunft zu haben etc. Dabei kommt das Selbstbewusstseins-Kriterium, aktualistisch interpretiert, voll zum Tragen. Aktives Selbstbewusstsein ist nämlich eine Voraussetzung dafür, sich selbst auf Zukunft hin begreifen zu können. Wesen ohne aktives Selbstbewusstsein können somit keine Interessen haben, als sie selbst in Zukunft zu existieren. Sie sind, wie wir bereits von Locke her wissen, keine Personen, selbst wenn sie Menschen sind.

---

[30] Vgl. dazu u.a. Schlegel 2007, 57.
[31] Singer 2006, 128.
[32] Ebd. […] Verf.
[33] Singer 2006, 131. Diese These Singers hat sicherlich Schule gemacht. U.a. Miller 2004 hat sie aufgegriffen. Bei Miller wird auch der Zusammenhang der Singerschen These mit Aktualismus bzw. Konventionalismus deutlich.

Die Konsequenz Singers daraus ist bekannt. Hat ein Wesen kein aktives Selbstbewusstsein, folglich nicht die Präferenz, in Zukunft als es selbst zu existieren, ist es auch nicht schlecht (sofern nicht andere Präferenzen entgegenstehen), diesem Wesen Existenz, sprich Leben zu nehmen[34], - selbst wenn dieses Wesen unserer biologischen Spezies angehört. Es kann somit auch kein allgemeines Verbot der Tötung von Menschen geben. Ich möchte das hier nicht ethisch diskutieren. Der springende Punkt ist, dass im Kern von Singers Theorie neben seinem Präferenzutilitarismus eine Definition von Personen über das Selbstbewusstseins-Kriterium steht.

(2) Letzteres, die Definition von Personen über das Selbstbewusstseins-Kriterium, möchte ich übernehmen. Allerdings mit der Absicht, diese Definition nicht im Lehnstuhl unbeteiligter ontologischer Grundsatzüberlegungen abzuhandeln. Das habe ich bereits im Kontext der Behandlung von John Locke gesagt. Das gilt natürlich umso mehr für Peter Singer: Wollen wir das Selbstbewusstseins-Kriterium für Personen vertreten, müssen wir das, wenn wir uns von Singers praktischen Konsequenzen distanzieren wollen, so tun, dass diese Distanz auch plausibel gemacht werden kann. Ich will mich von Singer distanzieren; also muss ich Wert auf die Begründung dafür legen, dass man sich allein mit der Übernahme besagten Kriteriums nicht auf die Personen-bezogenen Thesen der Singerschen angewandten Ethik festlegt.[35]

Eine weitere, für das Folgende bedenkenswerte These Singers, die auch bei Dennett einige Bedeutung hat, ist sein *Anti-Speziezismus*. Ich möchte diesen so interpretieren, dass es keine begriffliche oder apriorische Verbindung gibt zwischen dem, was Personen als solche charakterisiert, und dem, was Organismen einer bestimmten Spezies ausmacht. Den Begriff eines Organismus können wir hier in Anlehnung an die Bestimmung von „Vorkommnis einer natürlichen Art" aus dem zweiten Hauptteil verstehen: Markant ist eine geschlossene Organisationsstruktur, entsprechende Regulationsprinzipien und ein Entwicklungs- bzw. Replikationsplan. Organismus einer biologischen Spezies meint nun eine bestimmte Organisationsstruktur etc. Selbstbewusstsein, folglich Personalität ist begrifflich nicht an

---

[34] Singer 2006, 123.
[35] Eine Ablehnung des Präferenzutilitarismus ist dafür nicht hinreichend. Es lassen sich unter Verweis auf Singers Person-Definition auch nicht-präferenzutilitaristische Argumente gegen ein Tötungsverbot anführen. Zum Glück ist diese Ablehnung auch nicht notwendig, wie zu zeigen sein wird: sonst müssten wir hier ziemlich viel Ethik betreiben.

eine solche bestimmte organische Struktur gebunden. Darin besteht der hier gemeinte Anti-Speziezismus. Er ist schwach. Weder macht der empirische Befund, dass doch nur Vorkommnisse einer bestimmten biologischen Spezies selbstbewusst sind, noch der Aufweis, dass Vorkommnisse mehrerer biologischen Arten diese Fähigkeit haben, eine begriffliche Revision erforderlich[36]. Klar ist auch, dass wir an dieser Stelle keinerlei Verpflichtungen auf einen Cartesianischen Dualismus „biologischer Organismus – Person" eingehen; wird es ja offen gelassen, ob Personalität auf bestimmte Weise nicht doch an *irgendwelche* organische Strukturen gebunden ist.

(3) Den Schlüssel zur Blockade der Singerschen Konsequenzen in der angewandten Ethik sehe ich in der Zurückweisung seines Aktualismus; dass, um es auf die Bestimmung von „Person" anzuwenden, die *aktive* Fähigkeit zu selbstbewussten Vollzügen Bedingung für Personalität ist. Ich denke, dass wir hier durchaus auf das *Vermögen zu* selbstbewussten Vollzügen rekurrieren, und zudem den Begriff des Vermögens möglichst weit machen können. „Möglichst weit" meint, dass wir uns im Hinblick auf eine Ontologie der Personen und auch der personalen Identität nicht auf medizinische oder biologische Vermögen zurückziehen müssen. M.a.W. selbst wenn uns Ärzte sagen, dass ein Wesen vom Standpunkt der Medizin her nie (mehr) selbstbewusst handeln wird können, ist das für eine Ontologie der Personalität betroffene Vermögen nicht gemeint. – Das sind nur Absichtsbekundungen, die argumentativ eingeholt werden müssen. Das soll v.a. im zweiten Abschnitt dieses dritten Hauptteiles geschehen. Die ersten Schritte zur Erreichung dieser Absicht gehen wir bereits bei der Behandlung des nächsten Autors, Immanuel Kants.

Hier sind wir allerdings noch bei Singer und dabei, trotz der Übernahme seines Person-Kriteriums seine ethischen Konsequenzen zu blockieren. Neben den Absichtbekundungen können wir wider seine exemplarisch vorgebrachten pro-aktualistischen Gründe, Stichwörter: Ei – Huhn, Prince Charles – King Charles, Stellung beziehen. Am einfachsten wäre die Feststellung, dass wir eine *Ontologie* von Personen anzielen und in diesem Zusammenhang das Selbstbewusstseins-Kriterium aufgreifen. Was auch immer Prince Charles zur Krönung zum König fehlt, es betrifft nicht seine ontologische Verfasstheit. Also kann der Verweis auf ihn in keiner Weise zur Stützung eines ontologischen Aktualismus hinsichtlich Selbstbewusst-

---

[36] Es wird lediglich eine *conceptual difference* zwischen „bestimmter Organismus" und „Person" im Sinne von Brandl 2003, 34, behauptet.

sein und Personalität herangezogen werden. Ist damit bereits der Singersche Aktualismus widerlegt, die ethischen Konsequenzen daraus blockiert? – Das wäre wohl zu viel behauptet. Es zeigt sich nur, dass wir als Ontologen allein mit der Übernahme seines Selbstbewusstseins-Kriteriums nicht wehrlos auf seinen Aktualismus und dessen Konsequenzen festgelegt sind.

Was könnte das für den Ethiker bedeuten? - Sollte es gelingen, im Kontext einer Ontologie den Singerschen Aktualismus in der Auffassung von Personalität zu widerlegen, kann der Ethiker folgende Alternative wählen: Entweder weiter seine Ethik entwickeln, unabhängig davon, was ontologisch gesehen der Fall ist; oder seine Ethik in Dialog mit dem betreiben, was ontologisch gesehen der Fall ist. In letzterem Fall müsste er z.B. die Erlaubnis, nur dem Vermögen nach selbstbewusste Wesen zu töten, aufheben; wenn er dies mit deren mangelndem Person-Status begründet. In ersterem Fall überlasse ich die Beurteilung höheren philosophie-theoretischen Überlegungen.

Wie ist das aber mit Ei und Huhn? So einfach wie bei unserem ewigen Prinzen können wir uns hier nicht aus der Affäre ziehen. Dennoch: Damit das Beispiel bei Singer überhaupt greift, müssen wir „Ei" so interpretieren, dass es ein (rein) dem Vermögen nach Huhn beinhaltet. Andernfalls wäre es im Kontext der Argumentation Singers nicht mit einem (rein) dem Vermögen nach personhaften Wesen vergleichbar – worauf Singer allerdings hinaus möchte. Singer behauptet also, dass ein (rein) dem Vermögen nach Huhn oder ein noch-nicht-Huhn eben kein Huhn ist. Dazu braucht es die aktuelle Verwirklichung verschiedener Hühner-typischer Eigenschaften. Ontologisch gesehen, macht der Singersche Aktualismus, gestützt auf dieses Beispiel, jedoch schwerwiegende Annahmen. Eine davon scheint mir entscheidend zu sein: Singer muss annehmen, dass ein und dasselbe x zu einem Zeitpunkt t ein noch-nicht-Huhn und zu einem Zeitpunkt t´ ein Huhn sein kann. Das geht freilich nur, wenn man das Huhn-sein von x als nicht zu seiner Identität oder zu seinem Wesen gehörig erachtet. Das ist, um es vorsichtig zu sagen, eine starke These. Umgelegt auf Personalität: Singer setzt voraus, dass jemand, noch nicht Person zu t, identisch sein kann mit jemand, der zu einem späteren Zeitpunkt t´ Person ist; bzw. mit jemand, der zu einem wieder späteren Zeitpunkt t´´ nicht mehr Person ist. Personalität aber wird so zu einem nicht die Identität ihres Trägers betreffendes Merkmal. Ein und der-/dieselbe kann es gewinnen und auch wieder verlieren. Kurzum: Personalität ist nach Singer quasi ein Akzidens. M.E. ist diese Annahme falsch und kann in einer ontologischen Analyse der Personalität zurückgewiesen werden.

Wäre Singer Ontologe, hätte er m.E. nur zwei Auswege: Der erste Ausweg wäre, die Behauptung der Identität von Nicht-Personen und Personen zu blockieren. (Ei und Federvieh lasse ich beiseite.) Singer-immanent betrachtet, gäbe es dann keine Identität von Kleinkind z.B. und Erwachsenem bzw. von gesundem Erwachsenen und Komatösem. Das allerdings führte in einige Schwierigkeiten, nicht nur ontologischer Art. Vor allem für das soziale Leben hätten derlei Nicht-Identitäten verheerende Konsequenzen. Denken wir nur an Krankenversicherungen, die aufgrund der Nicht-Identität von Beitragszahlern und Komatösen plötzlich von jeder Zahlungspflicht entbunden wären. Ontologisch problematisch ist es, dass es bei Personen zu Fällen mit mehreren Beginnen kommen könnte. Jemand wird etwa im Alter von 2 bis 3 Jahren (nach Singerschen Maßstäben) Person. Das bleibt er bis zu seinem Autounfall mit 43, aufgrund dessen er in ein tiefes Koma fällt. Mit 45, und der Verbesserung ärztlicher Kunst, erwacht er und wird somit (wieder nach Singer) zum zweiten Mal Person. Besteht keine Identität von Nicht-Person und Person, beginnt der Arme („seine Identität") zweimal. Vor dem Hintergrund des hier vorgeschlagenen ontologischen Rasters, würden Personen unter dieser Rücksicht mit Artefakten gleichgestellt.

Der zweite Ausweg wäre, dass ein x unter einer, vielleicht organischen Rücksicht, mit einem y identisch sein mag; nicht jedoch unter der Rücksicht Personalität. Ich denke, das würde für Personen die Relativität der Identität zulassen, was die schmerzhafte Konsequenz hätte, sie aus der Kategorie der Dinge zu eliminieren. Für Dinge gibt es nämlich keine (sortale) Relativität der Identität.

Die erforderliche ontologische Analyse der Personalität nach dem Selbstbewusstseins-Kriterium wird im zweiten Abschnitt angestrebt. Mit diesem Versprechen möchte ich die Behandlung Singers beenden, und zum angekündigten nächsten und letzten Autor in dieser historisch–systematischen Hinführung übergehen.

1.4 Immanuel Kant

(1) Kant im Kontext eines Ontologie-Buches anzuführen, mag für manchen ein Frevel sein, der jenen an Dennett geradezu harmlos erscheinen lässt. Ich habe dem nicht viel entgegenzusetzen, außer vielleicht Kants eigenen Hinweis in der *Kritik der reinen Vernunft* (KrV, B 370[37]), in dem er, mit Blick auf Platon, systematischen Rekonstruktionen von historischen Autoren das Wort redet, die sich nicht in exegetische Details bzw. rein immanenten Analysen erschöpfen, ja nicht einmal den Intentionen des geschichtlichen Gesprächspartners entsprechen müssen. In diesem Sinne mag mir die Fachwelt der Kantforschung meinen Frevel verzeihen, und mir die Stoßrichtung dieser Untersuchung gestatten. Wie kann man Kant für unsere ontologische Bestimmung von Personen als *selbstbewussten* Substanzen

---

[37] Kantverweise beziehen sich auf die Akademieausgabe (AA), Details im Literaturverzeichnis.

nutzen, insbesondere für die Bestimmung personaler Identität über dieses Vermögen des Selbstbewusstseins?[38]

Auf die Idee gebracht, dass Kant überhaupt unter der hier relevanten Rücksicht in Frage kommt, hat mich der Beginn des ersten Buches seiner *Anthropologie in pragmatischer Hinsicht*: „Daß der Mensch in seiner Vorstellung das Ich haben *kann*, erhebt ihn unendlich über alle andere auf Erden lebende Wesen. Dadurch ist er eine Person und vermöge der *Einheit* des Bewusstseins bei allen Veränderungen, die ihm zustoßen mögen, eine und dieselbe Person ..."[39].

Um mit Kant ins Gespräch zu kommen, bedarf es schon an dieser Stelle Interpretationen, die streng kantianisch genommen nicht Unangreifbarkeit beanspruchen können. (Beiseite lasse ich die Frage, ob man die *Anthropologie* als Spätwerk von 1798 überhaupt als für Kants Philosophie repräsentativ heranziehen dürfe.) Personen sind, nach der zitierten Passage, Wesen mit dem Vermögen (siehe das „kann" im Zitat[40]) einer Vorstellung des Ich. Ich fasse das Vermögen, eine Vorstellung des Ichs zu haben auf als Vermögen des Bewusstseins eines Selbsts, und somit von Selbstbewusstsein.[41] Damit kann man Kant in Zusammenhang bringen mit einer Definition von Personen als selbstbewussten Wesen.[42] Einer solchen Inter-

---

[38] Unverzichtbare Hilfe bei meiner Arbeit am Kant-Abschnitt war mir Martin 1967.
[39] AA VII, 127. Beide Hervorhebungen: Verfasser.
[40] Dafür, dass Kant dieses „kann" tatsächlich auf ein Vermögen im hier anvisierten Sinne, nicht aber auf eine „aktive Fähigkeit" bezieht, spricht, dass er dieses Können „dem Menschen" zuspricht. Es ist nämlich offensichtlich falsch, dass „der Mensch" im Allgemeinen die aktive Fähigkeit zu Selbstbewusstsein hat. Dass „der Mensch", d.h. jeder Mensch als Mensch dieses Vermögen besitzt, ist deshalb zwar nicht offensichtlich richtig, kann aber aufgewiesen werden; wie das hier in einem späteren Abschnitt versucht wird.
[41] Dies lässt sich mit Kant, sogar mit seiner KrV gut begründen. Vgl. u.a. KrV B68, AA III, 70: „Das Bewusstsein seiner selbst (Apperzeption) ist die einfache Vorstellung des Ichs,...".
[42] Für Kant sind genau Menschen, verstanden als biologische Spezies, selbstbewusste Wesen und damit Personen. Dieser „faktische Speziezismus" Kants ist nicht wesentlich für seine Theorie der Personalität und steht dem hier bislang propagierten „schwachen Anti-Speziezismus" nicht entgegen. Nicht unterstellt werden kann Kant die Akzeptanz eines cartesianischen Egos. Die Rede von „Vorstellung eines Ich" oder „Bewusstsein eines Selbst" bzw. einer Definition von Personen über dieses Vermögen impliziert nicht die Akzeptanz eines Selbst oder eines Ich als substanzhafte „res cogitans". Ansgar Beckermann hat in seinem Eröffnungsvortrag zu ÖGP VIII in Graz am 7. Juni 2007 (bei Abfassung dieses Buches noch nicht publiziert) darauf hingewiesen, dass die Angabe der Wahrheitsbedingungen von Aussagen mit „ich" oder „selbst" nicht über derartige Hypostasen erfolgen müsse. Die

pretation entspricht Kants Verweis im zweiten Satz des obigen Zitates auf Bewusstsein (welches nur eines von diesem Ich oder Selbst sein kann) und dessen Funktion für die Bestimmung der Selbigkeit oder Identität einer Person.

Bei dieser, an Locke erinnernden These macht Kant einen Zusatz, der m.E. von großer Bedeutung ist und ihn auch über das englische Vorbild hinausweisen lässt: Es ist nicht das Selbstbewusstsein qua Selbstbewusstsein, und auch nicht die „Reichweite" desselben, welche personale Identität konstituiert. Es ist die *Einheit*, verstanden als charakterisierendes Merkmal *des Vermögens* Selbstbewusstsein. Dieses Merkmal der Einheit des Vermögens Selbstbewusstseins ist selbst, und darauf möchte ich von Anfang an das Augenmerk richten, einer weiteren Grundlegung nicht nur fähig, sondern auch bedürftig. Weder aus einzelnen, mit Selbstbewusstsein gesetzten Bewusstseinsakten kann Selbstbewusstsein Einheit haben (da diese ja numerisch und qualitativ verschieden sind, und erst durch das Selbstbewusstsein zu einer Einheit gebracht werden), noch aus der aktiven Fähigkeit (sonst käme man in einen Erklärungszirkel zwischen Einheit des Vermögens und aktiver Fähigkeit zu Selbstbewusstsein). Es braucht also einen außerhalb der konkreten Ausübung bzw. der aktiven Fähigkeit liegenden *Grund der Einheit* des Vermögens Selbstbewusstseins. Erachtet man die Einheit des Selbstbewusstseins, besser deren Grund, als letzten Garanten von Personalität bzw. personaler Identität, kann das konkrete Ausüben selbstbewusster Akte bzw. die aktive Fähigkeit dazu nicht weiter für die Konstitution personaler Identität in Anspruch genommen werden. Darin sehe ich einen Fortschritt bei Kant gegenüber Locke, aber auch gegenüber Dennett und (!) Singer. Von der Relevanz dieses Fortschritts wird später noch ausführlich die Rede sein.

(2) Bevor wir hier allzu forsch in die Kantische Theorie von Person und personaler Identität einsteigen, ein wichtiger Hinweis. Ich möchte hier das Thema ausschließlich aus der Sicht der theoretischen Philosophie Kants anvisieren. Dieses Vorhaben lässt unberücksichtigt, dass für Kant „Person" v.a. ein Thema der praktischen Philosophie ist. In jeder Einführungsvorlesung zu Kant hört man, dass Personen für Kant über das Vermögen zu *sittlichem* Handeln oder „moralischer Zurechnung"[43] bestimmt ist. Das macht

---

Annahme eines Selbstbewusstseins verpflichtet m.a.W. nicht auf die Annahme eines substanzhaften „Selbst".

[43] Im Sinne der Definition von „Person" in der Einleitung zur *Metaphysik der Sitten*: AA VI, 223.

auch den besonderen normativen Status von Personen aus und ist Begründung für ihre „Natur als Zwecke an sich selbst". Wie auch immer: Mir geht es bei Kant nicht um „Person" als ethischen Grundbegriff.

Es ist nicht nur so, dass „Person" bei Kant v.a. ein Thema der praktischen Philosophie ist. Manche Interpreten weisen darauf hin, dass Kant im Laufe seines Schaffens immer mehr bemüht ist, „Person" aus allen Kontexten theoretischen Philosophierens, nicht nur von Ontologie, sondern auch von Epistemologie loszukoppeln,[44] um schließlich sogar explizit gegen Personen als Thema der theoretischen Philosophie zu argumentieren. Ein eindrucksvolles Zeugnis davon ist das Paralogismuskapitel in der zweiten Auflage der KrV. Hier wendet sich Kant nicht nur gegen die theoretische Beweisbarkeit der Substantialität und der Einfachheit („Simplizität") der Seele, sowie ihrer Verschiedenheit vom Körper. Es geht auch gegen einen Beweis der „Personalität der Seele" und der personalen Identität.

Aus dem Kontext der reifen, sprich kritischen theoretischen Philosophie Kants ist das nicht verwunderlich. Beweisbarkeit hat hier immer zu tun mit Gegebenheit in der sinnlichen Anschauung. Nur in Bezug auf die, durch reine Formen der Sinnlichkeit (Raum und Zeit) und durch reine Verstandesbegriffe (Kategorien) strukturierte Anschauung, sprich die Erfahrung, gibt es theoretische Erkenntnisse und Beweise. Personale Identität aber ist ebenso wenig ein Erfahrungsgegenstand wie die Seele. Also gibt es hier nichts zu beweisen.

Haben somit Begriffe wie „Ich", „(Selbst-)Bewusstsein" bzw. „Einheit des (Selbst-) Bewusstseins" letztlich, entgegen der zitierten Bemerkung aus der *Anthropologie,* überhaupt keine theoretische Bedeutung? – Mitnichten. Diese Begriffe spielen eine wichtige Rolle. Sie stehen freilich nicht für Objekte der Erkenntnis, sehr wohl jedoch für logische bzw. „transzendentale" (wie Kant zu sagen pflegt) Bedingungen der Möglichkeit von Erfahrungs-, somit Erkenntnisobjekten. Das möchte ich im Folgenden kurz darstellen und mich fragen, ob wir die von Kant vorgenommenen Bestimmungen nicht aufgreifen, aus ihrem unmittelbaren Kontext lösen und für unsere Theorienbildung adaptieren können.

(3) Beginnen wir mit der Frage, wie es nach Kant überhaupt zu Erfahrungsobjekten kommen kann. Erfahrungsobjekte gehen zurück, und hier zeigt sich Kants transzendentaler *Idealismus,* auf Vorstellungen *von* der Vorstellung fähigen, sprich *bewusstseinsmächtigen Individuen.* Das Bewusstsein bildet aus Vorstellungen Erfahrung, und zwar so, dass es die

---
[44] U.a. Mohr 2001b, 104; Röd 2006, 64ff.

„Mannigfalt empirischer Daten" oder die „Vielfalt des empirischen Rohmaterials" *vereinigt*.[45] Das Bewusstsein stiftet m.a.W. jene Einheit, die aus einzelnen Sinnesdaten Erfahrung macht. Der dafür maßgebliche Akt ist übrigens das Urteilen. Urteilend konstituieren wir Erfahrung. Was aber ist die Bedingung der Möglichkeit, dass Bewusstsein diese einheitsstiftende Funktion erfüllen kann? - Es ist das, was Kant die *Einheit* des Bewusstseins nennt. Die Einheit aber des Bewusstseins besteht in der *Einheit des Selbstbewusstseins*, die Kant auch als die reine Einheit der *Transzendentalen Apperzeption* bezeichnet.[46] Die Einheit des Selbstbewusstseins ist Bedingung der Möglichkeit, dass wir urteilend Erfahrung, also Erfahrungsobjekte konstituieren können.[47] (Daraus ergibt sich, dass nicht-selbstbewusste Bewusstseinszentren nicht der Erfahrungskonstitution im Kantischen Sinne fähig sind.) Wenn wir bedenken, dass Erkennen ausschließlich durch das urteilende Konstituieren von Erfahrung zustande kommt, ist die Einheit des Selbstbewusstseins Bedingung der Möglichkeit jedes Erkennens. (Nichtselbstbewusste Wesen *erkennen* nicht.) Hier finden wir übrigens auch den Gedanken Lockes wieder, der Akte des Selbstbewusstseins nicht neben andere setzt, sondern als inneren oder wesentlichen Bestandteil jedes Bewusstseinsaktes, insofern er erfahrungskonstitutive Funktion hat.

Die Rede von einem Selbst bzw. von der Identität eines Selbst hat für Kant offensichtlich hier ihren Ort. „Ich bin mir also des identischen Selbst bewusst in Ansehung des Mannigfaltigen der mir in der Anschauung gegebenen Vorstellungen, weil ich sie insgesammt [sic!] *meine* Vorstellungen nenne, die *eine* ausmachen." (KrV B 135)[48] Reflexiv die Einheit des Selbstbewusstseins aufweisen, ist die Identität des Selbst oder des Ich aufweisen. Die Einheit des Selbstbewusstseins und somit die Identität des Selbst ist für Kant derart basal, dass sie mitunter als „absolut" (B 471)[49], die Rede darüber an anderer Stelle als „analytisch" (B 407)[50] bezeichnet wird. Sie kann jedenfalls nicht auf anderes zurückgeführt werden.

Selbstverständlich, und dies ist für das Verständnis Kants wesentlich, handelt es sich bei diesen Theoremen nicht selbst um *Erkenntnisse*, vielmehr um letzte logische Voraussetzungen, Kant würde sagen: transzenden-

---

[45] Nota bene: Die technische Verwendung von „Vorstellung" als Anschauung, die erst zu Erfahrung strukturiert werden muss, in der KrV ist eine andere als die nicht-technische im eingangs angeführten Zitat aus der *Anthropologie*.
[46] Kant AA III, 108ff.
[47] Ebd.
[48] AA III, 110.
[49] AA III, 307.
[50] AA III, 267.

tale, von Erkenntnissen überhaupt. Wer logische Voraussetzungen zu Erkenntnissen hypostasiert und auf eine Ontologie, in diesem Fall von Ich, Selbst und Einheit von Selbstbewusstsein umlegt, gerät in Paradoxien, die Kant, wie bereits erwähnt, in seinem Paralogismen-Kapitel abhandelt.

(4) Die Frage ist aber, welche Kantischen Thesen wir hier aufgreifen können, im Hinblick auf unser Argumentationsziel, Personen als selbstbewusste Substanzen zu bestimmen.

a) Die erste These ist, dass Selbstbewusstsein bei Kant mit Personalität untrennbar verbunden ist, dergestalt, dass man nach ihm Personen als selbstbewusste Lebewesen definieren kann. (Das folgt aus der Bestimmung von Personen als Wesen mit Selbstbewusstsein und aus der Annahme, dass es bei Kant kein nicht-lebendiges Wesen mit Selbstbewusstsein geben kann.) Im Grunde ist das schon in der eingangs zitierten Passage aus der *Anthropologie* klar, kann aber auch durch Verweis auf einschlägige Passagen in Kants kritischem Hauptwerk gestützt werden: Selbstbewusstsein steht im Zentrum aller Erkenntnisfähigkeit, weil die Einheit des Selbstbewusstseins oder die reine Apperzeption letzte Bedingung der Möglichkeit jenes einheitsstiftenden Vermögens ist, welches, in Ausübung der Verstandestätigkeit, die Einheit der Erfahrung im Urteil zustande bringt. Zu beachten ist freilich auch, dass ohne seine Funktion im Kontext des Erkenntnisvermögens Selbstbewusstsein vollkommen unintelligibel ist. Selbstbewusstsein ist Transzendentale Apperzeption. Für Nicht-Kantianer: Ohne Selbstbewusstsein keine Erkenntnis, ohne Erkenntnis kein Selbstbewusstsein. „Lebewesen mit Erkenntnisvermögen" ist aber bei Kant extensionsgleich mit „Mensch" und, wie angedeutet[51], mit „Person". Somit kann man die Kurzformel: ohne Selbstbewusstsein keine Personalität, keine Personalität ohne Selbstbewusstsein als kantische These, über die „Anthropologie" hinaus, verstehen.

Für die hier vorgeschlagenen Begriffsbestimmungen reicht dies eigentlich bereits aus, denn aufgrund der im zweiten Hauptteil angenommenen und verteidigten Extensionsgleichheit von „Lebewesen" und „Substanz" folgt aus der Definition von Personen als selbstbewussten Lebewesen eine Definition von Personen als selbstbewussten Substanzen. Für Kant selbst ist die Extensionsgleichheit von „Lebewesen" und „Substanzen" natürlich abwegig. Zum einen ist Kants Substanzbegriff sehr stark geprägt vom Lockeschen Verständnis eines Trägers oder eines Substrats.[52] Lockesche Substrata, eigenschafts- und bestimmungslose Träger von Eigenschaften, können aber niemals

---

[51] Siehe FN 42.
[52] B 225, AA III 162; B 250, AA III 177.

selbst (ganze) Lebewesen sein. Zum anderen verlegt Kant Substanzen in den Bereich der reinen Verstandesbegriffe oder der Kategorien[53]. Das macht es bei Kant unmöglich, Substanzen mit dem „Genus" der Lebewesen ineinszusetzen.

b) Die zweite These wurde ebenfalls bereits angesprochen: Personale Identität ist bei Kant über die *Einheit* des Selbstbewusstseins zu bestimmen. Auch dies lässt sich bereits durch den Verweis auf die eingangs zitierte Bemerkung in der „Anthropologie" belegen, kann aber auch durch die Ausführungen in der KrV gestützt werden. *Einheit* des Selbstbewusstseins konstituiert die *Identität* des Ich bzw. des Selbst (bereits angeführt: B 135). Was Personen als Personen ausmacht, ist aber ein „Ich" oder ein „Selbst". Also ist die Einheit des Selbstbewusstseins zu verstehen als Konstituent der Identität dessen, was Personen zu Personen macht.

Inwiefern sich Kant damit von Locke, Dennett und Singer abhebt, wurde bereits angedeutet. Nicht die aktive Ausübung des Selbstbewusstseins und dessen „Reichweite" macht personale Identität aus, sondern ein, das Vermögen charakterisierendes Merkmal, welches der Angabe eines Grundes bedürftig ist: Einheit. Ich denke, dass man mit dieser Kantischen Ergänzung des Lockeschen Kriteriums leichter mit den gegen Locke vorgebrachten Einwänden zurande kommt.

Entscheidend scheint mir zu sein, dass bei Rekurs auf einen Grund der Einheit des Selbstbewusstseins[54] die aktive Ausübung von Selbstbewusstsein für die Frage nach der personalen Identität an Brisanz verliert. Vollständige Amnesie z.B. ist dann nicht hinreichend für den Abbruch personaler Identität, wenn der Grund der Einheit des Selbstbewusstseins trotz des Fehlens der Kontinuität aktiven Selbstbewusstseins in einer, freilich noch näher zu bestimmenden Weise besteht bleibt. Desgleichen ließe sich, das sei an dieser Stelle nur angedeutet, im Hinblick auf Wesen, die noch nicht bzw. (auch irreversibel) nicht mehr aktiv selbstbewusst agieren können, argumentieren. Ist für personale Identität letztlich der Grund der Einheit des Selbstbewusstseins maßgeblich, haben wir die Möglichkeit, Neugeborene bzw. (irreversibel) Komatöse als Personen, identisch mit selbstbe-

---

[53] Substanzen kommen zwar nicht in der berühmt-berüchtigten Kategorientafel von B 106, AA III 93 vor; werden aber an verschiedenen anderen Stellen eindeutig als „Kategorie" bezeichnet, u.a. B 227, AA III 164.

[54] Wenn ich von „Einheit des Selbstbewusstseins" spreche, meine ich genau genommen „Einheit des Vermögens des Selbstbewusstseins", wobei „Vermögen" stets in eingeführtem weiten, sprich nicht-verhaltenstheoretischem bzw. nicht-biologischem Sinn verstanden wird.

wussten Agenten zu bestimmen; sofern dieser Grund nicht aufgeht in der aktiven Ausübung von Selbstbewusstsein.

Auch kann der Zirkelverdacht gegen ein Selbstbewusstseins-Kriterium der personalen Identität, seit Butler immer wieder vorgebracht, durch die Kantische Beifügung der Einheit des Selbstbewusstseins entschärft werden. Die Frage nach einem *Grund der Einheit* des Selbstbewusstseins als Grund der Konstitution personaler Identität lässt sich nämlich, wie zu zeigen sein wird, zirkelfrei beantworten. Der Grund der Einheit des Selbstbewusstseins liegt nämlich nicht in dem durch ihn Begründeten, sprich in der personalen Identität.

Wenn man möchte, könnte man auch Reids Einwand, ausgehend von der Transitivität der Identität, durch einen Verweis auf einen Grund der Einheit des Selbstbewusstseins entschärfen. Der Grund der Einheit des Selbstbewusstseins ist nämlich bei Schüler, jungem Soldat und beim General (um bei Reids Beispiel zu bleiben) ein und derselbe, selbst wenn die Reichweite der aktiven Fähigkeit, vergangene Handlungen als die eigenen zu erachten, nur von General zu jungem Soldat, von jungem Soldat bis Schüler, nicht aber von General zu Schüler reicht. Dies setzt freilich noch eine ausführliche Explikation des bislang geheimnisvollen Grundes voraus. Diese möchte ich im Abschnitt III - 2 nachreichen, und lasse diese Ausführungen (noch) unvollständig.

Nebenbei bemerkt, kann man den Fortschritt Kants gegenüber Locke auch noch in seiner historischen Tragweite ins Auge fassen. David Hume schließt sich zunächst Lockes Definition von Personen, und der daraus resultierenden Bestimmung personaler Identität, an. Allerdings nimmt er sie zum Anlass, das Selbstbewusstseins-Kriterium zu radikalisieren und konsequent die Existenz eines Selbst oder eines Ichs zu negieren, letztlich personale Identität auszuschließen. „I never can catch myself at any time without a perception, and never can observe any thing but the perception. When my perceptions are remov´d for any time, as by sound sleep; so long am I insensible of myself, and may truly be said not to exist".[55] Die Humesche Schlussfolgerung und ihre Auswirkungen in der empiristischen Philosophie bis herauf zu Derek Parfit (v.a. ders. 1984) kann man durch die Kantische Ergänzung blockieren: Nicht Bewusstseinsakte bzw. die aktive Fähigkeit dazu konstituieren Personen und personale Identität, sondern die (begründungsbedürftige) Einheit der Vermögens Selbstbewusstsein.[56]

c) Die dritte Kantische These, die wir hier aufgreifen möchten, ist seine Bestimmung der Einheit des Selbstbewusstseins. Die Einheit des Selbstbewusstseins ist für Kant ein basales Faktum. Sie ist, wie er sagt, „abso-

---

[55] Hier: Hume, *Treatise*, 252. Ausgabe: siehe Literaturverzeichnis.
[56] Locke in Verhältnis zu Hume analysiert u.a. Wilson 2008, siehe v.a. chapter four (1): Substance and Self in Locke.

lut", die Rede darüber „analytisch". Diese Einheit ist m.a.W. einfach. Jedenfalls ist sie irreduzibel, in dem Sinne, dass sie nicht wieder zerlegt und folglich reduziert werden könnte. Wie geht das zusammen mit der (hier behaupteten) Bedürftigkeit der Einheit des Selbstbewusstseins nach einem Grund? – Es geht so zusammen, dass der Grund in seiner Einfachheit ebenfalls absolut sein muss. Er kann nicht auf eine Mehrzahl von Teilen zurückgeführt werden. Was auch immer in seiner inneren Konstitution komplex ist, kann nicht als Grund der Einheit des Selbstbewusstseins fungieren. Nicht-Komplexes, sprich Einfaches, kann jedoch gut und gern als Grund von etwas fungieren, das selbst einfach wie die Einheit des Selbstbewusstseins ist.

d) Das vierte wird manchen etwas überraschend erscheinen. Für Kant ist klar, dass allein aus der Bestimmung der personalen Identität über die Einheit des Selbstbewusstseins kein Beweis dafür folgt, dass es tatsächlich personale Identität gibt. Explizit formuliert Kant dies in KrV B 408.[57] Kants Motive müssen wir hier nicht nochmals aufrollen. Die Identität der Person kann jedenfalls nicht in der Anschauung gegeben sein. Sie ist kein Gegenstand der Erfahrung, sondern eine grundlegende Bedingung der Möglichkeit von Erfahrung überhaupt. Kants Hinweis ist aber auch unabhängig von diesem Motiv zu verstehen: Selbst wenn personale Identität durch die Einheit des Selbstbewusstseins konstituiert ist, fehlt etwas zur Rechtfertigung der Annahme, es gäbe tatsächlich so etwas wie personale Identität. - Ich möchte das akzeptieren. Allein die Einheit des Selbstbewusstseins reicht nicht aus für personale Identität. Selbstbewusstsein ist ein Vermögen, das ein inneres Merkmal von bestimmten Bewusstseinsaktivitäten und Handlungen, wie Locke ergänzt, ausmacht. Die Einheit desselben ist ihm wesentlich. Ich glaube aber, und so interpretiere ich Kant (frei!), dass diese Einheit selbst nicht das Letzte ist. Es braucht, um es wiederholt zu sagen, einen Grund dieser Einheit. Dieser Grund kann, ja muss angegeben werden, um tatsächlich personale Identität zu gewährleisten. Und dieser Grund muss ein ontologischer sein. Er wird, um es vorwegnehmend zu sagen, in der individuellen Form jener Lebewesen zu suchen sein, die Personen sind.[58]

---

[57] AA III, 268.

[58] Dass der Grund der Einheit „ontologisch" ist, meint, dass er nicht kausal im Sinne etwa einer „causa efficiens" verstanden werden kann; vielmehr als „Träger" jenes Vermögens, das die Einheit charakterisiert, eben die eigentümliche personale individuelle Form.

So meine ich, die Kantischen Bestimmungen im Rahmen einer Ontologie der personalen Identität verwenden zu können. Mit Prämissen außerhalb von Kant (Es gibt eine Ontologie von Personen und personaler Identität) gehe ich mit Kant (und den hier zusammengefassten vier Thesen) über Kant hinaus, indem ich (im Abschnitt III - 2) nach einem ontologischen Grund der Einheit des Selbstbewusstseins und somit der Identität von Personen suche. Mit dieser Präzisierung des eingangs angekündigten Frevels lasse ich es zunächst mit Kant bewenden.

1.5 Zusammenfassung

Bevor ich zum zweiten Abschnitt dieses dritten Hauptteiles (III – 2) übergehe, möchte ich kurz zusammenfassen. Personen sind, wenn man einen Grundkonsens aus den behandelten Positionen ableiten möchte, selbstbewusste Wesen. Brächte man die erörterten Autoren in einen historischen Bezugskontext, könnte man sagen, dass diese These Lockes von Kant übernommen (und entscheidend modifiziert), in der aktuellen Debatte u.a. von Dennett (kreativ) und von Singer (wenig kreativ) aufgegriffen wurde.

Begrifflich unterscheide ich bei Selbstbewusstsein zwischen der *konkreten Ausübung* von bestimmten Bewusstseinsakten, der *aktiven Fähigkeit* dazu (wie etwa während des Tiefschlafes eines gesunden Menschen, siehe Locke), dem *reinen Vermögen* zu Selbstbewusstsein (etwa bei Föten, Neugeborenen, aber auch irreversibel Komatösen), und schließlich *(dem Grund) der Einheit des Vermögens* Selbstbewusstsein. Dass Personen selbstbewusste Wesen sind, heißt demnach, dass sie Wesen sind, zu deren ontologischer Verfasstheit der Grund für die Einheit des Vermögens Selbstbewusstsein gehört. Daraus ergibt sich die Ablehnung eines bloßen Aktualismus hinsichtlich Selbstbewusstsein und Personalität. Nicht die konkrete Ausübung eines mit Selbstbewusstsein gesetzten Bewusstseinsaktes, auch nicht die aktive Fähigkeit dazu, sind notwendig für die Bestimmung eines Wesens als Person.

Selbstbewusstsein ist wesentlich mit anderen Bewusstseinsakten verbunden. Es ist ein „untrennbares Element" (Locke) von Bewusstseinsakten, das sich besonders in Akten moralischen Bewusstseins („Verantwortung") oder reflexiven Bewusstseins („Bewusstseinsakte höherer Ordnung") manifestiert. „Besonders" meint hier, dass nicht nur diese, sondern alle Bewusstseinsakte eines selbstbewussten Wesens so sind, dass sie auf besagte Weise mit dessen Selbstbewusstsein verbunden sind. Die Ausübung anderer, möglicherweise auch personen-spezifischer Bewusstseinsakte, etwa rationaler bzw. höherer intentionaler, wird so für die Ausübung von Selbstbewusstsein vorausgesetzt, nicht jedoch für die aktive Fähigkeit, schon gar nicht für das reine Vermögen dazu.

Für Dennett ist Selbstbewusstsein „Endbedingung" für Personalität. Bei ihm ist Selbstbewusstsein hinreichend für die Bestimmung eines Wesens als Person. Es gibt keine selbstbewussten Wesen, die nicht Personen wären. Alle anderen Bedingungen für Personalität werden für Selbstbewusstsein vorausgesetzt. Da bei Dennett stets die aktive Fähigkeit bzw. die konkrete Ausübung von Selbstbewusstsein (nicht das reine Vermögen) gemeint ist, kann man Übereinstimmung mit Locke feststellen. Desgleichen darin, dass für ihn, ebenso wenig wie für Locke, Selbstbewusstsein auf andere Bewusstseinsvermögen zu reduzieren ist.

Personen als selbstbewusste Wesen (ich möchte wie erwähnt auf „selbstbewusste Substanzen" hinaus) zu definieren, legt nicht auf einen Speziezismus in der Person-Debatte fest (Dennett, Singer). Aus begrifflichen Gründen gibt es keinen Zusammenhang zwischen „Person" und „menschlicher Organismus". Nicht-menschliche Personen sind keineswegs ausgeschlossen. Menschliche Nicht-Personen zunächst freilich auch nicht, solange nicht – was hier allerdings erklärtes Ziel ist – ontologische Gründe vorgebracht werden, warum alle Menschen mit dem Vermögen zu Selbstbewusstsein ausgestattet sind. Und es ist dieses Vermögen, weder rein verhaltenstheoretisch noch rein biologisch verstanden, sondern eben auch ontologisch, welches für die Zuerkennung des Person-Status maßgeblich ist.

Die Definition von Personen über Selbstbewusstsein hat den Vorteil, dass sich daraus eine Bestimmung personaler Identität, diachron und synchron gesehen, ergibt. Das dürfte wohl das positive Motiv Lockes gewesen sein, einer solchen Definition näherzutreten. Die Kritik Butlers und Reids macht allerdings darauf aufmerksam, dass auch personale Identität nicht über die Ausübung von Selbstbewusstsein (bzw. dessen „Reichweite") bestimmt werden kann, auch nicht über die aktive Fähigkeit dazu. Personale Identität, und damit sind wir wieder bei Kant, hat zu tun mit der Einheit des Vermögens Selbstbewusstseins, die einer weiteren Begründung bedürftig und auch fähig ist. Und diese wollen wir nun im Sinne der abschließenden Bemerkungen von Abschnitt 1.4 versuchen.

III - 2. Grundzüge einer Ontologie der Personen

Um das in der Überschrift zu diesem Abschnitt bezeichnete Ziel zu erreichen, soll zunächst jener ontologische Rahmen aufgegriffen werden, der in den ersten beiden Hauptteilen entwickelt wurde; soweit wie es für besagtes Ziel einer Ontologie von Personen als selbstbewussten Substanzen oder Lebewesen erforderlich ist. Dieser Abschnitt wird auch der Problemexposition dienen: Was ist zu beachten, wenn wir unsere These in die bislang entwickelte ontologische Theorie einpassen wollen? (2.1) Im Mittelpunkt der anvisierten Grundzüge einer Ontologie der Personalität steht die Analyse der Eigenart der *individuellen Form* von Personen. Die individuelle Form von Personen ist im Unterschied zur individuellen Form von Organismen einfach oder nicht komplex. Dies zu entfalten ist Aufgabe des Abschnittes 2.2. Schließlich wird es darum gehen, die ontologischen Grundzüge in Beziehung zu bringen mit jenem Vermögen, das in III – 1 als charakteristisch für Personen ausgewiesen wurde: *Selbstbewusstsein*. Die spezifische individuelle Form von Personen allein kann als Grund der Einheit von Selbstbewusstsein fungieren, somit als Grund oder Träger des Konstituenten personaler Identität (2.3). Soweit zum Ausblick. Nun aber zurück zum Beginn des inhaltlichen Bogens dieses Abschnitts.

2.1 Der ontologische Rahmen

Die allgemeinste ontologische Zuordnung, die wir vor dem Hintergrund dieses Buches für Personen vornehmen können, ist die zu den *Partikularien*. Dass Personen konkrete Individuen sind, die nicht ausgesagt werden können, ist allerdings, aufgrund besagter Allgemeinheit, wenig aussagekräftig; zumindest für Überlegungen im Kontext kategorialer Ontologie. Natürlich könnte man hier nach den theologischen Konsequenzen dieser Festlegung fragen, im Hinblick etwa auf eine Trinitätstheologie. Von göttlichen Personen im christlich-theologischen Sinn zu sagen, sie wären konkret, ist nicht nur problematisch, sondern offensichtlich falsch – wenn wir „konkret" so verstehen, wie hier vorgeschlagen, als Innehaben einer bestimmten, einmaligen räumlichen und zeitlichen Position. Ich betreibe hier aber nur kategoriale Ontologie. Deshalb muss ich mich darauf beschränken, nach dem „Ort" von Personen in einem kategorial-ontologischen Rahmen zu suchen. Damit wird nicht ausgeschlossen, dass der Person-Begriff auch außerhalb einer kategorialen Ontologie seine Anwendungsfelder hat.

Gerade wenn er über Selbstbewusstsein eingeführt wird, ist das eine hier nicht zu blockierende, aber auch nicht weiter zu verfolgende Perspektive.

Personen sind nicht irgendwelche Partikularien, sondern der *Kategorie der Dinge* zugehörige. Auf die Idee, dass Personen Ereignisse wären, kann man nur kommen, wenn man die Kategorie der Dinge insgesamt leugnet. Das geschieht in der Fachdiskussion, allerdings nicht im Kontext einer *deskriptiven Ontologie*, wie sie hier anvisiert wird. Da ich die mit einer „Ereignisontologie" von Personen verbundenen Fundamentalprobleme an dieser Stelle nicht abhandeln kann, sei diese wichtige Festlegung im Hinblick auf den ontologischen Rahmen der Personen angenommen: Personen sind Dinge. Das mag für manche Ohren seltsam klingen. Ich möchte deshalb verweisen auf den ersten Hauptteil (I – 3 (2)), wo ich den Begriff „Ding" als „materieller Gegenstand" erläutere. Dort ist u.a. davon die Rede, dass der hier verwendete Begriff eines materiellen Gegenstands nicht auf materialistische Interpretationen dieser Kategorie festlegt. Unser kategorialer Rahmen ist offen für Personen als Dinge mit charakteristischen nichtmateriellen Bestandteilen.

Personen sind jedenfalls Dinge. Das bedeutet, dass Personen *dreidimensional* sind, nicht vierdimensional, also nicht zeitlich ausgedehnt und aus zeitlichen Teilen zusammengesetzt. Personen sind folglich in einem strikten Sinn durch die Zeit identisch. Personen sind *endurer*. Dieser Aspekt wird uns im Folgenden noch weiter beschäftigen. Identität durch die Zeit ist für alle endurer hinsichtlich ihrer *formalen* Merkmale dieselbe. In diesem Sinne ist ein Baukran formal betrachtet auf dieselbe Weise identisch durch die Zeit (natürlich auch synchron) wie ein Schaf oder eine menschliche Person. Für alle endurer gilt die Irreduzibilität ihrer diachronen (natürlich auch ihrer synchronen) Identität auf irgendwelche anderen Relationen. Für alle gilt ferner die Reflexivität, Symmetrie und Transitivität, im Hinblick auf ihre diachrone (natürlich auch auf ihre synchrone) Identität. Desgleichen gelten für Baukran, Schaf und menschliche Person dieselben formalen Probleme im Hinblick auf Änderungen, etwa unter Berücksichtigung des Leibnizschen Gesetzes. Für alle endurer würde ich aber auch dieselbe Lösungsstrategie dieses Problems vorschlagen, die ich im Abschnitt I – 6.2 ausgeführt habe und hier nicht nochmals aufrollen möchte.

Die Frage ist jedoch, ob auch für alle Dinge gilt, dass ihre Identität diachron, aber auch synchron, *inhaltlich* gesehen, auf dieselbe Weise zu beurteilen ist: Gelten m.a.W. für alle Dinge dieselben *Identitätsbedingungen*, die sich auch in der Angabe bzw. überhaupt der Angebbarkeit von *Identitätskriterien* widerspiegeln? - Wir haben gesehen, dass sich für Artefakte und Organismen durchaus unterschiedliche Identitätsbedingungen formulieren lassen. Für Artefakte haben wir festgestellt, dass sie genau dann dieselben sind, wenn ihre individuellen Formen dieselben sind, d.h. wenn jeweils dieser konkrete Nutzen, diese daraus resultierende Funktion und die konkret mit ihr gekoppelten mereologischen Prinzipien übereinstimmen. Im Hinblick auf Lebewesen oder Substanzen gilt, dass die zwar auch genau dann dieselben sind, wenn ihre individuellen Formen dieselben sind. Das ist aber genau dann der Fall, wenn sie übereinstimmen in konkreter Organisationsstruktur, Regulationsprinzipien sowie Entwicklungs- bzw. Replikationsplan. Wie ist das aber bei Personen? Gibt es für Personen eigene Identitätsbedingungen? Wenn ja, welche sind das, und wie hängen diese mit jenen für Organismen zusammen? Diese Fragen werden uns noch beschäftigen.

Personen sind dreidimensionale Dinge. Sie haben keine vierte Dimension, keine zeitliche Ausdehnung. Personen aber kommen, wie andere Dinge auch, in der Zeit vor. Auch sie hängen hinsichtlich ihrer Zeitlichkeit, per Akzidenz, von Ereignissen ab. Ohne Ereignisse könnte man weder den zeitlichen Beginn, noch den zeitlichen Verlauf, besser die Geschichte, noch das zeitliche Ende von Personen bestimmen.

Das scheint kein zusätzliches Problem für unsere Ontologie von Personen zu ergeben. Anders ist das mit der *sortalen Dependenz* der Identität von Personen, die sich ebenfalls unmittelbar aus ihrer Eingliederung in die Kategorie der Dinge ergibt. „Sortale Dependenz" meint, dass Dinge, zumindest synchron gesehen, genau einer Art angehören. Es meint aber v.a. auch, dass Dinge in ihrer Existenz als Individuen, genauerhin in ihrer räumlichen und zeitlichen Kontinuität, sowie in ihrer mereologischen, materiellen und strukturellen Beschaffenheit, von dieser ihrer einen Art abhängen. Die sortale Dependenz ist für Dinge derart grundlegend, dass sie als zentral angesehen wurde zur Abgrenzung der Dinge gegenüber Vorkommnissen anderer Kategorien im Bereich der Partikularien, etwa gegenüber Ereignissen. Für Letztere gilt die *sortale Relativität* ihrer Identität.

Personen sind innerhalb der Kategorie der Dinge nicht bei den Artefakten, sondern bei den Lebewesen einzuordnen. Für sie gilt somit die Einzigkeit in ihrer Art nicht nur synchron, sondern auch diachron. Damit zusammen hängen auch die für Lebewesen charakteristischen Merkmale ihrer Sachverhaltsstruktur, die ich hier nicht nochmals aufrollen möchte. Der springende Punkt, gleichzeitig auch die brisante Frage: Ist, sprachphilosophisch gesehen, „Person" ein sortaler Ausdruck, wie „Schaf", „Auto" etc.? Sind, um es auch ontologisch zu sagen, Personen auf der Typenebene eine species infima? Vorschnelle Antworten sind gefährlich. Ein einfaches Nein lässt unberücksichtigt, dass mit „Person" doch ein nicht unbeträchtliches Maß an „Was-Wissen" gekoppelt zu sein scheint, das zur Identifizierung von Entitäten durchaus geeignet ist, und auch Zählbarkeit gewährleistet. „Wie viele Personen sind in diesem Raum?" lässt sich wohl ebenso gut beantworten wie die Frage nach der Anzahl von Schafen auf der Weide oder von Autos in der Tiefgarage.

Festgehalten kann auch werden, dass besagtes, für die Identifizierung maßgebliches Was-Wissen, gekoppelt mit „Person", nicht ohne weiteres auf das Was-Wissen eines anderen Ausdrucks zurückgeführt werden kann. Ontologisch gesprochen: Personen als Art lassen sich nicht auf eine andere Art reduzieren; bzw. zugunsten einer anderen Art eliminieren. Es ist m.a.W. problematisch zu meinen „Wie viele Personen sind in diesem Raum?" sei ohne Verschiebung der Bedeutung zu übersetzen in „Wie viele Menschen sind in diesem Raum?" - Das setzen wir auch bei unserem schwachen, sprich begrifflichen Anti-Speziezismus, siehe oben, voraus. Bzw. anders herum: Als Anti-Speziezist darf man die Reduktion bzw. Elimination von „Person" auf bzw. zugunsten einer Art organischen Lebens nicht akzeptieren.

Ein einfaches Ja, Personen sind eine species infima, bringt uns aber auch in beachtliche, aus meiner Sicht sogar unüberwindliche Schwierigkeiten. Welche Möglichkeiten hätte man, diese These im Kontext einer Ontologie *menschlicher Personen* zu vertreten? - M.E. sind es genau drei. Die erste wäre, menschliche Personen als Menschen *und* Personen aufzufassen. Vor dem Hintergrund der Annahme, dass Personen und Menschen zwei species infimae seien, die ihre Vorkommnisse auf unterschiedliche (!) Weise in ichrer Identität determinierten, könnte man das so verstehen, dass menschliche Personen aus zwei numerisch verschiedenen Dingen, ja zwei *Substanzen* bestünden: einer Person-Substanz und einer Organismus-Substanz. Das ist Dualismus, noch dazu ein sehr starker. Warum ich diese Alternative nicht wählen möchte, kann ich hier nicht umfassend begründen. Ich halte jedenfalls die Argumente, welche in der Philosophiegeschichte nach Descartes gegen jede Form von Substanz-Dualismus vorgebracht wurden, für überzeugend. Systematisch betrachtet beruht der Dualismus auf Prämissen, die man als falsch bzw. inadäquat erweisen kann. In späteren Abschnitten (3.1 (2); v.a. 3.3 (1)) folgen Überlegungen in diese Richtung.

Die zweite Möglichkeit wäre es, menschliche Personen *nur* der species infima der Personen angehören zu lassen, der Spezies Mensch hingegen den Status einer species infima abzusprechen. Ich denke, dass dies offensichtlich scheitert: Nach gegebener Bestimmung von species infima, siehe erster Hauptteil, gehört die Spezies Mensch geradezu paradigmatisch dazu.

Mensch oder besser homo sapiens sapiens ist eine species infima stricte dictum. Soweit ich sehe, hat diesen Weg in der Literatur niemand beschritten. Sehr wohl jedoch einen dritten:

Jede menschliche Person ist *ein* Ding bzw. *eine* Substanz, die allerdings zwei *untersten Arten* angehört: den Personen eben, und zusätzlich jener, die ihre Art als Organismen bestimmen, der Art Mensch. Das Problem aus meiner Sicht: Gehört ein Vorkommnis auch synchron, wie hier durchaus eingeräumt werden muss, zwei speciebus infimis an, ist seine Identität *relativ* zu zwei Arten oder Sorten zu bestimmen. Species infimae determinieren ihre Vorkommnisse in ihrer Identität. Für Personen würde somit die *sortale Relativität* ihrer Identität gelten. Das ist eine Konsequenz, die ich oben ausdrücklich in der Argumentation gegen Singer in Anschlag gebracht habe; und die tatsächlich fatal wäre. Sie geht nicht zusammen mit der Zugehörigkeit der Personen zur Kategorie der Dinge, und darin zum Bereich der Lebewesen. Für diese ist nämlich ihre Artzugehörigkeit einzig.

Kurzum: Wir müssen bei der Integration von Personen in unseren kategorialen Rahmen die sortale Funktion von „Person" klären, ohne in die eben beschriebenen Ausweglosigkeiten zu geraten.

Gehen wir noch einen Schritt weiter bei unserem Aufriss des ontologischen Rahmens, in den wir Personen als selbstbewusste Lebewesen integrieren wollen, bzw. bei der damit verbundenen Problemexposition. Lebewesen sind Substanzen und als solche in ihrer Existenz *unabhängige Entitäten*. Ein Aspekt, der besonders für die Abhebung der Lebewesen von Artefakten im Bereich der Dinge eine wichtige Rolle spielt, ist ihre *Bewusstseinsunabhängigkeit*, sowie ihre *nicht-konventionell festlegbare Identität*. Wollen wir Personen unter die Lebewesen subsumieren, kann auch ihre Existenz nicht von Einstellungen irgendwelcher (endlicher) Bewusstseinszentren abhängen. Auch lässt sich über ihre Identität, sprich ihren Beginn, ihren Verlauf, ihr Ende, nicht nach konventionellen Kriterien entscheiden. Die Personalität von jemandem ist somit, am anvisierten Ort im ontologischen Rahmen, nicht abhängig von der Zuschreibung durch andere.

Ein Gegner dieser Konsequenz des Versuchs, Personen unter die Lebewesen oder Substanzen ontologisch einzuordnen, könnte darangehen, die Identität von Person und von Organismus zu splitten und behaupten, dass Letztere vielleicht bewusstseinsunabhängig und nicht-konventionell wäre, Erstere aber nicht. Am intelligibelsten wäre m.E. ein solcher Standpunkt formuliert, wenn man Personen nicht als Art, sondern Personalität ausschließlich als Bündel von Merkmalen oder Eigenschaften auffasste, die einem Träger nach Maßgabe bestimmter konventioneller Kriterien zeitweise zugesprochen bzw. abgesprochen werden können. (Menschliche Personen als Vorkommnis einer bewusstseinsabhängigen und einer bewusstseinunabhängigen *Art* zu verstehen, scheint mir nicht intelligibel zu sein. Das würde menschliche Personen allesamt zu Zwitterwesen zwischen Artefakten und Lebewesen machen.) – Ohne den Gegner hier widerlegen zu können, sei vermerkt, dass eine solche Argumentation u.a. voraussetzte, dass Personalität als reines Akzidens aufzufassen sei, noch dazu eines im Bereich der „intensionalen" Eigenschaften: Eigenschaften deren Zukommen zu einem Träger von bestimmten Kontexten abhängt. (In der Diskussion Singers habe ich diesem eine solche Position unterstellt). – Das scheint mir, wie schon gesagt, verwegen. Es machte nicht nur Personalität, sondern auch alle Merkmale derselben, bis hin zu Selbstbewusstsein, abhängig von solchen intensionalen Kontexten; was ohne die Verpflichtung auf die schweren Dennettschen Prämissen (siehe oben) wohl kaum möglich ist. Ich möchte mich deshalb, ohne das an dieser Stelle hinreichend zu begründen, auf die Seite der Bewusstseinsunabhängigkeit der Personalität schlagen, was, um diesen kleinen Bogen zu schließen, der Einordnung von Personen in das Genus der Lebewesen nach dem vorgeschlagenen ontologischen Rahmen entspricht.[59]

Ein letzter Aspekt des ontologischen Rahmes scheint mir für die weitere Erörterung unserer These besonders wichtig: Dinge sind *komplexe* Entitäten. Sie haben eine *innere Sachverhaltsstruktur*, die aus den Elementen Material- und Formaspekt besteht. Beide Elemente können in ihrer Funktion für den Aufbau eines Dinges nicht durch den jeweils anderen ersetzt werden.

Wollen wir Personen gemäß den Vorgaben unseres kategorialen Rahmens innerhalb der Lebewesen integrieren, müssen wir uns nach der Eigenart von personalen Lebewesen, bzw. nach ihrem Unterschied zu nichtpersonalen Lebewesen fragen. Bei der Abgrenzung der Lebewesen von Artefakten kann man gewisse Erfolge erzielen durch Verweis auch auf den *Materialaspekt*. Die Biochemie lehrt uns, dass Lebewesen bestimmte Eigentümlichkeiten hinsichtlich ihres materiellen Aufbaus aufweisen: Es gibt keine lebendige Einheit, die nicht aus irgendwelchen Kohlenstoffverbin-

---

[59] Die Auffassung, Personen seien Lebewesen, wird übrigens mitunter auch als „animalist view" (engl.) bezeichnet, im Unterschied zur „co-locationalist claim", nach denen Personen nicht Lebewesen seien, sondern *zusammen mit* Lebewesen (bevorzugt menschlichen Organismen) vorkämen. Siehe dazu u.a. Toner 2007, der die hier vertretene animalist view in die scholastische Tradition einreiht.

dungen aufgebaut ist. Ich denke aber nicht, dass wir auch bei der Frage nach der Eigenart von Personen im Bereich der Lebewesen auf Hilfe aus der Richtung Materialaspekt hoffen dürfen. Was auch immer personale von nicht-personalen Lebewesen unterscheidet, es hat wohl nicht mit dem Materialaspekt seiner inneren Struktur zu tun, sondern mit seiner *Form*: der Weise wie die materiellen Bauteile in das Ganze integriert sind. Letztlich war es ja auch die Unterscheidung in der Form, die es uns erlaubt hat, klar zwischen Lebewesen und Artefakten zu unterscheiden.

Wir müssen also bei unserem Unterfangen die Eigenart der Form von Personen in den Blick bekommen. In Analogie zur Frage nach der Eigenart von Identitätsbedingungen, müssen wir untersuchen, wie sich der Formaspekt von Personen unter Abhebung des Formaspekts nicht-personaler Lebewesen bestimmen lässt.

Sowohl bei der Analyse der Form von Artefakten als auch bei jener der Lebewesen unterscheiden wir zwischen der Form auf der Art- oder Typenebene, und jener auf der Individual- oder „token"-Ebene. Auch bei Personen haben wir diese Unterscheidung zu berücksichtigen. Allerdings möchte ich hier von Beginn an explizit sagen, dass mein Ziel die Analyse der Form auf der individuellen Ebene ist. Es geht mir m.a.W. um die Eigenart der *individuellen* Form von Personen. Und zwar deshalb, weil es mir um eine Ontologie von Personen im Kontext der Kategorie der Dingen geht. Dinge aber sind *konkrete Individuen*. Die Frage nach dem ontologischen Status des Nicht-Individuellen, sprich Allgemeinen, lasse ich beiseite. Das Universalienproblem löse ich in diesem Buch nicht; muss ich auch nicht. Ob es neben individuellen Formen auch allgemeine *gibt*, in einem ontologisch technischen Sinn, lässt meine Theorienbildung unbeeindruckt. Allein die Meinung, es gäbe *nur* Universales, bzw. *nur* allgemeine Formen, nicht aber Individuelles bzw. individuelle Formen, würde meinem Standpunkt entgegenstehen. Ich erlaube es mir, die Thesen, es gibt Individuelles und es gibt individuelle Formen, anzunehmen, auch wenn ich sie als Prämissen meiner Untersuchungen, insbesondere dieser nun folgenden, voranstellen muss.

In diesem Sinne möchte ich einen Schritt weitergehen und mich der Frage nach der Eigenart der individuellen Form von Personen zuwenden.

2.2 Die individuelle Form von Personen

> „Eine zusammengesetzte Seele
> wäre nämlich keine Seele mehr."
> Wittgenstein, TLP 5.5421

Beginnen möchte ich diesen Abschnitt damit, die bereits erfolgten Analysen der individuellen Formen von Artefakten und von Lebewesen aufzugreifen. Ich verfolge dabei das Ziel, die *Gemeinsamkeiten* ihrer individuellen Formen herauszustreichen und soweit in den Blick zu bekommen, dass sich ihr jeweiliger Unterschied zur individuellen Form von Personen klar beschreiben lässt (2.21). Die Darlegung der individuellen Form von Personen selbst werde ich im Dialog mit einem anderen Autor vornehmen: Jonathan Lowe. Ich meine nämlich, dass man mit bzw. besser *nach* Lowe die Eigenart des Formaspekts von Personen (wie ich sage) auf eine Weise beschreiben kann, wie sie gut in die hier vorgebrachte Theorienbildung passt (2.22). „Kann" besagt, dass Lowes Thesen im Hinblick auf unser Erklärungsziel kritisch zu adaptieren sind (2.23).

2.21 Gemeinsamkeiten der individuellen Formen von Artefakten und von Lebewesen

Die individuelle Form eines Artefakts besteht aus einer bestimmten Nutzenserwägung (1), einer darauf ausgerichteten bestimmten Funktion (2), welche ihrerseits die Anordnungsprinzipien für die konkreten Teile des Artefakts enthält (3). Die individuelle Form dieses Autos da oder sein Formaspekt besteht aus seinem Nutzen als selbstfahrendem Transportmittel für Personen und Sachgüter (1), aus der darauf ausgerichteten Funktion, gewährleistet durch Verbrennungsmotor, Getriebe, etc. bis hin zu den Rädern, (2), welche eben jene Prinzipien enthält, aus denen klar wird, welche Teile zu diesem Auto gehören (müssen), welche nicht (3).

Die individuelle Form von Lebewesen (hingegen) wird ausgemacht durch (1) diese konkrete geschlossene Organisationsstruktur, (2) diese auf die Struktur ausgerichteten Regulationsprinzipien, (3) schließlich dem damit gekoppelten Entwicklungs- und Replikationsplan. (3) gibt Aufschluss (a) über den artgemäßen Entwicklungsverlauf des Individuums, (b) über seine Reproduktionsfähigkeit neuer Vorkommnisse der Art, aber auch (c) über die Evolution der Art als solcher, sprich über ihre, in Konfrontation mit der Umwelt eröffneten Entwicklungsmöglichkeiten. Die individuelle Form von Stefanie, dem Schaf hier auf der Weide, oder ihr Formaspekt besteht somit darin, dass sie organisch auf ganz bestimmte Weise strukturiert ist (1), dass Stefanie auf bestimmte Weise mit ihrer Umwelt interagiert, insbesondere gemäß der, ihrem Organismus entsprechenden Weise Stoffwechsel betreibt (2), und sich im Hinblick auf die Ausbildung ihres Organismus selbsttätig und final entwickelt, für die Fortpflanzung ihrer Spezies sorgt und damit auch für die Weiterentwicklung derselben ihren Beitrag zu leisten vermag (3).

Die grundlegenden Unterschiede der individuellen Formen von diesem Auto und Stefanie sind so augenscheinlich, dass sie hier nicht nochmals besprochen werden müssen. Ich erwähne zur Erinnerung nur die Differenz hinsichtlich ihrer Bewusstseinsabhängigkeit bzw. –unabhängigkeit, sowie die hinsichtlich der Konventionalität ihrer Identität bzw. ihrer „natürlichen" Vorgegebenheit im Fall des Schafs.

Worin aber bestehen die Übereinstimmungen? - Eine erste Möglichkeit des Vergleichs besteht darin, dass der bei den Artefakten explizit (als Element 3) genannte Aspekt der zur individuellen Form gehörigen *mereologischen Prinzipien* wohl auch bei den Lebewesen angeführt werden könnte. Auch bei unserem Schaf enthält die individuelle Form, v.a. die Organisationsstruktur (Element 1), Prinzipien, die Aufschluss geben, welche Teile zu besagtem Lebewesen gehören (müssen), welche aber nicht. Es gehören zur individuellen Form von Stefanie Prinzipien, durch welche klar wird, dass ihre Wolle in ihre Organisationsstruktur eingebunden ist, anders freilich als ihre Lunge und ihr Herz; das Heu hingegen auf ihrem Ruheplatz im Stall selbst dann nicht, wenn sie darauf zu liegen kommt.

Es gibt aber noch andere, ontologisch signifikante Übereinstimmungen. So möchte ich darauf hinweisen, dass die individuelle Form sowohl des Artefakts als auch des Lebewesens *komplex* ist. Sie besteht aus mehreren Komponenten, die hier mit den Ziffern (1) – (3) aufgelistet wurden. Die Komplexität erschöpft sich freilich nicht darin. Im Normalfall kann man bei Artefakten (vor allem wenn sie nicht allzu einfach sind, wie etwa bei unserem Auto) sowohl den Nutzen als auch den Funktionsaspekt weiter in seine Bestandteile zergliedern. Dasselbe gilt offensichtlich auch bei den Lebewesen. Auch ihre Organisationsstruktur ist (v.a. bei den höheren) äußerst vielschichtig, ihre Regulations-, aber auch ihre Entwicklungs- und Replikationsvermögen ihrerseits in Detailaspekte zu zerlegen.

Aus diesem gemeinsamen Merkmal der Komplexität lässt sich ein weiteres ableiten, das Artefakte und Organismen ebenfalls teilen: Ihre individuelle Form kann *analysiert* werden. Die Komposition der individuellen Form sowohl eines Artefakts als auch eines Lebewesens ist systematisch

zu untersuchen und zu erklären. Diese Analyse muss freilich nicht als rein begriffliches Unterfangen verstanden, sondern kann auch ontologisch aufgefasst werden. Die individuellen Formen sind zusammengesetzt und als Kompositum von Einzelaspekten darzulegen.
Die individuelle Form ist aber maßgeblich für die Identität eines Individuums. Die Analyse der individuellen Form, sowohl eines artifiziellen Individuums als auch eines Lebewesens, erlaubt es, unter Verweis auf jene Einzelelemente, welche die jeweiligen individuellen Formen ausmachen, anzugeben, ob und worin ihre Identität besteht. Es gibt *Identitätskriterien* für sie. Diese Gemeinsamkeit verweist auf ein Charakteristikum der *Identitätsbedingungen* sowohl von Artefakten als auch von Lebewesen. Es erscheint mir als so wichtig, dass ich diesem Charakteristikum bzw. seiner Einführung einen kurzen Einschub widmen möchte.

Einschub: Identitätsbedingungen von Artefakten und Lebewesen

Im ersten Teil (I - 5.11) wurde „Identitätsbedingung" anfänglich eingeführt als eine Relation, von der man annimmt, dass das Stehen in dieser Beziehung zueinander notwendig, hinreichend bzw. notwendig und hinreichend (wie im folgenden Formelschema) für die Identität von Vorkommnissen ist.
Unter Berücksichtigung der sortalen Dependenz der Identität von Dingen, könnte man eine Identitätsbedingung für Dinge als „R" verstehen in:

$$(x)(y)(\phi x \wedge \phi y \supset (x = y \equiv R(x,y)))^{60}$$

… wobei x und y Individuenvariablen sind, ϕ eine Variable für eine Art oder Sorte. Zu lesen wäre der gesamte Ausdruck: Für alle x und für alle y gilt, dass sie, wenn sie einer Art oder Sorte ϕ angehören, genau dann identisch sind, wenn sie zueinander in einer bestimmten Relation stehen (wobei diese Relation, eben die *Identitätsbedingung*, in der *Übereinstimmung* oder

---

[60] Ich übernehme dieses Formelschema und auch die Bezeichnung von „R" als Identitätsbedingung aus Lombard 1986, 24. Lombard kommt darin übrigens überein mit Lowes „type-B criteria of identity". Siehe Lowe 1989b, 178; auch ders. 1989c. Lombard als auch Lowe bezeichnen den gesamten Ausdruck als „Identitätskriterium". Darauf möchte ich mich nicht festlegen. Ich neige dazu, Identitätskriterium als *epistemisches* Vehikel der Feststellung zu verstehen, ob eine *ontologische* Identitätsbedingung erfüllt wird bzw. nicht. Somit übernehme ich die Unterscheidung zwischen Identitätskriterium und Identitätsbedingung von Runggaldier 1996, 34, FN 51.

Koinzidenz bestimmter „Eigenschaften"[61] besteht.) Diese „Eigenschaften" nun, deren Übereinstimmung oder Koinzidenz maßgeblich ist für die Erfüllung der Identitätsbedingung, zeigt sich sowohl bei Artefakten als auch bei Lebewesen an ihrer individuelle Form. Für alle x und für alle y gilt, dass sie, wenn sie beispielsweise der Art Autos angehören, genau dann identisch sind, wenn sie in diesem ihrem (auto-spezifischen) *Nutzen*, dieser ihrer (entsprechenden) *Funktion*, diesen ihren *mereologischen Prinzipien* übereinkommen; wenn sie allerdings Schafe sind, genau dann, wenn sie in (schaf-spezifischer) Organisationsstruktur, etc. übereinkommen.

Diese Identitätsbedingungen sind auf synchrone Identität hin formuliert; können aber auch im Hinblick auf diachrone Identität angewandt werden. Der Unterschied besteht lediglich darin, dass die Kriterien, ob die Identitätsbedingung erfüllt ist, den *Identitätskriterien* also[62], wohl zwischen synchroner und diachroner Identität variieren. Bzgl. der Identitätskriterien wird auch (sowohl synchron als auch diachron) zwischen Artefakten und Lebewesen zu unterscheiden sein, v.a. im Hinblick darauf, welche Fachleute wir jeweils zu Hilfe nehmen müssen. Aber wir können, wie gesagt, für beide solche Identitätskriterien angeben. Und zwar deshalb, weil ihnen ein wichtiges Charakteristikum ihrer Identitätsbedingungen gemeinsam ist, dass diese nämlich, um ein erstes Mal eine Wendung von Jonathan Lowe aufzugreifen, *„informativ"* sind.[63] Man kann sagen, *worin inhaltlich* die individuellen Formen bestehen, sowohl von Artefakten als auch bei Lebewesen, folglich auch, ob und worin ihre Identität besteht. Der ontologische Grund dafür ist, wie ebenfalls bereits angedeutet, in der Komplexität und somit der Analysierbarkeit der individuellen Formen von Artefakten und von Lebewesen zu sehen. Ich erspare es mir, Auto und Stefanie nochmals als Exempel aufzuführen. Ich ersuche dennoch, dieses Charakteristikum im Auge zu behalten, wenn wir uns jetzt nach der individuellen Form von Personen fragen und danach, worin deren Identität besteht.

---

[61] „Eigenschaften" unter Anführungszeichen meint, dass es sich dabei nicht um Eigenschaften in einem technisch ontologischen Sinne handelt, etwa im Sinne gewisser Akzidentien. „Eigenschaft" wird vielmehr so weit verstanden, dass, was hier entscheidend ist, auch die einzelnen Bestandteile der individuellen Form betroffener Entitäten gemeint sein kann.
[62] Siehe die vor-vorhergehende Fußnote, zweiter Absatz.
[63] Für Lowe, u.a. 1989, chapt. VII, ist, um es vorwegzunehmen, die „informativeness" der Identitätsbedingungen von Artefakten und Organismen wesentlich für ihre Unterscheidung von Personen.

2.22 Jonathan Lowe: Personal identity is primitive

Wie angekündigt, werde ich im Dialog mit Jonathan Lowe die Frage nach der Eigenart der individuellen Form von Personen und somit die der Identität von Personen zu klären versuchen. Als Bezugstext dient mir sein *Kinds of Being* (hier: Lowe 1989). Lowe hat sich zwar auch in neueren Publikationen zu diesem Thema geäußert[64]; allerdings, wie mir scheint, ohne die einschlägigen Grundthesen des angeführten Buches in einem Ausmaß zu verändern, wie das hier relevant wäre.

(1) In *Kinds of Beings* widmet Lowe der Frage nach Personen bzw. personaler Identität das dem Umfang nach größte Kapitel, nämlich „7. Persons and Their Bodies". Bei unserer Untersuchung haben wir zu berücksichtigen, dass der Kontext des Buches die Frage nach „kinds", also Arten oder Sorten, ist; und Lowe diese Frage von einem semantisch geprägten Ansatz her angeht. Lowe untersucht die Eigenart sortaler *Ausdrücke*, um von daher seine Auffassung von „kinds" zu entwickeln. Diese ist dann allerdings durchaus als ontologische Theorie zu verstehen. Geht es ihr doch primär um die Funktion der Arten oder Sorten bei der Determination der Identität von Individuen, also auch von individuellen Personen. Ziel ist also eine Theorie der personalen Identität.

Das besagte siebente Kapitel ist in drei Abschnitte gegliedert. Der erste „Matter and Organism" verfolgt das Ziel, die Beziehung von Organismus und, wie ich hier sagen würde, seinem „Materialaspekt" als (Mit-)*Konstitution*, nicht aber, wie Materialisten behaupten würden, als Identität zu verstehen. Organismen sind durch ihre materiellen Bestandteile (mit-)konstituiert („mit-" in Mit-Konstitution meint, dass es auch andere Konstituenten gibt; den Formaspekt, in meiner Terminologie gesagt). Lowes hauptsächliches Vehikel der Argumentation gegen die Identität von Organismus und materiellen Bestandteilen ist der Verweis auf Identitätsbedingungen. Die Identitätsbedingungen von materiellen Zusammenfügungen sind anders anzugeben als jene lebendiger Körper. Also kann die Identität materieller Zusammenfügungen und die eines Organismus nicht dieselbe sein.[65] Materielle Bestandteile von Organismen, die ja materielle Zusammenfügungen sind, und Organismen können nicht identisch sein.

Im zweiten Abschnitt beschäftigt sich Lowe mit einer Frage, die für den Kontext unserer Überlegungen hier im dritten Hauptteil maßgeblich

---

[64] V.a. in Lowe 1995 bzw. ders. 1998, sowie ders. 2003.
[65] Lowe 1989, 101.

ist: Wie hängen Organismen und Personen zusammen, ebenfalls in der Beziehung der Konstitution? Besteht gar Identität?

Bevor wir Lowes Antworten auf diese Fragen bzw. deren Gründe ins Auge fassen, möchte ich seine Ausführungen zum Begriff der Person anführen und untersuchen.

(2) Zunächst bekundet Lowe deutliche Sympathie für Lockes Grundidee, Personen über Selbstbewusstsein zu bestimmen.[66] Dass dies der hier vorgeschlagenen Auffassung von Personen entspricht, muss nicht weiter erörtert werden. Lowe bleibt jedoch, ebenso wie das hier vorgeschlagen wird, nicht beim Wortlaut der Theorien des historischen Gesprächspartners stehen. Lowe ist es wichtig zu betonen, dass - selbst wenn Locke das intendierte[67] - „Person" auf begrifflicher Ebene nicht aufgelöst werden kann in „Wesen, dessen Bewusstseinsvollzüge und Handlungen mit Selbstbewusstsein begleitet sind". Wir können Aussagen wie „x ist eine Person" nicht einfach übersetzen in eine wie „x vollzieht selbstbewusst Bewusstseinsakte und Handlungen". Für Lowe ist der Personbegriff grundlegender als der Begriff von Selbstbewusstsein, bzw. als der von Bewusstseinsvollzügen und Handlungen mit Selbstbewusstsein.

Als Argument dafür führt Lowe an, dass die Zuschreibung des Letzteren, um es abgekürzt zu sagen: „x ist selbstbewusst" die Zuschreibung von „x ist eine Person", also von Personalität, voraussetzt. Wäre das Umgekehrte der Fall, also die Zuschreibung bestimmter Bewusstseinsvollzüge bzw. die Art, bestimmte Bewusstseinsakte zu vollziehen, grundlegend für die Zuschreibung von Personalität, bräuchten wir, so Lowe, eine vollständige Liste personen-charakterisierender Vollzüge bzw. entsprechender Merkmale. Die haben wir aber nicht, und zwar aus prinzipiellen Gründen. Im Bereich des Mentalen gilt nämlich Holismus[68]: „... ascriptions of agency, perception and self-consciousness to a subject cannot be made *independently* either of each other or of ascriptions to it of indefinitely many other appropriately related states ..."[69]. Für Lowe bietet also der mentale Holismus, wie er sagt „empirical support"[70] für eine Eigenart des Person-Begriffs, die mir hier äußerst wichtig erscheint. Der Person-Begriff ist

---

[66] Ebd., 109.
[67] Ebd., 115, was Lowe übrigens offen lässt.
[68] Vgl. ebd., 117. Den Begriff „mentaler Holismus" übernimmt Lowe von Davidson, genauerhin aus seinem Artikel „Mental Events", in Davidson 1980 abgedruckt.
[69] Ebd. Hervorhebung Lowe.
[70] Ebd., 117.118.

grundlegend. Aus diesem Merkmal folgt nach Lowe auch, dass der Person-Begriff nicht analysiert, und somit nicht in Elemantarbegriffe zergliedert werden kann. Könnte man solche Analyse-Elemente angeben, wären diese, nicht aber das durch sie Analysierte grundlegend. Fazit: „`Person` should be accepted ... as being a semantically simple sortal term, and hence un-analysable."[71] Der Person-Begriff ist ein semantisch einfacher, für die Zuschreibung bestimmter mentaler Akte vorausgesetzter Term.

Lowe kann man m.E. so interpretieren, dass er mit seiner Theorie, zunächst auf begrifflicher Ebene vorgetragen, den gegen Locke vorgebrachten Einwänden zuvorkommen möchte. Ist der Person-Begriff grundlegend relativ zum Begriff des Selbstbewusstseins, kann die Feststellung personaler Identität die Zuschreibung von Selbstbewusstsein begründen. Das Umgekehrte trifft nicht zu. Damit hätte Lowe eine Möglichkeit, dem, gegen Locke gerichteten Angriff Butlers zu entgehen (siehe oben, Abschnitt 1.2 (3)). Dasselbe ließe sich für den Transitivitätseinwand Reids geltend machen. Ist, um ontologisch zu sprechen, Selbstbewusstsein nicht vorausgesetzt für Personalität, so auch nicht eine bestimmte „Reichweite" von Selbstbewusstsein für die „Dauer" personaler Identität. Ist diese „Reichweite" aber nicht konstitutiv für die „Dauer" personaler Identität, so greift das Argument von der Unvereinbarkeit möglicher Merkmale der Reichweite von Selbstbewusstsein (v.a. Nicht-Transitivität) mit den formalen Merkmalen der Identitätsbeziehung nicht.

Wichtig scheint mir auch zu sein, dass Lowe mit diesen Festlegungen die Verpflichtung auf einen reinen Aktualismus blockiert. Die faktische Ausübung bestimmter Bewusstseinsvollzüge, ja selbst die aktive Fähigkeit dazu, ist nicht notwendig für Personalität. Das Umgekehrte gilt. Personalität ist vorausgesetzt, wie ich sagen würde, für das *Vermögen* zu bestimmten Bewusstseinsvollzügen.

(3) Zurück nun aber zum Gang der Überlegungen Lowes im zweiten Abschnitt von „Persons and Their Bodies". Was spricht gegen die Identität von Person und Organismus? – Lowe weist darauf hin, dass – wie immer wir Identitätsbedingungen für Personen ausformulieren -, diese wesentlich anders aussehen werden als Identitätsbedingungen für Organismen. Also ist Identität von Personen und Identität von Organismen nicht dasselbe. Somit können Personen und ihre Organismen nicht identisch sein.[72] Ein weiteres Argument ist, dass wir uns mit der These von der Identität von Person und Organismus auf irgendeine Identitätstheorie in der „philosophy of mind" verpflichten müssten: personenspezifische Vollzüge wären nichts

---

[71] Ebd., 118. Als weiteren Vertreter dieser These führt er an dieser Stelle übrigens Wiggins 1980, 173ff, an; ohne allerdings unangemerkt zu lassen, dass er sich von Wiggins Person-Theorie abzusetzen gedenkt.

[72] Ebd., 112.

anderes als organische (neuronale) Prozesse. Eine solche Identitätstheorie aber ist nicht in Sicht.[73]

Konstituiert aber ein Organismus eine Person, etwa wie ein Körper, oder besser eine materielle Zusammenfügung, einen Organismus konstituiert? – Dagegen spricht, dass die Konstitutionsrelation transitiv ist. Würde ein Organismus O eine Person P konstituieren, ein Körper K aber O (was für O notwendig der Fall ist), so müsste K auch für P konstitutiv sein. Das aber geht nicht. Für Personen gilt nämlich, im Unterschied zu Organismen[74], dass sie nicht wesentlich materiell sind. Personen können nach Lowe auch nicht-materiell sein.[75] Wenn Personen aber auch nicht-materiell sein können, schließt das aus, dass Personen durch Materielles konstituiert sind.[76]

(4) Personen sind weder mit Organismen identisch, noch durch diese konstituiert. Daraus lässt sich einiges folgern darüber, worin ihre Identität *nicht* besteht. Was dann aber ist, positiv gesehen, personale Identität? Nach Lowe können wir dem nachgehen, indem wir fragen, welche Folgen die Annahme, „Person" ist als sortaler Ausdruck grundlegend und nicht analysierbar, für eine Theorie der Identität jener Entitäten, die unter diesen Ausdruck fallen, hat. Damit sind wir beim dritten Abschnitt unseres 7. Kapitels in *Kinds of Beings*. Auch hier wird das Vehikel *Identitätsbedingung* eine entscheidende Rolle spielen.

---

[73] Ebd., 113f. Lowe hat hier den Stand der Dinge der 80-er Jahre vor Augen. Ohne zu tief in die Geheimnisse der philosophy of mind eindringen zu können: Eine derart überzeugende Identitätstheorie, dass sie Lowes Argumente wider die Selbigkeit von Person und Körper widerlegte, gibt es meines Wissens auch heute nicht.

[74] Vgl. ebd. 107: „Living organisms are essentially material". Dass dem so ist, begründet Lowe damit, dass sich ohne Verweis auf materielle Bestandteile für Organismen keine Identitätsbedingungen angeben lassen. Dass dem so ist, bedeutet freilich nicht, dass Organismen „nichts anderes seien als" materielle Zusammenfügungen. Identitätstheorien bzgl. des Verhältnisses Materialität – Organismus lehnt Lowe ja wie gesehen ab.

[75] Vgl. ebd. 110. Dies ergibt sich im Grunde bereits aus der Locke'schen Grundidee von Personen, die Lowe wie erwähnt aufgreift. Nota bene: Daraus lässt sich kein Plädoyer für die faktische Immaterialität von Personen ableiten, sondern lediglich, dass Materialität nicht zum Begriff der Person gehört. In ders. 2003b, 80, hat Lowe diese These übrigens bestätigt.

[76] Prominente Vertreterin der These, dass Personen durch Organismen *konstituiert* sind, ist übrigens Lynne Ruder Baker, vgl. dies. 2000, u.a. 46ff. Baker ist „Co-Lokationistin".

Eine zentrale Unterscheidung Lowes hinsichtlich Identitätsbedingungen ist die zwischen „informativen" und „nicht informativen Identitätsbedingungen". Ich habe diese bereits angesprochen. Wie gesagt kommen Artefakte und organische Lebewesen darin überein, dass sie *informativen* Identitätsbedingungen unterliegen. Was genau aber besagt „informative Identitätsbedingung"? - Eine informative Identitätsbedingung gibt an, worin die Identität von etwas besteht, und zwar so, dass die Identität dieses etwas erklärt wird durch Bezugnahme auf für die jeweilige Identität maßgebliche Elemente. Ich übernehme als Beispiel eine Formulierung Lowes, in der er eine *informative* Identitätsbedingung für Organismen angibt: „If x and y are living organisms, then x is identical with y if and only if x and y are constituted by collections of material particles participating of the same continued life"[77]. Die Zusammenfügung (irgendwelcher) materieller Partikeln und (dasselbe) kontinuierliche Leben sind die für die Identität von organischen Lebewesen maßgeblichen Elemente. Die angeführte Identitätsbedingung erklärt die Identität von Entitäten, sofern sie zum Bereich der lebenden Organismen gehören, durch den Verweis eben auf diese Elemente. Dass die Identität von Organismen auf diese Weise erklärt wird, macht auch deutlich, dass und warum es für Organismen wesentlich ist, materiell zu sein; aber auch, dass zusätzlich zu diesem Materialaspekt noch etwas hinzukommen muss: Leben, wie Lowe sagt.

Ohne diese Analyse weiter verfolgen zu können (man könnte sicherlich auch noch die Selbigkeit von Leben informativ analysieren, ebenso wie die Konstitution von Materialteilen), möchte ich darauf hinweisen, dass die Angabe informativer Identitätsbedingungen darauf beruht, *verschiedene* Elemente als für die Identität einer Entität maßgeblich anzugeben. Das bedeutet nichts anderes, als dass diese Entitäten in ihrem „identitätstragenden" Aspekt *komplex* sein müssen.

(Nota bene: Das steht natürlich nicht im Gegensatz zur Annahme, dass diese Entitäten endurer sind. Es wird ja nicht die *Reduktion* der diachronen Identität, natürlich auch nicht der synchronen, im Sinne der perdurance-Theoretiker behauptet. Auch bei dreidimensionalen Entitäten kann das, was ihre Identität, synchron und diachron, ausmacht, komplex sein. Und nichts anderes ist der Fall bei jenen Entitäten, für deren Identität wir informative Identitätsbedingungen, folglich auch Identitätskriterien, angeben können.)

---

[77] Lowe 1989, 102.

Die entscheidende Frage ist nun, ob sich auch für Personen informative Identitätsbedingungen angeben lassen. Wenn ja, könnte man die Identität von Personen erklären durch Bezug auf die in ihrer Identitätsbedingung angegebenen Elemente. Lowe verneint nun diese Möglichkeit. Führen wir uns seine Argumentation für diese, entscheidende, These vor Augen.

Wegen der Unterschiedenheit personaler Identität von der Identität materieller Zusammenfügungen, aber auch von jener der Organismen (siehe die Argumentation oben) meint Lowe, dass es nur eine sinnvolle Alternative zur Angabe informativer Identitätsbedingungen für Personen gibt. Nämlich eine, welche die Identität der Personen, der Grundidee Lockes folgend, über Selbstbewusstsein erklärt. (Wir wissen ja, dass auch Locke selbst im Anschluss an seine Definition von Personen eine Bedingung personaler Identität formuliert hat, vgl. oben Abschnitt 1.2 John Locke.) Eine solche Identitätsbedingung im Geiste Lockes könnte sein: „If x and y are *persons*, then x is identical with y if and only if x and y participate of the same consciousness at all times at which they are conscious (i.e. are `co-conscious` at all such times)"[78]. Nimmt man eine solche Identitätsbedingung an, *erklärte* man die Identität von Personen über die Selbigkeit von (Selbst-)Bewusstsein. Selbstbewusstsein wird so aufgefasst als das für personale Identität maßgebliche Element.

Lowe argumentiert jedoch gegen die Konsistenz dieser Identitätsbedingung. Ein Argument beruht auf dem Verweis auf das bekannte „split-brain"-Phänomen. Bei Patienten mit getrennten Gehirnteilen tritt, so Lowe, unter Verweis auf entsprechende Experimente[79], eine Teilung („bifurcation") des Selbstbewusstseins auf. Nach gegebener Identitätsbedingung müsste die personale Identität von split-brain-Patienten somit geleugnet werden. Dagegen sprechen allerdings gute Gründe. – Ich möchte hier diesem Argument nicht zu viel Raum und Bedeutung beimessen, allein schon deshalb, weil ich der split-brain-Forschung der beiden letzten Jahrzehnte hier nicht nachgehen kann.

Ontologisch stichhaltig scheint mir hingegen ein weiteres Argument gegen die von Lowe versuchsweise selbst formulierte informative Identitätsbedingung für Personen zu sein. Das in der Identitätsbedingung angeführte Explanans personaler Identität ist Bewusstsein, genauerhin *co-consciousness*. Co-consciousness muss aber verstanden werden als Übereinstimmung in allen *einzelnen Bewusstseinszuständen*. Damit einzelne Bewusstseinszustände für die Erklärung der Identität von Personen im Kon-

---
[78] Ebd., 124. Herv. Lowe.
[79] Ebd., 126.

text einer informativen Identitätsbedingung fungieren können, muss aber ihre Identität geklärt sein. Der springende Punkt ist nun, dass die Klärung der Identität von Bewusstseinszuständen oder deren Identitätsbedingungen ihrerseits den Bezug auf die Identität jener Personen, *von denen* sie Bewusstseinszustände sind, voraussetzt: „For conscious states ... cannot themselves be individuated or identified save in terms which presuppose the identity of the persons ... whose states they are."[80] Also können sie nicht Explanans personaler Identität sein, wie das ihrer (vermeintlichen) Funktion in der angegebenen informativen Identitätsbedingung entspricht, ohne in einen Zirkel zu gelangen.

Dieser Zirkel ist m.E. das entscheidende Argument gegen die versuchte informative Identitätsbedingung für Personen und somit, in Ermangelung von Alternativen, gegen die Möglichkeit der Angabe informativer Identitätsbedingungen für Personen überhaupt. Also gibt es für Personen keine informativen Identitätsbedingungen.

Und das ist auch gut so, meint Lowe. Denn in jedem ontologischen System braucht es Entitäten, deren Identität so grundlegend ist, dass sie durch die Angabe von Identitätsbedingungen nicht erklärt werden kann[81]. Es braucht Entitäten mit einfacher, nicht weiter analysierbarer, und somit nicht aus grundlegenderen Elementen erklärbarer Identität. Sonst käme man ja in der Klärungskette der Identität von Entitäten zu keinem Ende. Personen aber sind in Jonathan Lowes ontologischem System diese Art von Basis- („basic")Entitäten.[82]

Was aber bedeutet es, dass die Identität von Personen als nicht-informativ aufzufassen ist? – „The only tenable answer that I can see at present

---

[80] Lowe 1989, 131. Als weiteren Vertreter dieses (m.E. wichtigen) Arguments führt Lowe ebd. FN 42, Strawsons *Individuals*, im engl. Original hier Strawson 1959, 41ff, an.

[81] Lowe 1989, 129. Auch diesen Gedanken findet Lowe bei Strawson 1959, 38ff, der ebenfalls eine Art „basic particulars" fordert.

[82] Die Frage, ob Personen die einzigen Basis-Entitäten sind, lässt Lowe an dieser Stelle unbeantwortet. Theoretisch bedeutsam ist auch nur, dass a) es Basis-Entitäten braucht, b) dass (Bewusstseins-)Zustände diese Funktion nicht erfüllen können, nicht, dass es aber c) in Personen plausible Kandidaten dafür gibt. M.E. wären (conjunctivus irrealis) auch Atome, wie Lowe sie etwas in ders. 2003b, 80 versteht, solche Kandidaten. Das muss uns hier nicht kümmern, weil im anvisierten ontologischen Rahmen solche Atome nicht vorkommen.

is the perhaps rather perplexing one that *it consists in nothing but itself*: that personal identity is, as we might say, primitive and ungrounded."[83]

Personale Identität ist einfach und ungegründet. Sie besteht in nichts anderem als in ihr selbst. Zu diesem Ergebnis kommt also Jonathan Lowe in seinen einschlägigen Untersuchungen. Die Frage wird sein, wie wir dieses „perplex machende Faktum" für unsere Auffassung von der Eigenart der individuellen Form von Personen nützen können? Wie lässt sich Lowes These in den hier vorgeschlagenen ontologischen Rahmen integrieren? Diesen Fragen möchte ich im Folgenden nachgehen. Dazu ist es erforderlich, kritisch zu prüfen, welche Thesen und Begründungen wir von Lowe übernehmen können, welche zu adaptieren sind, welche aber mit den hier anvisierten Theorien unvereinbar sind.

2.23 Die individuelle Form von Personen ist einfach

(1) Eine Gruppe von Thesen Jonathan Lowes können hier übernommen werden, ohne seine Argumentationsstrategien dafür. Ein Beispiel wurde schon angesprochen: Die Zurückweisung Lowes jeder Identitätsbedingung für Personen im Geiste Lockes entspricht der hier vorgeschlagenen Theorienbildung. Und zwar deshalb, weil eine solche Identitätsbedingung personale Identität als komplexes und folglich analysierbares Faktum ausweist. Personale Identität wäre unter dieser Rücksicht in Entsprechung zu bestimmen zur Identität von nicht-personalen Lebewesen, ja sogar von Artefakten. Das Argument Lowes aus der split brain-Forschung muss, wie schon gesagt, dafür nicht übernommen werden.

Analoges gilt für Lowes These der Unableitbarkeit der Zuschreibung von Personalität aus einem Kanon bestimmter Arten von Bewusstseinsakten. Eine solche Ableitbarkeit würde bedeuten, Personalität als abhängiges Faktum aufzufassen, zumindest von der aktiven Fähigkeit zu bestimmten Bewusstseinsvollzügen. Lowe argumentiert dafür unter Verweis auf Davidsons Theorie des „Holismus des Mentalen" aus *Mental Events*. Davidsons Theorie des Holismus des Mentalen in *Mental Events* ist aber derart schwer an Voraussetzungen, dass wir ihr nicht nähertreten wollen: So ist es nach Davidson ausschließlich Sache der *Beschreibung* eines Ereignisses mit einem bestimmten Vokabular, dass man das Ereignis als mental verstehen kann. Auf der sachlichen oder ontologischen Ebene gibt es keine men-

---

[83] Lowe 1989, 137. Herv. Lowe. Dort (FN 49) führt Lowe auch Madell 1981 als Beleg für einen Vertreter derselben These an.

talen Ereignisse. Diese Prämisse ist wesentlich für Davidsons Holismus des Mentalen[84]. Auf diese Prämisse möchte ich mich aber nicht festlegen. Also auch nicht auf Lowes Argumentation, insofern sie auf ihr beruht.

(2) Neben der Diskrepanz in Argumentationsstrategien muss ich auch Nicht-Übereinstimmung mit Lowe in inhaltlichen Belangen benennen. Da ist zunächst Lowes Überzeugung, dass es sich bei „Person" um einen sortalen Ausdruck wie jeden bzw. neben jedem anderen handelt: „Person" steht rein semantisch betrachtet auf derselben Ebene wie „Auto", „Schaf", wohl auch wie „Mensch" (verstanden als Ausdruck für eine biologische Spezies). – Das ist sehr problematisch. Ich habe darüber im vorhergehenden Abschnitt über den ontologischen Rahmen (2.1) gehandelt, wo ich drei, m.E. exhaustive Alternativen der Integration dieser These in eine Ontologie menschlicher Personen skizziert habe.

Lowe spricht selbst über ontologische Implikationen seiner Auffassung,„Person" als sortalen Ausdruck neben anderen zu verstehen: Personen sind für Jonathan Lowe *Entitäten* „sui generis" möchte ich sagen, neben bzw. wie Lebewesen oder Organismen. Personen sind m.a.W. nach Lowe *keine Lebewesen*. Sie machen keine „Subspecies" der Lebewesen aus.[85] Das steht der hier vorgetragenen Theorienbildung entgegen. Gehören die Personen nämlich nicht den Lebewesen an, so, aufgrund der hier vertretenen Substanzauffassung, auch nicht den Substanzen. In Ermangelung eines alternativen „Ortes" würden Personen somit vollständig aus dem hier vorgeschlagenen ontologischen Rahmen fallen, wenn wir in diesem Punkt Lowe folgen würden.

Im Hinblick auf menschliche Personen, müsste man Lowe wohl so interpretieren, dass diese lebendige Organismen *und* Personen seien; wobei gilt, dass der personale Teil menschlicher Personen in seiner Identität grundlegend anders zu bestimmen ist als der organische.

Wollte man Lowes Position von Personen als species infima einer der drei Alternativen im Hinblick auf menschliche Personen zuordnen, müsste man wohl die erste oben angeführte wählen. Menschliche Personen bestehen aus zwei Entitäten, die in ihrer Identität grundlegend verschieden zu bestimmen sind. Für diese Interpretation spricht v.a. *die Weise wie* Lowe gegen die These argumentiert, Personen seien Lebewesen.

---

[84] Vgl. dazu meine Ausführungen zu Davidson in Kanzian 2001.
[85] Vgl. u.a. Lowe 1989, 116, hier v.a. die Fußnoten 23 und 24. Dort macht Lowe auch klar, dass sich seine Auffassung, Personen seien keine „Klasse" von Organismen, gegen Wiggins richtet, der „Person" als „wholly biological concept" versteht. Ich kann hier die Auseinandersetzung zwischen Lowe und Wiggins allerdings nicht aufgreifen. M.E. haben beide Unrecht. Warum, wird zu zeigen sein.

Bevor ich darauf kurz eingehe, möchte ich einräumen, dass es m.E. tatsächlich nachvollziehbare Motive gibt, Personen aus dem Bereich der organischen Lebewesen zu entfernen. Eines wäre, auch komplexe Maschinen, Roboter o.ä. nicht von vornherein aus der Extension von „Person" zu verbannen. Dieses Motiv, z.b. bei Dennett stark hervorgehoben, kann aber für Lowe nicht zählen. Denn artifizielle Personen wären nicht nur notwendig materiell konstituiert, sondern auch in ihrer Identität (wie alle Artefakte) komplex, was Lowes eigener Auffassung personaler Identität widerspräche.

Für Lowe hingegen zählt, dass Personen, im Unterschied zu Lebewesen, auch vollkommen immateriell existieren können. Es widerspricht s.E. „Person" nicht (wie es „living organism" widerspricht), für etwas zu stehen, das nicht materiell mitkonstituiert ist.[86] Lowe möchte m.a.W. die *Möglichkeit* einräumen, Personen als reine Geistwesen („immaterial spirits") zu verstehen.[87] Solche entkörperlichte Personen (disembodied persons) können tatsächlich nicht materiell sein. Schon ihre Möglichkeit erfordert es, dass man entweder in den Bereich der Personen eine Trennlinie zieht zwischen jenen, welche unter die organischen Lebewesen zu subsumieren sind, und jenen, für die das nicht gilt; oder aber die Personen samt und sonders aus dem Bereich der organischen Lebewesen verbannt. Lowe entscheidet sich für die zweite Alternative. Er möchte keine Subspezies-Bildung im Bereich der Personen[88]. – Die Möglichkeit freilich, Personen als reine bzw. entkörperlichte Geistwesen zu verstehen, ist, so wie von Lowe vorgetragen, nichts anderes als die Möglichkeit eines starken Dualismus, der in seinem Ansatz durchaus mit dem Cartesianischen verglichen werden kann. (Das ist der Grund, warum ich Lowe in Richtung erste Alternative verstehe.) Lässt man diese Möglichkeit zu, so auch die Möglichkeit einer Deutung menschlicher Personen als Komposita von Geistwesen (Person, „res cogitans") und Körper („res extensa"). Ich denke aber, dass die bekannten Probleme des Cartesianischen Dualismus so stark sind, dass die „Rettung" seiner Möglichkeit kein tragbares Motiv für die Eliminierung der Personen aus dem Bereich der Lebewesen sein kann.[89]

Um es vorwegnehmend zu sagen, werde ich versuchen, „Person" als semantisch eigentümlichen, ja einzigartigen Ausdruck einzuführen, also nicht als „sortalen Ausdruck". Die Antwort auf die Frage nach der personalen individuellen Form werde ich so anlegen, dass sie zusammengeht mit

---

[86] Vgl. Lowe 1989, 110, 120.
[87] Vgl. Lowe 1989, 110.
[88] Vgl. ebd., 120.
[89] Ein anderes Motiv für diese Auffassung könnte theologisch sein. Göttliche Personen seien keine Lebewesen. - Ich habe schon angedeutet, dass ich es für problematisch halte, theologische Kontexte mit solchen aus der *kategorialen* Ontologie zu vermengen. Doch selbst im Hinblick auf göttliche Personen kann man m.E. Personalität höchstens mit *organischem* Leben, nicht aber mit Leben überhaupt unvereinbar erachten. Eine einfache Distinktion könnte das Motiv also in seiner Stoßrichtung entscheidend schwächen. Auch theologisch betrachtet kann man m.a.W. Personen als Lebewesen verstehen, wenn man den Begriff des Lebens nicht auf den organischen Lebens einschränkt.

der These: Menschliche Personen sind Lebewesen, die aufgrund dessen, was ihre Personalität ausmacht, nicht darin aufgehen, biologisch konstituiert zu sein; ohne mich darauf festzulegen, dass menschliche Personen Komposita zweier Entitäten wären. Auch meine Position hat natürlich Probleme. Ich werde mich diesen stellen, insbesondere der Frage des Verhältnisses des nicht-biologischen und des biologischen Konstituenten menschlicher Personen. Aus dem eben Gesagten ergibt sich aber, dass die Probleme dieser Auffassung nicht vergleichbar sind mit jenen m.e. ausweglosen, die sich aus den hier ins Auge gefassten Theorienstücken der Position Lowes ergeben.

Nach diesem Ausblick möchte ich aber wieder zum Duktus dieses Abschnitts zurückkehren und mich fragen:

(3) Was macht trotz dieser Diskrepanzen Jonathan Lowes Thesen attraktiv für die hier vorgeschlagene Theorie? - Es ist die Feststellung, dass sich die von Lowe aufgewiesenen Merkmale personaler Identität auf Merkmale von individuellen Formen von Personen, wie sie hier anvisiert werden, übertragen lassen.

Führen wir uns kurz vor Augen, welche Merkmale das sind: Personale Identität ist einfach, nicht analysierbar, und (somit) nicht unter Bezug auf grundlegendere Elemente erklärbar. Sie besteht, wie Lowe sagt, in nichts anderem als in ihr selbst. Daraus ergibt sich, dass Identitätsbedingungen für Personen nicht informativ sein können. Informativ sind Identitätsbedingungen nämlich nur dann, wenn sie die Identität der durch sie betroffenen Individuen erklären, und zwar durch Verweis auf grundlegendere Elemente. Jonathan Lowe spricht nicht von individuellen Formen. Für Lowe ist aber klar, dass die Identität einer Person durch die Zugehörigkeit zur Art (wie er sagt) der Personen bestimmt ist, und zwar in der von ihm aufgewiesenen Weise.

Ich meine, dass es stimmt, dass die Identität von Personen durch die Zugehörigkeit zu den Personen bestimmt ist (auch wenn ich die Personen alternativ, und nicht als species infima auffasse). Maßgeblich für die Identität von Personen ist aber ihre individuelle Form (dadurch – um auch das kurz vorwegzunehmen - dass die individuelle Form Grund *der Einheit* jenes Vermögens ist, welche die personale Identität konstituiert). Somit meine ich, dass die individuellen Formen von Personen durch die Zugehörigkeit zu den Personen bestimmt sind, und zwar in der von Lowe aufgewiesenen Weise. So ergibt sich die These, dass die Eigenart der individuellen Form von Personen darin besteht, dass sie einfach, nicht analysierbar, und (somit) nicht aus grundlegenderen Elementen zusammengesetzt ist.

Ich komme damit unter der Rücksicht mit Lowe überein, dass – ich wiederhole mich – personale Identität einfach, nicht analysierbar, und (somit) nicht unter Bezug auf grundlegendere Elemente erklärbar ist.

Individuelle Formen von Personen bestehen in nichts anderem als in ihnen selbst. Dieses perplex machende Faktum ist auch im Kontext der hier vorgebrachten Theorienbildung maßgeblich dafür, dass sich für Personen keine informativen Identitätsbedingungen, weder im Hinblick auf synchrone, noch im Hinblick auf diachrone Identität, angeben lassen. (Natürlich könnte man sagen, dass auch Personen genau dann identisch sind, wenn ihre individuellen Formen dieselben sind. Aufgrund der geschilderten Merkmale der individuellen Formen von Personen ist dies aber nicht informativ, in Lowes Sinne.)

(4) Daraus lässt sich auch klar der Unterschied der personalen individuellen Form zur individuellen Form von Organismen und zur individuellen Form der Artefakte erläutern: Die individuelle Form sowohl von Artefakten als auch von Organismen ist komplex. Ich führe hier nicht nochmals die jeweiligen Elemente an. Die individuelle Form von Personen hingegen ist einfach. Sie hat keine Elemente, aus denen sie zusammengesetzt wäre. Die individuelle Form sowohl von Artefakten als auch von Organismen ist analysierbar, nicht nur begrifflich, sondern auch ontologisch. Bei der individuellen Form von Personen, so haben wir gesehen, ist das nicht möglich. Somit kann man auch sagen, worin die Identität, sowohl synchron als auch diachron gesehen, von Artefakten und von Lebewesen besteht. Man kann für sie informative Identitätsbedingungen angeben.

Neben diesen Punkten, welche die personale individuelle Form sowohl von jener der Artefakte als auch von jener der Organismen abhebt, gibt es natürlich auch solche, welche sie nur von Artefakten, nicht aber von den Lebewesen unterscheidet. Diese Unterschiede sind wenig überraschend: Die individuelle Form von Artefakten ist abhängig von (mindestens) einem Bewusstsein, ihre Identität deshalb konventionell festgelegt, mit allen Konsequenzen. Die individuelle Form aller Lebewesen oder Substanzen ist unabhängig von jedwedem (endlichen) Bewusstsein, ihre Identität folglich kein Produkt konventioneller Festlegungen. Das macht deutlich, dass der Ort von Personen im Rahmen eines kategorial ontologischen Schemas in jenem Genus innerhalb der Kategorie der Dinge zu finden ist, das wir hier „Substanzen" nennen. Denn auch die personale individuelle Form ist bewusstseinsunabhängig, personale Identität folglich nicht Produkt konventioneller Festlegung. Mit dieser dezenten Verbeugung vor Boethius möchte ich aber noch einmal innehalten und anhand eines naheliegenden Einwands andeuten, in welche Richtung ich meine Theorie weiter zu entwickeln versuche.

(5) Lande ich bei meinem Versuch, personale Identität zu verstehen, nicht in jener dritten Alternative, eine Theorie der Personalität in eine Ontologie menschlicher Personen zu integrieren, die letztlich auf die sortale Relativität der Identität menschlicher Personen hinausläuft? Haben, um die Frage in meiner Terminologie zu formulieren, menschliche Personen nicht zwei individuelle Formen *gleichen Rechts*, beide gleich maßgeblich für die Bestimmung ihrer Identität, eine personale und eine biologisch organische? Gehören menschliche Personen dann nicht der Art der Personen *und gleichermaßen* der Art der Menschen (biologisch verstanden) an?

Für diesen Einwand spricht, dass die individuelle Form von Personen, wie ich sie verstehe, nicht als organisches oder biologisches Konstrukt zu verstehen ist. Wäre sie biologisch, könnte sie nämlich nicht einfach im skizzierten Sinne sein. Dafür spricht außerdem, dass so gesehen die personale individuelle Form jenen Aspekt menschlicher Personen ausmacht, der begründet, dass sie zwar Lebewesen sind, dennoch aber nicht darin aufgehen, biologisch konstituiert zu sein. Wie kann man das verstehen, ohne die Annahme einer Pluralität individueller Formen gleichen Rechts, abhängig von verschiedenen species infimae?

Ich bekunde schon an dieser Stelle, dass ich genau diese Folgerung blockieren möchte. Die personale individuelle Form und die individuelle Form des Organismus sind nicht individuelle Formen gleichen Rechts. Es gibt nicht nur hinsichtlich ihrer Merkmale (Einfachheit – Komplexität, etc.), sondern auch im Hinblick auf ihre Funktion für die Konstituierung der ganzen menschlichen Person einen wichtigen Unterschied, den ich, mit Bitte um Geduld, in einem späteren Abschnitt versuchen werde darzulegen. Daraus sollte sich auch die Frage des Verhältnisses der beiden individuellen Formen klären lassen.

Mit diesem Eingeständnis eines offenen Punktes komme ich zurück zum Duktus der hier vorgebrachten Überlegungen. Im ersten Abschnitt dieses dritten Hauptteiles (III - 1) habe ich Personen als selbstbewusste Wesen bestimmt, im bisherigen Verlauf des zweiten Abschnitts (III – 2.1 und 2.2) versucht, die Eigenart der individuellen Form von Personen in den Blick zu bekommen. Im folgenden (III – 2.3) möchte ich darangehen, diese beiden Fäden zusammenzubringen und so zu einem Abschluss meiner „Grundzüge einer Ontologie von Personen" kommen.

2.3 Selbstbewusstsein und die individuelle Form von Personen

Personen sind selbstbewusste Wesen. Das ist, kurz gesagt, das Ergebnis des Abschnittes III – 1. Dort habe ich auch versucht, klar zu unterscheiden zwischen der konkreten Ausübung von bestimmten Bewusstseinsakten, der aktiven Fähigkeit dazu (etwa im Tiefschlaf), dem reinen Vermögen zu Selbstbewusstsein (Föten, Neugeborene, Komatöse), und schließlich (dem Grund) der Einheit des Vermögens Selbstbewusstsein.

Selbstbewusste Akte sind keine Akte neben anderen, sondern wesentlich mit anderen Bewusstseinsakten verbunden. Selbstbewusstsein ist ein untrennbares Element von Bewusstseinsakten. Mein Wahrnehmen ist wesentlich *mein* Wahrnehmen. Ich hätte aber, und das ist der hier relevante Punkt, auch keine Möglichkeit, mir meiner selbst bewusst zu sein, wenn es nicht irgendwelche Wahrnehmungen (im weiten Sinn) gäbe, für die es wesentlich ist, dass sie mein Wahrnehmen sind. Bei meinem Wahrnehmen, z.B. der Zimmerpflanze hier in meinem Büro, kann die Unterscheidung zwischen dem Wahrnehmen der Pflanze selbst und der Tatsache, dass es eben *mein* Wahrnehmen ist, nur als künstlich, oder, technisch gesprochen, durch Abstraktion von Aspekten eines wesentlich einheitlichen Bewusstseinsaktes verstanden werden.

Um ein weiteres Ergebnis des besagten Abschnitts aufzugreifen, sei gesagt, dass die These von Personen als selbstbewussten Wesen auf keinen Speziezismus in der Bestimmung von Personen hinausläuft. Es bleibt möglich, auch nicht-menschliche Personen anzunehmen, wenn wir die Möglichkeit nicht-menschlichen Selbstbewusstseins einräumen. Warum es aber keine Ontologie menschlicher Nicht-Personen geben kann, ist ein Thema, das im Kontext eines späteren Abschnitts (3.2) angegangen wird. Alle Menschen sind mit dem Vermögen zu Selbstbewusstsein ausgestattet; und es ist dieses Vermögen, welches für die Zuerkennung des Person-Status maßgeblich ist. Letzteres ist, zur Erinnerung gesagt, auch der Grund für die Ablehnung eines bloßen Aktualismus hinsichtlich Selbstbewusstsein und Personalität. Nicht die konkrete Ausübung eines mit Selbstbewusstsein gesetzten Bewusstseinsaktes, auch nicht die aktive Fähigkeit dazu, sondern wie gesagt das Vermögen als (ontologische) Potenz ist maßgeblich für die Bestimmung eines Wesens als Person.

Personale Identität ist ein entscheidendes Explanandum der eingangs anfänglich skizzierten Theorie von Personen als selbstbewussten Wesen. Richtungweisend ist diesbezüglich die Kantische Einsicht, dass nicht das Vermögen zu Selbstbewusstsein selbst oder als solches konstitutiv ist für personale Identität, sondern die *Einheit* desselben. Sowohl die synchrone als auch die diachrone Identität von Personen sind m.a.W. gegeben mit der Einheit des Vermögens zu selbstbewussten Akten. Diese sehr spezifische Einheit des Vermögens Selbstbewusstsein ist einer weiteren Begründung fähig, aber auch bedürftig. Das ist Anlass und Zielrichtung der weiteren Untersuchungen in der Ontologie von Personen.

Im Brennpunkt einer solchen Ontologie von Personen steht die These, und damit komme ich auf das Ergebnis des vorhergehenden Abschnitts zu sprechen, dass die individuelle Form von Personen einfach, nicht analysierbar, und (somit) nicht aus grundlegenderen Elementen zusammengesetzt ist. Da die Identität von Personen durch ihre individuelle Form grundgelegt und bestimmt wird, ergibt sich daraus genau die These, dass personale Identität einfach, nicht analysierbar, und (somit) nicht unter Bezug auf grundlegendere Elemente erklärbar ist. Individuelle Formen von Personen bestehen in nichts anderem als in ihnen selbst. Deshalb kann es wie gesagt für Personen auch keine informativen Identitätsbedingungen geben.

Wie, so können wir uns nun weiter fragen, gehen diese Theorienstücke zusammen? Wie können wir die Auffassungen, Personen seien Wesen, die durch das Vermögen zu selbstbewussten Akten gekennzeichnet sind bzw. deren Identität durch die Einheit dieses Vermögens konstituiert ist, und Personen seien Wesen mit einfacher individueller Form, zusammenbringen? – Auch die Antwort auf diese Frage werde ich versuchen, im Dialog mit einem anderen Autor zu geben. Diesmal ist es William Hasker, der in seinem Buch *The Emergent Self*[1] einen Gedanken formuliert, der nach Maßgabe kritischer Überprüfung als „missing link" zwischen den eben angeführten Theorienstücken verstanden werden kann. Selbstbewusstsein braucht einen *Träger*. Dieser Träger des Selbstbewusstseins aber kann nicht komplex sein.

Ich möchte zunächst Haskers Gedankengang darstellen, kritisch analysieren und in Bezug zur hier versuchten Theorienbildung bringen: Die individuelle Form von Personen mit den angenommenen Merkmalen ist der (einzig mögliche) Träger des Vermögens zu selbstbewussten Akten und aufgrund seiner Nicht-Komplexität oder Einfachheit (einzig möglicher) Grund der eigentümlichen Einheit dieses Vermögens.

---

[1] Hier: Hasker 2001.

2.31 Das „Unity of Consciousness (UoC)"-Argument

Bevor ich auf die Inhalte von William Haskers Argument zu sprechen komme, eine Vorbemerkung. Jene These, die ich im vorgehenden Abschnitt von Jonathan Lowe nach einer entsprechenden Adaptierung übernommen habe, gehört zum Kernbestand seiner Theorienbildung. Es ist eine Theorienbildung, die trotz markanter Abweichungen mit der hier vorgebrachten in ihrer Ausrichtung übereinkommt. Bei Hasker ist das nicht der Fall. Das Argument, das hier übernommen wird, spielt in einem Kapitel seines Buches (chapter 5) eine Rolle, in dem er seine eigene Theorie („Emergenz-Dualismus") nicht ausfaltet, sondern vorbereitet. Besagtes Argument gehört also nicht zum Kernbestand der Haskerschen Theorie, sondern zu den Präliminarien. Dazu kommt, dass ich nicht beanspruche, den Emergenz-Dualismus Haskers mit der Ausrichtung der hier vertretenen Auffassungen in Einklang bringen zu können.

(1) Worin besteht nun das UoC-Argument? – Ich versuche, den springenden Punkt mit einem Zitat einzuführen: „The point is simply that the kind of awareness we are discussing is essentially unitary, and it makes no sense to suggest that it may be `parcelled out` to entities each of which does not have the awareness. *A person´s being aware of a complex fact cannot consist of parts of the person being aware of the fact.* A conjunction of partial awareness does not add up to a total awareness."[2] Wie können wir den Punkt verstehen? – Hasker setzt an bei der Wahrnehmung eines Gesichtsfeldes. Materialistischen Deutungen von solchen Bewusstseinsakten zufolge ist das Subjekt dieser Wahrnehmung der Körper eines Menschen, genauer sein Gehirn. Das Gehirn nehme das Gesichtsfeld wahr. – Dagegen argumentiert Hasker: Versuchen wir uns den kleinsten Teil des Gehirns vorzustellen, der tatsächlich an der Bearbeitung jener Information beteiligt ist, die zu besagter Wahrnehmung führt. Nimmt dieser kleinste Teil, den wir mit Hasker V nennen, das ganze Gesichtsfeld wahr? - Dagegen ist einzuwenden, dass V seinerseits aus physischen, besser wohl physiologischen Bestandteilen besteht, die an der relevanten Informationsverarbeitung beteiligt sind. Von keinem dieser Teile von V können wir aber sagen, dass er das ganze relevante Material verarbeitet. Somit kann von keinem dieser Teile gesagt werden, er sei das Subjekt der *gesamten* Wahrnehmung. Wenn aber kein Teil Subjekt der *einen* Wahrnehmung W sein kann, wie kann das V sein, das als Summe dieser Teile aufgebaut ist? Selbst

---

[2] Hasker 2001, 128. Hervorhebung Hasker.

wenn man von einzelnen Bestandteilen von V sagen würde, sie nehmen bestimmte Detailaspekte von W wahr, lässt sich aus der Zusammenfügung der Detailaspekte der Wahrnehmung nicht die Wahrnehmung in ihrer Einheit erklären.³ Haskers fügt illustrierend hinzu: „… this [eine solche Erklärung der gesamten Wahrnehmung aus Teilaspekten] would be like saying that each student in a class knows the answer to one question on an examination, and that in virtue of this the entire class knows the material perfectly! It is true that the members of the class are able, working together, to *reproduce* all of the information, but there may in fact be no one at all who *knows* or *is aware of* all of it."⁴ Man kann vom Gehirn bzw. von einem V-Teil desselben nicht sagen, es habe („trage") Wahrnehmungen, selbst wenn man den Bestandteilen von V gewisse Informationsverarbeitungskompetenz zubilligen wollte. Wahrnehmung, von Hasker unabhängig vom gegebenen Beispiel in einem umfassenden Sinn verstanden, ist nämlich ein wesentlich und spezifisch einheitlicher oder vereinheitlichter (essentially unitary) Bewusstseinsakt. Wie auch immer wir diese spezifische „unitary-ness" interpretieren, ein solcher Bewusstseinsakt kann jedenfalls nicht in einem nicht-einfachen oder komplexen Träger realisiert sein. Bewusstsein muss in etwas Nicht-Komplexem oder Einfachem grundgelegt sein. Ein weiteres Zitat: „… that in fact … [an] experience inheres in a number of different entities, each of which does not have that experience as a whole – is I think simply unintelligible".⁵

Hasker versteht sein UoC-Argument als Argument gegen materialistische Deutungen des personalen Bewusstseins. Nach dem Materialismus muss jedes Bewusstsein körperlich sein. Körperliches aber ist komplex. Wenn es aber stimmt, dass Komplexes personales Bewusstsein unter entscheidender Rücksicht, nämlich unter der Rücksicht seiner spezifischen „unitary-ness" nicht grundlegen kann, kann es keine auf körperliche Zusammenhänge rekurrierende Erklärungen personalen Bewusstseins geben. Also wäre der Materialismus falsch.

---

³ In Fußnote 44, ebd., stellt Hasker fest, dass auch die Annahme, ein einzelner Bestandteil von V, sei der Träger der gesamten Wahrnehmung das Problem nicht löst. Ein solcher einzelner Bestandteil von V besteht seinerseits aus komplexen Bestandteilen, die nach materialistischer Deutung partiell an der Wahrnehmung beteiligt sind. Wenn besagter einzelner Bestandteil von V aus Teilen besteht, die nicht die gesamte Wahrnehmung tragen, wie sollen wir erklären, dass V das kann?
⁴ Hasker 2001, 128. Hervorhebungen Hasker.
⁵ Hasker 2001, 134. In einer Fußnote zu der zitierten Passage (note 59) verweist Hasker auf Brentano 1973, nach Chisholm 1981, 87. Für Brentano sei klar, dass einheitliche Wahrnehmungen zu „ein und derselben realen Einheit gehören".

(2) Hasker selbst führt historische Vorgänger für sein UoC-Argument an. Der Verweis auf sie mag dazu dienen, den Punkt noch etwas genauer ins Auge zu bekommen.

Da ist zunächst Descartes, der in seiner sechsten Meditation über den Unterschied von „res cogitans" und „res extensa" spekuliert. Der Geist (mens) oder das Ich (meipsum quatenus sum tantum res cogitans) zeichnet sich dadurch aus, dass es nicht in Teile zergliedert werden kann, „vielmehr erkenne ich, dass ich ein einheitliches und vollständiges (plane unam et intergram) Ding bin."[6] Körperliches hingegen ist „seiner Natur nach stets teilbar"[7]. – Selbst wenn wir daraus nicht die substanzdualistischen Konsequenzen Descartes´ ziehen wollen (die auch Hasker in seinem Buch zurückweist[8]), können wir Descartes als Vertreter der These verstehen, dass das Subjekt des Denkens (freie Übersetzung von res cogitans) eben nicht teilbar sein kann. Denken bzw. denkerische Bewusstseinsakte können nicht in einem stets teilbaren Träger realisiert sein.

Auf Leibniz´ Anti-Materialismus referiert Hasker nur über einen Beitrag in der Sekundärliteratur[9]. Schon ein erster Blick in Leibniz´ *Monadologie* zeigt, dass auch er neben dem „Zusammengesetzten" eben auch Einfaches oder „Monadisches" annimmt. Wenn man bedenkt, dass Zusammengesetztsein wesentliches Merkmal des Materiellen, Einfachheit allerdings Charakeristikum des Nicht-Materiellen, sprich des Seelischen oder Geistigen ist, wird klar, dass Monaden eben nicht materiell sein können. Denkerische und (selbst-)reflexive Gedanken müssen aber nach Leibniz grundgelegt sein in einer bestimmten Art von *Monaden*.[10] Das lässt die Interpretation zu, dass auch er seinen Anti-Materialismus durch eine Art UoC-Argument (mit-)begründet: Gedanken eines selbstbewussten Ich können nicht auf Zusammengesetztem oder Komplexem beruhen.

Einen Schwerpunkt in der Auflistung historischer Vorgänger legt Hasker auf Kant. Angesichts dessen, dass Kant auch in diesem Hauptteil keine geringe Rolle spielt, kommt uns das durchaus entgegen. Ich zitiere aus dem deutschen Original die von Hasker als entscheidend bezeichnete Passage

---

[6] Descartes, *Meditationes*, 205.
[7] Ebd.
[8] Ebd., Abschnitt „Objections to Cartesian Dualism", 148-157.
[9] Margeret Wilson, Leibniz and Materialism, *Canadian Journal of Philosophy* 3(1974), 495-513: Hasker 2001, 123, Fußnote 29.
[10] Leibniz, *Monadologie*, u.a. Punkt 30.

aus der *Kritik der Reinen Vernunft*:

> „Eine jede zusammengesetzte Substanz ist ein Aggregat vieler, und die Handlung eines Zusammengesetzten, oder das, was ihm, als einem solchen, inhäriert, ist ein Aggregat vieler Handlungen oder Akzidentien, welcher unter der Menge der Substanzen verteilt sind. Nun ist zwar die Wirkung, die aus der Konkurrenz vieler handelnden Substanzen entspringt, möglich, wenn diese Wirkung bloß äußerlich ist ... Allein mit Gedanken, als innerlich zu einem denkenden Wesen gehörigen Akzidentien, ist es anders beschaffen. Denn, setzt, das Zusammengesetzte dächte: so würde ein jeder Teil desselben einen Teil des Gedankens, alle aber zusammengenommen allererst den ganzen Gedanken enthalten. Nun ist dieses aber widersprechend. Denn, weil die Vorstellungen, die unter verschiedenen Wesen verteilt sind (z.b. die einzelnen Wörter eines Verses) niemals einen ganzen Gedanken (einen Vers) ausmachen: so kann der Gedanke nicht einem Zusammengesetzten, als einem solchen inhärieren. Es ist also nur in *einer* Substanz möglich, die nicht ein Aggregat von vielen, mithin schlechterdings einfach ist."[11]

Gedanken, wie Kant sagt, sind wesentlich durch ihre Einheit charakterisiert, die (siehe Abschnitt III 1.4, (4) c) sehr spezifisch ist. Somit können sie, und hier können wir Kant wörtlich wiedergeben, nicht in einem Zusammengesetzten oder Komplexen inhärieren. Auch hier ersuche ich, sich weder an Kants Terminologie (z.b. „*Substanzen* als einfache Träger von Gedanken"), noch am Kontext der Ausführungen im Paralogismus-Kapitel zu stoßen. Der Grundgedanke sollte jedoch klar sein: Gedanken (ich würde hier sagen: bestimmte Bewusstseinsakte), können nur in schlechterdings Einfachem vorkommen.

Hasker diskutiert das UoC-Argument zur weiteren Klärung noch in Zusammenhang mit Ausführungen zeitgenössischer Autoren wie Wilfried Sellars und Thomas Nagel. Ich lasse das hier beiseite, um nicht allzu sehr abzuschweifen. Interessant erscheint mir, das möchte ich nur kurz erwähnen, dass auch Peter Van Inwagen in diesem Kontext Berücksichtigung findet, und zwar zu Recht. In der section 12 „Unity and Thinking" von *Material Beings*, hier Van Inwagen 1990, schreibt er nämlich: „I do not see how we can regard thinking as a mere cooperative activity ... things cannot work together to think ..." (Van Inwagen 1990, 118). Das heißt, dass Denken bzw. bestimmte intellektuelle Bewusstseinsakte nicht von einem Aggregat von Basis-Entitäten („„things", gemeint sind bei V.I. simples) getragen werden können. Es braucht dazu eine nicht-komplexe Einheit, die Van Inwagen auch „Ich" (engl.: „I") nennt. Van Inwagen kommt zur Konklusion: „I therefore exist." (Ebd., 119). Wir können hinzufügen: Ich existiere folglich, und ich bin, insofern ich denke, eine Einheit, die nicht in ein Aggregat von simples zergliedert werden kann. Sonst wäre es nicht erklärbar, dass ich denke.

---

[11] Kant KrV, A 352.

Nicht bei Hasker erwähnt, für unseren Kontext aber umso bedenkenswerter ist, dass auch Jonathan Lowe in einer neueren Publikation einen Gedanken formuliert, der dem Wortlaut nach unserem UoC-Argument entspricht. In einem Aufsatz mit dem Titel „Substance Causation, Persons, and Free Will" (hier: Lowe 2003b) schreibt er: „The lesson of all this is ... that the unity of thought and reasoning requires a unity of their psychological subject which is inconsistent with the identity conditions of biological substances, given the enormous compositional complexity and mutability of the latter." (Ebd., 83) Auch bei Lowe gilt: Die Einheit von Bewusstseinsakten lässt keine Erklärung derselben zu, die auf ihrer Realisierung in komplexen Trägern beruht.

In Entsprechung zu jenem Abschnitt, in dem wir uns mit Jonathan Lowes Auffassung über personale Identität auseinandergesetzt haben, können wir uns nun auch fragen, was hier von William Haskers Ausführungen zum UoC-Argument übernommen werden kann, was aber nicht.

(3) Wenn wir bei den ergänzungsbedürftigen bzw. kritischen Punkten beginnen wollen, können wir darauf hinweisen, dass jenes „being aware of", auf welches das UoC-Argument anwendbar ist, auch nach Hasker´s Ausführungen durchaus spezifikationsfähig bleibt.

... Das gilt trotz der Beifügung „personal" zu „being aware of" in Hasker 2001, 128. So dürfte es bereits schwerfallen, komplexen Maschinen wie Robotern o.ä. jede Form von „awareness" abzusprechen. Roboter sind in der Lage, Eindrücke zu rezipieren, zu verarbeiten und in bestimmter Weise auf diese zu reagieren. Sehr wohl lässt sich jedoch bezweifeln, dass diese awareness mit einem einheitlichen Bewusstseinsakt vergleichbar wäre. Die Diversität von Prozessen ist hier markant; eine Diversität, wie sie an einem Agglomerat an Träger-Materialen vorkommt.

Davon zu unterscheiden ist das wahrnehmende Bewusstsein von Tieren. Dass ihre „awareness" eine bestimmte Einheit hat, kann wohl nicht von der Hand gewiesen werden. Ob dieses Bewusstsein allerdings eine Einheit in einem für unser Argument maßgeblichen Sinne aufweist, mag hingegen alles andere als klar sein. Tierisches Bewusstsein lässt sich wohl auch so interpretieren, dass die Einheit tierischer Bewusstseinsakte letztlich zurückgeht auf die Einheit organischer Träger; eine Einheit, von der wir wissen, dass sie weiter analysiert und zergliedert werden kann, somit jener Einfachheit entbehrt, wie sie typisch ist für Selbstbewusstsein oder „denkerische" Akte.

Somit kommen wir nicht umhin einzuschränken, dass nur sehr spezifische Bewusstseinakte *Einheiten* im Sinne Haskers *essential unity* sind. Und zwar solche, die wesentlich durch *Selbstbewusstsein* geprägt sind.

Wir können hier wieder Kant aufgreifen, der nur als durch „die reine Einheit eines Ich" bestimmte Bewusstseinsakte als für ein UoC-Argument brauchbar akzeptiert. Wenn wir dieses kantische Idiom in Richtung Selbstbewusstsein bzw. selbstbewusste Akte interpretieren, können wir angesichts der hier getroffenen Festlegungen auch sagen, dass nur Selbstbewusstsein für das UoC-Argument heranzuziehen ist. Das würde durchaus auch den anderen, von Hasker ins Treffen geführten historischen Autoritäten, aber auch den Intentionen der zitierten zeitgenössischen Autoren entsprechen. Denken, sowohl im Sinne der Tätigkeit der Cartesianischen res cogitans als auch im Sinne des Ichs Van Inwagens können nur selbstbewusste Wesen oder eben Personen.

Eine weitere Distinktion, die für die Untersuchungen in diesem Kontext von entscheidender Bedeutung ist, besteht in der Unterscheidung zwischen bestimmten aktuellen Bewusstseinsakten, der aktiven Fähigkeit dazu, sowie dem Vermögen zu solchen Akten, das nicht rein biologisch verstanden werden darf. Im Hinblick auf das UoC-Argument könnte man anführen, dass das Vorkommen bestimmter aktueller Bewusstseinsakte und der aktiven Fähigkeit dazu hinreichend sein mag für die Annahme eines Trägers im Sinne des Arguments. Zu ergänzen wäre, dass alles Vorkommen und aktive Fähig-sein nicht notwendig ist für ein solches Subjekt selbstbewusster Akte. Sonst müsste etwa bei tieferen komatösen Zuständen jener Träger jedes Mal zu Grunde gehen, mit dem Aufwachen wieder entstehen, was angesichts der postulierten ontologischen Merkmale des durch das UoC-Argument eingeführten Trägers unsinnig wäre.[12] Man denke nur daran, welch massives Problem der „interrupted existence" man sich damit einhandelte.

Der UoC-Träger besteht also unabhängig von der aktiven Fähigkeit zu selbstbewussten Akten. Naheliegend ist es somit, den UoC-Träger als Träger des ontologischen (nicht biologischen) Vermögens Selbstbewusstsein zu interpretieren. Man verhindert damit die Annahme eines Trägers, der (zeitweise) nichts trägt; und eröffnet sich die Möglichkeit, das Auftreten der aktiven Fähigkeit zu selbstbewussten Akten als Aktivierung eines vorhandenen Vermögens zu verstehen. Auch diese anti-aktualistische Auslegung des UoC-Arguments ließe sich durch den Verweis auf die von Hasker herangezogenen Autoritäten stützen. Das Vorhandensein etwa einer Leibniz´schen geistigen Monade hängt nicht vom Wachzustand der durch sie konstituierten Person ab; ebenso wenig wie die personale Identität im Sinne Jonathan Lowes.

Keine direkte Kritik an Hasker, wohl aber eine notwendige Klärung zur Adaptierung des von ihm formulierten UoC-Arguments betrifft die Frage nach dem ontologischen Status des Trägers oder des Subjekts der Einheit

---

[12] Hasker (2001, 144ff) verteidigt die durchgehende diachrone Identität des „Selbst" an angegebener Stelle. Darin kommt er mit Lowe überein, vgl. ders. 2003, 82.

des Selbstbewusstseins nach dem UoC-Argument. So möchte ich daran festhalten, dass Substanzen nicht als solche Subjekte fungieren können. Versteht man Substanzen als *Lebewesen als ganze* (wie ich das hier tue), sind diese nicht nur hinsichtlich ihrer organischen, sondern auch im Hinblick auf ihre ontologische Konstitution *komplex*. Das Subjekt der Einheit des Selbstbewusstseins oder auch einzelner selbstbewusster Akte kann aber, nach dem UoC-Argument, nicht komplex, sondern muss notwendigerweise *einfach* sein. Verstünde man Substanzen hingegen als „Substrata", gleichsam als *Träger aller Eigenschaften von Lebewesen* (wie ich das hier nicht tue), hätte man zwar die Chance, die geforderte Einfachheit des postulierten Subjekts zu erhalten. Man handelte sich jedoch jene Probleme von „bare-substrata"-Konzeptionen von Substanzen ein, auf die ich an entsprechender Stelle im zweiten Hauptteil bereits hingewiesen habe.

Ich sehe keine weiteren Möglichkeiten, Substanzen als Subjekte zu interpretieren, insbesondere nicht jener Subjekte, wie sie das UoC-Argument fordert. Deshalb wird mein Vorschlag sein, nicht Substanzen, sondern die *individuellen Formen* bestimmter Substanzen als die durch das UoC-Argument geforderten Subjekte der Einheit selbstbewusster Akte zu verstehen.

(4) Was aber sind die Theoreme Haskers, die in die vorgenommene Theorienbildung übernommen werden sollen? – Da ist zuerst die Auffassung, dass Selbstbewusstsein, wie ich sage, überhaupt einen Träger oder ein Subjekt benötigt. Es gibt m.a.W. kein Selbstbewusstsein ohne ein selbstbewusstes Etwas, besser: ohne selbstbewusstes *Jemand*. Diese These wurde im Verlauf dieses Buches nicht kritisch erörtert und explizit verteidigt, sondern im Grunde als Prämisse angenommen. Selbst wenn es von Hume bis Parfit Positionen gibt, vorwiegend aus dem dogmatisch empiristischen Lager, die diese Prämisse ablehnen, können wir uns hier der Fundamentalkontroverse um die Legitimität überhaupt eines Subjekts von Selbstbewusstsein nicht stellen. Umso erfreulicher ist es, wenn wir in Hasker, und allen von ihm ins Treffen gebrachten Freunden eines UoC-Arguments, Mitvertreter der besagten Prämisse finden.

Nach der Gemeinsamkeit in dieser wesentlichen Prämisse ist es natürlich auch die Übereinstimmung in einem grundlegenden ontologischen Merkmal des angenommenen Subjekts von Selbstbewusstsein: seine *Nicht-Komplexität*. Der Träger von Selbstbewusstsein ist einfach, nicht analysierbar, und (somit) nicht aus grundlegenderen Elementen zusammengesetzt. Genau darauf kommt man konklusiv in der Argumentation mit UoC. Wie

Grundzüge einer Ontologie der Personen

sehr dies der hier versuchten Theorienbildung entgegen kommt, muss nicht nochmals ausgeführt werden.

Ein dritter Punkt, der von Hasker übernommen werden kann, ist die Einschätzung der Reichweite von UoC. UoC bietet keinen positiven Beweis für einen *bestimmten* Dualismus in der Interpretation des Verhältnisses zwischen dem Körper einer menschlichen Person und dem Träger ihres (Selbst)Bewusstseins. Schon gar nicht lässt sich aus UoC, wie schon erwähnt, ein Substanzdualismus Cartesianischer Prägung ableiten. Über den ontologischen Status des besagten Subjekts des Selbstbewusstsein lässt sich, negativ gesagt, mit UoC nichts Bestimmtes sagen; positiv formuliert: UoC ist offen für eine ganze Bandbreite möglicher ontologischer Interpretationen dieses Subjekts. Diese Bandbreite aber, und damit komme ich auf den affirmativen Wert oder die Reichweite von UoC zu sprechen, ist durch die Widerlegung jeder materialistischen Interpretation des Trägers von Selbstbewusstsein gegeben. Kurz: UoC widerlegt den Materialismus und ist offen für verschiedene nicht-materialistische Interpretationen des Trägers von Selbstbewusstsein.[13] Und genau dabei können wir hier gut anknüpfen.

2.32 Die individuelle Form von Personen als UoC-Subjekt von Selbstbewusstsein

Die Überschrift zu diesem Unterabschnitt 2.32 weist auf die eigentliche Intention meiner Ausführungen über das UoC-Argument hin. Dieses Argument ist nichts anderes als das angekündigte „missing link" zwischen der These, Personen seien durch die Einheit oder, Kantisch gesprochen, das einheitsstiftende Vermögen zu Selbstbewusstsein gekennzeichnet, und jener von der Einfachheit und Unanalysierbarkeit der individuellen Form von Personen. Eben haben wir ja festgestellt, dass das UoC-Argument kompatibel ist mit verschiedenen nicht-materialistischen Interpretationen des Subjekts von Selbstbewussteins. Auch haben wir Substanzen als Ganze als UoC-Subjekte zurückgewiesen.

---

[13] Vgl. Hasker 2001, 124f; auch die an dieser Stelle angeführten Fußnoten. Ob das UoC-Argument kompatibel ist mit *allen* nicht-materialistischen Interpretationen des Selbstbewusstseins, können wir hier offen lassen. Selbst wenn es irgendwelche nicht-materialistischen Interpretationen gäbe, die mit dem UoC-Argument nicht vereinbar wären, sehe ich keinen Grund, an der UoC-Argument Kompatibilität des hier vorgeschlagenen Trägers von Selbstbewusstsein zu zweifeln.

Unsere ontologische These von der Einfachheit und Unanalysierbarkeit der *individuellen Form von Personen* aber ist nicht materialistisch, und steht natürlich auch der These von Substanzen als Subjekten von Selbstbewusstsein entgegen. Also können wir mittels des UoC-Arguments die Trägerschaft des einheitsstiftenden Vermögens zu Selbstbewusstsein durch eine einfache, nicht-analysierbare und nicht aus grundlegenden Bestandteilen aufgebaute individuelle Form verstehen.

Dass unsere einfachen, nicht-analysierbaren und nicht aus grundlegenden Bestandteilen aufgebauten individuellen Formen nicht materialistisch zu interpretieren sind, liegt auf der Hand. Alles Materielle ist komplex, und somit in grundlegendere Bestandteile zu zergliedern. Unsere individuellen Formen sind das aber nicht. Also sind sie nicht materiell, sondern (wie wir jetzt sagen können) UoC-Subjekte von Selbstbewusstsein.

UoC hat allerdings nicht nur eine allgemeine anti-materialistische Stoßrichtung. Es kann auch gegen jede *biologistische* Interpretation des Subjekts von Selbstbewusstsein ins Treffen geführt werden. Auch die individuellen Formen von Organismen sind, wie wir im zweiten Hauptteil gesehen und jetzt im dritten wiederholt aufgegriffen haben, komplex. Sie sind stets in Bestandteile zu zergliedern und können unter Bezug auf diese analysiert werden. Ist UoC stichhaltig, kann aber nichts Komplexes Träger von Selbstbewusstsein sein. Somit müssen wir im Kern unserer Ontologie der Personen einen nicht-biologischen Träger des Vermögens Selbstbewusstsein annehmen, nämlich die sehr spezifische personale individuelle Form.

Die personale individuelle Form ist der gesuchte Grund der Einheit des Vermögens Selbstbewusstsein.

Zur Ergänzung könnte man darauf hinweisen, dass nach dem UoC-Argument auch artifizielle individuelle Formen als Träger von Selbstbewusstsein ausscheiden müssen. Artifizielle kommen, wie in III – 2.21 ausgeführt, mit organischen individuellen Formen darin überein, komplex und analysierbar zu sein. UoC-Subjekte von Selbstbewusstsein aber können nicht komplex sein. Im Hinblick auf Artefakte können wir also festhalten, dass selbst dann, wenn wir die Möglichkeit artifizieller „awareness" nicht ausschließen, artifizielles *Selbst*bewusstsein nach den gegebenen Bestimmungen abzulehnen ist. Sind aber Personen durch Selbstbewusstsein definiert, wie wir das hier vorschlagen, können Artefakte keine Personen sein.

Mit diesen Feststellungen glaube ich nun, die Grundzüge meiner Ontologie von Personen auf den Punkt, und somit auch zum Abschluss bringen zu können. Im folgenden Abschnitt III – 3 möchte ich noch einige Implikationen meiner Theorie ins Auge fassen, um mit metaontologischen Bemerkungen und schließlich mit einem Bekenntnis zu offenen Fragen das gesamte Buch zu beenden.

Vorausschicken möchte ich, dass ich nicht alle Probleme ins Auge fassen, diskutieren, gar (auf-)lösen kann, die sich aus der vorgelegten Theorie von Personen als selbstbewussten Lebewesen ergeben; aber doch das ein oder andere, zumindest ansatzweise. Meine Auswahl der im Folgenden erörterten Probleme ergibt sich vor allem aus ihrem Vorkommen, besser ihrem Sich-Aufdrängen in den vorhergehenden Abschnitten.

Beginnen möchte ich mit einer Analyse der Eigenart der Personen, als Art oder Typ verstanden. Ich werde dazu nochmals auf die semantische Ebene zurückgehen und die Eigenart des Was-Begriffs „Person" erörtern. Ergebnis sollte der Aufweis eines weiteren Charakteristikums der personalen individuellen Form sein (3.1). Diese Überlegungen mögen zu einer Antwort der Frage führen, warum die Identität menschlicher Personen gerade nicht sortal relativ ist. Dieser Kontext legt es, wie zu sehen sein wird, nahe, sich dem Problem nicht-menschlicher Personen zu widmen, zudem eine negative Antwort zu versuchen auf die Frage nach menschlichen Nicht-Personen (3.2). Für alle nicht-monistischen oder nicht-materialistischen Interpretationen der Ontologie von Personen ist stets die Frage spannend, wie sich der als materiell gedeutete Konstituent personaler Lebewesen zu deren nicht-materiellem Bestandteil verhält. Im Kontext der hier vorgetragenen Überlegungen wird sich auch die Frage stellen nach dem Verhältnis der personalen individuellen Form zur organischen (3.3). Die letzten Dinge werden metaontologischer Art sein: Wieweit sind auch die Ausführungen des dritten Hauptteiles *Alltags*ontologie? bzw. Bilden Personen eine eigene Kategorie? Enden werde ich mit einem Bekenntnis zu offenen und hier nicht lösbaren Fragen; vor allem der, wie man das Zugrundegehen von personalen individuellen Formen erklären könnte (3.4).

III - 3. Personen als selbstbewusste Lebewesen: Problemexposition

> „... hoc aliquid potest accipi dupliciter:
> uno modo pro quocumque subsistente;
> alio modo pro subsistente completo in natura alicuius speciei
> ... Sic igitur cum anima humana sit pars speciei humanae,
> potest dici hoc aliquid primo modo, quasi subsistens;
> sed non secundo modo."
> Thomas von Aquin, Summa theologiae Ia q75 a2, ad I

3.1 Der Was-Begriff "Person", die `Spezies` Person, eine weitere Eigenart der personalen individuellen Form

(1) Beginnen wir bei unserer Untersuchung wie angekündigt auf begrifflicher Ebene und fragen uns nach dem Was-Begriff „Person". Im ersten Hauptteil, Abschnitt I – 4.331, haben wir ja bei all jenen Ausdrücken, die Antwort auf die Was-Frage eines Gegenstandes geben (und die wir hier deshalb kurzum Was-Ausdrücke oder -Begriffe nennen), zunächst zwischen Massenausdrücken und solchen unterschieden, die für die Identifizierung bzw. die Zählbarkeit *ihrer* Gegenstände maßgeblich sind, das sind jene Gegenstände, die unter sie fallen. Bei Letzteren haben wir nochmals differenziert zwischen Phasensortalen und solchen Ausdrücken, die auf Gegenstände zeit deren gesamten Existenz zutreffen, und zwar auf die Gegenstände als Ganze (und nicht nur unter Berücksichtigung eines Teilaspekts). Unter den zweiteren Ausdrücken wiederum haben wir jene hervorgehoben, welche ihre Gegenstände auf möglichst genaue Weise bestimmen; die also für die Identifizierung von Gegenständen präzis in nicht steigerbarer Art sind. „Schaf" z.B. wäre ein solcher Ausdruck, den wir in einem technischen Sinn „sortalen Ausdruck" genannt haben, einen Ausdruck, der für eine species infima steht.[14]

Wo lässt sich hier „Person" unterbringen? Sicher nicht bei den Wie-Ausdrücken (das sind Ausdrücke, die über eine bestimmte qualitative Be-

---

[14] „Merinolangwollschaf" ist vielleicht bestimmter als „Schaf", allerdings ergibt er bei der *Identifizierung* von Lebewesen keine zusätzliche Hilfe. Geht man noch weiter hinein in konkrete Bestimmungen, landet man bald bei Phasensortalen bzw. gar bei Wie-Ausdrücken: „Jungmerinolangwollschaf" bzw. „Zuchtmerinolandwollschaf", etc.

schaffenheit eines Gegenstands Auskunft geben). Sonst machten wir aus Personalität ein Akzidens, was wir hier schon mehrmals zurückgewiesen haben. Natürlich nicht bei den Massenausdrücken. Zu klar steht uns die Funktion des Ausdrucks „Person" für die Identifizierung von Lebewesen vor Augen. Ist „Person" aber ein Phasensortal? – Diese Alternative mag eine gewisse Attraktivität haben für aktualistische Interpretationen von Personalität. In jenen Phasen, in denen Wesen zu bestimmten Bewusstseinsvollzügen aktiv in der Lage sind, seien sie Personen; in den anderen nicht. Wir haben hier allerdings Personalität mit dem Träger der Einheit des (ontologischen) Vermögens zu selbstbewussten Akten verknüpft. Und dieser Träger ist zeit der gesamten Existenz eines Wesens gegeben oder gar nicht. „Person" kann nach den hier vorgebrachten Überlegungen kein Phasensortal sein.

Wie steht es aber mit der, für unsere Theorie auf den ersten Blick verlockenden Lösung, „Person" zu den sortalen Ausdrücken zu schlagen, wie das ja u.a. auch Jonathan Lowe getan hat? - Aus bereits angeführten Motiven (siehe III – 2.1) bin ich, schon nach dem zweiten Blick, skeptisch geworden. Jetzt möchte ich darangehen, diese Skepsis zu begründen.

Beginnen wir bei einer Aporie, die unseren alltäglichen Gebrauch des Wortes „Person" bestimmt. Wie bereits erwähnt, sind wir es gewohnt, „Person" zur Identifizierung von etwas zu verwenden, in der Regel menschlichen Lebewesen. Uns scheint im Alltag klar zu sein, was bzw. welche Einheit wir durch „Person" aus unserer Umwelt herausheben, um gegebenenfalls darauf sprachlich Bezug zu nehmen. Die Vorkommnisse im Bereich der Extension von „Person" sind auch klar zählbar. Es macht keine Schwierigkeiten anzugeben, wie viele Personen zu einem gegebenen Zeitpunkt z.B. mit uns in einem Straßenbahnwagen fahren. Das ist das eine.

Zum anderen allerdings müssen wir feststellen, dass die Angabe von Kriterien, die maßgeblich sind für die Identifizierung von etwas durch „Person" alles andere als klar sind; besonders wenn wir nicht nur zu einem bestimmten Zeitpunkt etwas oder jemanden als Person identifizieren, sondern auch durch die Zeit identifizieren, d.h. re-identifizieren wollen. Diese Schwierigkeiten werden umso größer, desto philosophisch reflektierter wir ans Werk gehen. Was gibt uns Aufschluss darüber, dass wir berechtigterweise jemanden als eine Person re-identifizieren? – Körperliche Kriterien? Wohl kaum, wenn man bedenkt, dass sämtliche körperliche Merkmale einer Person austauschbar sind, die meisten faktisch, die wenigen anderen zumindest im Gedankenexperiment. (Wir können uns durchaus ein und dieselbe Person mit unterschiedlichen Fingerabdrücken, ja sogar mit unterschiedlichem genetischem Code als Denkmöglichkeit vergegenwärtigen.) Psychologische Kriterien? - Der Charakter einer Person kann sich tief ändern. Auch hier gilt: Als Philosophen wollen wir unsere Theorien auch gedanklich oder begrifflich absichern. Aus psychologischen Kriterien lässt sich aber kein solchermaßen abgesichertes Reidentifizierungskriterium für Personen herleiten. Und überhaupt: Ist es nach dem Gesagten nicht prinzipiell problematisch, körperliche und psychologische Kriterien für die Klärung der identifizierenden Funktion von „Person" heranzuziehen; einem Begriff, der gerade nicht über körperliche und psychologische Charakteristika zu analysieren ist (siehe Abschnitt III - 2.22, v.a. (2))?

Bleibt noch der Verweis auf grundlegende Instanzen wie die Selbigkeit eines Ich o.ä. – Ich denke, dass dies im Grunde der richtige Weg ist. Allerdings muss man in Anwendung der Überlegungen nach Lowe sofort auch mit bedenken, dass sich aus diesen grundlegenden Instanzen keine *informativen* Bestimmungen ergeben. Solche aber wären für die Erklärung der identifizierenden Funktion von „Person" erforderlich.

Wie ist es somit zu verstehen, dass wir „Person" zwar identifizierend gebrauchen (und das mit einigem Erfolg), ohne dass uns, bei Lichte besehen, für „Person" haltbare Identifizierungskriterien zur Verfügung stehen? – Die Antwort besteht meines Erachtens darin, *dass die identifizierende Funktion von „Person" nicht auf dem Was-Begriff „Person" an sich oder selbst beruht, sondern darauf, dass „Person" zur Erlangung einer identifizierenden Funktion auf andere Was-Begriffe angewiesen ist, und zwar auf sortale Ausdrücke in eingeführtem Sinne*, z.B. auf „Mensch", verstanden als Ausdruck für eine Art oder Spezies von Organismen. Wir identifizieren und zählen Personen jetzt in der Straßenbahn, indem wir mit „Person" die Identifizierungskriterien von „Mensch" anwenden. Und wenn es uns gelingt, Personen durch die Zeit hindurch zu re-identifizieren, dann deshalb, weil wir auf sie die durchaus informativen Kriterien von „Mensch" anlegen. „Person" ist ein unvollständiger Was-Ausdruck, weil er hinsichtlich seiner identifizierenden Funktion von einem anderen, sortalen Ausdruck abhängt.

Diese Eigenart darf nicht verwechselt werden mit der Eigenart der identifizierenden Funktion von allgemeineren Was-Ausdrücken, wie „Säugetier", gar „Lebewesen". Diese haben, im Unterschied zu „Person", selbst eine identifizierende Funktion, freilich eine, die relativ zu sortalen Ausdrücken, wie sie hier eingeführt sind, in ihrer Bestimmtheit steigerbar ist.

Gegen diese Überlegungen können sowohl aus dem `dualistischen´, also auch aus dem `monistischen´ Lager Einwände vorgebracht werden. Zum ersteren zu rechnen wäre, dass wir durch „Person" ja Personen identifizieren wollen, nicht Menschen, verstanden als Vorkommnisse einer biologischen Spezies. Ja, das wollen wir – würde ich antworten. Allein es gelingt uns nicht, weil mit „Person" allein oder selbst keine informativen Identifizierungskriterien gekoppelt sind. Wir können Personen nur über den Umweg einer biologischen Spezies identifizieren. Aus begrifflichen Gründen sind wir dabei – siehe meine Überlegungen u.a. unter III – 1.3(2) – nicht auf eine einzige biologische Spezies festgelegt. Wir können, semantisch gesprochen, der Unvollständigkeit im Hinblick auf die identifizierende Funktion von „Person" auch durch andere sortale Ausdrücke als „Mensch" abhelfen. Es ist begrifflich möglich, auch nicht-menschliche Personen zu identifizieren, wenn wir andere sortale Ausdrücke beiziehen.

Monisten aber könnten einwenden, dass diese These von der semantischen Unvollständigkeit von „Person", festgemacht am Mangel einer identifizierenden Funktion, für seine Unbrauchbarkeit, somit für die Übersetzbarkeit von „Person" auf „Mensch" spricht; wie sie allerdings den hier bislang vorgebrachten Überlegungen entgegensteht. Wenn wir ohnehin nur über den Umweg auf „Mensch" Personen identifizieren können, warum streichen wir nicht diesen unvollständigen, ja unter besagter Rücksicht unbrauchbaren Was-Begriff „Person"? – Ich meine, dass die Abhängigkeit eines Ausdrucks „F" von einem anderen „G" im Hinblick auf eine Funktion, selbst wenn es eine äußerst wichtige ist, nicht die Übersetzbarkeit von „F" auf „G" besagt. Wer sagt uns, dass „F" nicht andere, keinesfalls durch „G" mittragbare Funktionen hat? Außerdem: Im Hinblick auf unsere Begriffe „Person" und „Mensch" ist zu sagen, dass „Person" schon deshalb nicht auf „Mensch" übersetzt bzw. zugunsten von „Mensch" eliminiert werden kann, weil es ja, wie gerade angeführt, auch andere sortale Ausdrücke geben mag, von denen sich „Person" eine identifizierende Funktion gleichsam entleihen kann.

Was-Ausdrücke, die in ihrer identifizierenden Funktion auf andere Was-Ausdrücke angewiesen sind, können nun keine sortalen Ausdrücke, wie im ersten Hauptteil eingeführt, sein. Sortale Ausdrücke haben nämlich selbst oder an sich eine identifizierende Funktion, weil sie mit klaren und informativen (Re-)Identifizierungskriterien gekoppelt sind. Also ist „Person" kein sortaler Ausdruck. Das steht nicht im Gegensatz zur identifizierenden Verwendung von „Person" im Alltag. Wir verwenden „Person" identifizierend, indem wir „Person" gemeinsam mit einem sortalen Ausdruck zur Identifizierung gebrauchen; auch wenn wir dies nicht immer explizit machen.

(2) Welche Auswirkungen haben diese Überlegungen für das Verständnis der Art der Personen? Machen Personen eine species infima in eingeführtem Sinn aus? – Die einfachste Begründung, dass dem nicht so ist, wäre darauf hinzuweisen, dass im ersten Hauptteil species infimae eingeführt wurden als jene Arten, für die sortale Ausdrücke stehen. Da nun aber „Person" kein sortaler Ausdruck ist, jedoch für Personen als Art steht, machen Personen keine species infima aus. – Das klingt wie ein Trick, der auf der allzu einfachen Umlegung von semantischen auf ontologische Überlegungen beruht. Ich meine dennoch, dass die Art der Personen keine species infima ist. Als (echt ontologische) Begründung dafür führe ich an, dass mit species infimae jene Existenz-, Kontinuitäts- sowie Konstitutionsbedingungen gekoppelt sind, die - gemäß der Annahme der *sortalen Dependenz* der Identität jedes Dinges – Dinge in ihrer Identität in hinreichender Weise bestimmen oder eben *determinieren.*

Ich meine nun, dass kein Lebewesen durch seine Zugehörigkeit zu den Personen in seiner Identität in hinreichender Weise bestimmt werden *kann*. Das ergibt sich aus der Einfachheit, und folglich auch dem mangelnden informativen Charakter der identitätsbestimmenden Funktion der Art der Personen. Ein weiterer Grund ist die (zumindest begriffliche) Möglichkeit, die Art der Personen mit *verschiedenen* Arten von Lebewesen zu verbinden. Das ergibt sich aber v.a. auch daraus, dass es kein Wesen gibt, das nur Person, nicht aber auch noch Vorkommnis einer anderen Spezies ist, von der anzunehmen ist, dass sie eine species infima (z.B. Mensch) ist. Die Art der Personen ist in diesem Sinne unvollständig oder inkomplett.

Will man somit die Identität einer Person im Sinne ihrer sortalen Determiniertheit analysieren, ist man auf die identitätsbestimmende Funktion dieser anderen Art angewiesen. Verlangt man von species infimae, dass sie die Identität ihrer Vorkommnisse vollständig determinieren, kann man die Art der Personen nicht dazu zählen. Um es zu wiederholen: *Personen sind ihrer Art nach unvollständig.*

(3) Dieses Merkmal der Inkomplettheit kann man weiter in den Blick bekommen, wenn man nicht auf der Ebene der Arten stehen bleibt, sondern auf jene individuellen Instanzen sieht, welche in den jeweiligen konkreten Vorkommnissen die identitätsbestimmende Funktion der Arten zur Geltung bringen: auf *individuelle Formen.*

Manche Lebewesen weisen eine nicht-organische individuelle Form auf. Diese ist einfach, nicht analysierbar, und (somit) nicht aus grundlegenderen Elementen zusammengesetzt. (Nur) diese individuelle Form kann

Grund der Einheit des Vermögens Selbstbewusstsein sein. Das ist das Ergebnis des zweiten Abschnitts des dritten Hauptteils. Daraus zeigt sich auch die Unverzichtbarkeit der Art der Personen, die ich oben nicht eigens erörtert habe. Verzichtete man auf diese Art, gäbe es auch keine personenspezifische individuelle Form; gäbe es die nicht, wäre die Einheit des Vermögens Selbstbewusstsein ohne Grund.

Eine individuelle Form aber ist eben eine *Form*, und als solche durch ihre Funktion für den Aufbau des gesamten Dinges, sprich eines Lebewesens, ausgewiesen.

Nun ist es aber so, dass eine einfache Form, wie es die personale individuelle Form ist, keinen Beitrag liefern könnte für den Aufbau eines Lebewesens, wenn sie nicht gekoppelt wäre mit einer organischen individuellen Form. Das ergibt sich daraus, dass der zweite Aspekt für den Aufbau eines Lebewesens oder einer Substanz der *Materialaspekt* ist. Der Materialaspekt aber ist bei allen Dingen, somit auch bei Lebewesen, materiell[15]. Durch die individuelle Form eines Lebewesens wird sein materielles `Woraus´ auf spezifische Weise strukturiert. Eine einfache, d.i. eine nicht-komplexe individuelle Form selbst oder von sich aus kann aber Materielles, wesentlich Komplexes, nicht organisch strukturieren, wie es für ein Lebewesen aber erforderlich ist, um seine ontologische Konstitution zu gewährleisten. Dazu braucht es eine komplexe oder nicht-einfache, eine *organische* individuelle Form. Die personale individuelle Form ist m.a.W. unvollständig, weil sie, um die Funktion einer Form für die Konstitution eines Lebewesens oder einer Substanz ausfüllen zu können, eine andere, sprich organische individuelle Form benötigt, etwa die eines menschlichen Organismus.

Diese Unvollständigkeit kann man m.E. auch verstehen, wenn man die durch die jeweiligen individuellen Formen getragenen Vermögen betrachtet. Selbstbewusstsein, als solches oder isoliert betrachtet, kann niemals vollständig sein. Es gibt kein Selbstbewusstsein an sich, weder auf der Ebene des Vermögens, noch auf jener der aktiven Fähigkeit, noch im Hinblick auf konkrete Vollzüge. Selbstbewusstsein, und hier kann man sich Locke abwärts auf die ganze Tradition berufen, ist stets auf Bewusstsein angewiesen. Selbstbewusstsein ist ein, bei manchen Wesen auftretendes, inneres Moment eines Bewusstseins. Somit kann auch der Träger von Selbstbewusstsein niemals an sich oder isoliert von einem Träger nicht-selbstbewussten Bewusstseins verstanden werden. Der Träger nicht-selbst-

---

[15] Ich erinnere an die Einführung des Begriffspaares „Material" und „materiell" in Abschnitt I – 4.2 (3).

bewussten Bewusstseins aber ist, bei Einzellern, Schwämmen etc. aufwärts, durchaus im Sinne organischer individueller Formen zu interpretieren. Also kann eine personale individuelle Form niemals an sich oder isoliert von einer organischen individuellen Form auftreten.

Wir kommen auch von hier aus zum Ergebnis: Personalität, festgemacht an der personalen individuellen Form, ist seiner Art nach unvollständig oder inkomplett. Das heißt natürlich nicht, dass Personalität deshalb verzichtbar wäre. Im Hinblick auf individuelle Formen gesprochen: personale individuelle Formen können – trotz ihrer Unvollständigkeit – ebenso wenig auf organische reduziert werden, wie selbstbewusste Akte auf Akte ohne Selbstbewusstsein; auch wenn jedes Selbstbewusstsein als solches nicht allein oder isoliert auftreten kann.

3.2 Warum die Identität menschlicher Personen nicht sortal relativ ist, die Frage nach nicht-menschlichen Personen und menschlichen Nicht-Personen

(1) Um eine Antwort auf die erste in der Überschrift (rhetorisch) gestellte Frage zu geben, darf ich zunächst auf den Begriff der sortalen Relativität verweisen, wie er im ersten Hauptteil unter I-4.334 eingeführt wurde. Die Identität eines Gegenstandes ist demnach sortal relativ, wenn er zu ein und demselben Zeitpunkt durch mehr als eine species infima in dieser seiner Identität bestimmt oder determiniert wird. In der so festgelegten sortalen Relativität kann man die Eigenart der Identität ereignishafter Partikularien sehen (auch der zustandhaften, wenn man diese extra mit einbeziehen möchte), und damit einen wesentlichen Unterschied der Ereignisse (und Zustände, kurzum aller nicht-dinglichen Partikularien) zu den Dingen. Wird sortale Relativität auch von Dingen behauptet, wie etwa bei Geach, dann deshalb, weil genau genommen gerade nicht zwei verschiedene species infimae ins Spiel gebracht werden. Die Behauptung erfolgt somit, nach den gegebenen Bestimmungen, zu Unrecht.

Aus der eben erfolgten Reflexion über die Art der Personen ergibt sich, dass die Identität menschlicher Personen nicht sortal relativ sein kann. Menschliche Personen gehören zu jedem Zeitpunkt ihrer Existenz genau einer species infima an, und das ist die der Menschen, verstanden als Art von Organismen. Natürlich sind menschliche Personen auch Personen. Somit ist die differenzierende Redeweise von menschlichen Personen „als Menschen" bzw. „als menschlichen Organismen" und „als Personen" gerechtfertigt. Die Art der Personen ist aber, aus den eben ausgeführten Gründen, keine species infima. Sie ist unvollständig. Das zeigt sich gerade unter der hier maßgeblichen Rücksicht: der Determination der Identität von individuellen Vorkommnissen. Besagte differenzierende Redeweise verpflichtet somit nicht auf die These von der sortalen Relativität der Identität menschlicher Personen.

(2) Kann nun der Unvollständigkeit der Art der Personen auch durch eine andere species infima abgeholfen werden?, um halbmetaphorisch zu fragen. – Wie schon des Öfteren gesagt, sehe ich keinen Anlass, dies aus begrifflichen Gründen auszuschließen. An anderer Stelle (III – 1.3(2)) habe ich diese meine Auffassung als „moderaten Anti-Speziezismus" bezeichnet. Wir können uns der Möglichkeit nicht-menschlicher Personen nicht prinzipiell verschließen.

Gibt es somit nicht-menschliche Personen?[16] – Die einzige, nach dem Gang dieser Untersuchung konsequente Antwort besteht darin, dass dies vom Vermögen zu selbstbewussten Akten abhängt. Setzt ein Individuum selbstbewusste Akte, muss nach dem UoC-Argument ein nicht-komplexer Träger seines Selbstbewusstseins angenommen werden, der hier als einfache *personale individuelle Form* gedeutet wurde. Auch dann, wenn besagtes Individuum nicht der Spezies der Menschen angehört. Ich denke, dass vom Standpunkt einer Ontologie her gesehen keine weiterführende Antwort gegeben werden kann; etwa auf die Frage, wie man denn nun bei Nicht-Menschen Selbstbewusstsein feststellt o.ä. Ganz am Anfang habe ich mich in einem anderen Zusammenhang für die Arbeitsteilung in der Wissenschaft ausgesprochen. Wenn das (wie dort) für Erkenntnis- bzw. Wissenschaftstheorie und Ontologie gilt, dann auch für Ontologie und Bewusstseinsphilosophie, sowie für Ontologie und empirische Psychologie.

Das schließt natürlich nicht aus, dass es ontologische Argumente gegen die vorschnelle Verpersonalisierung mancher Individuen, etwa von Artefakten, geben mag, siehe oben III–2.32, Einschub. Schon gar nicht schließt das aus, dass wir als Ontologen unsere Partner in anderen Disziplinen in unserer Theorienbildung *ernsthaft* berücksichtigen werden. Wenn uns der Tierpsychologe glaubhaft versichert, dass ihm in seiner wissenschaftlichen Tätigkeit kein selbstbewusstes Schaf untergekommen ist, wäre es seltsam, wenn der Ontologe allzu vehement daran interessiert wäre, die unvollständige Art der Personen mit der species infima der Schafe zu koppeln.

---

[16] „im Bereich der kategorialen Ontologie" ist zu ergänzen, um beim Thema zu bleiben.

(3) Diese sachbedingt beschränkte Antwort auf die Frage nach nicht-menschlichen Personen, die sich im Zusammenhang mit unserer Analyse der Nicht-Relativität der Identität menschlicher Personen ergibt, lässt aber offen, wie es nun mit der Möglichkeit menschlicher Nicht-Personen steht.

Räumt man die begriffliche Möglichkeit nicht-menschlicher Personen ein, wird man sich schwer tun, auf dieser prinzipiellen Ebene die Möglichkeit menschlicher Nicht-Personen auszuschließen. Nicht nur das. Es scheint sogar einiges für eine *Ontologie* von menschlichen Nicht-Personen zu sprechen: „Mensch" sei ein sortaler Ausdruck, die Art der Menschen folglich species infima (sogar stricte dictum). Die Art der Menschen sei also nicht unvollständig, wie es die Art der Personen ist. Damit könne die Identität der Mitglieder der Art der Menschen vollständig durch diese ihre Art bestimmt oder determiniert werden.

Ich möchte allerdings, trotz der angeführten Gegengründe, dafür argumentieren, dass die Annahme von menschlichen Nicht-Personen zwar begrifflich, nicht aber ontologisch möglich ist. Zur Begründung führe ich an, dass wir aufgrund der gegebenen Argumentation stets daran festhalten können, dass es Menschen gibt, die Personen sind. Es gibt Menschen mit dem Vermögen Selbstbewusstsein. Es gibt somit Menschen, die mit ihrer komplexen organischen individuellen Form auch noch eine einfache personale besitzen. *Es gibt Menschen, deren komplexe organische individuelle Form somit so aufgebaut ist, dass sie die Funktion der einfachen personalen individuellen Form, die mit ihr gekoppelt ist (im Sinne von oben III – 3.1 (3)), für die Konstitution des gesamten Lebewesens oder der gesamten Substanz ermöglicht.*[17] These 1.

---

[17] Ich bin mir im Klaren, dass sich hier eine Fülle von Erläuterungsbedürfnissen ergeben mag: Wie genau kann etwas Komplexes die Funktion von etwas Einfachem mittragen? Wie kann etwas Einfaches überhaupt etwas Komplexes, das gesamte Lebewesen, mitkonstituieren? – Ich verstehe derartige Fragen im Kontext des Problems des Zusammenhangs von organischen und personalen individuellen Formen in der komplexen Einheit menschlicher Personen, und werde dazu im Abschnitt III – 3.3 (2) Stellung nehmen. Um die Stoßrichtung meiner Antwort vorwegzunehmen: Ich denke, dass wir im Bereich der personalen individuellen Form an das Ende der Analysierbarkeit und folglich der Erklärbarkeit stoßen. Dass gilt nicht nur für ihre intrinsischen Charakteristika, sondern auch für ihre Bezogenheit auf anderes. Dafür, dass dem aber so ist, lässt sich (indirekt) argumentieren. Könnte man hier weiter analysieren, würde man das Analysandum in seiner Eigenart zerstören. Wenn man personale individuelle Formen analysieren könnte, würde man ihre Einfachheit aufheben.

Dieses Faktum betrifft aber die ontologische Konstitution der besagten Individuen, sprich der Menschen, und zwar *als Menschen*. *Die Art der Menschen ist somit so, dass sie als Komplement der Art der Personen fungiert.* These 2.

Wenn wir nun als Zusatzannahme gelten lassen, dass kein Individuum einer Art in einem für die Art charakteristischen Merkmal von den anderen Individuen seiner Art abweicht, die besagte komplementäre Funktion der organischen individuellen Form aber ein solches Merkmal der Art der Menschen ist, kommen wir zur These 3, dass e*s für alle menschlichen organischen individuellen Formen wesentlich ist, dass einfache personale auf sie angewiesen sind.*

Das tut im Übrigen der Vollständigkeit der Art der Menschen und auch der ihr entsprechenden individuellen Form keinen Abbruch, sondern ist jeweils integrativer Aspekt derselben. Ebenso wie es der Vollständigkeit menschlichen Bewusstseins keinen Abbruch tut, zumindest dem Vermögen nach selbstbewusst zu sein.

Wollte man nun eine Ontologie von nicht-personalen Menschen versuchen, hätte man folgende Möglichkeiten. Erstens die Radikalentgegnung der Ablehnung von These 1. Mit der Behauptung, es gäbe keine Menschen, die Personen sind, hätte allerdings jede Ontologie der Personen ein Ende. Zweitens die nicht viel weniger radikale Negierung der These 2. Damit hätte jede Ontologie der Personen ein Ende, die auf einem ontologischen Raster basiert, welcher dem hier vorgebrachten ähnlich ist. – Der/die LeserIn wird mir verzeihen, wenn ich hier, gegen Ende meines Buches, nicht nochmals den gesamten dritten Hauptteil zur Entgegnung aufrolle.

Dann aber könnte man (trotz des Zugestehens der Zusatzannahme) gegen These 3 argumentieren. Es gäbe (Zugeständnis zu These 1) Menschen, deren organische individuelle Form als Komplement einer personalen in besagter Weise funktioniert; dann aber auch solche, deren individuelle Form nicht so als Komplement einer personalen funktioniert. – Diese Annahme würde in die Spezies Mensch eine tiefe Kluft reißen, und diese tiefe Kluft ist eine ontologische. Das aber würde ihre Einheit als ontologische species infima desavouieren. Die Konsequenz wäre die Annahme zweier Arten von Menschen. Angesichts der vielen anderen Gründe für die Einheit der Art Mensch, halte ich es für sinnvoller, die Annahme aufzugeben, die uns zu dieser Konsequenz nötigt, als dieselbe in Kauf zu nehmen.

Möglicherweise könnte man an dieser Stelle z.B. an jene urzeitlichen Wesen denken, die Anthropologen als Angehörige der Art homo habilis ausweisen. Sind das nicht auch Menschen, aber andere Menschen als wir? Gibt es somit nicht ohnehin mehrere

Spezies der Menschen? – Vorsicht, würde ich meinen: „Menschen" in „mehrere Spezies der Menschen" kann nicht mehr als Bezeichnung einer species infima gelten; klarerweise, denn in ihrem Bereich gibt es spezifische Differenzen. Es fällt für unsere Überlegungen weg. Was ich hier meine, wenn ich verkürzt von „Mensch" bzw. „menschlichem Organismus" rede, ist jene Spezies, der Sie und ich angehören, homo sapiens. Ich gehe davon aus, dass dies eine species infima ist. Und für die gilt meine Rede von der „Einheit der Spezies Mensch". Die interessante Frage ob auch der homo habilis selbstbewusst war, betrifft somit das Thema, ob es auch außerhalb unserer Spezies Personen gibt, nicht aber das Problem, ob es in unserer Spezies Nicht-Personen gäbe.

Eine Anfrage aus einer anderen Richtung wäre, ob wir hier nicht biologische Spezies mit ontologischen verwechselten. – Dem möchte ich entgegnen, dass ich den Begriff einer ontologischen Spezies im Sinne von species infima genau eingeführt und in seiner Funktion für die Determination der Identität von Vorkommnissen beschrieben habe. Ist homo habilis, jene Spezies, die uns die Anthropologen lehren, in diesem Sinne species infima, kann sie auch als ontologische Spezies gelten; wenn nicht, dann nicht. Mit jeder Alternative kommt die hier vorgenommene Theorienbildung zurecht.

Eine weitere Möglichkeit wäre, alle drei Thesen zuzugestehen, jedoch darauf zu verweisen, dass diese Thesen, auch zusammengenommen, kein vollständiges Argument gegen nicht-personale Menschen ergeben. Man müsste nur annehmen, dass es bei manchen Menschen die personale individuelle Form schlicht nicht gäbe, *obwohl* die organische als ihr Komplement funktioniert. – Formal gebe ich dem Einwand recht. Es fehlt eine weitere Zusatzannahme, um aus den drei Thesen ein Argument zu formulieren. Ich mache diese hiermit gerne auch explizit: Ich gehe davon aus, dass eine individuelle Form in einem für sie wesentlichen Aspekt nicht vergeblich oder „inanis" sein kann, wie der Scholastiker zu sagen pflegt. Gäbe es einen Menschen ohne personale individuelle Form, wäre aber seine organische in einem für sie wesentlichen Aspekt, nämlich ihrer Funktion als Komplement der personalen, „inanis". Dieser Preis für die Akzeptanz nicht-personaler Menschen scheint mir (obwohl begrifflich möglich) ontologisch zu hoch zu sein; angesichts der Tatsache, dass wir, ich wiederhole mich, gute Gründe dafür haben, einfache empirische Verweise bzw. rein aktualistische Betrachtungsweisen von Kriterien für Personalität als Argumente für einen solchen Leerlauf der menschlichen Natur abzulehnen.

Menschliche Organismen sind wesentlich, d.h. in ihrer ontologischen Konstitution, darauf angelegt, Komplement von Personalität zu sein. Deshalb kann es keine nicht-personalen Menschen geben; selbst dann nicht, wenn bestimmte personen-charakterisierende Merkmale bei manchen Menschen nur dem Vermögen nach angelegt, nicht aber als aktive Fähigkeit ausgeprägt sind.

An dieser Stelle könnte man Spekulationen darüber anstellen, ob der Unterschied zwischen menschlichen und nicht-menschlichen Organismen nicht gerade darin besteht, dass es für Erstere wesentlich ist, Komplement von Personalität zu sein, für Letztere (wenn überhaupt, dann) aber auf kontingente Weise. Damit könnten wir sowohl der begrifflichen als auch der ontologischen Möglichkeit nicht-menschlicher Personalität im Bereich kategorialer Ontologie Rechnung tragen, ohne die Eigenart der Spezies der Menschen im Hinblick auf Personalität aufzugeben.

Ich möchte damit die Behandlung dieses Themas beschließen und ein weiteres Problem meiner Theorie von Personen als selbstbewussten Lebewesen ansprechen, nämlich:

3.3 Das Verhältnis der personalen zur organischen individuellen Form

Bevor ich mich dem in der Überschrift gestellten Thema widme, möchte ich eine Präzisierung der Problemlage vornehmen. Im Hinblick auf die innere Konstitution menschlicher Personen kann man nämlich folgende Unterscheidung berücksichtigen: Da ist zum einen das *allgemeine Problem* des Verhältnisses zwischen dem individuellen Formaspekt und dem individuellem Materialaspekt einer menschlichen Person. „Allgemein" ist diese Frage, weil es die Konstitution aller Lebewesen, ja aller Dinge betrifft. Davon zu unterscheiden ist das *besondere Problem*, wie innerhalb des Formaspekts menschlicher Personen die komplexe organische und die nicht-komplexe personale individuelle Form zusammenhängen. Diese Frage ist spezifisch für menschliche Personen (wenn wir nicht-menschliche Personen jetzt einmal beiseite lassen). Das allgemeine und das besondere Problem haben eigentümliche Kontexte, können aber auch, wie zu zeigen sein wird, nicht isoliert voneinander gesehen werden. Deshalb scheint es an dieser Stelle angebracht, das allgemeine anzusprechen.

Im Folgenden möchte ich mich also zuerst dem allgemeinen (1), dann dem besonderen Problem (2) widmen, dabei einige Implikationen dieser Überlegungen ins Auge fassen.

(1) Mein Zugang zum allgemeinen Problem des Zusammenhangs zwischen Form- und Materialaspekt im Aufbau von Dingen besteht nicht darin, es zu lösen, sondern darauf hinzuweisen, dass es als ontologisches Problem überhaupt nur unter gewissen Vorannahmen entstehen kann. Diese Vorannahmen halte ich aber für falsch.

Um das besagte allgemeine Problem entstehen zu lassen, muss nämlich die Einheit des gesamten komplexen Dinges, sei es eines Artefakts, sei es eines (personalen) Lebewesens, als etwas ontologisch Nachrangiges bzw.

überhaupt in irgendeiner Weise zu Überwindendes aufgefasst werden. Ist jemand z.B. *Atomist* und nimmt an, ontologisch primär seien die einzelnen Basis-Bausteine von Dingen, meist als physikalische Partikeln gedeutet, dann ist die Einheit des gesamten Dinges ein Problem, nicht zuletzt auch unter der Rücksicht, wie ein *materieller* Gegenstand seine *Form* erhält. Der Atomist muss „bottom up" die ontologische Konstitution dessen erklären, was wir im Alltag als dingliche Einheit auffassen. Er muss erklären, wie aus einfachen Elementarteilen an der (physikalischen) Basis strukturierte Dinge werden. Der Atomismus hat verschiedene Variationen. Unter der hier relevanten Rücksicht macht es aber keinen Unterschied, ob jemand als „Atome" partikuläre Qualia oder Tropen, Prozesse, gar unteilbare (vermeintlich[18]) dinghafte Basisbausteinen der Wirklichkeit annimmt. Gemeinsam ist allen das Konstitutionsproblem. Unser allgemeines Problem kann als ein Aspekt des Konstitutionsproblems verstanden werden.

Ich bin kein Atomist. Atomisten ist es eigen, eine Rekonstruktion unserer Lebenswelt aus ihrer wie auch immer verstandenen Basis zu versuchen. (Meistens ist diese physikalisch, sodass man sagen kann, dass die meisten Atomisten Physikalisten sind.) Ich bin vielmehr, um es in Erinnerung zu rufen, Alltagsontologe. Und als solcher kann ich getrost die Probleme des Atomismus dem Atomismus überlassen. Als Alltagsontologe halte ich jene Intuitionen für relevant, welche die Einheit des Dinges als primär erachten. Ontologisch grundlegend ist die Einheit der Dinge unserer Lebenswelt. Sie sind als solche die „primär Seienden".[19]

Die Einheit von gesamten Dingen ist natürlich nicht einfach. Dinge sind Komplexe mit einer inneren Struktur, die ich im ersten Hauptteil auch als „Sachverhaltsstruktur" eingeführt habe. Diese Strukturen kann man analysieren. Man kann diese Strukturen *ontologisch* untersuchen, wie ich es in diesem Buch versuche. Und, ein weiterer Aspekt, man kann bei dieser ontologischen Analyse natürlich auch beide Aspekte im Aufbau von Dingen, den Material- und den Formaspekt, als solche aus der Einheit eines Dinges heraussondern oder *abstrahieren*. In diesem harmlosen Sinne kann man auch davon sprechen, dass der Formaspekt eines Dinges *abstrakt* ist. („Harmlos" deshalb, weil auch der Materialaspekt eines Dinges in diesem Sinne abstrakt ist.)

---

[18] Zum Verständnis von „vermeintlich" siehe meine Ausführungen unter II – 1.31.
[19] Toner 2007b, v.a. 649f zeigt deutlich diesen Punkt: Entweder Atomismus oder Anerkennung der Einheit einer Substanz als grundlegend. Das Konstitutionsproblem hat nur der erstere. Toners eigene Lösung ist übrigens atomistisch. Ich kann diese hier nicht diskutieren.

Man kann natürlich beide Aspekte im Aufbau eines Dinges nicht nur ontologisch analysieren. Vor allem der Materialaspekt ist, selbstverständlich, Objekt auch einzelwissenschaftlicher Interessen. Der Materialaspekt von Dingen ist materiell, und als solcher z.b. physikalisch relevant. *Physikalisch* kann man den Materialaspekt von Dingen, bis auf seine Basisbausteine, seien es Partikel, seien es quantenmechanische Felder o.ä., hinunter analysieren. Und man kann sich dann natürlich auch die „bottom-up" Frage stellen. Welche Kräfte sind wie am Werk, um aus den physikalischen Basisfeldern die Dinge zu bilden, die dann auch mechanisch wirken? M.E. alles kein Problem, solange man diese und andere einzelwissenschaftliche Forschungsperspektiven nicht mit einer ontologischen verwechselt.[20] Dann ist man nämlich kein Physiker mehr, sondern Physikalist, und handelt sich die gerade angedeuteten ontologischen Konstitutionsprobleme, inklusive dem Verhältnisproblem zwischen dem Material- und Formaspekt von Dingen, ein, wie sie dem Atomismus paradigmatisch eigen sind.

Kurzum: Ich möchte dabei bleiben, dass die Einheit der Alltagsdinge ontologisch primär ist. Das Verhältnisproblem zwischen Material- und Formaspekt entsteht durch problematische Prämissen, die u.a. auf der unkritischen Verwechslung ontologischer und einzelwissenschaftlicher Forschungsperspektiven entstehen.

Der Atomismus ist allerdings nicht die einzige Möglichkeit, sich das besagte allgemeine Verhältnisproblem einzuhandeln. Das gleiche kann man durch die Akzeptanz *dualistischer* Vorannahmen tun. Auch der Dualist fasst die Einheit der gesamten komplexen Dinge, vorwiegend natürlich der (personalen) Lebewesen, als etwas ontologisch Nachrangiges auf. Primär seien dual interpretierte Konstitutionsprinzipien der Dinge, wie immer diese auch benannt werden. Im Unterschied zum Atomismus verhalten sich diese Konstitutionsprinzipien nicht „von unten nach oben", sie liegen vielmehr „nebeneinander" (auch wenn bei manchen Dualisten bestimmte Wertungen der dualen Prinzipien vorgenommen werden). Der Dualist muss dann freilich erklären, wie die im Alltag angenommene dingliche Einheit zustande kommt. Der Dualist hat hier, das ist nichts Neues, ein „Brückenproblem". Und unser allgemeines Problem kann auch als ein Aspekt dieses Brückenproblems verstanden werden.

Ich bin kein Dualist. Natürlich, ich wiederhole mich, ist die Einheit von Dingen nicht einfach. Die Elemente kann man, wie gesagt, naturwissen-

---

[20] Diese Betrachtungsweise verdanke ich in erster Linie Otto Muck, siehe u.a. Muck 1999.

schaftlich, aber auch ontologisch analysieren. Der Fehler des Dualisten besteht m.E. darin, dass er aus abstrakten Konstituenten von Dingen („abstrakt" bitte in oben eingeführtem harmlosen Sinn verstanden) selbst wieder ganze Dinge macht. Aus dem Materialaspekt eines Dinges wird eine „*res* extensa", aus dem Formaspekt mitunter eine eigene „Substanz", wie auch immer diese bezeichnet wird; aus der personalen individuellen Form sogar eine ganze Person. Damit wird aus der Einheit der Dinge, insbesondere jener der menschlichen, d.h. der körperlich organischen Personen, ein schlicht unerklärliches Folgephänomen.

Atomismus und Dualismus erweisen sich im Hinblick auf unsere Frage als zwei Seiten ein und derselben Medaille. Entweder durch atomistische oder durch dualistische Prämissen kommt es zu dem oben als allgemein bezeichneten Verhältnisproblem zwischen dem Material- und dem Formaspekt von Dingen. Vermeidet man derartige Prämissen und akzeptiert die Einheit von Dingen als ontologisch primär, verschwindet das Verhältnisproblem als ontologisches Problem.

(2) Kommen wir nun aber zum besonderen Problem der Konstitution menschlicher Personen. Wie verhält sich die Spezies Person zur Spezies Mensch? Wie hängt jeweils die komplexe organische mit der einfachen personalen individuellen Form in einer menschlichen Person zusammen? Oben wurde die organische Form in ihrer Funktion als Komplement der personalen herausgestrichen. Kann man über diese funktionale Bestimmung hinausgehend das Verhältnis der Formen erklären?

Bei der Beantwortung dieser Fragen möchte ich mich noch einmal auf Jonathan Lowe berufen. Im Hinblick auf das Verhältnis zwischen einer Person und einem (menschlichen) Organismus meint er: „... I can see no prospect at all of successfully modelling the relationship between persons and living organism on that between living organisms and their material constituents. Persons stand to their `organized bodies´ ... *neither* in the relation of identity *nor* in that of constitution (indeed, I don´t believe that persons are *constituted* by anything at all). I can see little alternative, in fact, to recognizing a *sui generis* relationship of personal embodiment ...".[21] Ich gehe davon aus, dass wir diesen Gedanken, entwickelt im Kontext von Lowes Theorienbildung, siehe dazu III – 2.22 und 2.23, auf unsere Verhältnisbestimmung zwischen organischer und personaler individuellen Form beziehen können. Der springende Punkt ist, dass es sich bei diesem Verhältnis weder um Identität noch um Konstitution handelt. Eine Identi-

---

[21] Lowe 1989, 120. Alle *Hervorhebungen*: Lowe.

tätsbehauptung würde eine biologistische Deutung von Personalität implizieren. Warum eine solche nach den hier vorgebrachten Überlegungen nicht möglich ist, möchte ich nicht nochmals aufrollen. Ich beschränke mich auf die Anführung des entscheidenden Hinweises, dass nämlich die personale individuelle Form, mit Gründen, als *einfach* bestimmt wurde. Das steht einer organischen Interpretation entgegen. Auch Konstitution kommt für unsere Verhältnisbestimmung nicht in Frage. Die Einfachheit der personalen individuellen Form impliziert ihre Nicht-Analysierbarkeit in irgendwelche Bestandteile. Aus einer organischen individuellen Form konstituiert zu sein, muss aber eine Analysierbarkeit aus organischen Bestandteilen bedeuten. (Ich komme mit Lowe darin überein, dass, indeed – wie er sagt, personale individuelle Formen durch überhaupt nichts konstituiert sind.)

Wir haben keine Alternative, als zwischen der organischen individuellen Form und der personalen eine Beziehung „sui generis" anzunehmen. Ebenso wie Personen als Art mit keiner anderen verglichen werden kann, ebenso wie personale individuelle Formen mit keinen anderen individuellen Formen in ihren ontologischen Charakteristika übereinstimmen, so ist auch die Beziehung zwischen personalen individuellen Formen und organischen individuellen Formen unvergleichlich und einzigartig.

Diese Beziehung „sui generis" aber muss als *nicht weiter analysierbar* aufgefasst werden. Könnte man nämlich eine Analyse besagter Beziehung vornehmen, wäre sie *erklärbar* aus grundlegenderen Beziehungen. Sie wäre somit *ableitbar* aus basaleren Beziehungen. Diese Ableitbarkeit oder Rekonstruierbarkeit aber negierte die Einfachheit des einen Relatums der fraglichen Beziehung, der personalen individuellen Form. Einfaches kann nicht als Relatum von ableitbaren Beziehungen verstanden werden. Die Ableitbarkeit von Beziehungen hat nämlich zu tun mit der Rekonstruierbarkeit von Relata; die ist bei Einfachem nicht gegeben.[22]

---

[22] Beispiele für ableitbare oder rekonstruierbare Beziehungen in diesem Sinne gibt es in er Literatur genug: Nehmen wir z.B. die Parfitsche Beziehung der *Kontinuität* von Person-Phasen, die s.E. personale Identität (die in diesem theoretischem Konstrukt sicher nicht einfach, somit ebenfalls rekonstruierbar ist) konstituiert; vgl. Parfit 1984, u.a. 207. Diese Kontinuität ist unter der Rücksicht *ableitbar*, als sie *analysierbar* ist, bei Parfit über die Beziehung der Gleichheit bestimmter Bewusstseinszustände („psychologische Kontinuität"). Die Ableitbarkeit der Parfitschen Kontinuität von Personen-Phasen beruht auf der Ableitbarkeit ihrer Relata. Personen-Phasen sind letztlich nichts anderes als Kompilationen von Bewusstseinszuständen. (Ebenso wie die Ableitbarkeit der Parfitschen personalen Identität auf der Rekonstruierbarkeit ihrer Relata, das sind Personen-Phasen, beruht.) Unabhängig

Das schließt nicht aus, dass wir bestimmte formale Merkmale der Beziehung zwischen organischen und personalen individuellen Formen explizieren können: etwa, dass jedes Vorkommen dieser Beziehung zwischen einer bestimmten organischen und einer bestimmten personalen individuellen Form besteht. Eine personale Form kann nicht mit verschiedenen organischen Formen vorkommen, auch nicht zu verschiedenen Zeiten. Auch inhaltliche Bestimmungen, die schon angeführt werden, können explizit auch im Hinblick auf diese Beziehung ausformuliert werden: U.a. dass sie besteht, wenn eine organische individuelle Form der species infima homo sapiens vorkommt. Auch Schlüsse auf die Funktionalitäts-Komplementarität von personalen und organischen individuellen Formen können vorgenommen werden: Die Einzigartigkeit und Nicht-Analysierbarkeit der Beziehung zwischen personalen und organischen individuellen Formen als solchen kann nämlich auch auf die angenommene Abhängigkeit der personalen individuellen Form in ihrer Funktion zur Konstitution der ganzen menschlichen Person übertragen werden. Auch besagte funktionale Abhängigkeit muss als eigentümlich und in ihrer Eigenart nicht weiter erläuterbar akzeptiert werden. Das zeigt sich daran, dass jede Alternative scheitert, etwa der Versuch, diese Abhängigkeit mit der Abhängigkeit zwischen ganzen Entitäten zu vergleichen; wie auch das Projekt einer weiteren Analyse besagter Relation.

Ist die Annahme einer Beziehung sui generis überhaupt - ob komplex, ob einfach - nicht Obskurantismus, gar ein Rückfall in den eben diskreditierten Dualismus? – Keineswegs, wie auch Jonathan Lowe im Anschluss an die oben zitierte Stelle bekundet[23]. Obskurantismus ist es nicht, wenn wir bereit sind, mit Argumenten die behauptete Alternativlosigkeit zu verteidigen. M.E. kann auch dies zwar nicht in direkter, wohl aber in indirekter Argumentation geschehen; d.h. in der offenen Auseinandersetzung mit Vorschlägen zu solchen Alternativen. Worin könnten diese bestehen? – Wohl nur in der Negierung überhaupt einer Beziehung zwischen organischer und individueller Form, bzw. durch die Angabe einer Beziehung, die nicht, wie hier behauptet, sui generis ist. - Negiert man diese Beziehung, kann das (bei Ausklammerung okkasionalistischer Prämissen) wohl nur durch Negierung eines Relatums geschehen: Es gäbe entweder keine organische oder keine personale individuelle Form. Ersteres ist obskur, gegen zweiteres ist die gesamte bisherige Argumentation in diesem dritten Hauptteil gerichtet: Es bedeutete u.a. die Preisgabe einer Erklärung des Selbstbewusstseins in seinen wesentlichen Merkmalen. Für die Angabe einer Beziehung zwischen organischer und individueller Form, die nicht sui generis ist, muss man freilich offen sein. Hier könnte man unterscheiden zwischen

---

[23] von Parfit: Aus diesem Argumentationsgang folgt übrigens nicht, dass nicht-einfache Relata nicht in einfachen Beziehungen stehen können.
Ebd.: „This should not, however, been seen as a concession to obscurantism (or even to Cartesian dualism) …".

Beziehungen, die der hier vertretenen Theorienbildung entgegenstehen, und solchen die damit kompatibel sind. Erstere werden sich wohl wiederum in Richtung Identität oder Konstitution bewegen[24]; über andere gegnerische, aber auch über kompatible zu spekulieren, spare ich mir bis zum Vorliegen auf.

Dualistisch ist diese These übrigens auch nicht. Das zeigt sich schon daran, dass Überlegungen über das Verhältnis zwischen der organischen und der personalen individuellen Form vor dem Hintergrund der Annahme der grundlegenden Einheit der menschlichen Person geschehen. Ich rufe nur in Erinnerung, dass die Komplementärfunktion der organischen individuellen Form (relativ zur personalen) stets eine im Hinblick auf die Konstitution der gesamten *einheitlichen* menschlichen Person ist. Das schließt auch eine dualistische Verdinglichung von individuellen Formen, mit den dazu gehörigen Begleiterscheinungen, aus.

Vielleicht kann man sich das Gesagte noch weiter verdeutlichen, wenn man die Frage nach dem Verhältnis von organischer und personaler individueller Form nicht isoliert betrachtet. Öffnen wir unseren Blick für jene *Vollzüge*, die in Vermögen grundgelegt sind, als deren Träger die jeweiligen Formaspekte (organische: Bewusstsein im Allgemeinen, z.B. tierisches; personale: Selbstbewusstsein) ausgewiesen wurden. Fragen wir uns in diesem Sinne nach dem Verhältnis von Selbstbewusstsein und Bewusstsein als solchem. Ist Selbstbewusstsein *identisch mit* Bewusstsein? – Keineswegs, darin kommt man sogar mit Dennett, Singer und anderen, wenig mit den hier vorgebrachten Überlegungen kompatiblen Selbstbewusstseinstheorien überein. *Konstituiert* Bewusstsein Selbstbewusstsein, in einem Sinne wie es auch eine Konstitutionsbeziehung zwischen organischer und personaler individueller Form rechtfertigen würde? – Dafür gilt dasselbe. Selbstbewusstsein ist mehr als Bewusstsein, und dieses Mehr, egal wie man es bestimmt, lässt jede Konstitutionstheorie als unplausibel erscheinen. Wie sonst ist die Beziehung zwischen Bewusstsein und Selbstbewusstsein zu bestimmen? – Auch hier gilt m.E. die Alternativlosigkeit zur Annahme, dass es sich um eine Beziehung sui generis handelt. Zudem gilt ebenso die Aussichtslosigkeit von Analysen. Auch hier kann dieses Faktum argumentativ, wenn auch indirekt, verteidigt werden. Wie soll etwas

---

[24] Möglicherweise könnte man Supervenienztheorien (oder ähnliches) über personale individuelle Formen formulieren: Personale individuelle Formen supervenierten auf organische. Ich halte derartige Theorien für „Fässer ohne Boden", wie ich versucht habe in Kanzian 2002b darzulegen.

aber für Vollzüge bzw. deren Zusammenhang gelten, für die Träger ihrer Vermögen bzw. deren Zusammenhang hingegen nicht?

Ohne mich in die Geheimnisse der Bewusstseinstheorie tiefer einlassen zu können, so gibt m.E. der Blick auf Vollzüge auch zusätzlichen Aufschluss auf unsere allgemeine Frage nach dem Verhältnis von Material- und Formaspekt von Lebewesen. Viele Bewusstseinsakte sind ohne Zweifel mit körperlichen („materiellen") Abläufen verbunden, Wahrnehmungsakte genau so wie nach klassischer Lehre emotionale Regungen. Für alle Lebewesen gilt somit, wenn man so will, dass an diesen Akten sowohl der Form- als auch der Materialaspekt beteiligt sind. Wenn nun die Einheit von konkreten Wahrnehmungsakten bzw. emotionalen Regungen angenommen wird, ist das ein Argument dafür, dass auch der Träger, nämlich das ganze Lebewesen, primär eine Einheit ist. Gegenprobe: Gerade im Hinblick auf die Erklärung mancher Arten von Bewusstseinsakten haben sowohl der Dualismus, Stichwort „Wechselwirkungsproblem", als auch der Atomismus, Stichwort „Unity of Consciousness-Problem, ihre liebe Not.

Freilich könnte man das Verhältnis von komplexem, organischem Formaspekt und Materialaspekt durchaus analysieren, auch im Hinblick auf ihre gemeinsame Trägerschaft von Bewusstseinsakten.

Lebewesen oder Substanzen machen eine grundlegende ontologische Einheit aus. Sie sind die primär Seienden. Diese Einheit der Lebewesen ist keine einfache. Bei menschlichen Personen ist der Formaspekt nochmals differenziert zu betrachten: in eine organisch-komplexe und in eine personal-einfache individuelle Form. Diese verhalten sich zueinander in einer einzigartigen, nicht mit anderen vergleichbaren Weise. Die Einheit bestimmter Vollzüge bzw. die Weise ihrer Komplexität können möglicherweise dazu dienen, dies besser in den Blick zu bekommen.

3.4 Die letzten Dinge

Ich komme zum abschließenden Abschnitt dieses dritten Hauptteils und somit auch des gesamten Buches. Wie angekündigt wird dieser zunächst, in Analogie zu den Abschlussabschnitten der ersten beiden Hauptteile, in metaontologischen oder methodischen Reflexionen bestehen. Beginnen möchte ich dabei mit der Frage, inwieweit auch die Theorienbildung in diesem Personen-Kapitel dem Anspruch einer Alltagsontologie, wie er zu Beginn des Buches beschrieben wurde, gerecht werden kann.

3.41 Metaontologie I: Haben wir es hier mit einer Alltagsontologie zu tun?

Wie bei den einschlägigen Untersuchungen am Ende des zweiten Hauptteils muss ich auch hier mit einer Bescheidenheitsbekundung beginnen, die dann aber doch wieder ergänzt werden soll durch den Verweis auf spezifische alltagsontologische Theoreme des dritten Hauptteils.

(1) Bleiben wir aber zunächst bei der Bescheidenheit. Die allgemeine Kriteriologie für eine Alltagsontologie: Entsprechung zu alltäglichen Intuitionen sowie zu den Grundzügen des Sprechens, folglich Revidierbarkeit, ist an die grundlegenden Linien eines ontologischen Rahmens gerichtet. Dieser wurde bereits im ersten Hauptteil in seiner Alltagsontologie-Tauglichkeit überprüft. Ich rolle dies hier nicht nochmals auf, obwohl auch im Personen-Kapitel der allgemeine Rahmen zur Vorbereitung einer Ontologie der Personen explizit aufbereitet wird.

Im dritten Hauptteil sind tragende neue Thesen allerdings so weit spezialisiert, dass sie mit der allgemeinen Kriteriologie für Alltagsontologie nicht in unmittelbaren Zusammenhang gebracht werden können. Zentrale Theoreme wie z.B. die Unterscheidung zwischen informativen und nicht-informativen Identitätsbedingungen sind im Hinblick auf die anstehende Fragestellung nicht relevant; ebenso wenig wohl die Begründung für die nicht-biologische Konstitution der personalen individuellen Form im Rahmen des UoC-Arguments. Diese Überlegungen sind zu speziell, teilweise sogar zu technisch, um in Hinblick auf Alltagsontologie-Tauglichkeit untersucht werden zu können. Wir haben keine spontanen Einstellungen zu diesen theoretischen Konstrukten.

Auch hier möchte ich also dabei bleiben, und damit greife ich ein Ergebnis vergleichbarer Analysen am Ende des zweiten Hauptteiles auf, dass wir Thesen auch dann als alltagsontologische, oder zumindest als einer

Alltagsontologie nicht widersprechend annehmen können, wenn sie (i) sich innerhalb eines erwiesenermaßen alltagsontologischen Rahmens entwickeln lassen, und (ii) selbst hinsichtlich Intuitivität bzw. Entsprechung zu den Grundstrukturen unseres Sprechens neutral sind. Und das sind die angesprochenen Thesen, um nur diese paradigmatisch anzuführen, allemal.

(2) Ein weiterführender Aspekt ist, dass Thesen, deren Alltagsontologie-Tauglichkeit im ersten Hauptteil beispielhaft erläutert wurden, im dritten Hauptteil unmittelbare Anwendung finden, und dabei, wie ich betonen möchte, im Hinblick auf diese Tauglichkeit zusätzliche Plausibilität erhalten. Blicken wir in diesem Zusammenhang nochmals auf die diachrone Identität der Dinge.

Personale Identität wird seit Locke bevorzugt unter der Rücksicht diachroner Identität untersucht und diskutiert. Die personale diachrone Identität weist formal betrachtet dieselben Merkmale auf wie die transtemporale Identität aller anderen Dinge. Sie kann jedoch unter der Rücksicht als speziell ausgewiesen werden, dass sie, wie Jonathan Lowe ausführt, derart einfach (engl. primitive) ist, dass sie inhaltlich nicht durch informative Identitätsbedingungen expliziert werden kann. Personale diachrone Identität ist einzigartig, unter mancherlei Rücksicht auch grundlegend für andere Formen diachroner Identität.

Das Faktum personaler diachroner Identität hat aber eine besondere intuitive Basis. Das zeigt sich daran, dass unser individuelles, aber auch unser soziales Leben auf der im Alltag sicherlich unhinterfragten Annahme beruht, dass wir *dieselben* sind durch die Zeit. Jede plant *ihre* Zukunft, jeder reflektiert *seine* Vergangenheit (wenn sie ihre Zukunft auf die Reihe bringen möchte bzw. er seine Vergangenheit aufarbeitet). Wir schließen Verträge mit anderen jetzt auf Zukunft ab und würden es nicht verstehen, wenn Vertragspartner dann mit der Begründung das Vereinbarte brechen, dass es ja nicht sie selbst sind, die damals ihre Unterschrift unter den Kontrakt gesetzt haben, sondern irgendwelche Vorgängerphasen.

Ich denke aber auch, dass wir intuitiv nicht nur das Faktum personaler diachroner Identität annehmen, sondern es auch intuitiv ablehnen, personale diachrone Identität zurückzuführen auf andere Arten von Identität, etwa die transtemporale Identität von Organismen bzw. von Materialkomplexen. Das zeigt sich an der wiederum intuitiv klaren Zurückweisung etwa *rein* biologischer bzw. körperlicher Kriterien für personale Identität. Unsere personale Selbigkeit ist nicht Kontinuität organischer Abläufe bzw. Gleichheit unserer Körperteile (Als experimentum crucis mag hier Lockes

Gedankenexperiment des Körpertausches von Prinzen und Schuster im 27. Kapitel seines *Essays* dienen. Es zielt gerade auf die Unterscheidung zwischen personaler und biologischer bzw. körperlicher diachroner Identität ab und ist, so wage ich zu behaupten, *intuitiv* klar.) Dass naturalistische bzw. materialistische Interpretationen personaler Identität (insofern sie das behaupten) oft explizit eine Revision von Auffassungen fordern, die unseren alltäglichen Intuitionen entsprechen, spricht für die Alltagsontologie-Tauglichkeit der hier vorgeschlagenen nicht-naturalistischen Sichtweise.

Kurzum: Dass Personen durch die Zeit mit sich identisch sind, ist intuitiv einleuchtend und besonders geeignet, die Alltagsontologie-Tauglichkeit der allgemeinen These der diachronen Identität der Dinge zu stützen.

Eine andere These, deren Alltagsontologie-Tauglichkeit im ersten Hauptteil gezeigt wurde und im dritten Hauptteil unmittelbare Anwendung findet, ist die *sortale Dependenz* der Identität von Dingen. Dabei ist erneut in Erinnerung zu rufen, dass im ersten Hauptteil nicht nur die allgemeinen Wirkungen der sortalen Dependenz behandelt wurden (Existenz-, Kontinuitäts-, Konstitutionsbedingungen), sondern auch die mit der sortalen Dependenz der Identität gegebene Annahme, dass ein Ding zu einem Zeitpunkt genau einer species infima angehört. Und diese These von der synchronen Einzigkeit der Artzugehörigkeit aller Dinge ist auch im dritten Hauptteil entscheidend. Sie dient u.a. als Argument gegen die sortale Relativität der Identität menschlicher Personen und somit für die Zurückweisung damit verbundener Thesen.

Selbst wenn wir hier einräumen müssen, dass uns bezüglich so mancher Eigenart von Personen als Arten, gar des semantischen Sonderstatus von „Person", alltägliche Intuitionen wohl im Stich lassen, können wir dabei bleiben, dass bei der einschlägigen Theorienbildung alltagsontologieerprobte Thesen, wie es eben die Abhebung der sortalen Dependenz der Identität von der sortalen Relativität der Identität ist, unmittelbar zur Anwendung kommen.

(3) Schließlich können wir auch im Hinblick auf die Untersuchung der Alltagsontologie-Tauglichkeit der Ergebnisse des dritten Hauptteils darauf hinweisen, dass wir hier zu Thesen kommen, die im Kontext des Buches neu sind und als solche jeden Alltagsontologie-Test bestehen.

Das Thema des dritten Hauptteiles ist es ja, die Personen im Bereich der Lebewesen oder Substanzen zu definieren. Personen sind *selbstbewusste* Lebewesen. Um diese Definition ontologisch zu explizieren und zu begründen, wurde die Unterscheidung der Personen von allen Arten nicht-personaler Lebewesen vorgenommen, in einem ihre Konstitution als Individuen betreffenden Sinne. Personen haben zu ihrer organischen noch eine nicht-organische individuelle Form. Ohne nochmals in die Details der ausgeführten Bestimmungen einzusteigen (welche auch unter der Rücksicht Intuitivität, somit Alltagsontologie-Tauglichkeit wenig relevant sind), sollte doch klar sein, dass sich das Faktum der Abhebung der Personen von den nicht-personalen Lebewesen auf eine breite *intuitive Basis* beziehen lässt. Ich würde sogar noch weiter gehen und die intuitive Differenzierung zwischen Personen und nicht-personalen Lebewesen als ein maßgebliches Motiv für die philosophische Erörterung des Person-Begriffes auffassen. Wir wissen, dass uns als Personen etwas unterscheidet von den Nicht-Personen! Was aber ist das? Und wie können wir das verstehen? Alltagsontologisch tauglich sind nun m.E. Thesen, welche die intuitive Unterscheidung zwischen Personen und nicht-personalen Lebewesen aufrechterhalten und zu begründen versuchen; counter-intuitive aber solche, welche diese Differenzierung auf irgendeine Weise zu nivellieren trachten. Dass wir im dritten Hauptteil auf der ersteren Seite stehen, muss nicht weiter erläutert werden.

Ein weiterer, im dritten Hauptteil neuer Gesichtspunkt ist der, dass die Annahme der *Einheit* von menschlichen Personen als grundlegend für jedes Verständnis des Verhältnisses der verschiedenen ontologischen Konstituenten (Materialaspekt, doppelter Formaspekt) derselben ausgewiesen wurde. Diese These ist wesentlich für die Zurückweisung atomistischer, aber auch dualistischer Sichtweisen. Ich meine nun, dass die Annahme der *Einheit* menschlicher Personen intuitiv klar ist, und jeder Atomismus wie jeder Dualismus als gegenintuitiv aufgefasst werden kann. Wir fassen uns spontan als Einheit auf, nicht als Zufallsprodukt irgendwelcher atomaren Basispartikel, auch nicht als nachrangiges Kompositum aus zwei ursprünglich voneinander unabhängigen Prinzipien. Diese spontane Einstellung betrifft nicht nur uns selbst als menschlichen Personen, sondern die gesamte lebendige und auch artifizielle Dingwelt. Die „natürlichen" Einheiten, die unseren Alltag bestimmen, sind Dinge aller Art. Wir gehen nicht mit Atombündeln um, auch nicht mit Schafskörpern getrennt von deren Lebensprinzipien, sondern mit Schafen.

Hier wird die Alltagsontologie-Tauglichkeit einschlägiger Thesen ausschließlich über das Kriterium der Intuitivität erörtert. Wo bleibt, so könnte jemand kritisch fragen, die Entsprechung zu den Grundstrukturen unseres alltäglichen Sprechens? Die Personen-Debatte, wie sie hier aufgerollt wird, ist definitiv zu speziell, um auch durch dieses Kriterium in ihrer Alltagsontologie-Tauglichkeit erwiesen werden zu können. Personen heben sich von den anderen Lebewesen sicher nicht ab bei einer ontologischen Interpretation der Subjekt-Prädikat-Struktur unserer Alltagssprache. Zwar können wir auch Abhängigkeiten zwischen Personen und anderen Entitäten ((mentalen) Zuständen, z.b.) finden, die Abhängigkeiten hinsichtlich der identifizierenden Funktion von Ausdrücken für Personen und Ausdrücken für diese anderen Entitäten entsprechen. Diese Abhängigkeiten aber betreffen nicht spezifisch Personen, sondern genauso wie Personen auch alle anderen Lebewesen. Dass dem so ist, könnte man auch dahingehend interpretieren, dass die „Entfernung der Orte" von Personen und nicht-personalen Lebewesen, trotz aller aufgewiesenen Differenzen, auf der „ontologischen Landkarte" so gering ist, dass sie mit diesem Kriterium nicht erfasst werden kann.

3.42 Metaontologie II: Warum Personen und nicht-personale Lebewesen derselben Kategorie angehören

Wir kommen zur zweiten vorgenommenen metaontologischen Frage: Wie ist es zu verstehen, dass Personen und nicht-personale Lebewesen derselben Kategorie, und nicht vielmehr verschiedenen angehören? – Eine einfache Antwort wäre: Lebewesen sind ein Genus der Kategorie der Dinge (die in ihrem Kategorienstatus bereits gerechtfertigt wurde). Personen aber gehören, gemeinsam mit den nicht-personalen Lebewesen zu diesem Genus, wofür ebenfalls Gründe vorgebracht wurden. Somit ist es nicht möglich, Personen wiederum als Kategorie aufzufassen. Denn innerhalb des Genus einer Kategorie kann nicht wieder eine eigene Kategorie Entitäten angenommen werden.

Wenn ich im Folgenden weitere Überlegungen anstelle, dann deshalb, weil ich meine, dass es angebracht ist, sachlich ontologische Gründe zu rein ordnungstheoretischen hinzuzufügen; nicht zuletzt auch deshalb, weil es gerade im vorliegenden Fall hilfreich sein mag, auf diese Weise den ein oder anderen Punkt abzurunden bzw. weiter zu klären.

(1) Eine diesbezügliche sachliche Erörterung kann sich an jenem (offenen) Kriterienkatalog für kategoriale Einheit bzw. Verschiedenheit von Entitäten orientieren, wie er im ersten Hauptteil entwickelt und im zweiten angewendet wurde, zur Klärung der Frage des ontologischen Status der Lebewesen oder Substanzen. Dieser Katalog beruht auf fünf Kriterien: Das erste (i) ist Übereinstimmung bzw. Nicht-Übereinstimmung in Identitätsbedingungen. Das zweite (ii) besteht aus einem Verweis auf die zeitliche Gestalt von Entitäten, Stichwörter: „Mittelbarkeit" bzw. „Unmittelbarkeit ihrer Verhältnisse zur Zeit". Das dritte (iii) war: Besteht zwischen Entitäten a, b, c eines Typs und Entitäten g, h, i eines anderen Typs eine Weise von Abhängigkeit, die zwischen a, b, c bzw. g, h, i und anderen Vorkomm-

nissen desselben Typs nicht bestehen kann, so ist diese Art von Abhängigkeit ein Kriterium dafür, dass sich das Abhängige kategorial von dem unterscheidet, wovon es abhängt. Das vierte (iv) bezog sich, unter verschiedener Rücksicht, auf die sortale Zugehörigkeit von Entitäten. Als fünftes Kriterium (v) zur Entscheidung von kategorialer Einheit bzw. Verschiedenheit von Entitäten haben wir schließlich Übereinstimmung bzw. Nicht-Übereinstimmung in ihrer Sachverhaltsstruktur angenommen; wobei von Übereinstimmung in der Sachverhaltsstruktur genau dann auszugehen ist, wenn alle Elemente und alle Beziehungen zwischen diesen Elementen dieselben sind.

(2) Ich denke, dass wir in unserem Katalog Kriterien finden, die klar für die kategoriale Einheit von Personen und nicht-personalen Lebewesen sprechen. Es sind dies die Kriterien (ii) und (iv).

Zu Kriterium (ii) ist zu sagen, dass sowohl Personen als auch nicht-personale Lebewesen offensichtlich drei- und nicht vierdimensionale Entitäten sind. Weder die Ersteren noch die Letzteren haben eine zeitliche Ausdehnung, die es gestatten würde, sie selbst als Summen zeitlicher Teile aufzufassen. Personen und nicht-personale Lebewesen sind durch die Zeit dieselben. Beide kommen darin überein, dass sie ihre zeitlichen Eigenschaften von jenen Ereignissen bzw. Zuständen entlehnen, die ihre „Geschichte" bilden. Und es sind diese grundlegenden Merkmale, welche das ausmacht, was wir hier die „zeitliche Gestalt" einer Entität im Hinblick auf Kriterium (ii) genannt haben. Also können wir davon sprechen, dass die im Hinblick auf Kriterium (ii) relevante zeitliche Gestalt von Personen und von nicht-personalen Lebewesen dieselbe ist.

Dem steht nicht entgegen, dass die Geschichte von Personen spezifische Bestandteile hat, z.B. Handlungen im Sinne des klassischen „actus humanus" und andere genuin personale Vollzüge. Der Klarheit auf den ersten Blick widerspricht auch nicht, dass die Analyse der Persistenz bei Personen und bei nicht-personalen Lebewesen unterschiedlich vorzunehmen ist: Der Grund dafür ist der Unterschied in ihrer individuellen Form. Bei Letzteren ist diese ein komplexes Kompositum aus geschlossener Organisationsstruktur, Entwicklungs- sowie Replikationsplan; bei Ersteren ist die organische individuelle Form ergänzt durch eine nicht komplexe personale. Trotz der unterschiedlichen Bestimmung, worin die Persistenz besteht, besteht sie doch bei beiden, und sie besteht im Hinblick auf die wesentlichen Merkmale ihrer zeitlichen Gestalt gleich. Das ist im Hinblick auf Merkmal (ii) maßgeblich.

(iv) meint neben dem Ausschluss der kategorialen Verschiedenheit für Entitäten von Arten, die innerhalb der „arbor porphyriana" in einem Unterordnungsverhältnis stehen, zunächst (und für unseren Fall relevant), dass Entitäten von Arten, die gemeinsam einem übergeordneten Genus untergeordnet werden, derselben Kategorie angehören. Personen und nicht-personale Lebewesen aber gehören beide den Lebewesen oder Substanzen an. Also können sie nicht zu unterschiedlichen Kategorien gehören.

Zum gleichen Ergebnis kommt man sofort, wenn man Kriterium (iv) im Hinblick auf die Weise der sortalen Bestimmtheit der Identität von Entitäten versteht. Sowohl Personen als auch nicht-personale Lebebewesen sind in ihrer Identität *sortal dependent*, nicht aber *sortal relativ*. Das muss hier nicht nochmals ausgefaltet werden; ebenso wenig, dass diese Übereinstimmung für ihre kategoriale Einheit spricht.

(3) Nach der Klarheit von Kriterien auf den ersten Blick, sollen zwei angeführt werden, die zur Ergebnisfindung m.E. eines zweiten Blickes bedürfen. Es sind dies (iii) und (v).

Bei (iii) ist zunächst einzuräumen, dass eine Abhängigkeit besteht von Personen, besser Personalität, zu bestimmten Formen organischen Lebens. Wir haben diese Abhängigkeit zunächst auf semantischer Ebene festgestellt: „Person" braucht zum Erhalt einer identifizierenden Funktion die Koppelung mit einem sortalen Ausdruck, in der Regel mit „Mensch". Im Hinblick auf die ontologische Ebene haben wir zunächst von der Unvollständigkeit der Art der Personen gesprochen. Es gibt keine Nur-Personen. Personen sind immer F-Personen, wobei „F" für eine species infima im Bereich der Lebewesen steht. Schließlich haben wir gesehen, dass die einfachen personalen individuellen Formen zur Gewährleistung ihrer Funktion als Formen stets auf komplexe organische angewiesen sind. Kurzum: zwischen dem, was Personen ausmacht, besteht eine Abhängigkeit zu etwas, das organisches, nicht-personales Leben ausmacht. Diese Abhängigkeit aber, das muss im Hinblick auf Kriterium (iii) klar eingeräumt werden, ist so, dass sie weder zwischen personen-konstituierenden Instanzen noch zwischen rein organischen Instanzen bestehen kann. Personale individuelle Formen hängen keinesfalls so von anderen personalen individuellen Formen ab, wie sie von organischen individuellen Formen abhängen. Organische individuelle Formen hängen keinesfalls so von anderen organischen individuellen Formen ab, wie personale individuelle Formen von ihnen abhängen.

Trotzdem kann aus Kriterium (iii) kein Argument für die kategoriale Verschiedenheit von Personen und nicht-personalen Lebewesen gewonnen werden. Der springende Punkt ist, dass Kriterium (iii) im Hinblick auf (ganze!) *Entitäten* und Abhängigkeitsbeziehungen zwischen Gruppen von Entitäten formuliert ist. Die Relation zwischen personalen individuellen Formen und organischen individuellen Formen kann aber, vor dem Hintergrund der hier vorgetragenen Überlegungen, gerade nicht als Beziehung zwischen verschiedenen Entitäten aufgefasst werden. Ebenso wenig wie die Beziehung zwischen Arten, schon gar nicht das Verhältnis zwischen „Was-Ausdrücken". Würde man Kriterium (iii) auch auf konstitutive Bestandteile von ganzen Entitäten anwenden, wie personale individuelle Form und organische individuelle Form, müsste man das auch für das Verhältnis anderer konstitutiver Bestandteile von Dingen, wie Formaspekt und Materialaspekt, tun. Dann müsste man von jedem Element des genannten Paares eine (funktionale) Abhängigkeit vom anderen für den Aufbau des gesamten Dinges einräumen, die zwischen gleichartigen Elementen nicht besteht. Die Folge wäre eine bizarre Disparität von Form und Material, die quasi eine „kategoriale" wäre.

(v) Auch im Hinblick auf die Sachverhaltsstruktur ist zunächst zu sagen, dass es zwischen Personen und nicht-personalen Lebewesen Unterschiede anzumerken gibt. Diese betreffen wohl nicht ihren Materialaspekt (biochemisch betrachtet sind personale und nicht-personale Lebewesen weitgehend gleich aufgebaut), umso mehr jedoch den Formaspekt. Nach den hier vorgetragenen Überlegen haben Personen eine personale individuelle Form *und* eine organische, nicht-personale Lebewesen *nur* eine organische.

Ohne diese Differenz in ihrer ontologischen Tragweite relativieren zu wollen, ist jedoch erneut darauf hinzuweisen, dass unser Kriterium (v) nicht auf die Ebene derartiger Besonderheiten abzielen kann. Eine Nicht-Übereinstimmung in der Sachverhaltsstruktur, wie sie zum Aufweis kategorialer Verschiedenheit erforderlich wäre, beträfe die Konstitution aus Form- und aus Materialaspekt als solcher, wie wir das bei der Analyse des Verhältnisses von Ereignissen und Dingen im ersten Hauptteil festgestellt haben: Ereignisse sind konstituiert aus Ding und (dynamischer) Eigenschaft; Dinge aber aus einem Material- und aus einem Formaspekt. Darin besteht ein Unterschied in der Sachverhaltsstruktur, wie er für kategoriale Einteilung maßgeblich ist. Dass der Formaspekt bei den unterschiedlichen Dingen verschiedenartig aufgebaut ist, kann keine kategoriale Divergenz begründen. Sonst hätten wir eine Vermehrung der Kategorien, ohne erkennbares Ende.

Gerade im Hinblick auf einen Vergleich der Sachverhaltsstrukturen von Personen und nicht-personalen Lebewesen ist zudem (unabhängig vom Anwendungsspektrum von Kriterium (v)) weitgehende Übereinstimmung festzustellen: So gilt für beide das im zweiten Hauptteil diskutierte Dia mult Strukt-Theorem nicht. Die Sachverhaltsstruktur ist (sortal determiniert) bei Personen und bei nicht-personalen Lebewesen durch die Zeit einzig und eindeutig festgelegt. Damit ist jene wesentliche Abgrenzung gegenüber Artefakten bei Personen und bei nicht-personalen Lebewesen gleichermaßen gegeben. Das gleiche gilt für die permanent dynamische Sachverhaltsstruktur der beiden. Personale als auch nicht-personale Lebewesen sind zu keiner Zeit ihrer Existenz in ihrer Sachverhaltsstruktur statisch. Stets entwickeln sie sich, gemäß der durch ihre Spezies bestimmten Weise. Auch das setzt beide gleichermaßen von Artefakten ab.

(4) Von Kriterien, die auf den ersten bzw. auf den zweiten Blick Rückschlüsse auf den gemeinsamen kategorialen Status von Personen und nicht-personalen Lebewesen erlauben, ist m.E. Kriterium (i) zu unterscheiden.

Im Anschluss an die Überlegungen Lowes haben wir gesehen, dass die Identität von Personen und die von Organismen grundlegend unterschiedlich zu beurteilen ist. Für Organismen können wir *informative Identitätsbedingungen* angeben, die Identität von Personen aber ist derart basal, dass das für sie nicht möglich ist: Wir können nicht unter Verweis auf grundlegendere Elemente oder Bestandteile sagen, worin personale Identität besteht. Was personale Identität konstituiert, hat nämlich keine grundlegenden Bestandteile. - Es ist nun nicht zu leugnen, dass dies einen derart großen Unterschied ausmacht, dass wir, durchaus auch im Sinne von Kriterium (i), nicht von denselben, auch nicht von derselben Art von Identitätsbedingungen für Personen und Organismen sprechen können. In der Tat haben diese bzw. ähnliche Überlegungen immer wieder dazu geführt, personales und organisches Leben ontologisch divergent aufzufassen.

Wie können wir das aber in Einklang bringen mit unserem kategorialen Schema, das Personen und nicht-personale Lebewesen ein und derselben Kategorie zuschlägt? - Eine Möglichkeit wäre es, Kriterium (i) wieder als Entscheidungsinstanz bzgl. kategorialer Einheit bzw. Verschiedenheit zu relativieren. Schon bei seiner Präsentation im ersten Hauptteil wurde es – mit Gründen – eingeführt als Kriterium, das nicht von den anderen isoliert angewendet werden kann. Kriterium (i) ist nicht hinreichend, um Gruppen von Entitäten verschiedenen Kategorien zuzuweisen. Selbst wenn also die Identitätsbedingungen von Personen und nicht-personalen Lebewesen unterschiedlich anzugeben sind, können wir an ihrer kategorialen Einheit festhalten. Das wäre die einfache Möglichkeit.

Die andere Möglichkeit ist auch nicht viel komplizierter, wenn man geneigt ist, bisherige Überlegungen in Anschlag zu bringen. Personen sind ihrer Art nach unvollständig. Wir sind dazu gekommen durch Untersuchungen des Was-Ausdrucks „Person" im Hinblick auf seine identifizierende Funktion, und haben dies angewendet auf jene Instanzen, die letztlich maßgeblich sind für personale Identität: die personen-spezifischen individuellen Formen. Hier hilft uns diese Unvollständigkeit unter der Rücksicht weiter, dass jede Person auch als Vorkommnis einer species infima gelten muss. Es gibt, wie eben gesagt, keine Nur-Personen. Für sämliche Vorkommnisse von species infimae gibt es aber auch *informative* Identitätsbedingungen. So kann man beispielsweise von menschlichen Personen jene Identitätsbedingungen angeben, die für Organismen einer bestimmten Spezies gelten. Damit wird der Unterschied zwischen Personen und nichtpersonalen Lebewesen unter der Rücksicht Identitätsbedingungen aber überbrückbar. Durchaus auch im Sinne von Kriterium (i). Personen kommen an sich, wenn man so will, nur nicht-informative Identitätsbedingungen zu; unter der Rücksicht aber, dass sie stets in Einheit mit einem Organismus ein Lebewesen oder eine Substanz ausmachen, auch informative.

Ich denke, dass wir bei unserem ontologischen Ordnungsschema bleiben können, das innerhalb der *Kategorie* der Dinge Artefakte und Lebewesen vorsieht. Bei den Lebewesen oder Substanzen können wir zwischen personalen und nicht-personalen unterscheiden. Es gibt keine sachlichen Gründe, zwischen Entitäten innerhalb der Dinge kategoriale Differenzen anzunehmen.

3.43 Was offen bleibt

> „Nun ist aber da, wo es keine Teile gibt,
> weder Ausdehnung, noch Figur, noch Zerlegung
> möglich. ... Auch ist ihre Auflösung nicht zu fürchten
> und es ist undenkbar, dass eine einfache Substanz
> auf irgendeine natürliche Weise zugrundegehen könnte ..."
> Leibniz, *Monadologie*, §3.4

Menschliche Personen sind Organismen, die nicht darin aufgehen, biologisch konstituiert zu sein. Dieser nicht-biologische Aspekt, die personale individuelle Form, ist unvollständig, sodass er für sich oder alleine nicht zur Konstitution der gesamten menschlichen Person beitragen kann. So können wir, auf den Punkt gebracht, das Ergebnis der hier versuchten Ontologie der Personen umschreiben. – Es folgt in diesem letzten Abschnitt kein Versuch einer Auflistung dessen, was ich in der Ausfaltung, Erläuterung bzw. Verteidigung dieser These selbst als lückenhaft erkenne. Ich möchte lediglich auf einen rätselhaften Punkt aufmerksam machen. Es handelt sich um die Frage, wie man sich das Zugrundegehen oder das *Vergehen* einer personalen individuellen Form erklären könne.

„Vergehen" kann Unterschiedliches bedeuten. Analysieren wir unter Berücksichtigung einzelwissenschaftlicher Interessen und Methoden das, was ich den Materialaspekt von Dingen nenne, werden wir u.U. auf physikalische Felder stoßen und von ihnen sagen, sie „vergehen". Damit meinen wir dann womöglich, dass sie sich durch bestimmte Neutralisierungsvorgänge auflösen. Desgleichen werden wir gewisse quantenmechanische Prozesse wahrnehmen, welche ebenfalls „vergehen", was so viel bedeutet wie, dass sie in andere übergehen, transformiert werden, keine Nachfolgerphasen haben, zum Stillstand kommen o.ä. – Wenn wir behaupten, dass personale individuelle Formen in diesem Sinne nicht vergehen können, besagt das zunächst Triviales. Wir verweisen hier auf die Einführung von „vergehen" in einzelwissenschaftlichen, sprich physikalischen Theorien. Personale individuelle Formen sind aber keine Objekte physikalischer Theorien. Also können personale individuelle Formen in diesem Sinne nicht vergehen, weil der gebrauchte Begriff des Vergehens auf sie nicht anwendbar ist.

Ohne nochmals die Grundsatzdebatte anzetteln zu wollen, warum es problematisch ist, einzelwissenschaftliche Termini in ontologische Kontexte zu übernehmen. Mein Punkt ist hier: Es gibt sicherlich zahlreiche Verwendungsweisen von „vergehen", auch in außerontologischen, ja außerphilosophischen Kontexten, die auf manche ontologische Konstituenten von Dingen, wie wir sie hier verstehen, schlicht nicht anwendbar sind. So einfach dürfen wir es uns natürlich nicht machen: aufgrund der Unanwendbarkeit mancher Vergehens-Begriffe auf diese ontologische Konstituenten, etwa die personale individuelle Form, auf die Unerklärbarkeit ihres Vergehens zu schließen.

Das zeigt sich schon daran, dass es durchaus alternative Vergehens-Begriffe gibt, die noch dazu in ontologischen Kontexten anwendbar sind. Ich möchte mit jenem aus der Tradition beginnen, nach dem das Vergehen eines Gegenstands die *Abtrennung des Formaspekts vom seinem Materialaspekt* ist. Dieser Vergehens-Begriff hat eine Reihe theoretischer Vorteile. So begünstigt er eine ontologische Analyse dessen, was wir im Alltag unter dem Vergehen von Dingen verstehen, und zwar von dinglichen Vorkommnissen sämtlicher Genera. Dass beispielsweise ein Artefakt der Art Sessel vergeht (im Alltag sagen wir wohl eher „kaputt geht"), mag bedeuten, dass sein Material die Form eines Sessels verliert. (Bei den Artefakten müsste man unter Berücksichtigung von Dia mult Art, siehe zweiter Hauptteil, ergänzen „und keine andere Form hinzukommt".) Analog wird seit jeher das Vergehen oder Zugrundegehen eines Organismus interpretiert: Seine organischen Bestandteile verlieren die für Lebewesen seiner Art spezifische Form.

Als einen weiteren Vorteil dieses Begriffs des Vergehens können wir verbuchen, dass er auch auf nicht-dingliche Partikularien Anwendung findet. Wir müssen lediglich die Ablösung des Formaspkts vom Materialaspekt verallgemeinern auf Trennung des einen Elements der inneren Sachverhaltsstruktur einer Entität vom anderen, und schon können wir beispielsweise auch das Vergehen eines Zustandes ontologisch analysieren. Besteht ein Zustand aus einem Ding und einer Eigenschaft, so vergeht er demnach, wenn das Ding und die Eigenschaft separiert werden.

In Anwendung dieses Begriffs kommen wir der eingangs geschilderten Rätselhaftigkeit anfänglich näher. Obwohl dieser Begriff des Vergehens aus theoretischen Gründen nicht als unanwendbar auf personale individuelle Formen zu erachten ist, können wir dennoch sagen, dass diese nach diesem nicht vergehen können. Eine Form besteht nicht wieder aus einem Material- und einem Formaspekt. Sie kann sich auch nicht von sich selber abtrennen, wie das der hier diskutierte Begriff für Vergehen erfordern würde.

Das Problem ist nur, dass nach diesem, zweifelsfrei ontologischem Begriff des Vergehens, nicht nur die *personalen* individuellen Formen, sondern sämtliche individuelle Formen so zu sagen unvergänglich wären; sowohl jene der Artefakte, als auch die aller Organismen. Das aber hätte eine wahre Unvergänglichkeits-Inflation im Bereich der individuellen Formen zur Folge. Aber nicht nur das: Jeder Materialaspekt, ja jede Masseportion ohne individuelle Form, bis hinauf zu den höchst strukturierten Quasi-Individuen, wie z.B. natürliche Formationen, könnten genau genommen nicht vergehen. Wenn sie keine individuelle Form haben, wie im zweiten Hauptteil versucht wurde aufzuzeigen, können sie im Sinne unseres ersten ontologischen Vergehens-Begriffs nicht vergehen.

Eine ontologische Theorie, die das Vergehen u.a. von Seen und Bergen als unerklärbares Phänomen offen lässt, muss daraufhin ergänzt werden. Somit benötigen wir einen weitergehenden, in ontologischen Kontexten anwendbaren Begriff des Vergehens. Auch dabei kann uns ein Blick in die Tradition helfen. Seit Platon ist das Vergehen bzw. das Zugrundegehen von etwas bestimmt als *Dispersion in seine Bestandteile*.[25] Dies stellt keinen Rückfall dar in einen ausschließlich unter einzelwissenschaftlicher Perspektive brauchbaren Vergehens-Begriff. „Bestandteil" ist hier nämlich durchaus in einem ontologischen Sinn zu verstehen. So gesehen stellt dieser Begriff auch keinen Gegensatz dar zum Begriff des Vergehens als Abtrennung einer Form von der Materie. Er erweitert diesen vielmehr. (Auch die Abtrennung einer Form von der Materie ist ontologisch als Dispersion in Bestandteile zu analysieren. Aber nicht nur diese Abtrennung. Das ist der Punkt.) Das zeigt sich schon daran, dass man mit dem zuletzt angeführten Vergehens-Begriff nicht nur das Vergehen ganzer Dinge analysieren kann, sondern auch das ihrer ontologischen Konstituenten. Bleiben wir bei unserem Sessel. Der Sessel geht zugrunde, wenn sein Material die Form eines Sessels verliert (und keine andere Form hinzukommt). Damit ist die Analyse jedoch noch nicht am Ende. Normalerweise ist das Kaputtgehen des Sessels nämlich auch mit einer Dispersion der Bestandteile des Materialaspekts verbunden; wenn wir das Ding z.B. zersägen oder gar im Feuer verbrennen. Besonders interessant für unseren Kontext ist, dass die Destruktion, auf diese Weise begrifflich eingeholt, auch vor dem individuellen Formaspekt des Artefakts nicht Halt macht. Der Formaspekt dieses Sessels besteht aus seinem Nutzen, seiner Funktion und den damit gekoppelten mereologischen Prinzipien. Die Einheit dieser Komponenten der

---

[25] U.a. *Phaidon* 78b.c. Dieser Gedanke findet sich auch in anderen platonischen Werken, etwa der *Politeia*, u.a. 611b, aber auch in der neuzeitlichen Tradition, auf Leibniz wurde ja bereits Bezug genommen.

individuellen Form (Nutzen, Funktion, mereologische Prinzipien) geht aber bei der Zerstörung des gesamten Dings verloren. Damit aber geht die individuelle Form des Sessels nach dem eben eingeführten Vergehens-Begriff zugrunde. Der ontologische Grund dafür ist der komplexe Aufbau der besagten individuellen Form, die im zweiten Hauptteil ausführlicher geschildert und verteidigt wurde. Wohl auch, dass für die Einheit komplexer artifizieller individueller Formen ihre Verbindung mit entsprechendem Material notwendig ist. Es hat keinen Sinn, vom Verband eines konkreten Nutzens mit einer individuellen Funktion und diesen mereologischen Prinzipien zu sprechen, ohne Bezug auf eine materielle Grundlage.

Analoges gilt für Organismen. Das Zugrundegehen (der Tod) eines Organismus ist wie gesagt die Lösung der spezifischen Form von materiellen Bestandteilen. Der Tod eines Lebewesens bedingt aber auch die Dispersion seines Körpers, des Materialaspekts. Aber nicht nur. Die individuelle Form eines Organismus besteht aus geschlossener Organisationsstruktur, Entwicklungs- und Replikationsplan. Auch die Einheit dieser Komponenten der individuellen Form geht mit dem Tod des Lebewesens verloren. Der Grund besteht darin, dass die individuelle Form eines Organismus ein Komplex ist, dessen Einheit wesentlich auf ihre Verbindung mit einem Materialaspekt zur Konstitution eines Lebewesens angewiesen ist. Fällt diese Verbindung mit dem Körper im Tod weg, geht auch die individuelle Form des Lebewesens zugrunde: Sie zerfällt in ihre Bestandteile. So können wir in Anwendung des nun diskutierten Vergehens-Begriffs auch das Ende organischer individueller Formen verstehen.

In der klassischen Philosophie, so z.B. bei Thomas von Aquin (*Summa theologiae* I q75 a3) finden wir die These, dass jene Tätigkeiten (lat.: operationes), die auf organischen Formen („animae brutorum") beruhen, wesentlich auf eine Verbindung mit dem Körper angewiesen sind. Fällt diese Verbindung weg, so auch die Möglichkeit dieser Tätigkeiten, folglich auch ihr Prinzip. Es hat nämlich keinen Sinn, animae brutorum anzunehmen ohne spezifische operationes. Auf die hier eingeführte Terminologie übertragen: Die Einheit einer organischen Form trägt bestimmte Vermögen, z.B. tierisches Bewusstsein. Dieses tierische Bewusstsein ist auf körperliche Abläufe angewiesen, also auf den Materialaspekt des Lebewesens. Fällt die Verbindung mit dem Körper weg, so auch das Vermögen, folglich auch (die Einheit) sein(es) Träger(s). Denn: Was soll ein Träger ohne etwas, das er trägt?

Ist Vergehen Dispersion in Bestandteile, wird auch das oben erwähnte Manko der Nicht-Erklärbarkeit des Endes von Quasi-Individuen behoben. Materielle Zusammenfügungen verlieren ihren Zusammenhalt, sie werden aufgeteilt. Berge brechen auseinander oder werden abgetragen, entweder eruptiv oder durch länger andauernde Einwirkungen. Seen, ja Meere erleiden die Dispersion ihrer Teile. Das bedeutet, dass sie allesamt *vergehen*, in einem ontologisch stabilen Sinne.

Allein - und damit sollte unser Rätsel, jetzt besser als Merkwürdigkeit bezeichnet, in seiner vollen Tragweite vor Augen stehen - die personale individuelle Form kann auch in Anwendung dieses ontologischen Vergehens-Begriffs nicht als vergänglich ausgewiesen werden. Personale individuelle Formen sind einfach, sie können nicht als Komplexe aus Bestandteilen analysiert werden. Somit aber können sie auch nicht in irgendwelche Bestandteile zerfallen. Die Dispersion in Bestandteile bedroht sie nicht. Personale individuelle Formen erfüllen aufgrund ihrer Einfachheit nicht nur eine notwendige Voraussetzung für Materialität nicht. Sie sind nach dem eben angeführten Vergehens-Begriff unvergänglich; selbst dann, wenn sie aus dem Verband mit einer organischen individuellen Form, folglich mit einem individuellen Materialaspekt zur Konstitution eines ganzen Lebewesens austreten.

Dem würde ein Verweis auf das (nur) durch personale individuelle Formen getragene Vermögen Selbstbewusstsein entsprechen. Seine Einheit ist einfach und kann somit (nur) als unabhängig von körperlichen Zusammenhängen verstanden werden.

Vielleicht mögen manche, welche die Faszination dieser Merkwürdigkeit nicht teilen, einwenden, dass es ja auch noch andere Kandidaten für Unvergänglichkeit nach diesem Vergehens-Begriff gebe. Alle einfachen Individuen wie Atome, materiell und nicht-materiell, können ihm zufolge nicht vergehen. Auch einfache Eigenschaften wären als unvergänglich auszuweisen. - Bzgl. materieller Atome habe ich bereits im zweiten Hauptteil meine Meinung deponiert. Sie können freilich nicht vergehen, weil es sie nicht gibt. Bzgl. immaterieller Atome bin ich gelassen. Wenn man möchte, kann man personale individuelle Formen als solche bezeichnen. Das aber widerlegte meine These nicht, sondern gäbe ihr nur eine andere Formulierung. Auch Eigenschaften bringen mich nicht von meiner Faszination ab. Ich denke, dass man ihre Unvergänglichkeit nach dem gegebenen Begriff nur unter Heranziehung stark platonisierender Zusatzprämissen behaupten kann. Wenn man das nicht möchte, sind sie nicht unvergänglich; wenn man das möchte, sind sie unter dieser (und wohl nur dieser) Rücksicht tatsächlich mit personalen individuellen Formen vergleichbar. Was mich nicht störte.

Eine andere Weise, meine Begeisterung zurechtzustutzen, bestünde im Hinweis, dass es ja noch andere Vergehens-Begriffe geben könnte, nach denen auch einfache individuelle Formen zugrunde gingen. (Selbst Leibniz hat in seiner *Monadologie*, Punkt 6, einen solche angedeutet.) – Ehrlich gesagt, ist mir im Kontext kategorialer Ontologie ein solcher noch nicht untergekommen. Und jeden Kandidaten würde ich mir erlauben, daraufhin zu untersuchen, ob er nicht aus theoretischen Kontexten stammt, die selbst problematisch sind, siehe z.B. die Ausführungen im ersten Absatz dieses Abschnittes. (Leibniz´ Begriff in der *Monadologie*, Punkt 6, ist damit natürlich nicht gemeint. Er beansprucht aber nicht, kategorial-ontologisch sein, sein Autor bekennt sich zu seinem rein theologischen Ursprung.)

Wie auch immer. In einem Abschlussabschnitt mit dem Titel „Was offen bleibt", muss ich nicht alle Eventualitäten erwägen. Unsere Analyse bedingt die Annahme einfacher personaler individueller Formen. Manche Vergehens-Begriffe sind auf sie nicht anwendbar, andere sind zwar anwendbar, ergeben aber ihre Unvergänglichkeit. Vergehens-Begriffe, die anwendbar sind und ihre Vergänglichkeit implizierten, sind nicht in Sicht. Dies macht die Annahme ihrer Unvergänglichkeit rechtfertigbar.

Ich gebe allerdings zu, dass aufgrund des Verweises auf eine andere Eigenart der personalen individuellen Formen diese Merkwürdigkeit durch ein neues Rätsel ergänzt wird. Diese Eigenart ist die *Unvollständigkeit* personaler individueller Formen. Die personalen individuellen Formen sind zur Gewährleistung ihrer ontologischen Funktion als Form auf organische angewiesen, Letztere aber hängen gewissermaßen von einem individuellen Materialaspekt ab. Wird die Unvergänglichkeit personaler individueller Formen angenommen; gehen sie somit im Unterschied zu „ihren" organischen nach dem Tod der durch beide mitkonstituierten menschlichen Personen nicht zugrunde; muss in Konsequenz eingeräumt werden, dass dieses Überleben die personalen individuellen Formen in einen für sie un-, ja sogar widernatürlichen Zustand bringt.

Jede Auflösung dieser Misslichkeit überschreitet die Kompetenz kategorialer Ontologie. Ich denke, das ist der Punkt, das Staffelholz weiterzugeben. Was ich hiermit auch tue.

Danke für die Geduld.

Literatur

Allaire 1998: Another Look at Bare Particulars. In: *Contemporary Readings in the Foundations of Metaphysics.* Ed. by S. Laurence and C. Macdonald, Blackwell, Oxford 1998, 259-263.

Aristoteles: *Kategorienschrift.* Übersetzt und hrsg. v. E. Rolfes. Griechisch– Deutsch. Felix Meiner Verlag, Hamburg 1974.

- *Metaphysik.* Nach der Neubearbeitung der Übersetzung von H. Bohnitz. Hrsg. v. H. Seidel. Griechischer Text in der Edition von Wilhelm Christ. Griechisch – Deutsch. Felix Meiner Verlag, Hamburg 1984.
- *Physik.* Übersetzt und hrsg. v. H.G. Zekl. Griechisch – Deutsch. Felix Meiner Verlag, Hamburg 1987.

Armstrong 1997: *A World of States of Affairs.* Cambridge Univ. Press, Cambridge.

Baker 2000: *Persons and Bodies.* Cambridge Univ. Press, Cambridge.

- 2007: *The Metaphysics of Everyday Life.* Cambridge Univ. Press, Cambridge.

Baltzer 1996: Artikel "Proprium". In: *Metzler Philosophie Lexikon.* Hrsg. v. P. Prechtl und F.-P. Burkard, Metzler, Stuttgart /Weimar 1996, 420.

Barker / Dowe 2003: Paradoxes of multi-location. In: *Analysis* 63.2 (2003), 106-113.

- 2008: What is Endurance? In: Kanzian 2008, 5-18.

Bennett 1988: *Events and Their Names.* Clarendon Press, Oxford.

- 1991: Reply to Reviewers. In: *Philosophy and Phenomenological Research* 51(1991), 647-662.
- 1996: What Events Are. In: *Events.* Ed. by R. Casati & A.C. Varzi, Dartmouth, Aldershot u.a. 1996, 137-151.

Brandl 2003: What Kind of Intentional Systems are Persons? In: Kanzian / Quitterer / Runggaldier 2003b, 33-44.

Brentano 1973: *Psychology from an Empirical Standpoint.* Routledge and Kegan Paul, London.

Brody 1980: *Identity and Essence.* Princeton Univ. Press, Princeton, New Jersey.

Brown 2007: Souls, Ships, and Substances: A Response to Toner. In: *American Catholic Philosophical Quarterly* 81,4 (2007), 655-668.

Burkhardt 2002: Substantielle und Personale Identität. In: Kanzian / Quitterer / Runggaldier 2002, 38-41.

Campbell 1990: *Abstract Particulars.* Blackwell, Oxford.

Chisholm 1981: *The First Person: An Essay on Reference and Intentionality.* University of Minnesota Press, Minneapolis.

- 1989: *On Metaphysics.* University of Minnesota Press, Minneapolis.
- 1990: Events Without Times. An Essay on Ontology. *Nous* 24(1990), 413-427.
- 1996: *A Realistic Theory of Categories. An Essay on Ontology.* Cambridge University Press, New York.

Cohnitz and Smith 2003: Assessing Ontologies: The Question of Human Origins and Its Ethical Significance. In: *Persons. An Interdisciplinary Approach*. Ed. by C. Kanzian, J. Quitterer, E. Runggaldier, oebv-hpt, Wien 2003, 243-259.

Davidson 1980: *Essays on Actions & Events*. Clarendon Press, Oxford.

Denkel 1996: *Object and Property*. Cambridge University Press, Cambridge.

Dennett 1981: Intentionale Systeme. In: *Analytische Philosophie des Geistes*. Hrsg. v. P. Bieri, Hain, Königstein Ts., 162-182.

- 1983: Bedingungen der Personalität. In: *Identität der Person*. Hrsg. v. L. Siep, Schwabe, Basel / Stuttgart 1983, 21-45.

Descartes: *Mediationes de Prima Philosophia*. Lateinisch / Deutsch. Übers. und hrsg. v. G. Schmidt. Reclam, Stuttgart 1986.

Fine 1994: Essence and Modality. In: *Logic and Language* (Philosophical Perspectives 8). Ed. by J.E. Tomberlin, Ridgeview, Atascadero 1994, 1-16.

- 1995: Ontological Dependence. *Proc. of the Aristotelian Society* 95, 269-290.

Fletcher 1972: Indicators of Humanhood. A tentative profile of man. In: *Hastings Center Report* 2(1972), 1-4.

Francescotti 2003: Statues and Their Constituents. Whether Constitution is Identity. In: *Metaphysica* 4(2003), 59-77.

Gasser 2008: Lebewesen und Artefakte. In: *Philos. Jahrbuch* 115(2008), 125-147.

Geach 1980: *Reference and Generality*. Cornell University Press, Ithaca ^{3}1980.

Goodman 2007: A Novel Category of Vague Abstracta. *Metaphysica* 8, Nr. 1 (2007), 79-96.

Hacker 1982: Events and Objects in Space and Time. In: *Mind* 91(1982), 1-19.

Hasker 2001: *The Emergent Self*. Cornell University Press, Ithaca.

Hawley 2001: *How Things Persist*. Oxford University Press, Oxford.

Heller 1990: *The Ontology of Physical Objects*. Cambridge University Press, Cambridge u.a.

Hirsch 1982: *The Concept of Identity*. Oxford University Press, New York / Oxford.

Hoffman / Rosenkrantz (HR) 1994: *Substance Among Other Categories*. Cambridge University Press. Cambridge u.a.

- 1997: *Substance. It s Nature and Existence*. Routledge, London and New York.

Hofmann 2005: Substrate, Substanzen und Individualität. In: Trettin 2005, 81-101.

David Hume: *A Treatise of Human Nature*. Ed. by L.A. Selby-Bigge, Oxford 1896.

Hüntelmann 2002: *Existenz und Modalität. Eine Studie zur Analytischen Modalontologie*. Hänsel-Hohenhausen AG, Frankfurt a. M. u.a.

Jacquette 2002: *Ontology*. Acumen Publishing Limited, Chesham Bucks.

Johannson 1989: *Ontological Investigations*. Routledge, London, New York.

Kant, Akademieausgabe: *Kants Werke. Akademie-Textausgabe*. Unveränderter photomechanischer Abdruck des Textes der von der Preußischen Akademie der Wissenschaften 1902 begonnenen Ausgabe von Kants gesammelten Schriften. Walter de Gruyter & Co (Band III: Kritik der reinen Vernunft. 2. Auflage:

1968, Band VI: u.a. Die Metaphysik der Sitten: 1968, Band VII: Der Streit der Fakultäten. Anthropologie in pragmatischer Hinsicht: 1968), Berlin.

Kanzian 2001: *Ereignisse und andere Partikularien.* Schoeningh, Paderborn.

- 2002 (ed. gem. m. Quitterer / Runggaldier): *Persons. An Interdisciplinary Approach.* Kirchberg.
- 2002b: Vergeßt „Supervenienz"! In: *Substanz und Identität.* Hrsg. v. W. Löffler, Mentis, Paderborn 2002, 67-81.
- 2003: Der Verweis auf Intuitionen als Argument in der Ontologie. In: *Metaphysica* 4(2003), 83-100.
- 2003b (ed. gem. m. Quitterer / Runggaldier): *Persons. An Interdisciplinary Approach.* Wien, oebv-hpt.
- 2004: Warum es die Früher-Später Beziehung nicht gibt. In: *Relations and Predicates.* Ed. by H. Hochberg & K. Mulligan, Ontos, Frankfurt 2004, 183-201.
- 2005: Institutionelle Artefakte. In: *Institutionen und ihre Ontologie.* Hrsg. v. G. Schönrich, Ontos-Reihe Metaphysical Research, Frankfurt u.a. 2005, 223-236.
- 2008 (ed.): *Persistence.* Ontos, Frankfurt, Lancester.
- 2008b: Substanzen. Neue Perspektiven auf ein altes Thema. In: *Grazer Philosophische Studien* 76(2008), 237-246.
- 2008c: Lebewesen als Artefakte: Zur Ontologie der Genmanipulation. In: GAP 6, ausgewählte Beiträge auf CD-Rom. Hrsg. v. H. Bohse & S. Walter, Mentis, Paderborn 2008, 624-643.

Kim 1976: Events as Property Exemplifications. In: *Action Theory.* Ed. by M. Brand and D. Walton, Reidel, Dordrecht 1976, 159-177.

Kreuzer 2001: Der Begriff der Person in der Philosophie des Mittelalters. In: Sturma 2001, 59-77.

Kripke 1993: *Name und Notwendigkeit.* Suhrkamp, Frankfurt am Main.

Leibniz: *Monadologie.* Neu übersetzt, eingeleitet und erläutert von H. Glockner, Reclam, Stuttgart. Durchgesehen und erweiterte Ausgabe 1979.

Le Poidevin 1998: *Questions of Time and Tense.* Clarendon Press, Oxford.

Lewis 1983: Überleben und Identität. In: *Identität der Person.* Hrsg. v. L. Siep, Schwabe, Basel, Stuttgart 1983, 68-95.

- 1986: *On the Plurality of Worlds.* Blackwell, Oxford.

Liske 2005: Inhärenz und Tätigkeitsprinzip: Leibniz´ Substanz als rationale Rekonstruktion und mentales Phänomen. In: Trettin 2005, 171-193.

John Locke: *An Essay Concerning Human Understanding.* Ed. by P.H. Nidditch, Clarendon Press, Oxford 1975.

Lombard 1986: *Events.* Routledge & Kegan Paul, London, Boston, Henley.

Loux 1998: *Metaphysics. A Contemporary Introduction.* Routledge, London and New York.

Lowe 1983: On the Identity of Artifacts. In: *Journal of Philosophy* 80(1983), 220-32.

- 1988: The Problem of Intrinsic Change: Rejoinder to Lewis. In: *Analysis* 48(1988), 72-77.
- 1989: *Kinds of Beings.* Blackwell, Oxford.
- 1989b: Impredicative Identity Criteria and Davidson´s Criterion of Event Identity. In: *Analysis* 49(1989), 178-181.

- 1989c: What is a Criterion of Identity? In: *The Philosophical Quarterly* 39(1989), 1-21.
- 1995: *Locke on Human Understanding*. Routledge, London and New York.
- 1998: *The Possibility of Metaphysics*. Clarendon Press, Oxford.
- 2003 (together with Mc Call) 3D/4D equivalence, the twins paradox and absolute time. In: *Analysis* 63.2 (2003), 114-123.
- 2003b: Substance Causation, Persons, and Free will. In: Kanzian / Quitterer / Runggaldier 2003b, 76-88.
- 2005: Substance and Identity. In: Trettin 2005, 33-51.

Madell 1981: *The Identity of the Self*. Edinburgh University Press. Edinburgh.

Martin 1967: *Sachindex zu Kants Kritik der reinen Vernunft*. Walter de Gruyter & Co, Berlin.

Mertz 2005: Ontic Predicates as Substance. In: Trettin 2005, 245-271.

Miller 2004: How to be a Conventional Person. In: *Monist* 87(4), 457-474.

Mohr 2001: Einleitung: Der Personbegriff in der Geschichte der Philosophie. In: Sturma 2001, 25-36.

- 2001b: Der Begriff der Person bei Kant, Fichte und Hegel. In: Sturma 2001, 103-141.

Muck 1999: *Rationalität und Weltanschauung*. Hrsg. v. W. Löffler, Tyrolia, Innsbruck, Wien.

Nida-Rümelin M. 2001: Skizze einer realistischen Theorie personaler Identität. In: Sturma 2001, 173-202.

Oderberg 1993: The Metaphysics of Identity over Time. St. Martin´s Pr., New York.

Olson 1997: *The Human Animal: Personal Identity without Psychology*. Oxford University Press, Oxford.

Papa-Grimaldi 1998: *Time and Reality*. Ashgate, Aldershot u.a.

Parfit 1984: *Reasons and Persons*. Clarendon Press, Oxford.

Parsons 1989: The Progressive in English: Events, States and Processes. In: *Linguistics and Philosophy* 12(1989), 213-241.

Perry 1975 (ed.): *Personal Identity*. University of California Press, Berkeley.

Platon: *Phaidon*. Übersetzt und Hrsg. v. B. Zehnpfennig. Griechisch – Deutsch. Felix Meiner Verlag, Hamburg 1991.

Post 1987: *The Faces of Existence*. Cornell University Press, Ithaca and London.

Quine 1960: *Word and Object*. MIT Press, Cambridge (Mass.)
- 1985: Events and Reification. In: *Action and Events*. Ed. by E. LePore and B. McLaughlin, Blackwell, Oxford 1985, 162-171.
- 1999: Natural Kinds. In: *Metaphysics: An Anthology*. Ed. by J. Kim and E. Sosa, Blackwell, Oxford 1999, 234-242.

Rapp 1995: *Identität, Persistenz und Substantialität: Untersuchung zum Verhältnis von sortalen Termen und Aristotelischer Substanz*. Alber, Freiburg i. Br.
- 2005: Aristoteles und aristotelische Substanzen. In: Trettin 2005, 145-169.

Rea 1997 (ed.): *Material Constitution. A Reader.* Rowman & Littlefield Publishers, Lanham / Boulder / New York / Oxford.

Reicher 1998: *Zur Metaphysik der Kunst.* Dissertationen der Karl-Franzens-Universität Graz, Band 111. Graz.

- 2005: *Einführung in die philosophische Ästhetik.* Wissenschaftliche Buchgesellschaft, Darmstadt.

Ricken 1986: *Philosophie des 20. Jahrhunderts.* Grundkurs Philosophie Band 10. Kohlhammer, Stuttgart, Berlin, Köln, Mainz.

Ridder 2003: Gegenstände in der Zeit. In: *Metaphysica* 2003(4), 29-58.

Rochelle 1998: *Behind Time. The incoherence of time and McTaggert´s atemporal replacement.* Ashgate, Aldershot u.a.

Röd 1984: *Die Philosophie der Neuzeit 2.* Geschichte der Philosophie, hrsg. v. W. Röd, Band VIII. Beck, München.

- 2006: *Die Philosophie der Neuzeit 3.* Geschichte der Philosophie, hrsg. v. W. Röd, Band IX,1. Beck, München.

Romorales 2002: Precise entities but irredeemably vague concepts? In: *Dialectica* 56(2002), 213-232.

Runggaldier 1990: *Analytische Sprachphilosophie.* Grundkurs Philosophie, Band 11. Kohlhammer, Stuttgart, Berlin, Köln.

- 1992: Von der zeitlichen Dauer der Gegenstände. In: *Philosophisches Jahrbuch* 99(1992), 262-286.
- 1996: *Was sind Handlungen? Eine philosophische Auseinandersetzung mit dem Naturalismus.* Kohlhammer, Stuttgart, Berlin, Köln.
- 1998: Sortal Continuity of Material Things. In: *Erkenntnis* 48, Sonderband "Analytical Ontology", ed. by C. Kanzian and E. Runggaldier.

Runggaldier / Kanzian 1998: *Grundprobleme der Analytischen Ontologie.* UTB für Wissenschaft, Schöningh, Paderborn, München, Wien, Zürich.

Schark 2005: Organismus – Maschine: Analogie oder Gegensatz. In: *Philosophie der Biologie.* Hrsg. v. U. Krohs und G. Toepfer, Suhrkamp, Frankfurt am Main 2005, 418-435.

Schlegel 2007: *Die Identität der Person. Eine Auseinandersetzung mit Peter Singer.* Herder, Freiburg, Wien.

Schnieder 2002: Substanzen als ontologisch unabhängige Entitäten. In: *Substanz und Identität.* Hrsg. v. W. Löffler, Mentis, Paderborn 2002, 11-40.

- 2004: *Substanzen und (ihre) Eigenschaften.* De Gruyter, Berlin, New York.

Schopenhauer: *Die Welt als Wille und Vorstellung.* Reclam, Stuttgart 1987.

Schurz 1995: Ein quantenmechanisches Argument für die Existenz konkreter Universalien. In: *Metaphysik. Neue Zugänge zu alten Fragen.* Hrsg. v. J. L. Brandl u.a., Academia, St. Augustin 1995, 97-120.

Seddon 1987: *Time. A philosophical treatment.* Croom Helm, London, New York.

Seibt 1995: Individuen als Prozesse: zur ontologischen Revision des Substanz-Paradigmas. In: *Logos.* Neue Folge 2(1995), 352-384.

- 2000: Dinge als Prozesse. In: *Neue Ontologie und Metaphysik.* Hrsg. v. R. Hüntelmann und E. Tegtmeier, Academia Verlag, St. Augustin 2000, 11-41.

- 2008: Beyond Endurance and Perdurance: Recurrant Dynamics. In: Kanzian 2008, 133-164.
Simons 1987: *Parts*. Clarendon Press, Oxford.
- 1991: On being Spread out in Time: Temporal Parts and the Problem of Change. In: *Existence and Explanation*. Ed. by W. Spohn et. al., Kluwer, Dordrecht 1991, 131-147.
- 1998: Farewell to Substances: A Differentiated Leave-Taking. In: *Ratio (new series)* XI (1998), 235-252.
- 2000: How to exist at a time when you have no temporal parts. In: *The Monist* 83(2000), 419-436.
Singer 2006: *Praktische Ethik*. Neuausgabe. Aus dem Englischen übers. v. O. Bischoff, J.-C. Wolf und D. Klose, Reclam, Stuttgart.
Smith B. 1990: Characteristica Universalis. In: *Language, Truth and Ontology*. Ed. by K. Mulligan, Kluwer, Dordrecht 1990, 48-77.
- 1990b: On the phases of reism. In: *Kotarbinski: Logic, Semantics and Ontology*. Ed. by J. Wolenski, Kluwer, Dordrecht 1990, 137-183.
Sosa 1987: Subjects among Other Things. In: *Philosophical Perspectives*. Ed. by J.E. Tomberlin, Ridgeview Publishing Company, Atascadero CA 1987, 155-187.
Specht 1989: *John Locke*. Beck, München.
Spinoza: *Die Ethik*. Lat. / Dt. Reclam, Stuttgart 1977.
Spohn 1979: Einleitung des Herausgebers. In: Hilary Putnam, *Die Bedeutung von „Bedeutung"*. Hrsg. und übersetzt v. W. Spohn, Klostermann, Frankfurt am Main 1979, 7-19.
Steward 1997: *The Ontology of Mind. Events, Processes, and States*. Clarendon Press, Oxford.
Stoecker 1992: *Was sind Ereignisse?* De Gruyter, Berlin, New York.
Stone 2003: On Staying the Same. In: *Analysis* 63.4 (2003), 288-291.
Strawson 1971: The Assymetry of Subjects and Predicates. In: ders., *Logico-linguistic papers*. London 1971, 96-115.
- 1972: *Einzelding und logisches Subjekt*. Reclam, Stuttgart. Dt. Übersetzung des englischen Originals:
- 1959: *Individuals*. Methuen, London.
Sturma 2001 (Hrsg.): *Person. Philosophiegeschichte – Theoretische Philosophie – Praktische Philosophie*. Mentis, Paderborn.

Tegtmeier 1992: *Grundzüge einer kategorialen Ontologie*. Alber, Freiburg i. Br., München.
- 1997: *Zeit und Existenz. Parmenideische Meditationen*. Mohr, Tübingen.
- 2002: Warum David Lewis´ Unterscheidung zwischen Mitdauern und Währen verfehlt ist. In: *Substanz und Identität*. Hrsg. v. W. Löffler, Mentis, Paderborn 2002, 83-95.
Teichert 2000: *Personen und Identitäten*. Walter de Gruyter, Berlin, New York.
Thiel 2001: Person und Persönliche Identität in der Philosophie des 17. und 18. Jahrhunderts. In: Sturma 2001, 79-101.
Thomas von Aquin, *Summa Theologiae*. Pars 1a, Tomus Primus, Marietti-Ausgabe, Taurini 1932.

Toepfer 2005: Der Begriff des Lebens. In: *Philosophie der Biologie*. Hrsg. v. U. Krohs und G. Toepfer, Suhrkamp, Frankfurt am Main 2005, 157-174.

Toner 2007: An Old Argument Against Co-location. *Metaphysica* 8, 1(2007), 45-51.

- 2007b: Thomas versus Tibbles: A Critical Study of Christopher Brown's `Aquinas and the Ship of Theseus´. In: *American Catholic Philosophical Quarterly* 81,4 (2007), 639-653.

Trettin 2003: Über Prinzipien der Metaphysik. *Metaphysica* 4, Nr. 1 (2003), 69-82.

- 2005 (Hrsg.): *Substanz. Neue Überlegungen zu einer klassischen Kategorie des Seienden*. Klostermann, Frankfurt am Main.

Van Fraassen 1970: *An Introduction to the Philosophy of Time and Space*. Random House, New York.

Van Inwagen 1990: *Material Beings*. Cornell University Press, Ithaca NY.

- 1990b: Four-Dimensional-Objects. In: *Nous* 24(1990), 245-255.

Vendler 1967: *Linguistics in Philosophy*. Cornell, Ithaca, N.Y.

Wiggins 1967: *Identity and Spatio-Temporal Continuity*. Blackwell, Oxford.

- 1980: *Sameness and Substance*. Blackwell, Oxford.
- 2001: *Sameness and Substance Renewed*. Cambridge Univ. Press, Cambridge.
- 2005: Substance. In: Trettin 2005, 105-144.

Wilson 2008: *Body, Mind and Self in Hume´s Critical Realism*. Ontos-Verlag, Frankfurt u.a.

Wittgenstein TLP: *Tractatus logico-philosophicus. Logisch philosophische Abhandlung*. Edition Suhrkamp, Frankfurt am Main 1963.

(*Namens-*)Register

Abhängigkeit
- ontologische A. (siehe auch Existenz.-A.) 4, 16, 28, 38f, 48, 52f, 77ff, 156, 192f, 199f, 212, 220, 319f
Aktualismus 243ff, 247f, 258, 273, 284
Akzidentien, akzidentell 51ff, 71, 84f, 121, 191, 226f, 248, 262, 265, 297
Änderungen (changes, siehe auch: Ereignisse) 37, 39, 41, 49ff, 67, 89f, 105, 114-122, 252
arbor porphyriana 215, 321
Allaire 33
Anscombe 232f
Aristoteles / aristotelisch 13, 19ff, 49, 94f, 116, 122, 191f
Armstrong 41
Artefakte 15ff, 34, 60, 62, 99f, 105f, 109-112, 128-151, 171, 179, 181, 183, 185, 190, 249, 261f, 264-270, 278, 280, 282, 294, 303, 307, 323f, 326f
Arten / Sorten, sortal (siehe auch: species)
- A.-Wechsel / Metamorphose 141-148, 150, 187, 215
- natürliche A. 152-170, 171, 176ff, 189, 225
- niedrigste A. (siehe: species infima)
- s.e. Ausdrücke 54, 57, 68, 177, 262, 271, 274, 279f, 296-300, 304
- s.e Dependenz (siehe auch: s.D. der Identität) 47, 63, 66, 126, 130, 144f, 156
- s.e Relativität (siehe: s.R. der Identität)
Atom/e (atoms) / atomar 17, 81f, 107f, 171-176, 196, 202, 208, 216, 225, 239, 277, 308, 318, 329
- physische A. 171ff
- metaphysische A. 173f
- Leibniz-A. (Monaden) 174f, 178, 210
Baker 230f, 274
Baltzer 53

Barker 214
Bennett 70, 158
Berge (siehe auch: natürliche Formationen) 17, 59, 171, 176, 182ff, 208, 225
Bewusstsein 17, 133, 151, 154-157, 160ff, 169, 181, 189, 195, 197, 234, 237f, 258, 276, 313, 328
- B.-Abhängigkeit 109ff, 134ff, 141, 152f, 158, 167, 186, 196, 202, 204, 207, 213, 220, 265, 268, 282
Biologismus, biologistisch 294, 311
Boethius 229, 237, 282
Brandl 233
Brentano 129, 287
Brody 116
Brogard 161
Brown 130
Burkhardt 230
Butler 241ff, 256, 259, 273
Campbell 102
Chisholm 53, 94, 287
Cohnitz 161
Davidson 9, 14, 42, 64, 73, 272, 278f
Demokrit 173
Denkel 12
Dennett 17, 231-237, 238, 241, 243f, 246, 251, 255, 258f, 265, 280, 313
Descartes 191, 262, 288
Ding/e
- D.-Sprache 13ff, 97
- D. als dreidimensionale Entitäten 16, 48-53, 71, 84, 88, 92, 107, 214f, 226, 261f, 275
Dowe 214
Dualismus 247, 263, 280, 286, 288, 293, 298, 309f, 312ff, 318
Eigenschaften 29, 31, 38, 41, 44, 51, 73f, 89-92, 105, 115-122, 172, 174f, 191ff, 197, 204, 206f, 209, 211, 218, 239, 264f, 270, 292
- einstellige E. 79

- individuelle E. (siehe: Tropen)
- intrinsische E. 117, 119
- dynamische E. 16, 46, 69, 81, 322, 326
- molekulare E. 45ff
- räumliche E. 45, 78, 177, 212, 218
- wesentliche E. 140f

endurer 93ff, 97f, 102f, 275, 261

entia rationis 110

Ereignis/se 16f, 19, 22f, 28, 32, 34f, 37-75, 78, 80f, 83-86, 91f, 120f, 123, 125, 142, 147f, 150, 163, 166, 175, 195, 202-207, 214f, 220, 222, 225f, 261f 278f, 302, 320, 322
- E.-Arten 40f, 43f, 53f, 63-66
- E.-Träger 38f, 50, 64, 66f, 69, 71, 81, 105

Erste-Person-Perspektive 242

Essenz, essenzialistisch 52, 140, 198-203

Existenz 87-90, 163, 175, 177, 296f, 302, 323
- E.-Abhängigkeit 51f, 63, 145, 157
- E.-Bedingungen 58ff, 300, 317
- gesplittete E. 163
- Unterbrechung der E. 131, 134
- E. von Dingen 49, 53, 56, 60f, 63, 66, 71, 92, 94, 99, 106-115, 122, 126, 132, 160, 192-198, 262, 264
- E. von Ereignissen 42

Exponate, Museums-E. 140f, 148, 187-190

Fine 52, 198-203, 206, 208

Fletcher 234

Francescotti 59

Frankfurt 232

Funktionalismus 235

Geach 67f, 302

Geschichte von Dingen 53, 56, 61, 63, 71, 84, 94, 120, 142, 144, 214f, 226, 262, 320

Goodman 129

Grice 233, 235f

Handlungen 40, 232f, 238, 240-245, 257, 272, 320

Hasker 285-293

Hawley 50

Heller 34f, 38, 106, 111-114, 136

Hirsch 61, 98

Hoffman 33, 109-111, 126, 152, 173, 205-209

Hofmann 172

Hume 256, 292

Hüntelmann 87

Identifizierung / identifizieren 27f, 30, 55, 57, 97f, 100f, 132f, 155, 181, 189, 225ff, 263, 296-299, 321, 324
- Kriterien zur I. 54f, 177, 184, 298f

Identität
- I.-Bedingungen 73ff, 82ff, 111-115, 122, 144, 211f, 218f, 261, 266, 269f, 319f
    informative I. 269ff, 285, 315f, 323f
- diachrone I. 16, 44, 50, 92-98, 116, 133, 138, 143f, 160, 175, 188, 214f, 224, 285, 316
- Konventionalität der I. 17, 111-114, 136-141, 147, 151, 187
- Notwendigkeit der I. 112ff
- personale I. (siehe eigenes Lemma)
- sortale Dependenz der I. 16, 68, 71, 98-101, 224, 262, 317, 321
- sortale Relativität der I. 67ff, 80, 249, 262, 264, 283, 302f, 321
- synchrone I. 59f, 137, 159, 238, 261, 270, 285
- Transitivität der I. 242f, 256, 261, 273

Indexikalisierung, indexikalisiert
- zeitliche I. des Zukommens von Eigenschaften 91f, 116f, 119, 121f

Individuen 15, 27f, 31f, 34-38, 45, 52, 54f
- abstrakte I. 19, 33, 77, 80, 92, 174f, 197, 327
- Quasi-I. (siehe eigenes Lemma)

Intentionen, intentional 127, 129, 135, 154, 233, 259
- i. System 233-237

Intuitionen 11, 13, 16, 90, 92, 96, 99f, 103, 223-225, 308, 315-318
- ontologisch relevante I. 20-25, 29f, 42, 89

Jacquette 129

Johannson 45

Kant 17, 249-259, 284, 288ff, 293

Kategorie 9, 12, 16f, 33, 39, 41, 72, 73-86, 125, 170, 176, 179ff, 185, 189f, 205ff, 209f, 211-222, 229, 249, 261f, 264, 266, 319-324

Kim 51, 65
Kohabitation 59, 83, 177, 183, 218
Konstitution, konstituieren 35, 43, 46f, 52, 58f, 74, 76, 78, 88, 133, 136, 181, 183, 217, 251, 256f, 271f, 274f, 292, 301, 304-308, 310-314
- K-Bedingungen 61ff, 224, 300
- materielle K. 62f, 66, 71, 99, 145, 177
Kontinuanten (continuants) 93
Kontinuität 71, 94, 132, 134f, 145, 160, 162, 196, 213f, 239, 255, 316
- K.-Bedingungen 60f, 99, 224, 300, 317
- K.-Beziehungen/-Relationen 93, 311
- zeitliche K. 63, 66, 262
Kreuzer 229
Kripke 176ff
Kunstwerke 136, 160, 171, 184-188, 196, 217, 225
Leben 107, 239f, 263, 275
Lebenswelt 11, 13, 21
Lebewesen 15, 17, 35, 46, 60, 62, 99, 105ff, 110f, 125, 152-170, 192, 194f, 197f, 200ff, 204f, 207-210, 213-222, 229f, 260, 262, 264-269, 275, 278-283, 292, 295, 317-324, 326, 328f
Leibniz 174ff, 196f, 203, 205, 210, 241, 288, 325, 327, 329f
- Leibniz' Gesetz / Prinzip 16, 73ff, 105, 115f, 122, 211, 218, 261
Le Poidevin 116
Lewis 21, 93, 95, 110, 117-122
Liske 192
Locke 17, 173, 191, 237-243
Löffler 335
Lombard 50, 64, 74, 119, 269
Lowe 17, 48ff, 53, 68, 74, 91-94, 97, 120, 138, 142, 165, 173, 177f, 180f, 183f, 219, 237ff, 242, 267, 269-283, 290f, 297f, 310-314, 316, 323
Madell 278
Martin 250
Massen 38, 55, 58
- M.-Ausdrücke (mass-terms) 54f, 296f
- M.-Portionen 58, 171, 196ff, 202f, 208, 210, 225

einfache M.-Portionen 176ff
materielle Zusammenfügungen 178-181
Mengen 15, 32, 36, 77, 92, 175, 202
Mertz 192
Miller 245
Minkowski 38
Mohr 230, 252
Muck 309
natürliche Formationen (Seen, Meere, Berge ...) 17, 59, 171, 176, 182ff, 196, 208, 225, 327
Nicht-Widerspruchsprinzip 116
Nida-Rümelin M. 208
Nominalismus 33
Oderberg 61
Olson 55
Ontologie
- Alltags-O. / deskriptive O. 12-16, 19-30, 42f, 71f, 87-101, 104, 223-227, 308, 315-319
- o. Verpflichtung (ontological commitment) 9
- atomistische O. /Atomismus 12f, 44, 108, 174, 308ff, 314, 318
- folk-o. 11f
- revisionäre O. 12ff, 30, 95, 104, 172
Organismus / biologischer O. 17, 52, 62, 162, 174, 239ff, 246f, 249, 259, 262ff, 268ff, 271-276, 279f, 282f, 292, 294, 298, 301f, 304-314, 316, 318, 320, 322-325, 327f
Papa-Grimaldi 49
Parfit 11, 256, 292, 311
Parmenides 115f
Parsons 55
Partikulare, Partikularien, partikulär 15f, 19, 31-33
- Dinge als P. 34ff
perdurer 93, 95
Perry 242
Persistenz 95, 112, 138ff, 141-148, 150, 158-167, 238, 320
- P.-Bedingungen 111, 113, 136
- P.-Kriterien 140, 163
Personen 10, 13, 15, 35, 105f, 229-330

- I. der Personen / personale I. 17, 271-278, 316
Phasensortale (phased sortals) 56, 58, 215, 296
Physik 11, 103ff, 173, 308f
- Quanten-P. 103ff
Physikalismus, physikalistisch 30, 44, 99, 102, 308
Platon 110, 128, 152, 197, 327
Post 127, 131
Prädikation 26, 92, 117ff
Proposition 20ff
Proprium 52f, 71, 121
Putnam 13
Quasi-Individuen 109, 133, 176-184, 205, 209
Quine 13ff, 30, 32, 35, 38, 44, 74ff, 95, 98f, 111
Rapp 127, 133, 138, 155, 160, 191
Rawls 233, 235f
Rea 177
Reicher 185
Reid 242f, 256, 259, 273
Relationen / Beziehungen 50, 64, 73, 75, 78f, 93f, 117, 119, 197, 214, 224, 242, 261, 269, 311f, 320, 322
- Früher-Später-B. 123
res cogitans 239, 250, 280, 288, 291
Rochelle 49
Röd 238, 252
Romorales 137, 161
Rosenkrantz 33, 109-111, 126, 152, 173, 205-209
Runggaldier 7, 26, 50, 59, 67, 87, 97, 102, 120, 218, 269
Sachverhalte 16, 37, 41
- S.-Struktur von Dingen 44-47, 69ff, 85, 109, 148-151, 166-169
- S.-Struktur von Ereignissen 41, 69ff, 85
Schark 129
Schlegel 230, 245
Schnieder 193, 198f, 201, 203ff
Schopenhauer 186

Schurz 33
Seen (siehe: natürliche Formationen)
Seibt 94ff, 102f
Selbstbewusstsein
- Einheit des S. 230, 251, 253-258, 292
- S. als Bedingung für Personalität 230-259
- Vermögen des S. 247f, 250, 284f, 291, 293f, 297, 301, 303-306, 329
Semantik, semantisch 9f, 15, 178
Simons 39, 50, 95ff, 103f, 117, 172, 192-198, 205f, 208
simples 107f, 174, 289
Singer 234, 243-249, 251, 255, 258f, 264f, 313
Smith B. 53, 161
Specht 239
Spinoza 292
species infima 16ff, 40, 44, 57-65, 68ff, 99ff, 142, 146f, 152, 157, 159, 161-167, 177, 216, 224, 263f, 279, 281, 283, 296, 300, 302-306, 312, 317, 321, 324
Speziezismus, speziezistisch 236, 259, 284
- Anti-S. 244, 246f, 263, 303
Spohn 13
Steward 52, 75f
Stoecker 74
Stone 117
Strawson 19f, 27f, 42, 277
Sturma 337
Subjekt-Prädikat-Struktur 26f, 30, 225, 319
substantiae separatae 32, 36
Substanzen 125-227
- S.-Definitionen 195, 197f, 200, 202ff, 206-210
- S.-Kriterien 191f,
 Unabhängigkeit als S.-K. 192-210
Tegtmeier 87ff, 93, 115, 117, 123
Teichert 230, 236
Teil/e 62, 106-109, 133, 143, 148f, 153, 163, 174, 179, 194
- räumliche T. 32, 60, 119, 183, 208

- zeitliche T. 24, 32, 38f, 48f, 63, 67, 75f, 93f, 121, 214f
Theseus-Schiff 113f, 138f, 141, 146, 162
Thiel 241f
Thomas v. Aquin 296, 328
Toepfer 153
Toner 265, 308
transzendentale Apperzeption 253f
Trettin 338
Tropen 14, 205
Universalien, universale Entitäten 19, 31ff, 76f, 197
- U.-Problem 33, 57, 128, 266
Vagheit 34f
Vergehen 325-330
Van Fraassen 50
Van Inwagen 106-109, 174, 181, 289, 291
Wahrheit 9f, 24
- W.-Bedingungen 9, 14
- W.-Kriterien 24f, 27f, 30, 103
Welt 9, 19, 23
- Makro-W. 11
- mögliche W. 31f, 110, 113f, 165
- Mikro-W. 11, 13
- W.-Anschauung 12
Werkzeuge 129, 134ff, 179, 186-189, 196, 217, 225
Wiggins 56, 68, 127, 158, 273, 279
Wilson 288
Wirklichkeit 8, 10f, 13, 24, 116, 172f
- Grundstrukturen der W. 7f, 10, 20ff, 27, 29, 108, 308
Wittgenstein 267
Zählbarkeit (countability) 178, 181, 263
Zeit, zeitlich 48-51
- äternalistisches Verständnis von Z. / Äternalismus 87f
- Dreiteilung der Z. 90ff
- präsentistisches Verständnis von Z. /(Sol-)Präsentismus 87-90
- vierdimensionales Raum-Z.-System 28, 38
- z. Gestalt (temporal shape) 52, 75ff, 82, 84, 226, 319f

- z. Teil (siehe: Teil)
Zustände 28, 34, 37-43

ontos verlag Philosophische Analyse / Philosophical Analysis

1. Herbert Hochberg
   Russell, Moore and Wittgenstein
   The Revival of Realism
   ISBN 3-937202-00-5
   334 pp., Hardcover € 94,00

2. Heinrich Ganthaler
   Das Recht auf Leben in der Medizin
   Eine moralphilosophische Untersuchung
   ISBN 3-937202-01-3
   167 pp., Hardcover € 58,00

3. Ludger Jansen
   Tun und Können
   Ein systematischer Kommentar zu Aristoteles' Theorie der Vermögen im neunten Buch der „Metaphysik"
   ISBN 3-937202-02-1
   302 pp., Hardcover € 70,00

4. Manuel Bremer
   Der Sinn des Lebens
   Ein Beitrag zur Analytischen Religionsphilosophie
   ISBN 3-937202-03-X
   134 pp., Hardcover € 58,00

5. Georg Peter
   Analytische Ästhetik
   Eine Untersuchung zu Nelson Goodman und zur literarischen Parodie
   ISBN 3-937202-04-8, 332 pp.
   Hardcover € 94,00

6. Wolfram Hinzen / Hans Rott
   Belief and Meaning
   Essays at the Interface
   ISBN 3-937202-05-6
   250 pp., Hardcover € 58,00

7. Hans Günther Ruß
   Empirisches Wissen und Moralkonstruktion
   Eine Untersuchung zur Möglichkeit von Brückenprinzipien in der Natur- und Bioethik
   ISBN 3-937202-06-4
   208 pp., Hardcover € 58,00

8. Rafael Hüntelmann
   Existenz und Modalität
   Eine Studie zur Analytischen Modalontologie
   ISBN 3-937202-07-2
   189 pp., Hardcover € 58,00

9. Andreas Bächli / Klaus Petrus
   Monism
   ISBN 3-937202-19-6
   340 pp., Hardcover € 70,00

10. Maria Elisabeth Reicher
    Referenz, Quantifikation und ontologische Festlegung
    ISBN 3-937202-39-0
    ca. 300 pp., Hardcover € 89,00

11. Herbert Hochberg / Kevin Mulligan
    Relations and Predicates
    ISBN 3-937202-51-X
    250 pp., Hardcover € 74,00

12. L. Nathan Oaklander
    C. D. Broad's Ontology of Mind
    ISBN 3-937202-97-8
    105 pp., Hardcover € 39,00

13. Uwe Meixner
    The Theory of Ontic Modalities
    ISBN 3-938793-11-2
    374 pages, Hardcover, € 79,00

14. Donald W. Mertz
    Realist Instance Ontology and its Logic
    ISBN 3-938793-33-3
    252 pp., Hardcover, EUR 79,00

15. N. Psarros / K. Schulte-Ostermann (Eds.)
    Facets of Sociality
    ISBN 3-938793-39-2
    370 pp., Hardcover, EUR 98,00

16. Markus Schrenk
    The Metaphysics of Ceteris Paribus Laws
    ISBN 13: 978-3-938793-42-8
    192pp, Hardcover, EUR 79,00

ontos verlag Edited By • **Herbert Hochberg** • **Rafael Hüntelmann** • **Christian Kanzian** • **Richard Schantz** • **Erwin Tegtmeier**

ontos verlag
PhilosophischeAnalyse / PhilosophicalAnalysis

17 Nicholas Rescher
Interpreting Philosophy
The Elements of Philosophical Hermeneutics
ISBN 978-3-938793-44-2
190pp., Hardcover € 89,00

18 Jean-Maurice Monnoyer(Ed.)
Metaphysics and Truthmakers
ISBN 978-3-938793-32-9
337 pp., Hardcover € 98,00

19 Fred Wilson
Acquaintance, Ontology, and Knowledge
Collected Essays in Ontology
ISBN 978-3-938793-58-9
XX, 726., Hardcover, EUR 159,00

20 Laird Addis, Greg Jesson, and Erwin Tegtmeier (Eds.)
Ontology and Analysis
Essays and Recollections about Gustav Bergmann
ISBN 978-3-938793-69-5
312 pp., Hardcover, EUR 98,00

21 Christian Kanzian (Ed.)
Persistence
ISBN 978-3-938793-74-9
198pp., Hardcover, EUR 79,00

22 Fred Wilson
Body, Mind and Self in Hume's Critical Realism
ISBN 978-3-938793-79-4
512pp., Hardcover, EUR 139,00

23 Paul Weingartner
Omniscience
From a Logical Point of View
ISBN 978-3-938793-81-7
188pp., Hardcover, EUR 79,00

24 Simone Gozzano, Francesco Orilia
Tropes, Universals and the Philosophy of Mind
Essays at the Boundary of Ontology and Philosophical Psychology
ISBN 978-3-938793-83-1
196pp., Hardcover, EUR 69,00

25 Laird Addis
Mind: Ontology and Explanation
Collected Papers 1981-2005
ISBN 978-3-938793-86-2
289pp., Hardcover, EUR 79,00

26 Hans Bernhard Schmid, Katinka Schulte-Ostermann, Nikos Psarros
Concepts of Sharedness
Essays on Collective Intentionality
ISBN 978-3-938793-96-1
306pp., Hardcover, EUR 89,00

27 Holger Gutschmidt, Antonella Lang-Balestra, Gianluigi Segalerba (Hrsg.)
Substantia - Sic et Non
Eine Geschichte des Substanzbegriffs von der Antike bis zur Gegenwart in Einzelbeiträgen
ISBN: 978-3-938793-84-8
565pp., Hardcover, EUR 149,00

28 Rosaria Egidi, Guido Bonino (Eds.)
Fostering the Ontological Turn
Gustav Bergmann (1906-1987)
ISBN 978-3-86838-008-8
274pp., Hardcover, EUR 89,00

29 Bruno Langlet, Jean-Maurice Monnoyer (Eds.)
Gustav Bergmann
Phenomenological Realism and Dialectical Ontology
ISBN 978-3-86838-035-4
235pp., Hardcover, EUR 89,00

30 Maria Elisabeth Reicher (Ed.)
States of Affairs
ISBN 978-3-86838-040-8
219pp., Hardcover, EUR 79,00

31 Richard Schantz (Hrsg.)
Wahrnehmung und Wirklichkeit
ISBN 978-3-86838-042-2
252 Seiten, Hardcover, 89,00 EUR

ontos verlag
EditedBy • HerbertHochberg • RafaelHüntelmann • ChristianKanzian • RichardSchantz • ErwinTegtmeier

ontos PhilosophischeAnalyse
verlag PhilosophicalAnalysis

32 Javier Cumpa & Erwin Tegtmeier (Eds.)
Phenomenological Realism Versus Scientific Realism
Reinhardt Grossmann – David M. Armstrong.
Metaphysical Correspondence
ISBN 978-3-86838-051-4
139pp., Hardcover, EUR 69,00

33 Christan Kanzian
Ding – Substanz – Person.
Eine Alltagsontologie
Series: Philosophische Analyse 33
ISBN 978-3-86838-057-6
353 Seiten, Hardcover, EUR 39,00

ontos EditedBy • **HerbertHochberg** • **RafaelHüntelmann**
verlag **ChristianKanzian** • **RichardSchantz** • **ErwinTegtmeier**